U0567273

出版工作七十年

方厚枢

商务印书馆

图书在版编目(CIP)数据

出版工作七十年 / 方厚枢著. —北京：商务印书馆，2015

ISBN 978 - 7 - 100 - 11156 - 0

Ⅰ.①出… Ⅱ.①方… Ⅲ.①出版工作—中国—文集 Ⅳ.①G239.2-53

中国版本图书馆 CIP 数据核字(2015)第 055645 号

所有权利保留。

未经许可，不得以任何方式使用。

责任编辑：张稷 郭悦

出版工作七十年

方厚枢 著

商 务 印 书 馆 出 版
（北京王府井大街36号 邮政编码 100710）
商 务 印 书 馆 发 行
北 京 冠 中 印 刷 厂 印 刷
ISBN 978 - 7 - 100 - 11156 - 0

2015 年 7 月第 1 版　　　开本 787×1092　1/16
2015 年 7 月北京第 1 次印刷　印张 32　插页 2
定价：118.00 元

方厚枢 85 岁画像（油画，方群 2012 年 4 月绘）

作者简介

方厚枢（1927年—2014年），安徽巢湖人。

1943年4月进商务印书馆南京分馆为练习生，半年后任职员。新中国成立后，曾在中国图书发行公司总管理处、新华书店北京发行所、文化部出版事业管理局等出版发行单位工作。1980年后，历任国家出版局研究室副主任、中国出版科学研究所副所长、《中国出版年鉴》主编等职。1952年11月参加中国民主同盟，1956年6月参加中国共产党。1991年10月1日获中华人民共和国国务院颁发"为发展我国新闻出版事业做出突出贡献"的表彰证书，享受政府特殊津贴。

方厚枢多年从事中国出版史研究，曾任《中国大百科全书·新闻出版》出版学科及《中国出版百科全书》两书编委暨"中国出版史"分支学科主编，《中华人民共和国出版史料》副主编及多卷执行主编；高校专业教材《中国编辑出版史》中的当代部分主编之一，《中国出版通史·中华人民共和国》卷主笔（负责两书1949年至1979年各章撰稿）；担任《20世纪中国学术大典》40卷中的"出版学科"主编。出版有《中国出版史话》（前野昭吉曾将本书译为日文在日本出版）、《中国当代出版史料文丛》、《中国出版史话新编》。

1943 年 4 月 10 日，初入商务印书馆南京分馆当练习生。

1946 年 4 月，与程绍琴在安徽芜湖的结婚照。

1961 年 9 月，与大哥方唯若在北京合影。

1997 年 4 月 8 日，70 岁诞辰时全家合影。

1978 年 9 月，《汉语大词典》编写小组组长陈翰伯（前排左二）在安徽黄山出席大词典第三次编写工作会议。图为会议工作人员攀登黄山始信峰顶时的合影。（前排左一为方厚枢。）

1990 年 4 月，《汉语大词典》工作委员会第四次会议在江苏省扬州市举行。会议期间，江苏省新闻出版局在西园宾馆设宴祝贺《汉语大词典》主编罗竹风先生、《汉语大词典》工作委员会副主任杨云先生、副主任陈立人先生 80 岁寿辰（前排右侧三人）。图为寿宴上的合影。（后排左五为方厚枢。）

1982年访英期间，宋原放副团长（右三）向李约瑟博士（右二）赠送上海古籍出版社李约瑟博士八十寿辰纪念论文集《中国科技史探索》（国际版）。右四为鲁桂珍博士。（左二为方厚枢。）

1982年11月，中国出版代表团一行10人访问英国。图为代表团部分团员在伦敦马克思墓前的合影。（前排左三为方厚枢。）

1983年6月15日，中宣部出版局、文化部出版局在安徽省合肥市联合召开《中国地理丛书》编辑出版工作会议。会后从浙江返京。图为（左起）方厚枢、刘杲、许力以、杨瑞平、伍杰在杭州六和塔下合影。

1989年8月22日，与美国华盛顿大学东亚图书馆副馆长吴燕美女士（右一）、美国柏克莱加州大学中国研究中心图书馆馆长戈定瑜女士在北京合影。两位馆长每逢北京国际图书博览会都前来采购我国新出的年鉴和地方志。

1992年3月13日，应邀在北京大学年鉴编辑培训班开学典礼上介绍全国年鉴编辑出版工作概况。图为北京大学校领导、年鉴研究会主要领导与全体学员合影。（前排左七为方厚枢。）

2000年11月24日，《中国出版年鉴》创刊20周年座谈会。新闻出版总署、中宣部出版局、中国出版工作者协会新老领导及年鉴界专家等40余人出席。图为（左起）方厚枢、卢玉忆、邬书林、许力以、宋木文、石峰、陈为江、王仿子、倪子明在座谈会上合影。

2001年6月27日，中国出版工作者协会和北京市出版工作者协会联合在京郊举办首都出版界老同志座谈会。图为全体老同志与工作人员合影。（后排左九为方厚枢。）

序

一位出版史家的成长路径

宋木文[1]

一位出版史家的成长路径，是指方厚枢此著上编的主题；我在这里所说，仅仅是读后的一些感言。

在本书上编最后一页，为响应商务印书馆的倡议，写完并交出《出版工作七十年》书稿后，由于自己的健康状况，跨入86岁高龄的方厚枢同志，满怀深情地说："我的出版研究和写作生涯，就此画上句号了。"但是我想，老方的学术研究与写作并未终结，而这提前画出的句号，仍能成为他在出版史学研究上取得重要成就的一个标志。耄耋之年的老方，定会带着更大的喜悦来过好成功者更高龄的晚年。

我知道方厚枢其名五十多年了，而知其名又识其人则是他到国家出版局出版部和研究室工作之后，迄今也有三十多年了。他被称为"活字典""资料库"和"老黄牛"（指其精神而非年岁）。从建国到新时期的几十年里，凡出版的事，只要问他，他都能说出准确的情况，提供翔实的资料。而对于他经手的工作，无论自己分管的，领导交办的，同事委托的，单位求助的，他都能不辞辛劳、不事张扬地做好，使领导放心，同事满意。他是在完成任

1 本文作者曾任文化部出版局副局长、代局长，文化部副部长，国家出版局局长，国家新闻出版总署署长，国家版权局局长，第八届、第九届全国人大教育科学文化卫生委员会委员，中国出版工作者协会第三届主席，中国版权研究会第一届、第二届理事长等职。

务中不忘收集积累资料，结合工作任务又不忘进行研究的。他似乎无时不在收集资料，无时不在进行研究。他对辞书的研究、年鉴的研究、出版史的研究，都是"边学边干边研究"，是在完成任务中铸就的专门家。我是从他的工作和为人中知其名而识其人的。这种从实践中识人，也有助我在实践中待人用人。

老方在本书中回顾了同我相处的若干事，其中有两件值得在这里一提。

一件事，1987年申报副编审职称，他因考虑学历仅是"初中肄业"，未评过"编辑"，英语也只识几个字母和会说少量单词，很是担心能否评上，而其结果却被破格评为"编审"。他说他心中这个"谜团"，直到二十五年后看了我在《出版史料》（2012年第2期）发表《编选"文革"出版史应保留历史原貌》一文才被解开。我在此文的"题记"中说："1927年出生，从商务印书馆练习生做起的方厚枢，是靠自学成才和工作实践积累而成为有突出贡献的出版史研究专家。1987年6月，我任编辑出版专业高评委主任时，经我提议，全体评委通过，破格评定了方厚枢的编审职称（无正规学历，未经副编审阶梯）。"那时，我和评委都认为，对于方厚枢这样的在实践中拼搏出来并成就突出的专业工作者，只要在诸多主要方面具备条件，就可以突破学历、外语、逐级晋升的限制，破格晋升为编审。此点被我视之为识人用人之道，故在方厚枢负责的一本"文革"史料集子中，特意点明了此事。

另一件事，1991年11月20日，新闻出版总署在北京国际饭店举行颁发政府特殊津贴证书仪式。因是以国务院名义颁发证书，是本部门首批，又多是出版界声誉很高的老专家，如王子野、王益、严文井、韦君宜、秦兆阳、楼适夷、王仰晨、蒋路、戴文葆、林穗芳、邵宇、姜维朴、沈鹏、陈原、吴泽炎、李侃、赵守俨、傅璇琮、金常政、常君实、黎章民、郑德琛、董维良、谢燕声等。我们党组研究决定采取座谈会形式，由我主持会议，刘杲、卢玉忆向在座各位分送证书。在27位获此殊荣者中的王子野和王益，因时在国家机关任职，不在颁发范围，经我征得党组其他同志同意，按专业任职经历、学识水平和实际贡献，以特例入选。此种事只要不为自己搞"例外"，胆子就大了些。同王子野、王益情况相似的许力以，因调到中宣部工作，我们也就无能为力了。此外还有3人。即：人民出版社时任副编审的白以坦，因校对《毛泽东选集》（一至四卷）无一差错而被称为"校对王"；荣宝斋王大山（无高级专业职称），因鉴定古字画和现代名人字画善辨真伪而享誉京城书画界；中国出版科学研究所编审方厚枢，长期在国家出版机关工作，因自学成才，有"活字典"和"资料库"美称，并在辞书、年鉴和出版史研究中成绩突出，而同其他老专家们一同名列第一批。白、王、方三人，与其他入选的名作家、名评论家、名编辑家、名书法家、名教授、名翻译家不同，是因有特殊技艺、做出特殊贡献，而成为我们党组的特殊选项。方厚枢在书中对这次政府特殊津贴颁发仪式做了客观介绍，虽不可能评论我们党组的特殊选项，却准确地引出了我在会上的讲话（参见本书26页）和27位获此殊荣者名单，由此我才想起说出了那"特殊选项"的一番话，又一次起到了"资料库"的作用。

方厚枢七十年的出版生涯，可分为在职的"前五十年"（1943年至1993年）和退休以后的"后二十年"（1993年至2013年）。这里有一个特别值得注意的情况，那就是他至今发表的500多篇、520多万字研究文稿中的大部分都是1993年退休后写出的。而他一生中最重要最具标志性的出版史研究成果，大部分也是在退休之后完成的。他承担最重要的一项任务，是负责九卷本《中国出版通史》巨著最后一卷《中华人民共和国卷》的《绪论》、第一至第七章（1949年至1979年）和附录《中华人民共和国出版大事记》三个部分的撰稿工作。就是说，《中国出版通史》最后一卷的《中华人民共和国卷》从1949年至1979年这三十年的出版史，外加《绪论》即导言与概说，以及从1949年至2007年这五十八年之大事简录，都出自方厚枢之手笔。这三十年中的1977年、1978年，多被党史国史著作以"两年徘徊"简化处理，而方厚枢却"以亲身经历"专门写了《拨乱反正时期的出版事业》一章，内容翔实可靠。我作为亲历者，也甚为赞成。

这一切都表明，方厚枢退休后的二十年，是他研究工作卓有成效、研究水平达到新高度的二十年。

方厚枢说他退休后做的那些事，是在发挥"余热"。这样的说法我不敢苟同。是尽职尽责，还是无职尽责，好像都不准确。我力求说出我的理解。我觉得是他参加人民出版事业后长期养成的责任心、使命感和拼搏精神的"惯性发力"，也是他在党组织生活中经久磨炼的全局观念、组织纪律性和集体主义精神在特定任务中的"自觉践行"。试想他为国家重点出版工程《中国出版通史》之"共和国卷"所付出的拼搏精神，为《中国大百科全书》新闻出版卷出版史分支所做的不懈努力，为《中国出版史话》以至"新编"出版而精心撰稿，那么，我所评论的"惯性发力"与"自觉践行"两句，似乎还算靠谱。而这也是方厚枢更值得我们学习的地方。

　　方厚枢是一位值得人们尊敬的共产党员和出版史家。现在正当酷暑。此时我读方著又写序文，只是想表达我对其人的敬意，其书的祝贺。以上意见，如有不当，欢迎批评。

2013年7月26日

目　录

上编　出版工作七十年

下编　耕耘文存

出版史研究

目 录

编辑之歌

回望散记

附编　我的乡情家世

上 编

出版工作七十年

第一章 从卖书、宣传书到管理书的经历

一、从商务印书馆南京分馆的练习生起步

我于1943年4月10日从合肥至南京，到商务印书馆南京分馆工作，从此开始了我的出版生涯。

商务印书馆南京分馆是抗战前商务在全国最大的分馆，抗战开始后，南京沦陷时馆舍毁于大火，门市部仅剩下一个空架子，馆中尚有不少存书放在别处由两名老职工看管。1943年初，商务领导决定在分馆原址稍加修建后恢复营业。因1938年7月后，商务被日寇列入"与国民政府有联系"的名单，沦陷区城市的分支馆只能更改店名，南京分馆更名为"南京书馆"。

我作为刚进商务印书馆的练习生，第一件工作就是和南京分馆的两名老职工及另一名练习生一起，将存在别处的存书搬入新建的门市部后分类上架，以及其他一些杂务，然后和新进的几位职工筹备门市部开业。半年后，我经过考核，转正成为商务的职员。

1945年抗战胜利后，商务印书馆总管理处于1946年4月从重庆迁回上海，"南京书馆"也恢复了"商务印书馆南京分馆"的名称。总处将商务重庆分馆经理王诚彰调任南京分馆经理，并任命了新的会计主任和营业主任，鲍天爵仍回到芜湖分馆任经理。南京分馆又陆续由上海总处等地调来近十名职工，并运来一大批图书和文具，充实分馆的货源。

参加工作以后，我和周围书店的职工有些接触，了解到一些小书铺的学徒生活，他们除了早晚上下店铺的门板、照顾店内营业之外，还要抽空为老板娘倒便桶、抱孩子，干老板家中的杂事，整天不得空闲，而工钱却很少，老板一旦不满意，随时就被"炒鱿鱼"而失业。和他们相比较，我在商务印书馆的练习生待遇简直有天壤之别。我的工作除了站门市售书和文具，营业时间之外完全由自己支配，可以学习或外出参加文化补习班。南京分馆的职工除了经理、会计主任、营业主任三人由总馆选派有几十年工龄的老职工担任外，其余职工的任命则由经理全权决定。

我进馆工作后，首先向老职工学习包扎大小包件的技巧和熟练掌握打算盘的能力等基础本领，还要牢记图书分类、陈列位置和书的大致内容，对读者的询问不能出现"一问三不知"现象。为此我曾花两年多的业余时间，将门市部陈列的近万种图书的书名、著译者、内容提要和书内的前言、后记熟记下来，并熟读总馆编印的有内容提要的书目等宣传资料，提高为读者服务的本领。我自知文化底子薄，虽号称"初中肄业"学历，实际在抗战初期动荡环境下读了两年多中学，并没学到多少知识，因此下决心用业余时间借助馆内各种课本和丰富的词典工具书等，自学了初、高中以及大学文科的教材，还有重点地读了一批文教、历史等方面的书。我还在附近社会上办的补习班学习了速记、打字等技术。经过几年的刻苦努力，等于上了一所"没有围墙的大学"，我的业务能力和文化水平都有了显著提高。

1946年6月底，蒋介石悍然撕毁停战协定和政协决议，发动全面内战后，国民党统治区通货膨胀，货币贬值，物价飞涨，民不聊生。蒋介石接受时任财政部长王云五的提议，发行"金圆券"代替"法币"（票面1元可兑换"法币"300万元），以行政力量收存全国的金银、外汇，实行经济管制。8月19日，蒋介石发布《财政经济紧急处分令》，自即日起发行"金圆券"。我还记得，1948年底，商务总馆经济发生困难，通知全国分支机构必须将每日的门市收入全部从银行汇至总馆。有一天，南京分馆会计主任要我帮他一同将钱送到银行汇出。其实一日门市收入并不多，但金圆券却装了满满两大麻袋，两人雇了两辆人力车送到银行，可见当时的金圆券已贬值到什么程度。从金圆券发行日开始，仅仅九个月时间，就几乎成了废纸，宣告这一改革彻底失败。7月初，迁到广州的国民政府行政院又公布改革币制，宣布发行"银圆券"以取代"金圆券"。

商务印书馆南京分馆1930年代门市部内景图。1943年恢复营业时门市部大体按照1930年代门市部模样布置，只是将左侧的收银柜的位置移至右侧。

1947年7月，商务印书馆南京分馆全体工作人员合影。（前排左二为方厚枢。）

这一时期，出版业的状况更加每况愈下。商务印书馆总馆到1949年初，现金收支已入不敷出。新书基本不出，出售存书的钱已不够开支，不得不靠变卖闲置的机器和纸张来勉强维持。总管理处于当年3月28日以"密启函"通知各地分支馆采取"应变"措施，其中一条是"裁员减薪"。南京分馆16名职工中一次即裁员6人，每人各发三个月工资的银圆遣散。我们留下的10人，每人发50元银圆"应变"。大家立即到银楼去换成黄金，比留银圆保值更为稳妥。

转眼到了1949年4月23日，南京宣告解放。我在地区工会共产党员同志的动员和帮助下，积极参加工会工作，先后担任南京市文化用品业工会执行委员、市新闻出版业工会出版分会委员、副主席等职，分管宣教工作。

1950年8月，我被商务分馆派往由新华书店南京分店领导的"秋季中小学教科书联合供应处"担任营业主任，这一机构设在新华书店内，工作人员由新华和几家私营书店的职工参加。这是新中国成立后我第一次参加党所领导下的书店工作，亲身体会到革命队伍中的团结、平等、朝气蓬勃的新气象，给了我很大教育，因此心情十分愉快，工作也加倍努力，10月20日工作结束时，我被全体同志评选为"一等模范工作者"，这是新中国成立后我受到的第一次奖励，留下深刻的印象。

10月，在出版总署的推动下，生活·读书·新知三联书店、中华书局、商务印书馆、开明书店、联营书店五家将各自的发行部门分出来联合组成公私合营性质的"中国图书发行公司"（简称"中图公司"）。各地分支机构先组成"联席会议"，待条件成熟后改组为分公司。南京中华、商务两家联席会议建立后，调我担任秘书，负责和总公司联系等工作。中图公司总处成立后，创办了店刊《发行工作》，我成为积极写稿的作者之一，并担任了通讯员，经常报道南京地区发行工作的情况。

当时，我在商务分馆负责图书宣传工作，公司总处驻沪办事处服务科编印的《新书快报》是我重视的一份宣传品。我读了五期后，出于期望它编得更好的愿望，便将五期中发现的错字、漏字以及定价、著作人名写错等问题举出50多处，并提出六点改进意见，写了一篇《我对〈新书快报〉的一点意见》投寄《发行工作》编辑部。这篇近4000字的文章很快在《发行工作》7月31日出版的第4期上和《快报》编者写的《关于第一期〈新书快报〉的再检讨》同时发表，文后并加有"编者按"，提出："《新书快报》每期印5万光景，需费近千万（旧币），在读者、同业间亦起着较大的影响，因之我们要求负责编印的同志，今后能以更认真、更严肃、更负责的态度来做好这一件工作。""至于方厚枢同志这样仔细、精密地对待事物的态度，以及何培曾同志诚恳、坦率地进行自我批评的态度，我们认为也都值得表扬。"

1951年8月底，中图公司总管理处给商务南京分馆来函，调我到北京总处工作。

我于1951年9月国庆节前夕到北京中国图书发行公司总管理处报到，被分配在人事处，级别定为二等办事员，每月工资174个折实单位，约合旧人民币99万元（合新币99元）。

二、从事编辑工作的启蒙时期

我在人事处分配的工作就是参加《发行工作》的编辑、出版工作。我发现这册16开每月一期近6万字的内部刊物，实际上就是人事处教育科主任并兼任《发行工作》主编王仰晨同志一个人在独立支撑，我来后成为他唯一的助手。我由一个对刊物编辑工作十分陌生的基层书店营业员突然进入这个新岗位，困难之大可想而知，但我十分珍视这一难得的机遇，下决心从零开始，发奋努力。我从来稿登记、下厂校对、买纸、取书、打包寄发，到刊物通联工作和结算稿酬等等杂事，什么都干，接着开始熟悉编辑应具备的基础知识。起初我连铅字大小几号都分辨不清，拿到稿件后不知从何下手。我至今仍然记得并深深感谢王仰晨同志手把手地教我启蒙时的情景。他编好一期稿件发排后，就让我到印刷厂，熟悉工人师傅从捡字、拼版、改版到印刷、装订成册的全过程。我基本熟悉了印刷工序后，他就开始教我如何做编辑工作。他拿出一篇来稿先让我试改，然后耐心地指出我哪些地方改得好，哪些地方改得不妥，应该怎样改才好等等（至今已过去六十多年，当年我做编辑工作改的第一篇稿件的稿名和作者至今仍未忘记）。看我基本上熟悉了各道程序并可以进行正常工作了，他就鼓励我大胆工作，使我从起步走阶段进入开步向前走的新阶段。经过不长时间，我便能胜任所担负的工作。经受了这一段时间的全面锻炼，打下了我从事编辑工作的基础。

时隔不久，王仰晨同志奉调国际书店总店工作，《发行工作》的编辑、出版工作就由我独立负责做下去。我和王仰晨同志一起工作的时间仅有两年半，但作为我的编辑工作启蒙老师，他踏实细致的工作作风和严肃认真的工作态度，对我后来长期从事编辑工作的成长有重要的影响。我们之间的师友之情一直保持了半个多世纪，直到他于2005年6月12日逝世。[1]

三、革新书籍宣传工作的设想与实践

1954年1月，中图公司总处和新华书店华北总分店的业务部门合并，成立了新华书店北京发行所。我在1956年被任命为宣传科科长后，先是广泛收集国内外编印的多种书籍宣传品进行观摩、研究，并专门到华东各省市基层新华书店调查了解情况，还专门到上海学习新华书店上海发行所宣传科的工作经验。当时各出版社每年通过京沪两个发行所向全国基层新华书店免费赠送读者的各种书籍宣传品多达六七百万份。由于多种原因，许多宣传品有浪费现象，而有些内容编得较好的如《文学书刊介绍》《美术书刊介绍》等则供不应求，不少真正需要的读者难以每期拿到。因此有读者建议，有些编得较好受到读者欢迎的宣传材料能否收取少量成本费在书店公开出售。经过一段工作后，我逐渐萌发了革新书籍宣传工作的设想。

我在宣传科编印的宣传品中，有两种受到读者欢迎，收到较好效果。

（一）《1958年图书台历》

1957年我们组织全国95家出版社编印了《1958年图书台历》，内容除日历外，还有我国出版事业发展概况、书的知识、全国出版社简介、中外著名作家及作品介绍、书店业务介绍，以及名人读书小故事、短诗、读书语录、美术作品等，每个周日则有益智游戏并于下周日刊出答案。这份台历以72开胶印，近400页，1/3为图片，2/3为文字，每份收取部分成本费8角，在新华书店出售。向全国征订后报回订数14万份，因编好付印已到10月中旬，只印了9.2万份，发行后很受欢迎，在短期内就售完。直到三十年后，还有读者想念它。如1991年9月6日《新闻出版报》发表的一篇读者文章中说："我不是台历收藏家，但我却珍藏着一本1958年的台历，它是'图书台历'，也确似一本书。……它印刷精美、高雅、清

新，内容丰富，有情趣。只可惜将版权页丢了，不知是哪家出版社出版的珍品。……童年，乃至少年的我一直将它作为一本书来读，而且不止一次。……现在较之那时要现代化得多了，科学的发展更造成了一个日新月异知识的海洋，台历的品种也多了，但却难得看到如此精美的台历了，为什么？……"

（二）《多读好书》等4本宣传书籍的小册子

1958年至1959年间，北京、上海等地在青年中开展了群众性的读书活动。这一时期前后，《青春之歌》《红日》《红旗谱》《林海雪原》《在烈火中永生》等一批优秀文学作品和革命回忆录陆续问世。我选择了报刊上发表的书评和作家谈写作经过等文章，试编了一辑《多读好书，多读反映现实的作品——推荐一批优秀文学作品》的宣传小册子，很受青年读者的欢迎。接着续编第二辑，为使名称简明好记，易名《多读好书》，内容除选收报刊上的书评外，还直接向作家或通过有关出版社组稿，推荐的书仍以优秀的文学作品为主，同时也推荐一些优秀的革命回忆录和青年思想修养读物，后来由于介绍的新书逐渐增多，有的书刚出版，还未经过读者的检验和专家的定评，仅凭出版社和书店少数人选定就统统冠以"好书"之名，不太合适，因此，在编了两辑后便改为按专题编印。如1960年为庆祝中苏友好同盟互助条约签订十周年，就编印了一辑推荐苏联优秀的文学作品专辑。几辑小册子从编排形式到

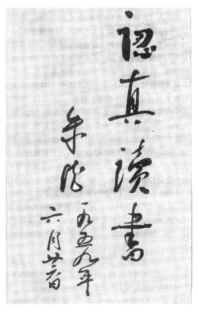

1959年6月26日，全国人大常委会朱德委员长为《多读好书》题词。

1959年，全国文联主席郭沫若为《多读好书》题写刊名；茅盾为《多读好书》写的"代发刊词"。

内容都保持了丰富多彩、图文并茂的特色。

由于这项工作密切配合当时社会上大力提倡青年多读反映现实的优秀作品和加强青年思想工作的需要，因而得到各方面的重视和支持，特别是得到全国人大常委会朱德委员长"认真读书"的题词，给了我们极大的鼓舞。郭沫若同志接受我们的书面请求，两次为《多读好书》题名；茅盾同志先后为《多读好书》写了《推荐好书还需好文章》，为介绍苏联文学的专辑写了《推荐的话》；早年和毛泽东同学，后来曾任湖南省领导的周世钊同志应约写了《毛泽东同志青年时期刻苦学习的二三事》的长文；臧克家特写了《读好书像交了益友》的诗篇；不少著名作家撰写了谈写作经过的文章。这么多的领导、著名作家为新华书店北京发行所编印一份小小的宣传品题词、撰文，实在令人感动。《多读好书》中还有读书辅导、著名青年模范人物谈读书体会以及名人读书的故事、读书格言等。由于在《京所通讯》内刊中做了详细介绍，第二辑向全国新华书店征订，报回需数24万册，由于纸张限制，只印、发了14万册，发行后很快售缺，又重印了4万册。4辑共印行47万余册（每册定价1角左右，基层书店并无折扣，完全按定价售出）。《人民日报》《光明日报》《中国青年报》等报刊均发表消息、读者来信或转载其中文章给予好评。

《多读好书》发行后，受到各级共青团组织和许多学校师生的欢迎，为读书活动提供了一份有用的辅导读物。《人民日报》曾发表江苏一位师范学校教师的读者来信说："帮助青年学生选择图书是目前很重要的工作。但是教师忙于教学，不可能浏览很多的书，推荐起来也较困难……因为看到了《多读好书》，就把上面重点推荐的书各买了十多本，并且在黑板报上做了扼要的介绍，这就推动了全校的读书运动，指导同学们有计划地阅读。"恽代英烈士的夫人沈葆英同志读了《多读好书》上推荐的革命回忆录等评介文章后来信说："我读了《多读好书》后觉得比我读一年书的效果还大，对我个人的教育意义也很深，对青年一代教育意义更大……作为烈士家属的我，将把它代代地传给我们的儿孙，使他们永远成为向往共产主义的战士。"有的教师来信说："《多读好书》好像给我们一把开门的钥匙，它既有评论家的全面评论，也有作家的自我介绍，有了它，使我们在阅读和向学生进行辅导中少走了很多弯路。"

不少优秀作品经过各方面广泛宣传，发行数量都有了很大增加。据1959年6月底统计，《我的一家》总印数达392.3万册，《在烈火中永生》285.3万册，

《林海雪原》146.5万册，《青春之歌》121万册，《红旗谱》67.2万册，《红日》64.9万册，《革命烈士诗抄》41.8万册。为了解决书籍宣传后书店无书供应的脱节现象，我们在编印《苏联文学》时，对北京发行所存书较少的品种，在布置宣传小册子征订的同时，专门印了一期推荐书的订货目录，供基层书店填报订数，收到了较好的效果。

1958年、1959年在新华书店北京发行所工作时主编的《多读好书》《出版消息》《图书台历》。

　　我们还在1958年报经文化部批准，创办了一份《出版消息》报，由郭沫若同志题写报名，交邮局向全国广大读者公开发行。

　　《出版消息》报是一份报道全国图书出版情况的4开小报，由我们宣传科直接向各地出版社和作家组稿。除刊登文字报道稿外，每期辟有两个版面刊登分类编排的全国新书汇报书目。此外，还经常发表一些即将出版的新书序、跋，部分章节选载或连载，以及专题图书介绍等。不少文章是由各出版社编辑部推荐或原书作者专门为《出版消息》报撰写的。读者订阅一份，便可以基本上了解全国出版动态。这份小报于1958年6月创刊，到1959年7月停刊，前后共出版53期，前14期为旬刊，15期起改为每周出版一期，每期定价2分，最高每期印数曾达14万份，这反映了广大读者对这份小报的欢迎程度。

我在新华书店北京发行所宣传科主编的6种图书宣传品共发行88万多册（不包括《出版消息》报的印数），收回成本费7.8万元，这些宣传材料对推动全国青年职工和青少年阅读现代优秀文学作品和加强思想教育工作，以及扩大图书宣传工作方面都起了较好的作用。

1961年6月，新华书店总店为了培训书店干部的需要，成立了图书发行教材办公室，调集书店部分业务干部编写业务教材。我被调入负责编写《书籍学》向基层书店业务人员介绍图书的基础知识。这个办公室就设在新华书店北京发行所内，那里有一个较大的样本书库，收藏中央一级出版社的全部新书样本，相当于一所藏书丰富的中型图书馆，我们可以任意从书库中取书、看书十分方便。我的书稿大约用了一年多的时间写成交卷。因为几部教材完成初稿后还要送请有关专家审阅，最后再经总店领导审批付印，由于各种原因，延迟到1965年下半年，《中国图书发行事业简史》等几部教材才最后定稿。结果"文化大革命"到来，所有的教材书稿在动乱中全部散失。但我在这一时期读了大量的各类图书，边学习边研究、写作，无异进了一次短期培训班，为日后的出版研究工作奠定了基础。

从1954年到1960年，我在新华书店北京发行所工作的七年内，共受到6次奖励，先后被评为"科级干部受奖者"（1954年、1955年）、"文化部青年社会主

1960年4月，被评为"文化部先进工作者"。图为文化部部长沈雁冰颁发的奖状。

在新华书店北京发行所工作时被评为"全国图书发行先进工作者"。图为与上海、沈阳、武汉、重庆发行所的先进工作者及领队人合影。（二排右二为方厚枢。）

义建设积极分子"和"全国图书发行先进工作者"（1956年）、"文化部先进工作者"（1960年）等荣誉称号。

四、从新华书店调至文化部出版事业管理局

1961年初，文化部出版局根据胡愈之副部长的意见，决定对新中国成立以来出版的14万多种新书进行一次重点清理，布置全国出版社将本社1949年10月至1960年底出版的新书，根据质量情况分类编制有内容提要的卡片上报，以便汇编成保留书目。结果全国共报来卡片2万多张，出版局负责此事的出版二处处长倪子明同志在物色承担编辑书目任务的人选时，看到我于1962年3月份在《光明日报》副刊上发表的几篇"知识小品"文章，认为我是合适人选。于是，1962年8月，我由新华书店北京发行所上调至文化部出版局工作，又从版本图书馆和中华书局借调两人，经过两年的努力，编成《全国图书简目》三册，收录全国精选的保留书目5232种。任务完成后，我被分配在出版局出版二处担

任文学艺术等类图书的审读工作。

1965年7月，我随出版局局长王益同志率领的一批干部下放到河南省安阳市崔家桥公社，参加社会主义教育运动（农村"四清"），先后在两个生产队担任工作组副组长，直到1966年6月初返京。

20世纪60年代初，随着学习毛泽东著作的热潮在全国兴起，各方面对毛泽东著作的需求急剧增长。出版局于1964年成立了"毛主席著作出版工作办公室"，由史育才副局长直接领导，有关毛泽东著作出版方面的重要事项需向文化部请示，或由部领导向中央宣传部请示。1966年7月，我调至这个办公室工作，当时，办公室的专职人员仅有两人，除我之外，另从新华书店总店借调一人负责对外接待工作。有关毛泽东著作出版方面的具体业务分别由局三个出版处的同志经办，我的主要任务是编辑《毛主席著作出版工作简报》，同时注意收集和积累有关毛泽东著作和毛泽东像的出版资料。

第二章 "文化大革命"十年的经历

史无前例的"文化大革命"十年内，我先后在文化部出版局、"毛主席著作出版办公室"、"国务院出版口"、国家出版事业管理局连续工作没有间断过。

1966年"文化大革命"爆发不久，"红卫兵"大串联于8月开始，各地文化、出版部门的大批人员也来京串联，文化部机关大楼内挤满了串联人员，连每层楼的走廊过道上都住满了人。文化部办公厅组织各司局的工作人员做专职接待工作。各地文化、出版系统的来京串联人员首先向接待处按人头每人领取每天七角钱的生活补助费，由领队在收据上盖章签字（这些组织的图章都在领队的口袋里）。他们白天外出到各高等院校看大字报和到各大机关看公开批斗"走资派"的场面，晚上就在楼内各处打地铺睡觉。出版局在五楼，全局办公室最后就剩下我所在的"毛主席著作出版工作办公室"一间房间（屋内墙上贴满了各种毛泽东生活像和单张毛泽东语录、毛泽东诗词；书柜内陈列各种毛泽东著作的样本，当时称为"红宝书"），无人敢占领。直到办公室对外已无人来访就结束了。当时出版局抽出少数人正在筹备召开"毛主席著作印制计划会议"，在局办公室已无法工作，被迫改在人民美术出版社印刷厂内做筹备工作。会议于1967年1月10日在民族饭店召开，仅开了六天就被人民出版社的一个群众组织造了反而草草收场。1月19日，文化部机关大楼也被"造反派"造了反，大楼内包括出版局在内所有机构全部陷于瘫痪。在文化部大楼内处于一片混乱时，各地来京串联人员随意扔弃了各种"大批判"的小册子和传单、小报等资料。我从中拣出了中央宣传部、文化部和出版、发行部门等的"造反"组织编印的本部门《十七年来两条路线斗争大事记》等类"大批判"小册子；

我还在一些废纸堆中拣出一份上海某"造反"组织制订的"揭批生活书店"的工作计划（手抄件），将1930年代在上海创建的生活书店、读书出版社和新知书店三家进步书店批判为"三十年代的黑店"，说什么"他们反对毛主席和毛泽东思想，替王明右倾机会主义路线翻案……并筹划编写《生活书店店史》，为其树碑立传，企图而且实行社会主义的出版事业按生活书店的'样板'演变为资本主义出版事业"，这份材料中还附列了揭批生活·读书·新知三联书店的详细计划，开列了45人的名单一一进行调查访问，"要问清中共中央1949年7月《关于三联书店今后工作方针的指示》，是哪个司令部下达的？其企图目的是什么？"等等8个问题。这几份揭批计划和调查计划制订于1967年6月19至24日，计划要求外调工作从7月初开始。调查计划结果及后事如何均不得而知。但可以肯定的是：这次行动以及他们的企图，随着"四人帮"的覆灭而以失败告终。

从1967年4月下旬开始，"中央文革"宣传组派人分别和首都出版系统的两大派群众组织联系，了解情况，酝酿成立一个业务班子。

4月30日晚，周恩来总理在中南海小礼堂接见中央各机关各派的代表，在讲话中提到："文教口子已经拆散。中央文革小组直接管中宣部、文化部、教育部、新华社。中央文革小组下设宣传出版、艺术电影、教育三组。出版局属出版组管。剩下卫生部另外分口。"

经过一个短时期的酝酿、磋商，"毛主席著作出版办公室"于1967年5月11日成立。

"毛主席著作出版办公室"的任务和工作范围，在"中央文革小组宣传组办公室"印发给中央有关部委、军队、新闻单位和各省、市、自治区革命委员会（筹备小组）、军管会的通知中做了如下说明："根据中央文革小组关于旧文化部出版局及所属单位归中央文革宣传组管理的决定，为了使原出版局一些急须办理的业务、行政工作照常进行，暂定由'毛主席著作出版办公室'代行原出版局的领导职权。"

"毛主席著作出版办公室"下设秘书、印制、物资三个组，工作人员前后略有变动，参加工作时间较长的有13人，分别来自国家计委和首都出版、印刷、发行、物资单位。文化部出版局工作人员42人中，仅抽调我一个人参加这个办公室（可能是由于我曾在出版局设立的"毛主席著作出版工作办公室"工作，比较了解情况）。

"中央文革"宣传组负责人在办公室成立时曾对参加工作的人员宣布三条规定：

1. 调来的同志不搞运动，不能把不同观点带进来辩论，贴大字报；

2. 党员成立临时支部；[1]

3. 工作人员和原工作单位只有工资关系，回去后不能以办公室名义支持这派反对那派。

"毛主席著作出版办公室"成立后的首要任务是抓1967年完成《毛泽东选集》8000万部的计划。办公室工作人员和从首都出版、印刷、发行单位抽调的部分人员一起组成几个调查组，分别到华东、中南、西北等重点省、市、自治区了解《毛选》出版、印制情况。我担任华东调查组组长，全组5人先后到了山东济南、青岛，安徽合肥，江苏南京、苏州，上海等地。因为各调查组都持有"中央文革"宣传组办公室开具的介绍信，每到一处都受到当地革

1967年5月11日至1970年10月，在"毛主席著作出版办公室"工作的工、军宣队领导和全体工作人员合影。（缺4人因另有任务未到，右一为方厚枢。）

1　后来实际没有成立。

命委员会或军管会有关部门的热情接待。我们每到一地都向接待单位说明，我们只是来调查《毛选》的印制情况，不会调查其他情况。但是在印刷厂两派斗争得不可开交的情况下，两派都认为我们是"中央文革"派来的人员，因而都尽力表白他们这派对《毛选》印制工作最重视、最努力，而贬低对方那一派如何抵制、不重视甚至破坏的事例。当我在工厂召开会议的间隙上厕所时，都有几个人跟随在后，名义上是保护我的安全，实际上是将我和另一派的人隔离开。因此我让调查组其他几位同分散活动，注意多和两派的人接触，特别是注意和年纪大的和年轻人多了解一些不同的反映。

我们到了安徽省的蚌埠准备到省会合肥时，遇到因两派武斗造成火车停运，被迫在一家浴池门外的躺椅上睡了一晚。到了合肥市也碰到两派正在武斗。一派认为"革命委员会好"，称为"好"派；另一对立面认为"好个屁"，称为"屁"派，因"屁"字不雅，称为"P派"。我们在了解出版、印制单位的情况之后就赶往江苏南京市，接着到了苏州，了解到印刷厂在城内的一派是拥护"支左"的，称为"拥军派"；在城外的是反对派，称为"踢派"。苏州人一向被看作是温文儒雅，讲话带有软绵绵的"吴侬细语"的，而我们在当地最热闹的市场看到有人大声争吵，甚至双方斗殴时都显出很凶的样子，据说是两个对立派在辩论。我们在了解印制毛主席著作的具体情况后，便赶到最后一站的上海市调查。上海是一个比较特殊的地方，我们在调查、了解《毛选》出版情况时都十分谨慎。上海的出版印刷系统的"造反派"有两大派，一派名为"上海出版系统革命造反司令部"，简称"版司"，另一派属于"上海工人革命造反总司令部"，简称"工总司"，是上海的"造反派"中势力较大的一派。我们调查工作结束后准备返京前，利用一天休息时间，组内有同志建议向接待单位提出想参观一下上海有名的"万吨水压机"工厂，他们派了一辆面包车送我们去。没有想到的是，汽车开动后不久，就发现后面紧跟着三辆大卡车，上面都站着一大批工人，估计是"工总司"的队伍，借此向外界显示"中央文革"派来的调查组支持他们一派的假象，我们竟当了他们一派的义务宣传员。果然我们回到北京后，有人寄来他们出版的小报上宣扬调查组对他们表示满意的谎言。各个调查组返京后，向办公室领导做了详细汇报。

我在"毛主席著作出版办公室"工作期间，做了以下几项工作：

1. "文革"开始后，原文化部制定的出版统计制度无形中被停止执行。"毛主席著作出版办公室"制定了全国毛主席著作、毛主席像出版统计制度,由我具体负责定期汇总统计工作。据统计,"文革"十年,全国出版社共计印制毛主席著作、毛主席像108亿册(张),占"文革"期间图书总印数的36%。如果加上"文革"初期群众组织大量印制从64开本到256开本的各种装帧形式的《毛主席语录》《最高指示》以及《毛主席诗词》等,其数量之多,已达难以统计的程度。从个别单位的反映中亦可窥见一斑,如上海市1966年由出版社正式出版的《毛主席语录》共250万册,而群众组织印制的各种语录本,就超过了这个数字的一倍以上。另据二轻部统计,1966年国家拨给出版毛主席著作专用塑料1.3万吨,而群众组织出版毛主席著作所用塑料竟达8000吨之多。印刷毛主席著作所用的纸张,仅1966年至1970年五年内就用了65万吨,比1950年至1965年"文革"前16年全部书籍用纸(59.34万吨)还多6万吨。

2. 经过反复调查了解,编制了新中国成立以来经中央正式批准的毛主席著作版本目录。

3. 收录了毛主席、周总理等中央领导"文革"期间对出版工作的批示,并收集了"毛主席著作出版办公室"向全国发出的通知等文件副本。

4. 收集了"文革"初期中央宣传部、文化部和出版、发行等单位的"造反派"汇编的各种对宣传、文化、出版工作的"大批判"文集、宣传品、报刊等资料。

5. 1969年,进驻文化部的工、军宣队命令各司局的工作人员交出文书档案和资料,不久将存放在文化部后院几间房屋内的原出版总署和文化部历年积存的大量文件草稿、文件副本等资料和内部刊物,全部拉到人民文学出版社食堂,准备送往纸厂化浆。这个堆放处与"毛主席著作出版办公室"仅一窗之隔。我发现后征得办公室军宣队领导同意,和一位原出版局的老同志到那里翻检了三天,着重录找原出版总署和文化部有关出版工作的重要文件、资料,一共捡回三十多捆。第四天再去时,全部文件、资料已被送往纸厂化浆。"文革"初期,我还在被"造反派"和有关单位当作废纸扔弃的纸堆中捡回不少有保存价值的出版资料。

6. 1970年9月2日,周恩来总理根据毛主席的有关指示精神,开会布置清查未经批准非法印制的毛主席著作,委托总政治部主任李德生同志负责组织清查班子。李德生同志从总政、总参、总后三总部和在京各兵种大单位中抽调二十余人,并约请"毛主席著作出版办公室"派人协助。我受办公室军宣队领导指派，到"三座门"中央军委办事组的一个办公处，集中工作了一个多月，主要任务是鉴别哪些是中央批准的版本。（参见本书305页《参加清查非法印刷品工作的回忆》一文。）

"毛主席著作出版办公室"成立后，所有上下联系工作都通过宣传组的联络员传达贯彻，有些要由各省、市、自治区办理的事，则由出版办公室发文字通知或打电话通知。1967年10月中旬宣传组撤销后，通过"中央文革"负责与办公室联系的宣传联络员传达贯彻。办公室有关出版工作向"中央文革"的请示报告，主要由陈伯达、姚文元批复，或由联络员口头传达。

1969年9月，周恩来总理开始过问"毛主席著作出版办公室"的工作。9月22日，国务院值班室主任吴庆彤（后来曾任国务院办公室主任）来到办公室传达周总理关于《毛选》五卷出版的指示，同时了解《毛选》五卷出版准备工作情况。办公室负责人在汇报了有关情况后，提出希望总理对办公室的工作给予指示。

9月24日下午2时，吴庆彤电话通知办公室说：总理2时40分要接见办公室全体工作人员。办公室17人立即赶至中南海国务院会议室等候，后因总理临时有要事处理，未能见成。

9月29日国庆节前夕，联络员送来10月1日在天安门举行的中华人民共和国成立二十周年庆祝大会观礼券17张，说这是周总理指示的。总理在一张便笺纸上写了"请发给毛主席著作出版办公室十七位同志每人一张观礼券，请他们参加观礼"，使办公室全体同志受到很大鼓舞。

10月1日上午，"毛主席著作出版办公室"全体人员十分兴奋地到了天安门观礼台，站立的地方是最低的第一台最好的位置，十分清楚地看到天安门举行的国庆游行大军的情景；晚上又到天安门参观十分壮观的焰火晚会和歌舞表演，度过了愉快的一天，留下了难忘的记忆。

1970年10月，根据周总理的指示，"毛主席著作出版办公室"并入当年5月成立的"国务院出版口"，办公室工、军宣传队负责人王济生出任"出版口"五人领导小组组长。至此，成立了三年零四个月的"毛主席著作出版办公室"，作为一个单独行使职权的机构，在当代中国出版史册特殊的一页中画上了句号。

我于1971年起在"国务院出版口"和1973年9月"出版口"撤销后成立的国家出版事业管理局的出版部工作期间，参加了一些出版会议，其中有两个比较重要的会议。

根据周恩来总理指示，于1971年3月在北京召开"全国出版工作座谈会"。图为会议领导小组主要负责人与会议全体工作人员合影。（站立者二排左四为会议领导小组组长、国务院办公室主任吴庆彤先生，左五为副组长王济生先生，左六为方厚枢，1971年7月摄。）

1971年3月15日，根据周总理指示，全国出版工作座谈会在京召开，这是"文革"后召开的第一个意识形态方面的全国性会议。国务院发出的开会通知中原定会期两周左右，由于"文革"后需要解决的问题太多，许多重要问题需请示中央决定，因而会议一再延期，直到7月29日才正式结束，共计开了138天。我参与了会议的筹备工作，并在会议规划组参加编制《全国出版基本情况》等资料，供领导同志参考。在会议期间注意了解各方面情况，收集了不少资料。（参见本书274页《开了一百三十八天的"全国出版工作座谈会"》一文。）

1975年邓小平同志主持中央工作时，国家出版局报经小平同志批准，于5月23日至6月17日在广州召开"中外语文词典编写出版规划座谈会"，我参与会议的筹备以及和商务印书馆的朱谱萱、朱原同志一起制订1975年至1985年全国编写中外语文词典160种的规划（草案），这一规划经病重住院的周总理在病床上审阅、批准，此后我在国家出版局出版部负责辞书出版管理工作，并担任局出版部和《新华字典》《辞源》修订工作组的联络员、《汉语大词典》及《汉语大字典》工作委员会委员，和四部汉语辞书保持密切联系，直至任务完成为止。

　　在"文革"十年的动乱情况下，我始终未离开出版岗位，并注意收集、保存了大量的出版资料，特别是较完整地保存了"文革"时期的出版史料，为1980年以后撰写我国出版史提供了重要的参考史料。

1975年5月23日至6月17日，经邓小平副总理批准，国家出版局和教育部在广州召开"中外语文词典编写出版规划座谈会"。图为会议领导同志与会议工作人员合影。（第二排左三至左七依次为徐光霄、陈翰伯、许力以、陈原、方厚枢。）

第三章　改革发展新时期的若干经历

　　1976年10月"文化大革命"结束后，特别是1978年党的十一届三中全会召开以来的二十多年，国家进入改革发展新的历史时期，我的工作经历发生了不少新的变化，工作中所取得的成果也有了较大的收获。

　　1980年2月，我被国家出版局任命为研究室副主任，一直工作到1986年12月（1982年5月至1985年7月国家出版局一度改为文化部出版局，我改任编刊处处长）。1987年1月调入中国出版科学研究所工作，8月6日被新闻出版总署任命为出版科研所副所长（级别提为副局级），工作至1992年1月免去副所长职务，退居二线，1993年3月退休。

　　二十多年来，我在工作岗位上和退休之后，除了关于出版研究方面的主要经历已在第四章"从事出版研究工作的主要成果"中叙述外，本章仅叙述其他方面的若干经历，简记如下：

　　1. 1987年调入中国出版科学研究所工作后，可以向新闻出版总署编辑专业高级职务评审委员会申报高级职称，我经过反复考虑后，拟申报"副编审"，但心中仍然有些担心，因为我的学历仅是"初中肄业"，连"编辑"的职称都没有，如果要考英语，我在初中学过的英语早已忘记得干干净净，只剩下认识26个字母和少量几句简单的会话。以这样的水平能获得"副编审"的高级职称吗？我只能实事求是地在业务自传中将我做过的一些编辑工作一一说明，勉强报了上去。没有想到的是到了6月份，新闻出版总署编辑专业高评委却破格将我

1983年11月13日至19日，中国出版协会举办的首届出版研究年会在广西阳朔召开。图为与王子野先生（后排右二）、王仿子先生（前排左二）等在阳朔漓江游览时合影。（后排右一为方厚枢。）

1985年4月10日至17日，中国出版工作者协会举办的第二届出版研究年会在四川峨眉召开。图为（左起）吉少甫、宋木文、袁亮、方厚枢在游览途中合影。

评为"编审"。心中这个"谜团"直到25年之后才被解开。[1]

1992年3月，我被新闻出版总署聘为署编辑专业高级职务评审委员会委员；1995年、1996年被新闻出版总署聘为全国出版系列高级职务任职资格评审委员会委员。

2. 中国出版工作者协会1979年12月成立后，我于1983年1月10日在一届二次理事会上被聘为版协副秘书长，第二届（1986年3月）为版协理事兼副秘书长，第三届（1993年8月）为版协常务理事兼副秘书长，第四届（2000年1月）为版协理事，并任中国版协学术工作委员会委员。

中国出版工作者协会成立后，始终把教育、培训、提高出版队伍素质作为首要任务。第一届版协从1980年起在各地举办多期读书班，有出版社的社长、总编辑参加；还为青年编辑举办出版业务基本知识讲座连续8期，举办各种专题报告会30多次。第二、三届版协举办各类培训班105期，参加培训的人数达7000余人。此外，版协还在加强职业道德建设，促进行业自律，评选、表彰和奖励先进出版工作者，围绕提高图书质量和装帧水平，开展图书评奖，举办学术研讨活动，维护出版社的合法权益，开展对外合作与交流等方面，做了不少切实有效的工作。

我作为版协一至三届副秘书长，和版协历届秘书长（宋木文、倪子明、王业康、范振江）及其他几位副秘书长一起，在版协举办的活动中，尤其在出版队伍的教育培训活动，以及在开展群众性出版理论研究工作方面（1983年11月至1995年6月，先后在广西阳朔、四川峨眉、贵州贵阳、江苏南京、北京、浙江杭州召开了六届"全国出版研究年会"），从1986年起多次在各地召开全国版协秘书长联席会议方面都努力做好会议筹备、服务等项工作。

1999年是中国版协成立二十周年，我受版协领导指派，担任宋木文同志主编的《中国版协二十年（1979—1999）》纪念刊的责任编辑工作，我还编写了《中国版协二十年纪事》1.8万字，纪念刊于1999年12月由高等教育出版社出版。

3. 我调进中国出版科研所的主要任务是继续在国家出版局研究室编辑《中国出版年鉴》（1980年—1986年）之后的年鉴编辑工作。从1987年到1992年止的六年内，我在中国出版科研所共主编了1987年至1991年4本年鉴（1990年至1991年为合刊）。在编辑出版年鉴的同时，还创办了《出版参考》半月刊，担

---

1 宋木文：《编选"文革"出版史料应保留历史原貌》，《出版史料》2012年第2期。文章前加的［题记］中写道："……从商务印书馆练习生做起的方厚枢，是靠自学成才和工作实践积累而成为有突出贡献的出版史研究专家。1987年6月，我任编辑出版专业高评委主任时，经我提议，全体评委通过，破格评定了方厚枢的编审职称（无正规学历，未经副编审阶梯）……"

任主编工作，从1983年3月1日出版的创刊号一直到1991年8月出版第80期时才辞去主编，由陆本瑞同志接任主编职务。

4. 1987年7月，被新闻出版总署党委评为署直属单位优秀党员，受到大会表彰。

5. 1988年初，中国出版科研所和河北省新闻出版局合作编辑出版我国第一部《中国出版人名词典》得到全国出版部门的大力支持。由新闻出版总署、中国出版科研所、外文出版发行事业局、人民出版社等11家出版社和全国各省、直辖市、自治区新闻出版局的代表组成词典编辑委员会，中国出版科研所所长边春光同志为词典编委会主任，我和河北省新闻出版局两位负责同志为编委会副主任。

我曾于1983年4月代表国家出版局参加了由外文出版发行事业局发起编纂我国第一部《中国人名大词典》，历时十年完成。我在工作中学习到不少编纂人名词典的经验和体会，在制订《中国出版人名词典》的编辑出版计划，确定收词范围和释文编写体例等方面有了较多的发言权，因此，工作进行得比较顺利，少走了许多弯路，仅用了一年零八个月的时间，于1989年12月完成。（参见本书449页《两部人名词典编辑工作的回顾》一文。）

6. 1991年11月20日，新闻出版总署在北京国际饭店举行新闻出版总署直属单位27位专家享受政府特殊津贴颁发国务院表彰证书大会。新闻出版总署宋木文署长在讲话中说："发放政府特殊津贴是党中央、国务院在新时期加强和改进知识分子工作的一项重要内容，是一项带有导向性的重要决策。署直属单位的27位专家在出版界是享有盛名的，有的是为出版事业做开创性工作的老一辈出版、印刷、发行工作者；有的是默默无闻、兢兢业业工作几十年，为出版事业做出贡献的编辑家；有的是在自然科学方面有发明创造，为我国印刷事业的发展做出贡献的专业工作者，这些专家都是我们出版界的优秀代表、出版工作者的楷模。"他希望有更多的专家做出突出贡献，推动我国新闻出版事业的发展和繁荣。新闻出版总署副署长刘杲、卢玉忆将证书送到在座的每一位专家手中。

这次享受政府特殊津贴的27位专家，包括社会科学界24人，自然科学界3人。他们是（以姓氏笔画为序）：方厚枢、王大山、王子野、王仰晨、王益、韦君宜、白以坦、严文井、沈鹏、李侃、吴泽炎、陈原、邵宇、郑德琛、赵守俨、林穗芳、金常政、姜维朴、秦兆阳、常君实、蒋路、傅璇琮、董维良、谢燕声、楼适夷、黎章民和戴文葆。按规定，每人每月享受政府津贴100元，[1]除

1　政府特殊津贴从2009年1月起，每月100元加至每月600元。

证　书

方厚枢 同志：

　　为了表彰您为发展我国

新闻出版 事业做出的突

出贡献，特决定从一九　　年　　月

起发给政府特殊津贴

证书。

政府特殊津贴第（91）421023 号　　　一九九一年十月一日

1991年10月1日，国务院颁发的政府特殊津贴证书。

出现特殊情况外，终生享受。

　　7. 1992年7月22日至25日，我受新闻出版总署指派，应香港贸易发展局邀请，赴香港参加"国际出版研讨会"，为此准备了《九十年代中国出版业新趋势》的论文。到港后研讨会因故未能举行，参观第三届国际图书展后回北京，准备的论文在《出版发行研究》月刊发表。

　　8. 1992年8月11日至20日，我应中央宣传部邀请，和中央宣传文化系统部分专家到黄海滨城烟台度假，应邀参加这次休假活动的大多是享受政府特殊津贴的专家，他们之中有《人民日报》高级记者田流、《光明日报》原秘书长沙旭光、《经济日报》高级编辑张沛、中央人民广播电台高级记者张之、北京广播学院教授康荫、中央音乐学院教授于润祥、中央编译局研究员殷叙彝，以及中国社会科学院的哲学、民族、文学、世界宗教、考古、苏联东欧、工业经济等研究所的研究员；出版界有人民出版社编审林穗芳、人民音乐出版社编审黎章民和我三人。这批专家中，年龄最大的84岁，最小的59岁。

　　中央宣传部对这次专家度假活动十分重视，由办公厅副主任姜承焕、干部局副局长王伟华负责，带领工作人员和医生十余人做了精心组织安排和周到的照顾。中宣部部长王忍之于8月15日专程到烟台看望了专家，他说："同志们都很忙，难得有机会休息。'文武之道，一张一弛'，中宣部第一次专门为大家搞了这样的活动，就是希望大家看好、吃好、休息好，松弛一下。"他代表中宣部祝专家们身体健康。

　　8月11日，专家们抵达烟台时，中共烟台市委副书记王军民等领导冒雨前往

1992年8月11日至20日，应中共中央宣传部邀请，参加中央宣传文化系统专家休假团赴山东度假。图为代表们在山东蓬莱"丹崖仙境"参观时合影。（后排左三为方厚枢。）

机场迎接。在10天的度假期间，专家们听取了烟台市委关于加快改革、扩大开放，迅速发展经济的情况介绍，参观了烟台经济技术开发区和港务局、牟平新牟里、张裕葡萄酿酒公司等先进企业，游览了烟台、威海、蓬莱、长岛的名胜古迹。专家们所到之处，都受到了有关单位领导的热烈欢迎和盛情接待。

9. 1993年10月2日上午，我接到新闻出版总署办公厅电话通知，说当晚有重要活动，要我于下午6时到署一层大厅集合。我准时到达后拿到中共中央办公厅发出的请柬，内称："中共中央定于1993年10月2日晚八时，在中南海怀仁堂举办文艺晚会，请您出席。"我和新闻出版总署直属单位的20余位同志一起乘坐大轿车到达中南海怀仁堂。

党和国家领导人江泽民、乔石、李瑞环、朱镕基、刘华清、胡锦涛等会见宣传、文化、科教界知名人士后到会场与全场人员一同观看演出，与大家共度国庆佳节。

文艺晚会共有民乐和民歌、杂技、京剧、演唱和男女声独唱、重唱、二胡独奏、芭蕾双人舞、舞蹈等十二个节目，李维康、耿其昌、叶少兰、李世济、吴雁泽、刘秉义、李谷一等著名演员都做了精彩表演和演唱。

10. 2004年4月1日，为纪念邓小平同志诞辰一百周年，我应中央档案馆、国家档案局之约，在该馆所摄的大型档案文献纪录片中，介绍1975年小平同志批准国家出版局召开中外语文词典编写出版规划座谈会的有关情况，并拍摄了我所收藏的有关文献史料及大型语文词典书影。

1993年10月3日，《人民日报》发表中央举行文艺晚会的报道。

第四章 从事出版研究工作的主要成果

1962年8月，我调到文化部出版局之后，由于工作性质的变化，视野扩大到整个出版界的历史和现状。我在业余时间想对出版工作做些研究，但开始并没有十分明确的目标，因而走过了一段弯路，自恃年轻精力旺盛，急于求成，对研究的方面铺得太宽，结果事与愿违，白白浪费了不少光阴，收效不大。后来慢慢悟出一点道理：学习和研究工作要有所收获，并无捷径可走，必须有刻苦顽强的精神，脚踏实地，不能好高骛远，急于求成。研究工作的"起点要低"，即针对工作需要和个人经过努力可能达到的目标来确定研究课题，要少而精；但研究工作的标准不能低，研究成果要向高标准看齐。在确定了主攻目标后，先从收集资料入手，要像磁铁吸铁和海绵吸水一样，尽可能多地寻觅涉及这一专题的资料，然后要用"沙里淘金"的精神去粗取精，经过消化、吸收，最终拿出有一定质量的研究成果。当然这首先要具有不怕麻烦、持之以恒的坚毅精神。

思想端正以后，我树立了这样的目标：无论领导分配我做什么工作，我都要"干什么，学什么，边干边学边研究，舍得下笨功夫，争取做出好成绩"。下面举出我做研究工作时间较长，研究成果较多的三项为例。

一、辞书研究

1975年，邓小平同志主持中央工作时，国家出版局会同教育部报经小平同志批准，在广州召开"中外语文词典编写出版规划座谈会"。我参与了这次会议的筹备，并和商务印书馆朱谱萱、朱原同志一起制订1975年至1985年全国编写中外语文词典160种的规划（草案）。会后，国家出版局向国务院写了报告，经小平同志和因病住院的周恩来总理批准，国务院于8月23日下发全国执行。我受国家出版局领导指示，在出版部负责辞书出版管理工作。遵照陈翰伯同志的安排，先抓几部影响较大的大型汉语辞书。其中《辞海》的修订工作已由上海在抓；《辞源》的修订和新编《汉语大词典》《汉语大字典》这三部大型汉语辞书由华东、中南、西南12个省、市、自治区的出版、教育部门协作进行。随着工作的进展，不断有新的情况和问题出现。在省、市、自治区的协作中有些重要问题需要国家出版局协调解决，我就经常和教育部高教一司的负责同志以及各省、市、自治区出版局的词典工作办公室和上海、四川、湖北三地的"汉语大词（字）典编纂处"保持密切联系，成为全国辞书编写、出版信息的交汇点，将了解的情况及时向局主管领导汇报并提出处理意见供领导做决策参考。国家出版局（1987年后为新闻出版总署）主管辞书的领导同志先后有陈翰伯、许力以、边春光、刘杲，还有商务印书馆总编辑陈原、教育部高教一司副司长季啸风。

我从1974年7月在国家出版局参加陈翰伯同志组织的词典调查组到上海调查辞书编纂情况开始；1975年在陈翰伯、许力以、边春光、刘杲、陈原、季啸风等几位领导抓《辞源》的修订和新编《汉语大词典》《汉语大字典》的工作时，我先后担任国家出版局出版部和修订《辞源》（4卷）编审领导小组的联络员，新编《汉语大词典》（12卷）和《汉语大字典》（8卷）工作委员会委员。我从1975年几部大型辞书的开创工作时起，一直到1994年全部完成时止，随几位领导除在北京召开会议外，还到过上海（5次）、苏州、无锡、扬州、杭州、宁波、合肥、黄山（2次）、安庆、福州、厦门、广州（2次）、郑州、长沙、桂林、重庆（3次）、成都等地，为辞书工作召开或参加会议、调查研究，十八年内共有25次。

为了做好辞书管理工作（我离开出版部之后是兼管），为局领导做好辞书参谋工作，我边干边学，用了很多时间对我国辞书编纂的历史和现状进行了深入的研究，将研究的成果和心得写成文章，如在《辞书研究》杂志，《中国出版年鉴》和香港《大公报》的"中文辞书专刊"等报刊上发表《中国辞书史话》《中国辞书编纂出版概况》等多篇文章；还广泛收集资料，将1949年10月到1986年底全国出版的中外语文、专科辞书（不收私营出版社出版的辞书）

整理编目（对每本辞书有简要介绍），在《辞书研究》连载，共22万余字。据该刊编辑部告知，这份编目受到英国、美国、加拿大、日本等外国研究中国辞书的人员重视；国内多家图书馆、科研单位也反映，这份资料对他们了解、选购、补缺辞书很有用处。

二、年鉴研究

1979年11月，我由国家出版局的出版部调研究室，参与我国第一部《中国出版年鉴》的创刊工作。当时，我是在"不知年鉴为何物"的状况下进入这项工作的。《出版年鉴》第1册（1980年）创刊号是在陈原同志的指导下，由研究室主任倪子明同志主编。84岁高龄的中国版协名誉主席胡愈之同志应约写了《发刊词》，对这本年鉴的创办赞扬"是一件大好事"，同时也提出了很高的要求和希望。

1981年中，子明同志受命调任生活·读书·新知三联书店总编辑，《中国出版年鉴》的编辑工作全部交给我负责主持。这突然而来的变化，迫使我承受了巨大的压力加紧学习、研究。当时手头仅有两本同类参考书——台湾和日本的《出版年鉴》。它们基本上属于"总书目"加"出版名录"的模式，有关全面介绍出版情况的内容仅占很少篇幅。而我国早已出版《全国总书目》，没有必要再做重复劳动。因此，我和年鉴编辑部的同志边摸索，边学习国内陆续创刊的专业年鉴，从中汲取有益的经验、体会，并紧密结合出版工作的实际不断改进，创出自己的特色，使《中国出版年鉴》具有资料性、存史性，加大了信息量，并努力做到常编常新。

我从1980年到2010年的三十一年内，先后担任《出版年鉴》的编辑（1980年）、编辑部主任（1981年—1986年，实际负责主编工作）、主编（1987年—1994年）、年鉴编委会副主任（1995年—2003年）、年鉴顾问（2004年—2010年）。我因过于劳累，1994年5月、1996年5月两次患脑梗塞（幸治疗及时，没有留下后遗症），才于1994年辞去年鉴主编，由年鉴副主编刘菊兰同志（原人民出版社《新华文摘》编辑部主任），从1995年起接任年鉴主编。

《中国出版年鉴》1980年创刊时，全国仅有6种年鉴出版，到2005年已发展至2000余种。我从1985年开始和年鉴界几位老同志共同创立年鉴学术团体并参与组织领导工作，先后担任全国"年鉴研究中心"副总干事、"中国年鉴研究会"常务副会长兼学术工作委员会主任、"中国版协年鉴研究会"顾问，并任《年鉴工作与研究》（季刊）1991年至1994年的主编（共出15期，总字数300多万字）。我还编写了《中国年鉴概览》等研究文章在报刊发表，并多次在各种年鉴学术会议上做年鉴发展概况和提高年鉴编纂质量等讲话。

三、中国出版史研究

这是我用力最多，延续时间最长的一项研究课题。

我调入文化部出版局工作后，第一次完整地看到了张静庐花费近二十年时间收集、整理、辑注的中国近现代出版史料，我在学习、研究之后，萌发了收集我国当代出版资料的愿望，便结合工作，注意从多方面收集有保留价值的出版资料。

1976年10月，"四人帮"覆灭后，经过一年的整顿，从1978年起，全国不少地方出版部门陆续建立了一些培训出版、印刷、发行干部的机构。在国家出版局主办的《出版工作》刊物上，有人提出编写《中国出版史》的建议。1979年12月20日，中国出版工作者协会成立后，收到一些地方干部培训机构的来信，有的信中说："我们出版部门担负着为各级学校、各专业学科提供教材的任务，可是为自己培养出版事业接班人的教材却一本也没有。……我们自己动手写，属于业务知识的教材还可以应付，但一接触到'出版事业史'的教材就束手无策了。我们拥护《出版工作》上发表的建议，请你们迅速组织力量付诸实施，以应燃眉之急。"中国版协秘书长宋木文同志收到信后，转交给版协副秘书长（时任国家出版局研究室主任）的倪子明同志考虑。子明同志了解我多年收集出版资料并在报刊上发表过一些出版史料文章，便向我建议是否可以试试。我考虑到自己的学识水平有限，未敢贸然答应。我说张静庐先生1958年后，在继续收集整理中国出版史料的同时，还计划编写一部《中国近现代出版史》，并做了充分准备，编了大量卡片，但一直到他1969年9月病逝时也未能实现，可见此事之难。子明同志说，现在的情况已有变化，并已具备了一些有利条件。他对我谈了黄洛峰同志的一段话，深深地打动了我。他说的是1958年11月，文化部直属的文化学院开学后，出版发行工作没有教材，担任院长的黄洛

从新华书店北京发行所到文化部出版局、国家出版局都在一起工作的领导倪子明先生在工作上、思想上都对我有很大帮助。他也是我从事出版史研究工作的引路人。图为1983年11月与倪子明先生于广西阳朔漓江边合影。

峰同志就组织学院开办的出版发行研究班的学员自己动手写。开始时学员感到编书一无资料、二无前人著作参考，有畏难情绪。黄洛峰鼓励他们说："正因为没有前人著作，才有编书的必要，我们从事这项工作的人不写，又靠谁来写呢？我们干出版工作的时间都不短了，大家的实践经验就是丰富的活资料，也还有一些文字资料可以利用。"他鼓励学员们破除迷信，解放思想，要有"第一人吃螃蟹"的勇气。第一稿不一定令人满意，经过几年的教学实践，反复补充修改，就能逐步完善，成为一本好书。

当时，我已了解到，新中国成立以来，图书馆界和印刷界都已有专家写了多部中国书史、印刷史出版，而明确以《中国出版史》为书名的专著却一部也没有。在倪子明同志的热情鼓励下，我就是抱着"第一人吃螃蟹"的勇气，决心试试看。

从上世纪60年代到80年代，我收集出版资料一直没有间断过，历年积累的史料已有相当数量。我在国家出版局出版部工作时，曾经兼管一个时期的样本室。我对这项烦琐的每天拆包、整理、上架的工作没有看作是一项负担，而是将它看作是一项积累知识的特殊任务。全国出版社和杂志社按照规定必须缴送国家出版局的所有样书样刊全部经过我的浏览，凡是对于研究我国出版史有一点参考作用的资料，我都随手将主题内容和书刊名称、版别、页码、出版时间记在卡片上，以四角号码编号分类保存，用时一索即得。在离开出版部到研究室工作后，出版局的样本室仍是我经常去浏览新到书刊样本的地方。

在倪子明同志的热情鼓励下，我从整理多年来收集的资料入手，拟出写作提纲，动手写了《中国出版简史（初稿）》。这份《简史》从中国古代写起，这就要涉及许多方面的知识，为此，我在较长的时间内，除认真研读了中国通史和多部断代史的重要著作外，还研读了中国文字学史、史学史、文学史、哲学史、书史、印刷史、造纸史、科学技术发展史以及美术、农业、医药、考古等各专科的一大批专著和书刊参考资料。而且只能利用每天早起、晚睡和节假日的业余时间进行。从1980年上半年起，将试写稿按章在《出版工作》（《中国出版》杂志的前身）连载。

当时我的想法是：我现在尝试写了第一部，虽然内容粗浅，但有了第一部，今后一定会有人写出第二部、第三部……内容更好的出版史问世。我的《中国出版史（初稿）》经过不断修改、补充，于1995年下半年送请人民出版社副总编辑吴道弘同志审阅后，同意列入他主编的一套有关编辑出版工作的书中，易名为《中国出版史话》由东方出版社于1996年8月出版，道弘同志并写了一篇很好的序文推荐。写作这本小书的过程是我后半生中读书最多，在知识上获得大丰收的时期。

1999年10月，日本文化界一个自费到我国成都等地参加围棋比赛的联谊会中有位名叫前野昭吉的日本人，途经北京作短暂停留期间，在北京棋友的帮助下，通过人民出版社打听到我的住址，专程找到我家。他说在日本自学了中文，对我国出版界的历史有些了解。他在书店中看到有英国等外国出版史出版，他认为中国出版业的历史十分悠久，却未见有中国出版史的日译本出版。后来他在东京专门出售中文书籍的东方书店看到我的《中国出版史话》，便想译为日文出版，特来征求我的同意。我很高兴他能将这本书译为日文向日本朋友介绍。时隔三年，到2002年底，我从人民出版社拿到日本新曜社出版后寄来的《中国出版史话》日译本。译者在书中加进了大量注释，帮助日本读者了解情况。他在《译后记》中说："本书内容涉及从殷商到现代中国约三千年的历史，特别是叙述了不为人知的'文化大革命'期间的出版情况。另外，还为读者列出了必要的文献，出版统计、年表完备，对于我们外国人来说，是一本非常好的入门书。"

《中国出版史话》中文版由东方出版社于1986年8月出版；日本前野朝吉翻译的《中国出版史话》日文译本由新曜社于2002年11月在日本出版。

　　我对中国出版史研究所做的努力，也得到国家出版局领导同志的肯定和支持，陈翰伯同志常将一些我们看不到的内部资料批交研究室参考或在《中国出版年鉴》上刊用。翰伯同志1988年病逝后，由《汉语大词典》工作委员会副主任、国家出版局局长边春光同志接任，我跟他到了上海、浙江、安徽等地召开《汉语大词典》会议。有一次在闲聊时谈起有关出版史研究的话题，他说他就是看到我在《出版工作》上连载的《中国出版简史（初稿）》而了解我的。当他不再担任国家出版局局长时，曾对我说过："我们一同到出版发行研究所去吧。"使我很受感动。

　　由于我写的《中国出版简史（初稿）》在《出版工作》上连载，并在《中国出版年鉴》上陆续发表介绍我国出版工作发展概况的文章，引起各地出版领导机构和有关研究单位的注意，邀请我到一些培训机构介绍我国出版工作情况，例如1981年内，先后于1月15日在北京市出版局举办的全市图书发行业务讲座上，12月4日在中央国家机关、科研系统图书馆学会举办的图书馆学专业培训班专题学术讲座上介绍《我国出版事业发展概况》，这两次在介绍完毕后，还放映了峨眉电影厂摄制、我参加编剧的彩色科教影片《书的故事》三集。

　　1982年2月，在人民文学出版社青年编辑学习班讲我国编辑工作的历史概况。

　　1983年3月，应中国大百科全书出版社《简明不列颠百科全书》（中文版）

编辑部之约，担任该书中国条目主要撰稿人和审校者，对原书有关中国图书条目重新撰写，共写了1万多字，绝大部分被采用，该书由中国大百科全书出版社在1986年8月出版。

在1985年内，5月份我写的《欣欣向荣的出版事业》在《中国建设》中文版、英文版发表；6月28日在国家出版局接受中国国际广播电台记者采访，我开头讲了一段话，接着就由中国国际广播电台的播音员将我在《中国建设》英文版上发表《欣欣向荣的出版事业》的内容，于7月4日在国际广播电台用24种语言对外广播。8月份应邀在北戴河天津市出版工作者协会举办的"总编辑工作经验交流会"上做《信息和出版工作》的发言，讲话稿在《天津出版工作》1986年专刊上刊载；11月份应文化干部管理学院的聘请，担任该院授课教师，讲授出版业务知识。

1989年8月，中国出版外贸总公司和北京图书馆在北京共同主办"中文图书资料收集、整理与利用学术研讨会"，邀我去介绍我国出版概况。我利用历年积累的大量资料做了汇报，受到来自美国、澳大利亚、新加坡（都是外籍华人）、香港和国内各大图书馆代表的好评，他们很感兴趣。半年后，一位美国大学的东亚图书馆馆长来访时告诉我，这份讲话材料曾在北美一些收藏中文图书的图书馆复印散发，认为对了解中国出版概况很有帮助。

美国芝加哥大学东亚语言及文明系荣誉教授，东亚图书馆荣誉馆长，研究中国古代书史、造纸和印刷史的著名专家钱存训博士看到我写的《中国出版简史》和其他出版史资料后，主动将他在香港中文大学出版的《中国古代书史》（又名《书于竹帛》）和新著的关于中国造纸史的几篇论文，寄至国家出版局赠送给我；1990年7月，他为李约瑟博士《中国科学技术史》第五卷第一分册专著的《纸和印刷》中文版由科学出版社、上海古籍出版社联合出版；1992年10月为庆祝钱存训先生八十岁生日纪念而出版的《中国图书文史论集》由现代出版社出版，钱存训先生都通知出版社给我送了书。

1993年11月5日，我在中国版协国际合作出版促进会召开的"两岸图书出版合作研讨会"上做《中国大陆出版信息概况》的发言；台湾《出版人》杂志于1994年3月号发表了我的发言稿。

准备讲稿的过程，也加强了我的责任感，使我更加注重对有关资料的收集、研究，促进讲稿内容质量的提高，也对我的本职工作《中国出版年鉴》编纂质量的提高，起了重要的推动作用。

　　1980年初，国家出版局接受四川峨眉电影制片厂委托，指派我到该厂编写向少年儿童进行爱读书、爱护书教育的科教电影剧本。我在北京做了一些准备工作，先到中央电视台访问了少年儿童部负责人，请她介绍少年儿童科普节目应注意的问题；又到中国印刷科技研究所访问曾为科普电影写过《中国的印刷》电影剧本的丁一同志介绍经验体会。之后，我到四川峨眉电影厂工作了一个多月，首先到摄影棚参观拍摄影片的实况，接着看了一批科普题材的影片。但对于如何写好给儿童看的科普影片剧本心中并无多大把握。有一个星期日，我认识的四川省出版局副局长、《汉语大字典》编纂处主任崔之富同志约我到武侯祠内的茶室喝茶，在交谈中我了解到四川出版社正在印制一本名为《七十二变》的彩色儿童画册，书中所画的孙悟空形象可以作几十种变化，我由此得到启发，回厂后迅速写好剧本初稿，在影片导演章尔扬同志的大力帮助下，共同完成了《书的故事》科教影片的剧本。我根据所掌握的历史知识，通过中国古代书籍的产生历史、一本小画书的生产过程和国内外出版的生动而奇妙的书等三个方面，向孩子们进行形象生动的教育。峨眉电影制片厂对这部科普影片很重视，组织了两个摄制组，分别在北京、天津、西安、成都等地同时拍摄，

中国电影家协会四川分会授予的峨影厂"第二届小百花奖"最佳科教片编导奖。

得到各方面的大力支持。国家文物局特批到中国历史博物馆、北京图书馆实地拍摄古代有关历史文物和"四库全书"等珍藏古籍。版本图书馆和北京、上海、辽宁等14家出版社提供了二百多种国内外新出版生动有趣的儿童读物供影片选用。这部彩色科教影片于1981年初在中央电视台少儿节目两次播放，全国各地电影公司共订拷贝一千多部，是峨影厂科教影片发行量最多的一部，各地电影院多在放映正片之前加放《书的故事》，很受观众欢迎。文化部电影局副局长司徒慧敏在《人民日报》发表的影评中也对《书的故事》做了好评。影片被中国电影家协会四川分会评为"最佳科教编导奖"，并被"四川省优秀文艺作品评奖"评为"1981年科教电影一等奖"。我受四川少年儿童出版社委托，将影片改编为《书的故事》电影连环画册，初版印行84,500册。

　　我在文化部出版局和国家出版局、中国出版科学研究所工作岗位上一直忙于本职工作，对出版史研究只能利用业余时间进行，研究成果有限。我对中国出版史的主要研究成果，大部分是在1993年退休之后的二十年中完成的。其中承担的最大一项任务是担任中国出版科学研究所主持的大型出版工程《中国出版通史》编委会成员，负责最后一卷《中华人民共和国》卷的《绪论》，第一至第七章（1949年—1979年）和附录《中华人民共和国出版大事记》三部分的撰稿工作。考虑到这部《中国出版通史》对填补中国出版史研究空白的重要意义，我在开始动笔之前，首先用了约三个月的时间做准备工作，多次到几家大书店和图书馆寻找有关我国各行业当代史的著作，尤其重视相关行业如中国新闻事业通史、中国印刷通史、上海通史（当代文化卷中的出版部分）、中国图书发行史等书，从中汲取有参考价值的经验体会。对于如何正确反映新中国成立后前三十年中一些敏感性的问题，如"反右扩大化""大跃进""文化大革命"等，则重点阅读权威性的中共党史新著和高校重点新教材。在写作时对这些敏感性问题没有回避或轻描淡写，在叙述方法上没有简单化地一概否定，而是通过具体、真实的史实如实反映。对于粉碎"四人帮"后的1977年、1978年，由于"两个凡是"的方针，史书多以"两年徘徊"为由做了简单处理，我以亲身经历这一时期出版事业的实况，专门写了《拨乱反正时期的出版事业》一章，以大量史实反映1977年至1979年国家出版局党组在王匡、陈翰伯同志的领导下，为出版界的"拨乱反正"做了许多切实有效的工作，使"文革"中受到严重摧残的出版事业，在较短的时期得到恢复和发展。

　　我为《中国出版通史·中华人民共和国》卷写的初稿，从2001年至2006年

1980年1月25日，在峨眉电影制片厂门前留影。

《书的故事》北京摄制组在国子监北京市少年儿童图书馆拍摄时，与影片导演、摄影师、参加拍摄的孩子们合影。（站立者后排右二为方厚枢。）

历时六年写了44万字，由于《通史》9卷的篇幅统一规定每卷40万字左右，在本卷修改、定稿时，我将篇幅压缩为21万字（改革发展新时期的各章由魏玉山同志撰稿）。全套《通史》9卷于2008年12月由中国书籍出版社一次出齐。

2007年，我在完成《通史》的撰稿之后，将我历年在报刊上发表的出版史研究文章、资料，选择部分汇编为《中国当代出版史料文丛》，由中国书籍出版社排出清样，由于内容收有毛泽东、周恩来、邓小平等领导同志对出版工作的指示等，以及"文革"时期的出版史料多篇，出版社报新闻出版总署审批，总署报请中央权威研究机构审阅。该机构的审阅意见是：

　　"本书是一部有关出版史料的文集，汇集了作者论述新中国出版工作的各类文章38篇。文章内容包括新中国成立以来出版业在各历史阶段的发展概况，重要书籍的编写及其出版发行情况，出版行业中各门类的发展历史，还有作者对在出版事业中有过重要贡献的人物的研究。全书文章涉及新中国成立以来出版工作的方方面面，内容比较全面、丰富。由于作者长期在出版行业工作，担任过有关部门的领导职务，亲身参与或见证了出版行业中的许多重大活动、重大事件。更为难能可贵的是，作者长期以来收集了大量的出版资料并进行了深入的研究，发表过一系列研究文章，从而使本书记叙的史实比较准确，也留下了许多珍贵的出版史料，对读者了解或研究当代中国的出版事业，具有重要的史料价值。本书中的文章大部分已经公开发表过，未发现有不当的观点和不准确的史实。"

《中国当代出版史料文丛》由新闻出版总署批准，中国书籍出版社于2007年5月出版。

2002年中，我受辽海出版社之约，和北京大学肖东发同志合作，共同担任国家教委"八五"规划教材，新闻出版总署专业系列教材重点项目《中国编辑出版史》（下册）的主编之一，我负责1949年10月至1979年12月的各章撰稿，全书完成后，书稿经新闻出版总署图书司阎晓宏司长、中国编辑学会吴道弘副会长审阅后，辽海出版社于2003年4月出版。

2009年10月，我在参加河南大学出版社《亲历新中国出版六十年》新书出版座谈会上了解到，该社在不长的时间内出版了关于编辑、出版方面的图书40

余种，在当前出版这类图书十分困难的情况下，对于该社为出版事业做出的贡献深感钦佩。我和河南大学出版社老社长宋应离同志有过多年的交往成为莫逆之交，在他和该社新领导的大力支持下，我的第三本关于出版史研究文集《中国出版史话新编》60余万字，于2010年10月由该社出版。

除了以上文集外，我在中国出版史研究方面，还做了以下一些工作：

1. 1979年12月，应国家出版局外事司之约，为在香港举办的《中外字典辞典展览特辑》撰写《中国辞书书版概况》，于1980年1月11日在香港《大公报》发表。

2. 1980年受国家出版局外事司的委托，担任联合国教科文组织亚洲文化中心在日本东京出版的《亚洲图书发展》（英文季刊）中国通讯员，于1980年至1994年撰写中国出版工作概况中文近8万字，先后由外事司杨德、翟一我同志译为英文后发稿。

3. 担任王子野同志任主任的《当代中国的出版事业》编委会委员，负责全书第一编"中华人民共和国出版事业的发展概况"撰稿，当代中国出版社1993年8月出版。

4. 担任许力以同志任主任的《中国大百科全书·新闻出版》出版学科编委会委员暨"中国出版史"分支学科主编，并撰写"中国出版史"长条1.1万字，中国大百科全书出版社1990年12月出版。

5. 担任许力以同志任主任的《中国出版百科全书》编委会委员暨"中国出版史"分支学科主编，并撰写"出版大事年表（公元前4800年—公元1994年）"9.5万字，书海出版社1997年12月出版。

6. 参与刘杲、石峰同志任主编的《新中国出版五十年纪事》编辑工作，负责1949年10月至1979年12月的撰稿，23万字，新华出版社1999年12月出版。

7. 参与宋原放同志任主编的10卷本《中国出版史料（现代部分）》和《补卷》中的当代部分出版史料辑注，110万字，山东教育出版社分别于2001年和2005年出版。

8. 担任宋木文同志为顾问的《20世纪中国学术大典》40卷中的"出版学"分支主编，内容收有出版学、编辑学、图书发行学、出版史的研究（分别由袁亮、邵益文、郑士德、肖东发著）和若干条目，11万字，福建教育出版社2005年4月出版。

9. 担任袁亮同志为主编的《中华人民共和国出版史料》的编辑工作，任副主编暨"文化大革命"前十七年中十一年各卷的执行主编，中国书籍出版社1995年至2009年出版。

10．担任《编辑之歌——怀念远去的英才》主编，本书共收怀念21位我国已逝世的著名编辑家的文章23篇，文章的作者曾分别担任过著名出版社的正、副总编辑或著名杂志的正、副主编，以及在出版社、杂志社工作多年的老编辑。本书作为中国出版工作者协会学术工作委员会策划的"书林守望丛书"中的一种，首都师范大学出版社2010年7月出版，26万字。

第五章　尾声

我从20世纪80年代开始，对我国当代出版史进行研究后，曾经陆续在书店中购置一些有关对出版史研究有参考作用的图书。随着研究工作的深入，特别是我在承担主编《中国出版年鉴》的工作后，在各地结识了一些对出版史研究有兴趣的同志，陆续有人赠送给我或和我交换了若干出版史方面的图书和资料，日积月累，我的书架上关于出版史研究的图书和资料逐渐丰富起来。

到了本世纪初，特别是我经过六年的努力，完成了《中国出版通史·中华人民共和国》1949年至1979年卷的撰稿任务后，一大批参考书已完成了参考的作用。我经过思考和比较后，决定将多年积累的参考书和出版资料进行清理，分两批捐赠给出版博物馆。

2005年10月21日，我将多年收集的有保存价值的出版文件、报刊、资料、照片等选出117件（包括原件77件、副本和复印件40件），其中有黄洛峰同志1942年12月4日在重庆亲手装订，在封面题了字的《书店印刷店管理规则》，还有国民党政府审查图书、杂志、查禁进步书刊的文件、批件（原件），1945年7月重庆"出版业为文化危机向国民参政会紧急呼吁"的手抄副本等；以及"文革"初期中央宣传部、文化部、外文出版局与部分出版、发行单位"造反"组织编印的《十七年出版工作两条路线斗争大事记》等"大批判"小册子，上海出版系统"造反"组织揭批"三十年代黑店"（指生活书店）的打算和调查计划（手抄件）等。这些材料都是我在"文革"中从有关单位准备送纸厂化浆或"造反派"扔弃的废纸堆中抢救出来的。此外，还有我珍藏多年的中央华北局宣传部编印的《出版工作文件汇编》（1948年12月—1949年10月），中央人民政府政务院文委、出版总署、文化部发布的重要文件原件或副本，等等。

五年后，我已进入83岁的高龄，趁健康情况还允许的条件下，对全部藏书进行比较彻底的清理，选出对出版史研究还有保存和参考价值的图书和资料500余种，交由出版博物馆联系好的运输公司全部车运到上海。在这批图书中，包括我已出版的所有著作、我主编的和参与编辑的图书，《中国出版年鉴》从1980年的创刊号到2008年的一整套年鉴，我历年从多方面收集的国家出版管理部门编印的全套出版文件汇编，著名出版社编印的社史、纪念刊，以及中国出版史、新闻报刊史、中国印刷通史、中国图书发行史著作和参考图书；还有我多年收集的中国历代出版史方面的剪报资料等。

出版博物馆派了专人来我家对捐赠的书刊和资料进行清点后，开具《出版博物馆藏品征集凭证》，注明"上述物品今后由国家统一处理"，由我和出版博物馆的经手人共同签字。

出版博物馆对于我捐赠的数百册图书和一批文献、资料经过整理后，集中收藏于"出版博物馆、韬奋纪念馆藏品部"库房，放入新制的白色橱柜中，在玻璃门外中部标注有"方厚枢捐赠"字样。

我将以上这批出版史研究的书刊和文献、资料捐赠给出版博物馆，找到了

出版博物馆内的"方厚枢捐赠"图书。

最合适的地方，今后可以让它们继续为有志于我国出版史研究的同志们服务，更好地发挥作用。

时光流逝，2013年4月，在我人生的旅途中，转眼已跨入86岁。回顾我从1943年4月进商务印书馆南京分馆工作起步，直到2012年8月止，六十多年来，我参与编辑和主编的图书、报刊，共计28种，总字数4650余万字；我在书、报、刊上发表的文章、资料，据手头尚存的样书和剪报的不完全统计，至2013年7月止共有500多篇，总字数520余万字。这些文章和资料的大部分都是我在退休之后的二十年内完成的。

随着年龄的增长和健康情况的下降，近几年写作的数量逐年减少。以2013年上半年来说，仅在5月和6月为商务印书馆新成立的百年资源部编印的《馆史资料》写了20世纪70年代我参与《辞源》修订工作的历史回忆和"文革"时期关于商务印书馆历史的若干片断回忆两篇2万余字；我响应商务印书馆百年资源部同志组织部分老同志谈口述历史的活动，写了《出版工作七十年》，经过几个月的努力，已于7月中旬修改、定稿。鉴于我的健康情况，我的出版研究和写作生涯，就此画上句号了。从留下的这文字篇章中，可以了解我一生跋涉的足迹和走过的艰辛旅程，借此也向多年关心、指导、帮助我的多位领导同志一个简略的汇报；同时也给赠书给我的老同事及老朋友们一个回报吧！

2013年7月10日

下　编

耕耘文存

出版史研究

新中国出版事业的开端[1]

1949年10月1日中华人民共和国成立以前，各个解放区都已建立了新华书店。它们在各地中共党委的领导下，担负着各个解放区的书籍出版、印刷和发行工作。在国民党统治区的部分城市中有生活·读书·新知三联书店以及三店用化名开办的机构，在十分艰苦的条件下编辑、出版、发行进步书刊。

1948年，解放战争已取得了决定性的胜利。为了迎接全国解放的新局面，管理好新解放区特别是大城市的出版事业，中共中央对新解放区出版事业的政策，以及对新中国成立后出版事业的集中统一等问题，多次做出指示，并采取了一系列的重要措施。中共中央宣传部1949年2月在解放了的北平成立的出版委员会，做了许多切实的工作，使新中国出版事业有了一个良好的开端，为新中国成立后我国出版事业的建立奠定了坚实的基础。

中共中央对出版事业的指示和采取的重要措施

1948年4月30日，中共中央发布纪念"五一"国际劳动节的口号，号召各民主党派、各民主团体和爱国民主人士团结起来，打倒反动派，召开新政协，建立民主联合政府，共同建设新民主主义的人民共和国。这个号召，带给全国人

1 原载《中国出版》2002年第8、9期。

民极大的鼓舞。

这时，担任中共中央军事委员会副主席兼代理总参谋长的周恩来，在以很大精力协助毛泽东指挥人民解放军在各个战场上发动进攻的同时，对新中国成立后的政治、经济、文化等方面的政策问题做了设想和思考。他对新中国出版事业的建设也十分关注。

（一）周恩来指示将生活、读书、新知三家书店人员主力逐渐转入解放区

1948年6月6日，周恩来从河北平山县西柏坡中共中央所在地发电给中共香港工委章汉夫，再经胡绳转达生活书店、读书出版社、新知书店负责人徐伯昕、黄洛峰、沈静芷，要求他们："即将三联工作人员及编辑人员主力逐渐转来解放区，资本亦尽可能转来"，并对三家书店近期的任务和注意事项做了重要指示。[1]

生活、读书、新知三店领导人为了迎接全国胜利后的新局面，在中共香港文委领导下已做出三店合并的决定，接到周恩来的电报指示后，加速了三店的全面、彻底合并工作。于10月18日召开三店的股东代表大会，选举成立三联书店临时管理委员会，推选黄洛峰为管委会主席，徐伯昕为总管理处总经理，沈静芷为副总经理，万国钧、薛迪畅为协理。26日，召开三店全体人员大会，宣布"生活·读书·新知三联书店"成立。这次成立大会，同时也是三联同人开赴解放区的誓师大会。会后，大批同人分批奔赴解放区。[2]

（二）中共中央发布对新解放区新闻出版事业的政策指示和处理办法

1948年11月8日，中共中央发出《关于新解放城市中外报刊通讯社处理办法的指示》，指出：对于私营报纸、刊物与通讯社，一般不能采取对私营工商业同样的政策。《指示》明确规定了接管、清理旧中国新闻事业的政策方针，即：保护人民的言论出版自由，剥夺反人民的言论出版自由。

同年12月29日，中共中央发出《对新区出版事业的政策的暂行规定》，做出下列几项规定：

1　中共中央文献研究室编：《周恩来年谱（1898—1949）》（修订本），795页，中央文献出版社1998年版。

2　仲秋元、蔡学昌：《生活·读书·新知三联书店大事记》，《生活·读书·新知三联书店文献史料集》，1342—1344页，生活·读书·新知三联书店2004年版。

（1）没收国民党反动派的出版机关。如正中书局、中国文化服务社、独立出版社、拔提书店、青年书店、兵学书店等，均属此类。如有民营书店之借用上列牌号者，则应在处理上加以区别。此类书店没收后，原书店即不准再开业。

（2）民营及非全部官僚资本所经营的书店，不接收，仍准继续营业。其中官僚资本应予没收者，须经详细调查确实报告中央，再作处理。

（3）凡允许继续营业的书店，其书籍暂任其自由发卖，不加审查。如出版教科书者，则劝告他们自行停售党义公民等教科书，及自己修改有关政治的教科书（如历史）。

（4）对于新出版的书籍中，如有政治上反动而又发生了重大影响的书籍，必须干涉及禁止者，暂时采用个别禁止及个别干涉的办法。这些书籍和非由显著的反动派所著作出版，则在采取禁止干涉措施前，应向中央请示。

（三）中共中央决定建立全国统一集中的出版领导机构和采取的重要措施

鉴于全国胜利的即将到来，如何将长期处于分散状态的各解放区工作统一起来，已成为一个突出的问题。在出版方面，中共中央于1948年8月间鉴于当时的形势和对以后局面开展的估计，决定建立全国性统一集中的出版领导机构。在中央的部署下，开始采取出版事业由分散到集中统一的各项措施。

生活·读书·新知三联书店总管理处成立之后，黄洛峰奉调北上，于1949年1月到达东北解放区的沈阳。中共中央1月28日发给东北局的电报中说："黄洛峰是调来准备担任中央出版局工作的，望帮助他了解东北及三联两书店的出版情形、干部配备、印刷力量和纸张供求情况，然后要他迅速前来，以便建立中央出版局。……中央出版局成立后，须解决全国党的书店如何统一，及与三联书店如何在统一领导之下分工合作等问题。你们的意见，请交他带来。"[1]

1949年1月31日，北平和平解放。中共中央于2月11日对北平解放后出版事业的统一与建立领导机构等问题，发电给中共北平市委书记彭真，北平市委第一副书记、北平市军管会主任兼市长叶剑英，北平市委第二副书记赵振声（即李葆华）并告中央宣传部派来北平工作的出版组祝志澄、华应申。电文中提出："组织临时的出版工作委员会，由黄洛峰、祝志澄、王子野、平杰三、华

1　中国出版科学研究所、中央档案馆编：《中华人民共和国出版史料（1949年）》，中国书籍出版社1995年版。

应申、史育才、欧建新为委员。委员会主任由周扬到平后决定。"[1]

黄洛峰于2月中旬抵达北平，周扬于2月16日在华北局宣传部召开临时出版委员会筹备会第一次谈话会上，传达中央宣传部陆定一部长指示："暂先在华北局宣传部领导下，由中宣部出版组、新华书店、新中国书局[2]等处同志合组临时出版委员会统筹华北出版工作"，并指定黄洛峰为主持人。

2月22日，出版委员会正式成立。在第一次会议上，周扬进一步明确说：平、津解放后，出版上的第一件事首先应该是做到统一，在步骤上首先把平、津先统一起来。从出版计划来说，首先应该统一的是出版，如教科书、马恩列斯的著作、毛主席的著作都要赶快做到统一出版，只有先求得出版的统一，业务才能统一。目前的工作重点在北平，首先解决平、津的统一，将来再召集各区，商讨整个合并。

出版委员会成立后，黄洛峰和委员们经过反复讨论，拟订了《出版工作计划书》，内容包括出版工作的领导方针、出版工作的分工及其任务、中央出版局的建立步骤，提出了具体的意见，并拟出《中央出版局组织大纲（草案）》。3月初，黄洛峰到河北平山县西柏坡向中央汇报、请示。

3月17日，陆定一将与黄洛峰商谈的情况和对出版局工作方针、资金等问题的意见向周恩来做了书面请示。周恩来批交董必武、胡乔木先阅。董必武对资金、财务和纸张问题提出五条具体意见，连同黄洛峰带来的《出版工作计划书》和《中央出版局组织大纲（草案）》，经周恩来做了最后阅批，指示："出版工作需要统一集中。但是要在分散经营的基础上，在有利和可能的条件下，有计划地、有步骤地走向统一集中。"出版委员会秉承这一指示，逐步实现出版工作的统一集中。

早在1948年8月，胡愈之奉命赴解放区，由香港经朝鲜转大连等地，到达河北平山县西柏坡，向中央汇报在海外工作情况。毛泽东、周恩来等中央领导接见了他并谈了话，决定他还是在中央统战部领导下做民主党派的工作。胡愈之于1949年2月1日到达解放了的北平，参加新政协的筹备工作；5月着手筹办民主同盟中央

1　中共中央指定的出版委员会委员，除电文中所列的7人外，黄洛峰于1949年10月5日全国新华书店出版工作会议上所做出版委员会工作报告中说：以后又加了徐伯昕。

2　新中国书局是生活·读书·新知三联书店在华北解放区设立机构所使用的店名。1949年8月15日，生活书店、读书出版社、新知书店联名在报上刊登公告称：全国已解放，三家书店过去以兄弟图书公司、光华书店、朝华书店、新中国书局等名义经营已无必要，今后统一店名为"生活·读书·新知三联书店"。

机关报《光明日报》并担任总编辑。他于3月间见到周扬时谈了对新中国出版事业的设想和意见，周扬于3月17日将胡愈之对出版工作的五点意见，向中央发电做了汇报，在电文中提出建议："可否请其参加或主持出版方面工作，他对此有经验，亦有兴趣，如何盼示复。"[1] 9月，胡愈之被聘任为新华书店总编辑，10月，中央人民政府成立后，被任命为政务院文化教育委员会委员、出版总署署长。

接管·建店·供应新书

随着人民解放战争的节节胜利、大中城市的陆续解放，在出版方面面临的紧迫任务是：城市解放后，在当地军管会的统一领导下进行出版接管工作，同时筹建新华书店，让门市部尽快开业，向新区广大人民供应新书。

1948年11月，华北新华书店根据华北局宣传部通知，派出以副经理李长彬、王钊为首的书店人员到平津前线准备入城后参加接管工作并建立新华书店。1949年1月初，中央宣传部电告东北局宣传部，要求东北书店派部分干部随军入关，协助中宣部出版组和华北新华书店参加平津两地接管国民党的出版企业和建立新华书店工作。东北书店总店（当年7月1日改称东北新华书店）抽调30余名干部，由副总经理卢鸣谷、齐齐哈尔分店经理史修德率领，携带书籍700余种、30余万册，赶赴平津前线。山东和华北、西北、华中新华书店也赶印了大批图书派遣干部随军进入新解放的城市。由于各方面的努力，天津、北平、南京、武汉、上海、广州、西安等城市解放后，出版接管、建立新华书店和向新解放区人民迅速供应新书三项任务都完成得很有成效。下面仅举北平、上海两地的情况，以见一斑。

（一）北平

1949年初平津战役期间，东北野战军和华北野战军并肩战斗。出版方面，东北书店和华北新华书店派出的一批干部也团结一致，共同参加平津两地的出版接管和建店工作。中央宣传部派出以祝志澄、华应申为首的出版组，于北平和平解放后一面参加接管，一面部署出版工作。

1　中国出版科学研究所、中央档案馆编：《中华人民共和国出版史料（1949年）》，49页，中国书籍出版社1995年版。

在解放军围困北平的前夕，朝华书店（生活·读书·新知三家书店1947年在北平设立的发行机构）经理陈国钧（1948年初至1949年）与北京大学文化服务社负责人朱彤（均为中共党员）为了宣传党的政策，使知识分子和工商业主不受国民党的谣言蛊惑，根据解放区出版的报刊和中国共产党的文件编印了《论知识分子政策》《城市工商业政策》两本小册子，秘密散发到知识分子家中、学校、商店等处；并注意摸清市中心的国民党官僚、特务等机构位置，供有关部门接管时用；又将秘密藏放在5个地方的革命书刊运回书店，于新中国成立后供应读者。[1]

1月31日北平和平解放后，中国人民解放军北平市军管会文化接管委员会于2月7日命令徐迈进、万启盈、卢鸣谷和王钊、张兴树组成两个军管代表组，分别接管了正中书局北平分局、独立出版社、中国文化服务社北平分社及其所属印刷厂。2月22日，祝志澄、周永生等组成的军管组接管位于北礼士路的正中书局北平印刷厂。黄洛峰在出版委员会工作报告中曾说："我们进入北平以后，在工厂中控制的物资很少，拿到一个厂子，差不多都是一些破破烂烂的东西，拿到的纸头不到2000令。"据有关史料描述接管正中书局北平印刷厂的情况时说："接管时，厂内四门大开，轻便物资几乎全被劫走，遍地布满避弹壕，室内堆积着三尺厚的马粪、垃圾。临解放前（1月5日）一场大火，烧毁房屋三百余间，机器一百余部。"[2]接管后，经过整修机器，将接管的独立出版社印刷厂、军事调处时期创办《解放三日刊》时所办的工合印刷厂的机器拉来，又从华北新华书店印刷厂拉来部分设备并调入职工60余人，成立了北平新华印刷厂，于4月8日局部开工，4月24日正式开工。

经过书店职工的紧张劳动，东北书店和华北新华书店分别在王府井大街南口和西单北大街建立的两个门市部于2月10日开业。分属东北、华北两个书店系统的职工在新华书店的同一块招牌下团结合作，门外悬挂的"新华书店"店招，是毛泽东主席于两个月前在西柏坡重新题写的（原店招为毛泽东于1939年在延安题写），在全国最早使用，分外夺目，标志着新华书店进入了一个新的历史阶段。

新华书店门市部开业后，受到新解放的北平广大人民群众的热烈欢迎。在王府井门市部200平方米的店堂中，每天涌进的读者多达四五千人。新华社特派记者刘白羽参观后惊叹说："新华书店每天有这样多的读者，在全国各解放区都未

1　陈国钧：《"还是我去"——悼念战友许静》，《联谊简讯》2002年第2期。
2　郑士德：《中国图书发行史》，711页，高等教育出版社2000年版。

见到过。"担任北平市新华书店第一任经理的卢鸣谷当时向东北书店总店汇报工作的一封信中说:"……北平有十几个大学,一百四十多个中学。那些大中学校的学生们,看到我们的出版物都特别高兴,都说:过去'饿'透了,这回可要看饱了。他们把银圆和订婚戒指换了人民币,来买我们的各种书刊。……书店门市部里整天挤满着各阶层读者,工人、学生、职员,还有国民党军队起义的军官,他们急切需要知道党的政策和政治常识这类书籍。……几十家私营书店,都来要求批书代售,我们无法满足他们的要求。还有北大、清华、燕京、北师大等一些高等学校的书报代办部,都来和我们联系,希望发给他们一部分新书,帮他们扩大代办部的业务,我们只能少量地给他们一些新书……"[1]

为了满足读者要求,新华书店门市部专门开辟了阅览室和借书处,将每种书留出5至10册,免费向读者借阅(只收押金,不收租费),使有限的图书能在更多的读者中发挥作用。借书的人很多,有的把书借回家,不仅全家阅读,还传给亲友读。当时,在图书供不应求、公共图书馆尚未开放的情况下,这个措施很受欢迎,特别是更受一些买不起书的贫穷学生的欢迎。后来,出版新书增多,公共图书馆、文化馆相继开放,书店才停止了借书业务。

北平解放的前后,生活·读书·新知三联书店的领导和干部迅速到达北平,欧建新作为三联书店总处的代表参加了北平市军管会文化接管委员会的工作,他随军进城后即和朝华书店取得了联系。三联书店总处又派营业部副主任赵晓恩到北平筹建新中国书局北平分局,并为三联书店总处从香港迁来北平做准备工作。赵晓恩在北平市军管会等领导部门的支持和帮助下,很快在王府井东安市场西门马路对面选定一家歇业的绸缎庄二层楼房作为店址,开始筹备建立新中国书局北平分局。工作人员除了朝华书店原有人员外,还从天津分店调来新招收的练习生8人,又从本市招收十多位练习生,合计有20多人,由刚到北平的香港三联书店门市部负责人蔡学昌负责门市部工作,对新同志抓紧进行门市业务的培训。在货源上也做了充分准备,有东北运到的光华版和新华版大批解放区出版的图书,又有朝华书店储备的上海和香港版的图书,齐全的品种是过去不易见到的。

3月11日上午,新中国书局北平分局门市部在红旗招展和爆竹声中开业,热情的读者一拥而入,立时挤满了店堂,里三层外三层的人群如潮,使整架的图

1　卢鸣谷:《胜利进军中建立的京津宁沪新华书店》,《书店工作史料》第1辑,新华书店总店1979年编印。

书立即成为空档，开票、收款、往书架上添书成为书店中最忙碌的岗位。第一天的营业额即达40万元（当时200元可兑换银圆1元）。

门市部中，毛泽东著作单行本以专台陈列，是销售的热点，《社会发展史》《大众哲学》和解放区的一套新文艺读物等书都十分抢手。最受欢迎而难求的是东北版的《毛泽东选集》精装本。一些高级民主人士渴望买到这部书，但书少难以满足。国民党派来和谈因和谈破裂而留在北平的代表向叶剑英要书，叶向王府井新华书店经理卢鸣谷要去10本。三联书店过去在国民党统治区和民主党派有密切联系，已到北平的周建人等人请新中国书局北平分局经理赵晓恩设法，赵和卢鸣谷商量后应允给予照顾，从新华书店的存书中挤出少量供应。

书店门市部的热闹场面延续了一个多月才稍见平静，而批发、邮购、电话购书、流动服务等业务则逐月发展起来，受到读者欢迎。书店的营业收入，除一部分汇往东北的光华书店供进书之需外，余数用来购进纸张，供日后出版本版书之用。

徐伯昕率香港三联书店部分人员于1949年3月底到达北平，很快建立起编辑出版部门，开始出版三联版新书和重印适合新解放区人民阅读的本版图书。三联书店迁至北平的出版经费，开头时依靠借贷资金运转，住在北平亲戚家的邹韬奋夫人沈粹缜还为此出过力。[1]

（二）上海

1949年3月初，上海地下党组织派钱杰到商务印书馆恢复徐文蔚、侯相整的党组织关系，与石敏良、徐春生组成上海商务印书馆党支部，由中共上海市工委领导。上级党指示商务党支部把大革命时期留下来而失去联系的中共党员、团员和一批倾向共产党的积极分子吸收为工人协会会员，组织他们分头对商务的资产、财物、机器、设备、人员等进行调查统计，并做好护厂、护店、护楼工作。当时，在商务担任国民党57区分部主任的黄色工会理事长潘荣林已接到社会局的通知，要他搬运商务印刷厂的机器设备并动员一批印刷技工一起去台湾，到台后保证潘担任印刷厂的厂长。中共商务支部获悉后，派石敏良找潘谈话，向他分析了当前的形势，晓以大义，指明前途，劝他不要执迷不悟，使潘不敢擅动。富于革命斗争传统的商务职工，在中共商务支部的领导下，积极参

1　许静：《漫道"朝华"迈进"新中国"》，《联谊通讯》第72期；赵晓恩：《北平新中国书局的创办及其变迁》，《六十年出版风云散记》，中国书籍出版社1994年版。

加各项护厂工作，自觉保护机器设备、财产物资，使国民党的迁厂、破坏阴谋未能得逞。

5月中旬，解放大军已到达上海郊外，中共商务支部接到上级党指示赶制"欢迎中国人民解放军"的横幅和印制上海解放的宣传标语，很快完成任务。商务总馆距离福州路的国民党警察总局只一箭之地。5月25日拂晓，商务职工突见警察总局挂出了表示投降的白旗后，立即在福州路河南路口的跨街上悬挂出具名"上海工人协会商务印书馆分会"的全上海第一幅"欢迎中国人民解放军"的横幅。9时许，解放军先头部队从福州路外滩方向，由东向西而来，河南路开始解放。在热烈庆祝上海解放的欢呼声中，商务印书馆全体职工坚守岗位，满怀激情地开始了新中国的经济文化建设活动。[1]

上海解放前，上海地下党组织已在生活书店转入地下的部分人员中建立了一个党小组，由许觉民、方学武、董顺华组成，许觉民担任党小组长，方学武还单线联系了党员范用、孙洁人、吴复之，这个党小组由周天行领导。他们秘密联系了一些在政治上可靠的同志，对上海出版业中有国民党官僚资本的单位的情况进行调查研究，整理出材料，并分别向那些有官僚资本的出版单位负责人投寄了警告信，要他们保护好资产设备，不得转移破坏。上海解放后，接管时这些机构有的负责人拿出警告信说：信早收到，遵命照办了。[2]

三联书店为了使上海解放后能够立即开业做了货源准备，从1949年二、三月份起即由留沪人员组成秘密的造货机构，由范用、赵均负责。对外借了黄金，购进3000多令纸，接洽几家印刷厂，秘密排印新书和重版书，上海解放前三个月内就印出了新书22种，发排新书30多种。这批图书为三联书店于上海解放后门市部的开业提供了丰富的货源。[3]

在上海解放前一个月，中共香港文委派吉少甫、唐泽霖赶到上海，由吉少甫负责出版工作的准备，唐泽霖负责印刷厂接管的准备工作。香港的三联书店、新民主出版社、群益出版社3家合作，由吉少甫携带一套新民主出版社排印的毛泽东著作7种纸型（《新民主主义论》《在延安文艺座谈会上的讲话》《论

1　石敏良：《商务职工的护馆、护厂活动》，《商务印书馆一百年》，710—715页，商务印书馆1998年版。

2　方学武：《上海生活书店复业和接管工作》，《我与上海出版》，学林出版社1999年版；范用：《在迎接上海解放的日子》，《联谊简讯》2003年第6期。

3　仲秋元、蔡学昌：《生活·读书·新知三联书店大事记》，《生活·读书·新知三联书店文献史料集》，生活·读书·新知三联书店2004年版；许觉民：《上海分店和上海办事处概况》，《生活·读书·新知三联书店文献史料集》，生活·读书·新知三联书店2004年版。

联合政府》等），另一套纸型则由航空公司寄上海邮局留交"陈中新"（假名）收。5月27日上海全市解放，苏州河两侧还有零落的枪声，吉少甫和范用骑着自行车过四川路桥，去邮局取出留交的7种纸型，许觉民、董顺华早已做好纸张和印刷厂的安排。秘密地先大批量地印好7种毛泽东著作的正文，上海解放后再印封面，很快装订好就在书店门市部和读者见面了。[1]

上海解放后的出版接管工作由上海市军管会文化教育委员会新闻出版处领导（处长周新武，副处长徐伯昕、祝志澄、李辛夫）。接管出版人员主要有两路人马，一路是出版委员会派出的徐伯昕、祝志澄、朱晓光、赵晓恩、毕青、蔡学昌等人；另一路是来自山东的华东新华书店的王益、叶籁士、汤季宏、宋原放、刘子章、洪荣华等百余人。参加接管的人员曾在江苏丹阳集训，学习党的各项政策和入城守则，整理、研究上海地下党组织送来的关于国民党在上海的官僚出版单位的材料，以及一些民营出版业中官僚资金所占份额等情况，为进城后的接管工作做了充分准备。

上海解放后，军管会对国民党官僚资本的出版机构采取接管、封闭、没收等措施。从5月29日到8月20日，一共接管了33个单位，其中包括没收房屋70处、纸张1万余令、油墨7000多磅、小汽车8辆、大小印刷机83台，以及大量的铅字、铜模、图书杂志，被接管单位的人员602人。[2]对渗有较多官僚资本的世界书局、大东书局，则采取先行军事管制，资产清理后，对官僚资本加以没收，私股则发还原股东。还有20家接受外国津贴的出版机构，绝大部分是宗教团体主办的，根据有关条例登记后由宗教团体管理。

6月5日，上海新华书店第一门市部和第二门市部分别在原中国文化服务社和正中书局门市部旧址同时开业。从华北、东北、山东解放区带来的几十万册书刊受到上海读者的热烈欢迎，上海生活·读书·新知联合发行所也恢复营业。除新华、三联外，还运用上海特有的城市条件，成立了人民书报供应社（受上海新华书店、解放日报社共同领导），通过全市320个书报摊贩把大量新书刊迅速送到上海的各个角落。

华东新华书店进入上海后，就开始了出版业务，三联书店上海分店、时代出版社及上海市总工会创办的劳动出版社等都及时地出版新书和重版图书。原

1　吉少甫：《建国初期上海出版工作的回顾》，《书林初探》（增订本），上海三联书店2001年版。
2　熊月之主编：《上海通史》第14卷第6章《出版业的曲折与振兴》，上海人民出版社1999年版。

1949年4月5日，山东解放区欢送华东新华书店编辑部随军南下的同志留影。（二排右五为王益先生，右六为叶籁士先生，左三为宋原放先生。）

正中书局等印刷厂改组成的上海新华印刷厂和上海新华印刷二厂开始大量印刷书刊。上海出版的书刊不仅供应上海本地的需要，还向华东地区及全国各地的书店供应。

上海解放后，华东局宣传部参照中央宣传部出版委员会的模式组建了华东出版委员会，主任委员由华东局宣传部副部长冯定兼任，副主任委员为王益、卢鸣谷，其性质和任务与中宣部出版委员会一样，实际上形同它的华东分会。下设有秘书室、编辑室、出版室、厂务室、研究室等部门。编辑室的正副主任为叶籁士、宋原放，出版室主任赵晓恩、厂务室主任万启盈、研究室主任方学武。1950年4月，华东出版委员会撤销。[1]

出版委员会的成立和主要工作

中宣部出版委员会于1949年2月22日成立后，组织机构分为出版处、厂务

1　赵晓恩：《关于南下参与接管上海出版业工作》，《六十年出版风云散记》，中国书籍出版社1994年版。

处、秘书室、会计室四个部门。出版处（主任华应申、副主任徐律）下设编校、出版、杂志出版、印务、美术五科和资料室；厂务处下设管理、技术研究、印务、材料四科；秘书室（主任王钊、副主任程浩飞）下设人事、文书、总务三科；会计室（主任陈正为）。

据曾任出版委员会出版处印务科科长的王仿子回忆，当时人员短缺，机构和人员都是逐渐增加的，如资料室、厂务处等机构的负责人一直到出版委员会结束还是空缺的。出版委员会的主要骨干由长期在解放区工作的工农分子出身的干部和长期在国民党统治区的知识分子出身的三联书店干部组成。到8月底统计，出版委员会本部有职工87人，其中共产党员36人。从年龄说，20至30岁的65人（其中有新招收的青年38人），是一支比较年轻的出版队伍。[1]此外，由出版委员会直接管理的北平新华印刷厂、新华油墨厂、华北新华书店等单位的职工共1428人。

出版委员会成立之后，除了参加北平、天津的出版接管工作以及派出干部南下参加南京、上海的接管工作外，还进行了以下主要的工作。

（一）出版工作

统一出版先从统一版本开始。出版委员会出版的任务重点，首先是出版政策文件和干部读物，其次是中小学教科书，统一版本也就从这几类出版物开始。

1. 出版委员会成立后，最先出版的几种书是以解放社名义出版的重要政策文件选集《目前形势和我们的任务》《将革命进行到底》《论工商业政策》等。其中《目前形势和我们的任务》一书选编了从1947年5月30日至1948年7月30日期间中共中央文件和毛泽东的文章、讲话，新华社社论等14篇，解放社在书前的《编者说明》中称："这些文件过去在各地发表时，因为电讯传达的关系，大都或多或少地有些错漏，现在经新华总社根据原稿校对，汇印成册，作为标准本。各解放区翻印这些文件时，请以此本为据。"这个标准版本，华北新华书店于1948年9月出版后曾提供多副纸型供各解放区翻印，出版委员会成立后，继续组织各地大量印行，对当时的干部进行形势、任务和政策教育起过很大的作用。[2]

2. 准备出版新版《毛泽东选集》。早在抗日战争末期和解放战争时期，华

1　王仿子：《回忆出版委员会》，《北京出版史志》第6辑，北京出版社1995年版。
2　曹国辉：《"标准本"——版本统一的开端》，《出版参考》1999年第5期。

北、东北等解放区曾出版过几种不同版本的《毛泽东选集》，对于宣传和学习毛泽东思想、教育干部，都发挥过重要作用。但这些《选集》"都是没有经过著者审查的，体例颇为杂乱，文字亦有错讹，有些重要的著作又没有收进去"（1951年8月25日《毛泽东选集》第一版出版的说明）。所以，1949年中共中央在西柏坡时就决定编辑一部经著者亲自审定的，编辑体例合理、文字没有错讹、篇目没有重要遗漏的《毛泽东选集》。

出版委员会对于新版《毛泽东选集》的出版工作十分重视，黄洛峰1949年10月5日在新华书店出版工作会议上作出版委员会工作报告中说："当4月24日北平新华印刷厂举行开工典礼的时候，我们就曾号召全厂为印好《毛选》而努力。开始发排的时候，我们也曾动员了整个出版部门的同志们，为迎接这个光荣的政治任务而努力。"报告中说："《毛选》新版在5月6日发稿，6月初排完，6月中旬我们校完了三校，现在编委会也已校对完毕，全部校样正送呈毛主席亲自校阅中，业经毛主席亲自校阅改正后第二次送校的约有500面，占全书的三分之一。"[1]

由于多种原因，《毛泽东选集》第一卷直到1951年10月才正式出版。

3. 出版"干部必读"。1949年2月，中国共产党七届二中全会召开前夕，中共中央为了提高全党的马列主义理论水平，以迎接中国革命向社会主义革命的伟大转变，指示中央宣传部的张仲实提出一个理论学习计划，张仲实和胡乔木商量后拟定了学习马列主义著作的12种书目录，毛泽东阅后在上面批了"干部必读"四字，印发中共中央委员和候补委员。

3月13日，毛泽东在中共七届二中全会上的总结中说："……我们比较缺乏的是马、恩、列、斯的理论，我们党的理论水平低，虽然也翻译了很多书，可是实际上没有对马、恩、列、斯著作做很好的宣传。所以现在应当在全中国全世界很好地宣传马、恩、列、斯关于唯物主义、关于党和国家的学说，宣传他们的政治经济学，等等，而不要把毛与马、恩、列、斯并列起来。我们说，我们这一套是一个国家的经验，这样说法就很好，就比较好些。如果并列起来一提，就似我们自己有了一切，似乎主人就是我，而请马、恩、列、斯来做陪客。我们请他们来不是做陪客的，而是做先生的，我们做学生。"毛泽东还说："关于十二本干部必读的书，过去我们读书没有一定的范围，翻译了很多书，也都发了，现在积二

---

1 黄洛峰：《出版委员会工作报告》，《中华人民共和国出版史料（1949年）》，中国书籍出版社1995年版。

十多年之经验，深知要读这十二本书，规定在三年之内看一遍到两遍，对宣传马克思主义，提高我们的马克思主义水平，应当有共同的认识，而我们许多高级干部在这个问题上至今还没有共同的认识。如果在今后三年之内，有三万人读完这十二本书，有三千人读通这十二本书，那就很好。"[1]

"干部必读"的12本著作，即：《社会发展史》《政治经济学》《共产党宣言》《社会主义从空想到科学的发展》《帝国主义是资本主义的最高阶段》《国家与革命》《共产主义运动中的"左派"幼稚病》《论列宁主义基础》《联共（布）党史》《列宁斯大林论社会主义建设》《列宁斯大林论中国》《马恩列斯思想方法论》。这12种书中，马克思、恩格斯著作2种，列宁著作3种，斯大林著作1种，苏联编著的书2种，解放社根据马恩列斯的言论摘编的书4种。据张仲实在《我的编译生涯》一书中所述，《马恩列斯思想方法论》是毛泽东在延安时亲自编辑，张仲实和艾思奇、吴亮平、柯柏年等参加了搜集材料的工作；《列宁斯大林论中国》《列宁斯大林论社会主义建设》《社会发展史》是张仲实编译的。

出版委员会将12种书编为8卷，以解放社的名义出版。整套书为25开本，初版每卷印3万册（其中布面精装本1.1万册），从1949年6月至1950年6月出齐，初重版总计印了300余万册，成为新中国成立初期干部学习马列主义理论的必读书籍。

4. 出版委员会出版的图书，还有经中央宣传部核定的曾在延安和各解放区出版的理论性和政策性图书130种，柯仲平、陈涌等编辑的"中国人民文艺丛书"55种等。截至1949年10月，出版委员会在平津两地印刷厂新排重排的图书共有315种（合371册），共印577.6万余册。同时，还出版了《争取持久和平，争取人民民主》（共产党与工人党情报局机关报中文版）和《新华月报》《中国妇女》《人民文学》《文艺报》《新音乐》《中苏友好》等7种期刊20期，印行33.9万册。

出版委员会出版的书籍，凡是政策文件和理论读物（如"干部必读"等），用解放社名义出版，其他图书用新华书店名义出版。为了统一版本，每种书一般都要打6副纸型，除留2副外，其余4副分送东北、华东、华中、华南4地印刷用，使全国印的同一种书，只有一个经过认真校订的版本。所有书刊均由华北新华书店总发行。

1　中共中央文献研究室编：《毛泽东文集》第五卷，260页、261页，人民出版社1996年版。

（二）出版中小学教科书，建立公私合营的联合出版社

向新解放区中小学学生供应教科书，是出版委员会成立后的一项重要任务。1949年5月，华北人民政府成立了教科书编审委员会，由叶圣陶任主任委员，周建人、胡绳任副主任委员。过去，各解放区都是自编、自印教科书，不仅教材不一致，课程标准也不一致。教科书编审委员会成立后，从华北、西北、东北解放区使用过的课本中选用一部分，又从商务印书馆、中华书局、开明书店、大东书局等出版的课本中选用一部分，有的经过修订，实在找不到合适的，才重新编写。

春秋两季中小学教科书的出版发行，数量大，时间紧，任务十分繁重，光靠出版委员会、新华书店的力量，在资金、人力、纸张、印刷等方面都远远不够。黄洛峰就运用私营出版业的力量，于1949年7月在北平组建了华北联合出版社，由史育才任董事长，薛迪畅任经理，工作人员42人。先后参加华北联合出版社的股东共25家，投资总额1193股（每股按北平的中国人民银行折实单位[1]500个计算），其中新华书店和三联书店的公股占48.5%，商务印书馆、中华书局、开明书店等23家私营出版业的私股占51.5%（认股额以80%缴白报纸，以20%缴现款）。北联社自1949年7月1日成立，至1950年10月结束，共计印制三个季度的中小学和民校教材2036.2万余册，用纸42,346令（各股东社共交报纸1.2万令），销货总额166.24亿元（旧人民币，1万元折合1955年3月发行的新人民币1元，下同）。

华北联合出版社印制的中小学教材，供应了全华北五省与陕西省的中学和平津两市及附近几十个县的小学。该社结束时结算，由于购进纸张升值等原因，共获利32.5亿元。1950年12月，出版社私股全部撤回，改建为人民教育出版社，实行国营，发行工作人员划归新华书店总店新成立的课本发行部。

参照华北联合出版社的做法，上海市军管会新闻出版处组织新华、三联和商务、中华、大东、开明等62家公私营出版社成立了上海联合出版社，由王益、万国钧分任董事长和经理。上联社的投资总额1603股（每股按上海的中国人民银行折实单位500个计算），共收股款75,661万元人民币，白报纸33,010令。其中新华、三联投资的公股占20.75%，私股占79.25%。上联社于1949年7

1　"折实单位"是我国解放初期实行的一种以实物为基础而以货币折算的单位。1949年春始于天津，一个折实单位以含面粉一斤、玉米面一斤和白布一尺的前5天的平均价格为标准。以后北京、上海等地也开始实行，但标准不一。各地中国人民银行按当地折实单位所含实物的市价计算，逐日挂牌公布。随着人民币币值和市场物价的稳定，1954年以后银行不再公布折实牌价。

月21日成立，到9月中旬就赶印出中小学教科书800万册，基本上满足了华东、华中新解放区学校教学的需要。该社于1950年10月31日结束，编辑、发行部门分别并入人民教育出版社上海办事处和新华书店华东总分店。

新中国成立前夕，在南北两地建立的联合出版社，黄洛峰称之为是不同于三联书店那样一种公私合营的新形式。公营出版社仅用了1/4的力量，运用了私营出版业3/4的力量，既利用了私营出版业的资金，又利用了他们的经验，在较短的时间内，使处于大变革时期的中小学教科书供应工作得到平稳的过渡，且获得公私两利的效果。这是新中国成立后最早对出版业进行公私合营工作的一次成功的尝试。

（三）统一华北书店工作

出版委员会遵照中央关于出版工作统一集中在步骤上首先把平津两地统一起来的指示精神，从1949年3月即着手统一华北地区的出版发行工作。3月27日，中共中央华北局宣传部、秘书处决定自即日起，将华北新华书店移交出版委员会领导。经过一段工作后，出版委员会于5月10日正式宣布东北、华北两个系统在北平、天津的新华书店合并，分别成立了新华书店北平分店和天津分店。

（四）调研全国出版事业概况

出版委员会成立后，黄洛峰组织分别来自解放区和原在国民党统治区的干部着手调查研究全国出版业的历史和现状。经过三个多月的努力，于6月5日写成《全国出版事业概况》，供领导研究参考。这份调研报告全文约1.5万字，内容包括全国出版业主要单位的出版情况、排印能力、纸张供需等概况以及目前存在的问题等；附件有华北、东北、华东新华书店及新中国书局主要情况的介绍，半官僚资本及部分官僚资本出版业概况及负责人姓名，私营大书店一览，以及对外界翻印书籍问题的意见等。

（五）举办业务训练班

新华书店进城后，由于业务迅猛发展，日益感到人手不足。北平市新华书店经领导批准，在《人民日报》刊出招收职工启事，前来报考的男女青年有两三千人，都是十八九岁的初高中学生，也有少数大学生。经过选择和考核，先后录取120余人；新中国书局也招考吸收了一批青年。出版委员会为了帮助各直属单位的青年提高政治思想水平、熟悉业务，决定举办业务训练班，由程浩飞任教务主任，邹雅任指导员，黄洛峰和华应申分别兼任训练班的正副主任。

业务训练班于5月1日开学，7月10日结业。参加学习的学员53人，分别来自北平新华书店两个门市部和新中国书局等单位，其中70%是书店新招收的职员或练习生，参加书店工作一般只有两三个月。训练班的课程分政治课、业务课、文化课，来讲课的有艾思奇、周建人、萨空了、何其芳、胡绳、王子野、华应申等。

这个训练班受到中央宣传部的重视。在7月10日训练班结业晚会上，陆定一和胡愈之等领导出席。陆定一在讲话中说，这次参加训练班的人数虽然不多，但意义很大。他简要回顾了革命时期出版工作的历史，通过新旧社会的对比说明人民出版事业有远大的前途。他说："今天我们的技术不好，这应该承认，但我们要学习，还要超过别的出版业。在过去条件不够，但今天不同了。只有大家提意见，有了批评与自我批评，我们的出版事业才能发展。要为人民服务，向人民负责。"他着重指出："我们不是普通的出版家，而是革命的出版家。同志们第一是革命家，第二才是出版家。对我们的工作，要抱很严肃的态度。封面印得好不好？排得好不好？有没有错字？不要因为这工作不是我做的，不关我事。同志们是一个革命家，就要向人民负责，一点错误都不应发生。我们不能给老百姓吃毒药，要连沙子亦不能有。"[1]

（六）接受苏联政府赠送的图书

1949年9月，黄洛峰以中央出版委员会主席的身份，带领出版科科长朱希和刘辽逸（任翻译）到天津，与苏联驻天津商务代表诺维科夫商谈苏联政府赠送我国一批图书以及有关图书贸易问题。这时我国中央人民政府还未成立，中苏两国还未建立外交关系。但苏联政府为表示苏中友好，莫斯科外国书籍出版局早在半年前就开始为我国出版一批马列主义著作中文版，此时已印制完成，打包待运，急需确定接受单位。第一批图书是苏联国际图书公司主动发运的，以后才凭我国订单发货。来书分两部分，第一部分是俄文版的科学技术书籍5000种，每种2册。这批书是苏联政府赠送给我国政府做母本的，不计价；第二部分是莫斯科出版的中文版图书，包括《列宁文选》两卷集、列宁著作单行本《马

1　陆定一：《在出版委员会业务训练班结业晚会上的讲话》，《中华人民共和国出版史料（1949年）》，174页，中国书籍出版社1995年版。

克思主义的三个来源和三个组成部分》及《斯大林传略》等几十种，共3万册。这批书没有定价，按我国市场定价出售后以六折付人民币给苏方。

苏联政府赠送给我国的俄文版科学技术书籍5000种，经有关部门选择翻译出版后，对我国建国初期学习苏联，发展教育、科学、文化事业发挥了重要作用；苏联出版的中文版书籍定价低廉，因而发行后极受我国读者的欢迎。

黄洛峰等从津返平后，出版委员会即决定成立专门经营外文书报（包括"莫斯科中文版"书籍）的发行机构，定名国际书店，成为新中国出版外贸的开端。

（七）筹备召开全国新华书店出版工作会议

1949年7月，中央宣传部决定召开全国出版工作会议，由出版委员会负责筹备。召开这次会议的目的是"总结出版发行工作的经验，了解过去及当前的工作情况，决定今后新华书店出版工作的方针和统一办法"。这次会议的名称定为"全国新华书店出版工作会议"，原定于9月26日开幕，因正逢中国人民政治协商会议第一届全体会议开会，乃延至10月3日开幕，于19日结束。

1949年11月出版总署成立后，出版委员会改制为出版总署出版局，由黄洛峰担任局长，出版委员会所进行的出版工作没有打乱，只是换了个名称。由于对外工作不能及时了结，出版委员会的名义到11月底才停止使用。

中宣部出版委员会从成立到结束，虽然仅存在三个季度的时间，是个带有临时性、过渡性的机构，但在当时面临全国解放的特定历史条件下，做了大量工作，发挥了重要的作用，为新中国成立后全国出版事业从分散走向统一集中做了重要的准备。

发展人民出版事业的新起点

1949年9月29日，中国人民政治协商会议第一届全体会议通过了《中国人民政治协商会议共同纲领》，其中第49条中规定："发展人民出版事业，并注重出版有益于人民的通俗书报。"

新中国的人民出版事业，是以原来在解放区建立的新华书店和国民党统治区以生活·读书·新知三联书店为代表的进步出版业为基本力量而建立起来的。

1937年在中共中央所在地延安建立的新华书店，随着抗日战争和解放战争的胜利，各革命根据地和解放区不断延伸扩大，到1949年9月，全国已有新华书店分支店735处，印刷厂29处，职工8123人。据华北、东北、华东、西北、中南五大战略区新华书店的统计（西南新华书店尚未建立），从1940年至1949年8月，累计出版书籍（含课本）5291种，发行4.47亿余册。[1]

生活·读书·新知三联书店的前身是1932年至1936年在上海创办的生活书店、读书出版社、新知书店。1949年7月18日，中共中央在《关于三联书店今后工作方针的指示》中说："三联书店与新华书店一样是党的领导之下的书店"，这三家书店"过去在国民党统治区及香港起过巨大的革命出版事业主要负责者的作用，在党的领导之下，该书店向国民党统治区域及香港的读者，宣传了马列主义、毛泽东思想和党在各个时期的主张，这个书店的工作人员，如邹韬奋同志等，做了很宝贵的工作。"[2] 三家书店于1948年10月在香港合并为生活·读书·新知三联书店，总管理处于1949年3月迁至北平。至1949年9月，总管理处和北平、天津、上海、香港等11处分店有职工356人。每月出书30至50种（其中初版新书100万字，再版书300万字），平均每月出书约40万册，各地门市部每月发行书刊约3亿元。[3]

截至1949年9月，除新华书店外，公营出版社北京还有工人出版社，上海有劳动出版社，出版工人读物；公私合营出版社除生活·读书·新知三联书店外，还有华北联合出版社和上海联合出版社，出版中小学教材。

新中国成立前夕，经过出版委员会的工作，公营出版力量虽然已经在出版业中占了领导地位，但还存在着以下一些问题和缺点：

第一，新华书店就其力量、数量与分布面积来讲，已经成为全国最大的公营书店，担负着人民出版事业的主要任务，但除北平、天津两地的华北、东北两个发行系统于1949年5月统一领导之外，其他地区的新华书店还没有统一，仍然是分区独立经营，分别由各省、市、县党委领导与管理，处于力量分散、制度不一致、各自为政的状态。

第二，公营出版社虽有一定的发展，但数量很少，书籍的出版品种和数量

1　胡愈之：《全国出版事业概况》，《全国新华书店出版工作会议专辑》，新华书店总管理处1950年编印。其中新华书店分支店数字及出书发行册数据新华书店总店统计数订正。

2　《中共中央关于三联书店今后工作方针的指示》（1949年7月18日），《中华人民共和国出版史料（1949年）》，190页，中国书籍出版社1995年版。

3　邵公文：《生活·读书·新知三联书店工作报告》（1949年10月8日），《全国新华书店出版工作会议专辑》，新华书店总管理处1950年编印。

都不能适应新中国成立后建设事业和人民群众的需要。1949年全国出版的图书只有8000种、1亿余册，年平均每人可分得图书的数量仅为0.19册。

第三，全国还有相当数量的私营出版业存在。长期遭受国民党反动统治压迫的私营出版业处在新旧社会的大转变时期，有的持观望态度，有的工作停顿，营业额萎缩，存在不少困难。随着新中国成立后人民群众文化需要的增长，一些投机的私营出版商出版了很多粗制滥造、甚至歪曲中国共产党和人民政府的政策或质量低劣的出版物，而有关出版领导部门对私营出版业的领导和监督工作都做得很不够。

新中国成立前夕，人民出版事业"自资金、干部到生产力都比较小，一般说只能占全国出版业的1/4光景"[1]。中华人民共和国成立后，就是在这样的起点上，建立新型的、人民的、社会主义的出版事业。

1　《全国出版事业概况——胡愈之在全国新华书店出版工作会议第三次大会上的报告》，《中华人民共和国出版史料（1949年）》，259页，中国书籍出版社1995年版。

新中国重视通俗读物的出版工作[1]

新中国成立后，通俗读物的出版工作一直受到党和政府的重视，毛泽东等中央领导同志对这项工作曾作过多次指示。现从出版工作的历史档卷中，将1949年10月新中国成立后到1965年这一时期的有关情况作一概略的回顾。

一

1949年10月3日至19日，新中国成立后召开的第一次出版会议——全国新华书店出版工作会议在北京举行。毛泽东主席于9月间为会议题词："认真作好出版工作"；中央人民政府副主席朱德在会议开幕式上的讲话中，号召全国出版工作者准备迎接随着经济建设高潮而到来的文化建设高潮，勉励大家把人民政协《共同纲领》中有关出版事业的"发展人民出版事业，并注重出版有益于人民的通俗书报"这一条规定转变成事实，以满足千百万渴望着书报、渴望着文化的人民的需求。

1950年10月28日，中央人民政府政务院总理周恩来签署发布了《政务院关于改进和发展全国出版事业的指示》，其中提出："出版总署应当充分地动员和组织各方面的著作和编译的力量，使为人民所迫切需要的出版物（尤其是通俗书刊）能有丰富的供应，同时要用各种有效的方法使出版物在质量上逐渐提高。"

1951年4月，中央宣传部召开"通俗报刊图书出版会议"，陆定一部长在27

---

1 原载《中国出版》2004年第8期。

日的会议总结报告中说："通俗报刊出版问题是一个很重要的关系我国数万万人民的问题"，"通俗工作是我们国家的大工作，大家应该努力做这工作"。他对第一要解决好对通俗书报刊的思想认识问题，办好这项工作应该注意的方面，以及领导机关应对从事通俗读物的编辑、出版、发行工作有成绩的同志给以奖励等问题谈了意见。[1]

　　新中国成立后，广大人民对通俗读物的需求日益增长。出版总署于1953年夏专门向工人、农民、农村干部、小学教师和部队士兵进行了若干典型调查，他们普遍地反映真正适应他们需要的质量好的通俗读物太少。他们需要的通俗读物，主要是关于政治理论教育、政策解释、科学技术、文艺、文化学习几个方面。据1953年上半年的出版统计：在1948种通俗图书中，地方国营出版社出版的占50.2%，私营出版社出版的占42%，公私合营出版社出版的占3.5%，中央一级国营出版社出版的仅占4.3%。由于国营出版社的力量薄弱，而人民群众对通俗读物的需求又很迫切；因此，不少私营出版商大肆进行投机活动，以致许多粗制滥造、错误百出的通俗读物充斥市场。

　　1953年10月8日，出版总署党组小组向中央宣传部写了关于成立中央级的通俗读物出版社的请示报告。

　　12月8日，经毛泽东、刘少奇批准，中央宣传部向各中央局、分局并转各省、市委宣传部，以及中央各部委、全国总工会、团中央、妇联发出电报称："通俗读物的出版工作，是党向人民群众经常地进行政治教育和文化教育的一项重要工作。"为了弥补出版工作上的这一薄弱环节，中央决定成立通俗读物出版社，出版社的书刊以识字2000多以上（即完成扫盲识字学习）到初中程度的工农兵及其基层干部为主要读者。电报要求"各地省市以上党委除了加强对当地地方国营出版社的领导外，并注意推动文化团体和作家编写一些真正通俗的、适合工农群众阅读的优良的通俗读物，供给通俗读物出版社"。[2]

　　从1950年到1954年，据文化部统计，全国新出版的通俗读物和连环画（连环画缺1950年数字）共计13,200余种，初版和重版共印行4.69亿余册。在每年出版的一般书籍中（不包括课本、图片），各种通俗读物的种数和册数大体都占总数的1/3左右。在通俗读物的种数中，地方出版社出版的约占70%。

1　《陆定一在中宣部通俗报刊图书出版会议上的总结报告》，《中华人民共和国出版史料（1951年）》，132—137页，中国书籍出版社1996年版。

2　《中央宣传部关于成立通俗读物出版社的决定》，《中华人民共和国出版史料（1953年）》，487—488页，中国书籍出版社1999年版。

从新中国成立到1954年这一时期出版通俗读物的内容来看，有以下一些特点：第一，为适应识字不多的广大工农干部的需要，图文并重的通俗读物有了显著的发展。第二，用图解的方式宣传解释政策法令的通俗读物受到群众的欢迎。例如1950年5月婚姻法颁布后，华东人民出版社编写的《〈婚姻法〉图解通俗本》，约请上海美术界张乐平、赵宏本、特伟等近30位著名画家配图，全书通俗易懂，图文并茂，出版后受到广大群众的热烈欢迎，在全国发行了1800余万册，对婚姻法的普及宣传起到很大作用。第三，建国初期推行的速成识字运动和扫除文盲运动的开展，出版发行部门仅在1952年下半年就供应冬学和成人识字班用的文化课本和通俗读物2.7亿余册。中南地区出版的《农民文化读物》印行1000余万册，川北出版供农民识字用的《三字经》之类的通俗读物，仅川北一地就销售了几十万册。

建国初期，通俗读物的大量出版发行，在配合民主建政、土地改革、惩治反革命、抗美援朝等历次政治运动宣传党和国家的政策，特别在宣传过渡时期总路线和农业合作化运动中起了比较显著的作用；在提高群众的知识和文化生活等方面也起了积极的作用。随着国营出版社的壮大和发展，对私营出版业的社会主义改造，通俗读物的质量也有了一定的提高。

二

新中国成立后，党和政府对创作新年画、改造旧年画的工作十分重视。据曾任人民美术出版社社长兼总编辑的邵宇回忆："建国后的第一个春节前夕，毛主席把有关的同志找去，当面指示要抓开展新年画的工作。毛主席说，年画这一形式在群众中影响很大，反动统治阶级拿它来散布反动思想，我们要用这种形式去宣传革命思想，并要我们帮助旧艺术人员改造思想；还对年画定价不要高，要普及到农村等作了指示。"

1949年11月，文化部成立后召开的第一个会议就是新年画工作会议。会议就如何在全国范围内开展1950年新年画工作的有关问题进行了讨论。文化部起草了文件稿送中央宣传部审阅。11月22日，陆定一、胡乔木联名写信向毛泽东、刘少奇、周恩来请示。23日，毛泽东看了附送的《文化部关于开展新年画工作的指示》送审稿后批示："应有沈雁冰署名。应公开发表。"刘少奇、周恩来分别对稿中的部分内容和文字做了补充、修改。[1]

1950年春，天津新年画出版社成立，这是新中国成立后最早成立的专业年画出版社，当年就出版年画40多种，发行250余万张。人民美术出版社成立后，组织一批画家创作以现实题材为主的新年画，每年向全国发行的数量多达数千万张。上海是年画出版发行的重要基地。1952年8月，华东人民美术出版社（1955年1月改名为上海人民美术出版社）成立后，出版的年画种数和印数均居于全国领先地位。上海也是月份牌年画的发源地，它用擦笔和水彩技法绘制，以色彩鲜艳和形象逼真而深受群众喜爱。1958年，上海年画初重版有600种，印数达1.1亿余万张，占全国当年年画发行量的3/4。

新中国成立初期，全国年画每年发行量仅3000余万张，在文化、出版、行政部门的大力支持，出版、发行部门的努力下，年画的出版发行量不断增长，到1954年达1亿余张。1965年全国出版年画1347种、19,871万张，与1952年相比，种数增加2倍多，印数增长近5倍。

连环画册是通俗读物中的重要品种。1950年初，毛泽东对中央宣传部副部长周扬说："连环画不仅小孩看，大人也喜欢看，文盲看，有知识的人也看，你们是不是搞一个出版社，出版一批新连环画，把那些宣扬神怪、武侠、迷信的旧连环画去掉。"于是，文化部很快建立了专门出版连环画册的大众图画出版社，出版了一批思想健康、艺术新颖的新连环画册。1951年人民美术出版社成立，大众图画出版社并入人美社，组织编创和大量出版连环画也成为人美社的一项重要任务。[2]上海出版连环画册的历史悠久，新中国成立后继续保持出版种数、印数居于全国前列的态势。在京沪等地连环画工作者和出版部门的努力下，到1956年前后，新连环画完全取代了旧连环画占领了图书市场。

从1951年到1965年，全国连环画册共计出版24,072种（其中新出13,045种），总印数9.58亿册，总印张数14.87亿印张（缺1949年10月至1950年出版统计数）。

新中国成立初期，广大干部和青年学习政治理论，迫切需要通俗解释马列主义基本理论和毛泽东著作的辅导读物。但像艾思奇著作的《历史唯物论·社会发展史》和《大众哲学》那样写得通俗易懂，受到读者欢迎的优良读物出版的数量不多。

---

1 《陆定一胡乔木关于春节宣传问题向中央领导同志请示的信和毛泽东的批示（附：文化部关于开展新年画工作的指示）》，《中华人民共和国出版史料（1949年）》，556—558页，中国书籍出版社1995年版。
2 姜维朴：《五十春秋话连苑》，《连环画通讯》第34期，2001年。

1950年12月和1952年4月，《人民日报》先后重新发表了毛泽东的哲学名著《实践论》和《矛盾论》，为配合"两论"的学习，李达（当时任湖南大学校长）于1951年3月至1953年1月在《新建设》杂志先后发表了《〈实践论〉解说》和《〈矛盾论〉解说》。这两个解说是在毛泽东的亲切关怀和指导下写成的。李达为了解说得更准确，每写完一部分，就寄给毛泽东审阅修改。毛泽东收到后，立即认真审读并亲笔修改。[1]

1951年3月27日，毛泽东在写给李达的信中说："这个解说极好，对于用通俗的言语宣传唯物论有很大的作用。待你的第三部分写完并发表之后，应当

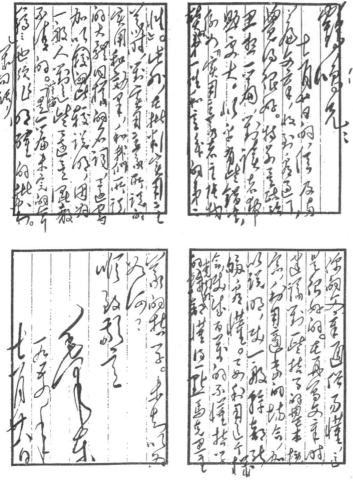

1954年12月28日，毛泽东致李达函。（中共中央文献研究室编：《毛泽东书信选集》，487页，人民出版社1983年版。）

1 梅雪：《毛泽东和李达交往纪事》，《人物》2003年第5期。

出一单行本，以广流传。"同时提出："关于辩证唯物论的通俗宣传，过去做得太少，而这是广大干部和青年学生的迫切需要，希望你多多写些文章。"毛泽东对李达在普及马克思主义哲学的宣传方面寄予殷切的期望，他于1954年12月28日给李达的信中说："……你的文章通俗易懂，这是很好的。在再写文章时，建议对一些哲学的基本概念，利用适当的场合，加以说明，使一般干部能够看懂。要利用这个机会，使成百万的不懂哲学的党内外干部懂得一点马克思主义的哲学。"[1]

毛泽东写给李达的信，不仅是对李达的写作以极大的鼓励和帮助，也是对用通俗化的语言普及马列主义的一种关心和重视。李达著的《〈实践论〉解说》和《〈矛盾论〉解说》分别于1951年7月和1953年7月由生活·读书·新知三联书店出版，受到广大读者的欢迎和好评，被翻译成多种文字多次重印。中国青年出版社也出版了李琪著的《〈实践论〉解释》和《〈矛盾论〉浅说》，这些通俗哲学读物对于向广大干部和青年学生宣传马克思主义的认识论和辩证法起了重要的影响和推动作用。

三

1955年11月下旬，毛泽东对加强农民读物的出版工作作出指示，中央宣传部遵照毛泽东的指示，召集有关方面进行传达和研究，于1956年2月20日向中央写了关于加强农民读物出版工作的报告，提出的改进措施有：以现有的通俗读物出版社为基础，成立农村读物出版社；以原中国科学普及协会的编辑机构为基础，成立科学普及出版社；将公私合营的财经出版社改组为农业出版社；中央一级其他出版社将担负一定的供应农村通俗读物的出版任务；一般省的人民出版社的主要任务应该是出版农村所需的各项读物。此外，还就《农村青年》等期刊应力求通俗、扩大向农村发行，以及有计划地组织出版农村通俗读物，广泛动员和组织写作力量，改善农村发行工作等问题提出了准备采取的各项措施。

毛泽东于3月30日阅后，又将报告批交刘少奇、周恩来、陈云、彭真阅，退

1　中共中央文献研究室编：《毛泽东书信选集》，407页、487页，人民出版社1983年版。

中央宣传部照办。[1]

文化部检查了农民通俗读物几年来的出版发行工作，向中央写了报告，提出农民通俗读物今后拟采取"全面规划，系统出书，照顾农村各方面需要，并逐步提高质量"的方针。此后一个时期，特别是上世纪60年代初期，农村通俗读物出版方面有了较大改进，主要表现为：

1. 比较注意系统地出版农村读物。1960年后，各地出版了50余种通俗读物的丛书，包括了各个门类的书籍。同时，各地出版社都较多地注意了基本知识性读物的出版。在50多种通俗丛书中，基本知识读物就占了30余种。此外，还有农村读者迫切需要的实用知识读物。

2. 注意结合当前的工作和问题，出版一些基础理论知识读物。如湖南的《谈谈客观规律》《和农村干部谈谈工作作风和工作方法》等。这些书都是企图从基础理论知识着手来提高农村干部的政治、政策水平。

3. 农业技术书籍方面，"大跃进"时那种不结合实际或轻率宣传不成熟经验的情况已有改善，比较注意了质量。一些出版社注意整理已出版的农业技术书籍，将其中有特色的或有保留价值的加以修订、提高；不少出版社注意出版一些农业生产基本知识读物；也出现了某些新形式的农业技术读物，如广西的《丰产传》，是章回体形式的文艺科技读物，江苏的《肥料经》《养猪经》等，是顺口溜形式的通俗科技读物，都是有意义的尝试。

1963年8月，人民出版社经中央宣传部批准，在通俗读物编辑部的基础上，成立农村读物出版社。在该社未独立前，日常行政工作和党的关系仍由人民出版社领导，编辑出版业务受文化部出版局直接领导。

10月，当时担任文化部副部长专管出版工作的胡愈之主动要求到农村读物出版社蹲点。他还是全国政协秘书长、中国民主同盟中央负责人，工作和社会活动十分繁忙。但他总是尽力安排好工作，只要没有活动，就按时到出版社上班。

胡愈之从前曾经在广东、广西和南洋一带见到过一本"通书"（就是历书，当地方言称之为"通书"），内容包罗万象，除历表、节气外，还有各种生活常识、实用知识，以及卜卦算命、看手相、对生辰八字、查宜忌的方法等。当地农民奉若神明，每年过春节办年货时，必定要"请"回一本，挂在灶头上，一年之中无论办什么事都要翻翻它，向它请教，例如何日"宜出门"，

1　《中央宣传部关于加强农民读物的出版和发行工作的报告》，《中华人民共和国出版史料（1956年）》，80—83页，中国书籍出版社2001年版。

何日"不宜动土"等。所以，这本书的发行量很大，那一带农村几乎家家必备。胡愈之认为，一个出版物能办到这样深入人心，它必然是有生命力的。如果去掉其中的封建糟粕，代之以科学文化知识，"旧瓶装新酒"，它一定是一瓶受人欢迎的美酒。多年来，他一直想编辑这样一本大型综合性农村读物，因此到农村读物出版社蹲点后，就说："我已经快70岁，剩下的时间不多了，这一生的最后几年还想办一件事，就是为五亿农民编好一本书。这本书取名《东方红》，今年编，明年读，每年春节前发行。"

胡愈之从《东方红》的拟定栏目、讨论选题、选稿、组稿、编稿到审稿都亲自参加，而且认真严格，一丝不苟，甚至还具体指导编辑，为"学科学、破迷信"的栏目出点子，并画了版式设计图。他还经常要求编辑们到农村去。并说，出版农村读物，不到农业生产第一线去调查研究、组稿、编稿，那怎么能编得好呢？

1965年3月，胡愈之带领出版社的编辑，到浙江和湖南两省农村采编《东方红》稿件。行前，他和大家约法三章：①为便于接触群众，他改名"沙平"，谁也不许再称他"胡部长"，而要改口叫"老沙"；②绝不要通知下面迎接，要像一个普通干部一样下乡去工作；③要一直下到生产队，住在农民家里，白天和农民一起劳动，晚上参加农村的科技、文化活动，从中了解情况，组稿、编稿。

当年随同胡愈之参加《东方红》编书活动的编辑吴承琬回忆说："我们在金华所属的汤溪县和兰溪县工作了将近10天。白天和农民一起劳动，晚上到大队科技站、文化站参加活动，其间还要挤时间采写和组织稿件，工作十分忙累。胡愈之经大家一再劝阻，没有下田去劳动，但也是一天三班，白天在公社调查研究，晚上和我们一起活动，不少好的采访、组稿线索都是他亲自发现、确定的。在他的直接指导下，我们离开金华时，已采写或组织了近10篇稿件，它们给《东方红》带来了新鲜的泥土芳香。后来许多年，《东方红》编辑组还一直坚持着这种到农业生产第一线去写稿、组稿的好传统。"

胡愈之参与编辑的这本《东方红》于1966年1月出版，由于内容十分贴近农民生活，丰富、实用，编排新颖、图文并茂，发行后深受广大农村读者的欢迎，发行量高达一百几十万册。

1966年春节，已下放河南安阳参加农村"四清"的《东方红》编辑回北京休假，胡愈之特地委托秘书拿着刚出版不久的《东方红》到火车站来迎接，并于农历年初二下午在和平宾馆自费订了两桌菜为大家接风。吴承琬回忆说："那次聚会，胡愈之谈了很多话。他感谢大家愉快的合作，表示要把《东方红》继续办下去。他有个宏伟的设想。他说，《东方红》虽然很受欢迎，但也有不足之处。其中一个突出问题是，农业生产知识和农业科技知识的地方性很强，而中国幅员辽阔，各地自然条件相差很大，靠北京统一编稿，很难适应各地实际需要。所以，他想采取一个大胆的改革办法：书中通用部分（如政治、文教、卫生、生活常识和历表等）由《东方红》编辑组在北京编，农事与科技部分，则发到下面去编，可以考虑在全国设几个点，分别出版《东方红》的华东版、西北版、华南版等；还可以选择几处有代表性的农村人民公社，在那里建立《东方红》编辑部分部，以便加强与农村的联系，真正与农民读者交朋友……遗憾的是，很快掀起的'文革'风暴，使这一切都成了泡影。"[1]

这一时期，一些出版社在为农民出好书方面做了不少努力。如中国青年出版社出版的家史《太行人家》一书，是由出版社派出工作组到山西晋东南地区，在当地党委领导下，帮助各县成立家史编辑组，广泛发动群众访家史、议家史、写家史。在半年时间中收到7万多篇家史初稿，然后初选出96篇共97万字，再精选其中的17篇16万字，经过编辑加工后出版。经过努力，1964年全国专以农村读者为主要对象的图书出版了1700多种，还出版了新年画800多种（其中现代革命题材的占97%），家史等"四史"读物出版92种，大部分发到农村。

1962年国家开始有计划地组织城镇知识青年下乡。周恩来总理在主持讨论知青问题的会议上和在其他一些会议的讲话中，多次指示要为下乡知识青年解决精神食粮问题。

1963年10月18日晚10时，周恩来在参观《中国青年》为创刊四十周年所设的展览室里，同刊物编辑的谈话中说："我们国家现在农村的知识青年已经比过去增加很多，今后每年都有大量知识青年下乡，这就需要解决他们的精神食粮问题。""你们纪念《中国青年》创刊四十周年，应该想到今后二十年怎么办？要有个计划，确定新的方针。"他提出《中国青年》今后的方针应该是"面对农村，兼顾城市。整个青年团工作也应该如此。""要实行这个方针，《中国青年》的发行份数就要大大增加。……第一步做到全国128万多个团支部各有一份刊物；第二步，做到每个团支部有两份，以后争取每个生产队（全国有540万个生产队）有一份。"周恩来还对《中国青年》的内容提出："质量要提

1　吴承琬：《随胡愈老编书》，《人民出版社成立四十周年纪念文集》，291—299页，人民出版社1990年版。

高，内容和形式也要改进。刊物内容主要是向农村青年灌输知识，还要讲讲国内外形势。刊物的文章要使初中文化水平的青年看得懂，并且要通过知识青年再讲给文化水平低的农村团员和青年听，所以文章要短些，小品要多些。文章还要深入浅出，通俗易懂，适合农村的情况。"[1]

为了使农村基层干部和农村知识青年能够读到好书，使农村文化室有一套质量较好的基本读物，文化部指定农村读物出版社从全国出版社出版的适合农村需要的图书中选编"农村版"，内容包括政治思想、文化艺术、科技读物及工具书。在编辑时，作者、编辑针对农村读者的情况做必要的加工。第一批"农村版"图书15种，于1965年12月起陆续出版，首次印行1200万册，直接发往农村。这批书从各方面降低成本，15种书的总定价只有4.17元。

1　《周总理对〈中国青年〉和团的工作的指示纪要》（1963年10月18日），《中国青年》编辑部整理。

对私营出版业的社会主义改造[1]

　　20世纪50年代前期，我国对资本主义性质的私营出版业（包括出版、印刷、发行业）进行的社会主义改造工作，是新中国建国初期出版事业中的一件大事。

　　中华人民共和国成立后，我国出版事业存在多种经济成分，其中国营经济（全民所有制的出版社、书刊印刷厂和书店）、集体经济（书报合作社、集体书店）和国家资本主义经济（国家资本与私人资本合营的出版社、书刊印刷厂和书店）的资金、干部到生产力，仅占国家整个出版事业的1/4左右；而私人资本主义经济（私人经营的出版社、书刊印刷厂、书店）和个体经济（书摊、书贩）的数量则占3/4左右。

　　1949年11月，出版总署成立后，采取一系列的措施，不断加强和壮大国营出版、印刷、发行事业的建设，同时根据中国共产党对资本主义工商业的利用、限制、改造政策，从1950年即着手对私营出版业进行必要的调整和初步的改造；1954年1月，中共中央发出对于私营出版业必须积极地、有计划地、稳定地进行社会主义改造的指示后，国家加大了对私营出版业改造的力度，到1956年基本上完成了改造工作。通过对私营出版业的社会主义改造，改变了我国出版事业经济成分的构成，使国营经济居于绝对的领导地位，对于我国社会主义出版事业的发展具有重要的意义。

1　原载《出版史料》2006年第2期。

私营出版业概况

据出版总署1950年3月初步统计，在北京、天津、上海、南京、杭州、济南、武汉、长沙、广州、重庆、西安11个城市中，共有私营书店1009家（从业人员7600人），其中经营出版的有244家，专业发行的有765家。

新中国成立后，私营出版业普遍经营困难，主要是大部分旧出版物不适合读者需要，新书稿源缺乏，过去主要依靠印行教科书盈利的条件不复存在，因而营业清淡、经济困难。从全国私营出版业数量最多的上海来看：新中国成立前夕，上海的出版机构有250家左右，其中少数大书店附设有发行部和印刷厂，中小书店除出书外兼营发行。1949年5月上海解放后，商务印书馆、中华书局、大东书局等几家大企业，不仅已收缩或停止了新书出版业务，营业萧条，亏损很大，甚至靠变卖机器、存纸和向银行贷款度日；加上机构庞大，人浮于事，如商务印书馆总馆有职工507人，职工工资虽已按7折减发，仍然入不敷出。中小书店中，除了一些投机书商外，也大多陷于困境。私营印刷业的困难更大。据上海市印刷同业公会统计，解放初期，66家私营铅印书刊印刷厂，月产量4.3万令的生产能力，仅有20%左右的生产任务；126家私营彩印（包括石印）厂，月产15万色令生产力，开工率仅有30%。截至1950年7月15日，向上海市印刷工会登记的失业印刷工人达2570人，需要工会救济与补助。[1]

1952年8月16日，中央人民政府政务院颁布了《管理书刊出版业印刷业发行业暂行条例》，出版总署通知各地新闻出版行政机关办理书刊出版、印刷、发行业申请核准营业登记工作，历时一年才结束。

据出版总署1953年10月统计，全国86个大中城市共计核准了出版业、印刷业和发行业3043家，其中私营企业2574家，占总数的84.59%，分别统计数为：①在全国核准营业的285家出版业中，私营有220家，占总数的77.19%；②在1093家印刷业中（其中书刊印刷业613家），私营企业有853家，占总数的78.04%；③在1665家发行业中，私营有1501家，占总数的90.15%。

在已核准的出版、印刷、发行业中，私营的资金（包括公私合营各业的私股部分在内）共3318亿元[2]，占全部资金的21.86%；私营出版业的编辑人员申

1　沈家儒编写：《解放以来的上海出版事业（1949—1986）》，上海市新闻出版局1988年印。
2　本文中所提及的人民币，1955年3月1日前均为旧币（旧币1万元折合新人民币1元）。

报数为525人，占编辑总人数28.94%（估计有许多单位是为了取得核准营业的条件而虚报的，私营出版业实际没有这么多的编辑人员）；私营印刷业职工9407人，占总人数22.30%；私营发行业职工5219人，占总人数17.87%。1952年私营出版业出书6574种，占全国出书总数的51.37%，册数9370万册，占总数的9.66%，用纸22.56万令，占总数的12.11%。1952年613家私营书刊印刷业印刷生产能力143.57万余令，占总令数的37.20%；私营发行业1952年销售总额3418亿元，占总数的19.50%。

新中国成立初期，全国出版的私营报纸，据新闻总署1950年2月的不完全统计，至少有55家，占全国公开出版报纸总数的19.64%。私营报纸以上海出版的最多，有14家（包括俄文报3家、英文报2家）。

据出版总署1950年统计，全国出版的私营期刊有113种，占全国出版期刊总数的38.3%。

根据以上统计，说明新中国成立初期在全国出版事业中，私营出版、印刷、发行业还占有相当大的数量，对于国家文化建设事业有一定程度的影响，不可忽视，需要国家对他们进一步进行社会主义改造。

对私营出版业的社会主义改造

新中国成立后，国家对私营出版业的社会主义改造工作，以1953年为界，大致可分为前后两个阶段。

（一）第一阶段（1950年—1953年）

出版总署对私营出版业的改造工作，从1950年到1953年底，分别采取了以下措施：

1. 召开有私营出版业代表参加的全国出版会议。

1950年9月，出版总署根据中央调整公私关系的"统筹兼顾，分工合作，各得其所"方针，召开了全国出版会议，私营出版、发行、期刊、印刷业代表有110人参加。会议向全国私营出版业指出了出版工作为人民服务的方向，要求他们遵守政府法令，接受国营出版业的领导。

2. 重点向上海私营出版业的代表说明政府对私营出版业的政策，帮助他们解除疑虑，增强克服困难的信心。

上海是全国私营出版业最为集中的城市，上海解放后，许多私营出版业对新中国出版前途心存多种疑虑。1949年11月，上海市出版工作者协会筹委会组织"上海市出版业华北、东北参观团"，赴华北、东北参观学习。参观团由张静庐、姚蓬子任正副团长，吉少甫、毕青为秘书，团员共23人，包括20个单位，大部分为私营出版社负责人。团员中有业务管理、印刷、出版、技术等各方面熟练人员。这次参观访问的主要目的是了解中央对私营出版业的政策和具体方针，出版总署成立后的组织与业务计划，政府如何帮助解决私营出版业的困难，以及编辑出版分工、纸张供应、著作权保障、稿费、版税办法，等等，并特别关注全国新华书店出版工作会议的决议内容，实地参观华北、东北出版业的实况。

中央宣传部、出版总署对上海版协筹委会举办的这次活动十分重视，陆定一、胡愈之于11月22日联名向周恩来并转中央写了请示报告，提出参观团由东北返回到北京时，出版总署准备采取的措施和对他们谈话的主要内容："①由出版总署主动召开一次座谈会，重申扶助有益于人民的私营出版事业及在不为帝国主义、封建主义与官僚资本主义做宣传的范围内出版自由的方针，并谛听他们的意见。②指示他们在缺乏新的稿子时，把已出的各书中尚有用处者整理出来重印。有些书销行甚广，但内容有反动与错误之处（如《辞海》《辞源》中有关政治的条目），必须于再版时修改。③确定教科书国营，但海外华侨的教科书可自由经营。"[1]

参观团于1949年11月3日起程，先后在沈阳、大连、旅顺、哈尔滨、安东等市参观访问，于12月1日到达北京。出版总署于次日举行招待会欢迎参观团全体成员，胡愈之、叶圣陶和黄洛峰、徐伯昕等领导同志就政府对私营出版业的政策等问题分别做了说明和解答，又在他们去天津参观回京后招待午餐，并分别约中华书局、大东书局及联营书店的常务董事等谈话，了解他们的出版计划，鼓励他们在共同纲领的文教方针下发展出版事业。

参观团于12月14日返沪后，召开汇报会、专题报告会，向上海出版界详细介绍了东北、华北出版概况，东北新华书店、三联书店的门市经营，东北、华北的造纸工业、印刷厂的设备和生产概况，以及参观东北、华北的观感等，还举办了东北、华北出版业的资料展览，参加听讲的人有500余人。上海版协筹

1　中国出版科学研究所、中央档案馆编：《中华人民共和国出版史料（1949年）》，554页、593页，中国书籍出版社1995年版。

委会举办的这项活动，对上海私营出版业的从业人员了解政府的政策，解除疑虑，增强克服困难的信心等方面，都起了很好的稳定和引导作用。

3. 有重点地扶助私营出版业克服困难，维持生产。

如上海市从1949年12月至1950年9月，由政府介绍向银行贷款的私营出版单位有73家，贷款额近40亿元。对部分经核准营业，其出版计划经出版行政机关批准的私营出版单位，由国家按调拨价格分配纸张（调拨价纸张一般比市场价低30%左右）。新华书店代销私营出版社的图书对他们帮助较大。如新华书店华东总分店经理王益在1950年下半年工作总结报告中说："半年来审读外版书的尺度逐步放宽。8月以后，如字帖、谜语、棋谱、国术、民间技艺、旧小说等，在不违反《共同纲领》，无害于人民的原则下，均予代售。"华东总分店1951年向私营出版社进货1810万册、730亿元；1952年增加到2357万册、1131亿元。一年间图书册数增加30.2%、码洋增加54.9%。

4. 反复宣传党和国家的政策，帮助公营出版业干部提高政策水平。

怎样对待资本主义性质的私营出版业，建国初期在不少公营出版业干部中存在一些模糊思想认识，有不少人心存疑虑，有人举1949年曾经吸收私营出版业组织联合出版社出版课本的事为例，以为既然要发展社会主义性质的国营出版业，怎么还要组织私营出版业参加课本的出版，让他们分得利润？这岂不是"肥了鸭子（指私营）瘦了鹅（指国营）"吗？针对诸如此类的问题，出版总署署长胡愈之在多次讲话中鼓励大家好好学习人民政协的《共同纲领》。1950年6月6日中共七届三中全会上毛泽东主席做了《为争取国家财政经济状况的基本好转而斗争》的书面报告，胡愈之在6月20日召开的京津发行工作会议上就及时传达了三中全会报告的精神，并且引述了毛泽东关于统筹兼顾方针的重要指示；接着在7月10日召开的京津出版工作会议上，胡愈之做了题为《出版事业中的公私关系和分工合作问题》的报告；在9月召开的新华书店第二届工作会议上做了题为《论新民主主义的国营出版印刷发行事业》的报告。胡愈之在这些报告中，以毛泽东的指示为立论的根据，联系实际状况，对当时各种经济成分的出版业做了翔实的分析，指出存在的问题，提出解决问题的具体建议。特别是指出当时国营出版业的生产力还不足以担负全部出版任务，而私营出版业的生产力则有空余，应该充分利用。调整公私关系不仅是单纯对私营出版业的援助，而是要他们在国家政策的指引下，在国营经济的领导下，多出一些有利于人民的图书，这对发展整个出版事业显然大有好处。对私营出版业采取关门主义是错误的。胡愈之这些分析和论断合情合理，对提高公营出版业干部的政策水平起了重要作用。[1]

5. 推动分散的中小私营出版业在自愿原则下联营。

在上海出版领导机构的推动下，有93家私营书店组成"上海通俗读物出版业联合书店"（简称通联书店）、34家组成"儿童读物联合发行公司"（简称童联书店）、37家组成"上海连环图画出版业联合书店"（简称连联书店）、14家地图出版社组成上海地图联合出版社、5家文艺书店组成上海文艺联合出版社，此外还有"群联"（出版工农兵读物）、"科联"（科技读物）和"西联"（影印西书）等联营机构。在其他私营出版业较多的城市中也有类似联营机构，如武汉36家私营书店组成的"武汉通俗图书出版社"、长沙40多家书店组成的"湖南通俗读物出版社"、广州40多家书店组成的"南方通俗读物联合出版社"。这些私营出版业联营后，改变了以往分散经营、盲目竞争的状况，无疑是一个进步。

6. 对具备公私合营条件的正当私营出版业进行公私合营。

对于历史较久、规模较大、具备公私合营条件的正当私营出版业，在自愿原则下，进行公私合营。如开明书店、世界知识社、荣宝斋几家就是新中国成立后最早一批进行公私合营的出版社。上海也先后成立了新文艺、少年儿童、新美术等9家公私合营出版社。

1950年12月，出版总署投资5亿元，将联营书店（54家新出版业在发行工作方面的联合组织）改组为公私合营，专业书刊发行工作的书店；接着又将三联书店、中华书局、商务印书馆、开明书店、联营书店5个单位的发行部门从原出版机构中划出，于1951年起组成公私合营的"中国图书发行公司"（简称"中图公司"），在京、津、沪等24个大中城市设立了分公司，成为仅次于新华书店的全国第二个大发行单位。中图公司成立前，商务、中华、开明三家发行机构亏损达90亿元，公司成立后，到1952年就盈利75亿元，1953年盈利100亿元。商务、中华、开明、联营4家中的私股分别于1953年内退出，公司实际上已成为国营企业，出版总署决定从1954年1月起，将中图公司并入新华书店。

7. 加强对私营出版业的管理。

1951年10月10日，中央宣传部向中央写了关于出版工作情况的报告，其中

1　倪子明：《新中国出版事业的开拓者——胡愈之》，《联谊通讯》第51期。

谈到私营出版业的情况时说："全国略具规模的私营出版业有300家，大都集中在华东。在北京、上海、天津、武汉、广州、长沙等大城市，我们在私营出版业方面做了一些工作，其中成绩较好的有北京的新大众出版社、中南的武汉通俗图书出版社、湖南的通俗读物出版社；这些出版社是联合了当地的私营出版业，在我们的直接领导下工作的。历史较长、规模较大的商务、中华、开明等私营出版业和公私合营的三联书店，大体上走上了专业分工的道路。"报告中说，私营出版业"小部分基础较好，并有了专业的方向和较健全的机构，它们在我们直接与间接领导下，出版了一些有益于人民的读物，并要求改为公营或公私合营；其中的一大部分则单纯以营利为目的，从事投机。这些出版业的出版物很多是错误百出的，甚至歪曲马列主义、毛泽东思想，偷运封建的、买办的、法西斯主义的私货。这些出版业的特点是'抢先'，其中不少是解放以前的出版物，用抽补的办法，加上了一些所谓新内容，有的只是剪贴抄袭，粗制滥造的东西，通俗读物中的情形尤为混乱，上海的'跑马书'[1]即是著例"。

中央宣传部在《报告》中提出："加强对私营出版业的管理。分别对象，采取积极的措施，对真正愿意为人民的出版事业而努力的力量，促使其联合经营或公私合营，确定其专业方向，务期于五年内将其中大部分改组为公私合营。……目前拟根据即将颁布的《管理书刊出版业印刷业发行业暂行条例》，进行核准营业的登记及调查工作，淘汰投机出版业。"

10月12日，毛泽东看了报告后批示："同意这个报告。"

出版总署为了加强对私营出版业的管理，采取了以下一些措施：

1. 1951年8月召开全国出版行政会议，强调提高出版物质量，提出加强对私营出版业的管理，采取措施逐步淘汰投机出版业。

2. 在全国出版行政会议上讨论通过的《管理书刊出版业印刷业发行业暂行条例》于1952年8月16日由政务院正式颁布。《条例》对经营者的条件做出了明确规定，如出版业应有确定的专业方向，设有编辑机构或专职的编辑人员，等

---

1 "跑马书"指上海私营出版业粗制滥造出版的连环画册，"出得快、销得快、赚钱快，像快马奔驰一样地飞速出版、飞速赚钱"。几乎所有的"跑马书"题材都是属于宣扬封建、迷信、色情、神怪、恐怖之类的东西。据上海市有关部门估计，自新中国成立前"跑马书"开始出版到1950年底，二十多年来共约出版2.8万种、2800余万册，新中国成立后仍在上海连环画出租书摊上流传的还有1万多种、100余万册。1951年2月，上海市政府开展了整顿旧连环画的工作，以新书换回3000个出租书摊上的旧书，向旧连环画的出版、发行和印制单位进行教育，组织同业的联谊会，自行整肃，处理存书、存稿，总计处理了旧连环画存稿约3000种，存书约35万种、100余万册，基本上堵住了"跑马书"的出版和流通渠道。

等。对不具备条件的私营出版社申请登记时不发给营业许可证。

3. 推动在报刊上开展图书评论工作，对私营出版社粗制滥造、质量低劣的出版物给以严肃的批评，有力地发挥舆论监督作用，收到显著的效果。

4. 出版总署发出通知，规定党和政府的政策文件一律由人民出版社出版，规定若干种出版物（如领袖著作、领袖像、地图、学校教科书等）私营出版社不得出版；并加强了对私营出版社的行政管理。

5. 规定书刊必须标明货币定价并按定价出售，不得任意抬高书价。1951年前，书上只印基本定价，按一定的倍数调价。外地书店出售时，至少加10%以上的邮运费（即地区差价），边远地区有加30%、40%，甚至一倍的。据统计，上海私营出版业书价基本定价倍数，从1949年6月至1950年12月就变动14次，倍数从30倍上涨到1200倍。由于书上不印实际定价，给私营书店任意抬高书价牟利提供了方便。

1950年12月28日，出版总署决定，公营、公私合营出版社出版的书刊，从1951年1月起，一律改用货币定价，原已印成的书刊按基本定价加1000倍发售，外地不得加价，私营出版业也逐渐实行。同一种书刊，在全国任何地区均按出版社统一定价出售，消除了私营书店任意抬高书价的投机行为。

6. 坚决地、分别地、有步骤地整顿私营出版业。出版总署于1953年3、4月派出4个检查组，用一个半月时间，到华东、中南、华北和北京地区检查出版、发行、印刷工作及出版工作公私关系问题。出版总署党组小组书记、副署长陈克寒率检查组到华东、中南两地检查。他于4月18日在上海写给习仲勋并政务院文委党组，中央宣传部、黄洛峰并出版总署党组小组的一封信中，重点谈了上海私营出版业的问题。信中说，上海的私营出版业在未办理出版业登记前有321家，46家未申请登记，但却有已歇业的10家及原业碑帖、彩印、晒图等44家，看到出版业一本万利，也要求按出版业登记，因此总登记数增至337家。信中说："这些私营出版业，情况十分复杂，除少数有几个编辑人员出版态度比较严肃（约30余家）外，大部分不合政务院《管理书刊出版业印刷业发行业暂行条例》所规定的经营出版业的条件，好多的所谓出版社，实际只有一个皮包。总编辑、经理之流，或系青红帮流氓，或系过去办黄色方块小报的文棍，或系专门以敲竹杠为生的老枪记者，或系失业的国民党官员，甚至如文化汉奸，被管制中的反革命分子，因招摇撞骗而被捕的不法流动书贩，一无所知的童装女裁缝等，也竟申请办理出版业。"上海私营出版社1952年共出版一般书籍3140

万册，而1953年第一季度就已出版1516万册，"多系剪贴抄袭，改头换面而成，甚至对政策法令乱作解释，害人不浅。""有些私营投机出版社只出一本书，就可坐吃一年。这就大大地刺激了私营投机出版社和粗制滥造出版物的发展。"

陈克寒的信中说："私营投机出版业之所以会这样发达，客观原因是国营出版力量薄弱，特别是没有出版地图和工具书，真正为人民群众爱好的连环画和通俗读物也出得很少，以致他们有隙可乘。但主要是由于我们政策思想混乱，在掌握公私关系上犯了右倾的错误，对私营投机出版业采取了放任自流的态度。……1950年夏季，党提出调整工商业时，出版总署太过于强调照顾私营出版业，这就促进了私营投机出版社的发展，我们没有正确地掌握公私关系的政策，强调'一视同仁'，忽略了'有所不同'，某些私营出版社因为新华书店不经销他们出版的不好的书，向出版总署控告，我们片面地责备新华书店，而不交代清楚政策界限，使书店工作同志政策思想混乱，并助长了私营投机出版社的气焰。"

陈克寒的信中提出，要遵照周恩来总理关于出版工作是思想教育工作，必须逐步地做到完全由国家领导和掌握的指示，一方面积极地发展国营和地方国营的出版力量，另一方面对于私营出版业必须坚决地、分别地、有步骤地加以整顿。[1]

5月16日，出版总署党组小组向政务院文委党组并转毛泽东主席、中共中央写了《关于检查华东、中南、华北、北京工作的情况报告》，《报告》中检查了私营出版业存在的问题，提出了改进工作的意见。

经过对私营出版业的整顿，1953年淘汰了66家投机的私营出版社，到年底，全国私营出版社由1952年的356家，减少到290家。

（二）第二阶段（1954年—1956年）

1953年12月28日，中共中央批准并转发中央宣传部编写的《为动员一切力量把我国建设为一个伟大的社会主义国家而斗争——关于党的过渡时期总路线的学习和宣传提纲》，在全国各条战线掀起了学习和宣传总路线的热潮。

1954年1月16日，中共中央批准并转发出版总署党组关于1953年出版工作情况和今后方针任务的报告，中央在批语中指示："对于私营出版业、发行业和

1　中国出版科学研究所、中央档案馆编：《中华人民共和国出版史料（1953年）》，162—167页，中国书籍出版社1999年版。

印刷业，必须积极地、有计划地、稳步地进行社会主义改造。改造的重点首先应放在出版业方面。新华书店对于私营书刊零售店，应加强批发工作，逐步地使它们实际上成为国营发行企业的代销店。对于私营书刊印刷业，应有计划有组织地委托印制，克服目前许多单位在委托私营印刷厂印制工作中的分散自流现象，并防止泄露党和国家的机密，从而把它们纳入国家计划的轨道。"

出版总署遵照中央指示精神，从1954年开始对私营出版业、发行业和印刷业加大了改造的力度，首先抓紧了对私营出版业的改造工作。

1. 对私营出版业的社会主义改造

1954年，对一部分基础较好、经营作风正派的私营出版社，主要采取由国家投入部分资金，派入干部加强领导、促进联合经营等不同方式，将它们改造为公私合营出版社。如出版总署会同高等教育部及财经方面的若干部门，以及中国科学院、中国音乐家协会，改造了商务印书馆、中华书局、龙门联合书局、上海新音乐出版社等私营出版社，分别成立了公私合营的高等教育出版社、财政经济出版社、科学出版社、音乐出版社。对不采取公私合营办法的私营出版社，分别采取机构裁并、人员妥善安置的办法，对其兼营发行、印刷业务部分，并入国营或公私合营的发行、印刷业；部分出版业务熟练的人员，转入国营出版机构工作。1954年共改造193家私营出版社，其中上海172家（有部分自动停止出版业务或转其他行业），到年底私营出版社还有97家。

1955年，文化部（出版总署于1954年11月撤销，出版行政业务并入文化部）进一步贯彻统筹安排的方针，用公私合营、联营、合并、淘汰等办法，改造了70多家私营出版社，建立了4家公私合营出版社，到年底，私营出版社只剩下19家，其中上海16家，北京、天津、浙江各1家。

1956年初，除上海尚有宗教出版单位10家外，其余9家私营出版社分别并入其他公私合营出版社或转入发行业。关于宗教出版单位的问题，文化部与国务院宗教事务局研究后，于3月30日发出通知，决定这些单位由政府宗教事务管理机关通过教会或宗教团体加强领导和管理等办法处理。到1956年6月，对全国私营出版业的社会主义改造工作基本完成（1956年初，全国已没有私营办的报纸和期刊）。

2. 对商务印书馆、中华书局的全面公私合营工作

在私营出版业中，以商务印书馆、中华书局两家历史最久、规模最大、人数最多（两家共有1800多人）。1953年12月，商务、中华的董事会均向出版总署提出全面公私合营的申请。出版总署考虑两家原已有若干公股并早已为国家

担任加工订货任务，事实上已具有国家资本主义性质，认为两家实行公私合营的条件已经成熟，拟将商务印书馆改组为高等教育出版社，中华书局改组为财政经济出版社（商务、中华的名义仍保留），即向中央写了关于进一步改造商务印书馆、中华书局的请示报告。

中央对商务、中华实行全面公私合营十分重视，做出指示："鉴于商务印书馆和中华书局历史悠久，在我国文化界有相当影响，因此，这次在对它们实行进一步改造时，必须郑重其事，只准办好，不准搞坏。"

出版总署胡愈之、陈克寒、黄洛峰等领导于1954年初分别邀约商务、中华董事会代表陈叔通、俞寰澄、舒新城、李昌允等正式会谈，分别达成协议，组成公私双方联合筹备组织。此后即在京沪两地进行筹备工作，而以上海为主，由中共上海市委统一领导。出版总署指派沈静芷、唐泽霖、华昌泗等6人前往上海协助工作。在华东新闻出版处具体领导下，由有关方面及商务、中华推出的代表分别组成两单位上海工作组，从2月20日开始工作。

2月25日，中共上海市委宣传部姚臻副部长召集参加合营筹备工作的有关机关、区委、工会党员负责干部及市工业局、工商局、银行等单位代表，传达中央、华东局和市委指示，要求必须坚决贯彻中央指示做好两单位的合营工作。3月2、3日，两单位分别召开了全体职工参加的"迎接全面公私合营筹备工作大会"。

商务、中华两单位分别召开了股东常会，一致通过拥护公私合营授权董事会进行的决议。两家到会的股东人数均超过历届股东常会，商务方面原估计有500人参加，实际到会人数有1200多人。

由于充分发动群众，依靠两家职工的大力合作，对资产的清点、估价、验收等繁重、复杂的工作，在较短期内即顺利完成。共验收了商务各项资产456.35亿余元、中华395.34亿余元。绝大部分职工踊跃参加清点物资工作，星期日参加义务劳动，不少难以估价的器材由于老职工的参加而易于解决。在清仓中见到仓库里积存了四十几年前的存纸一触即碎，大量闲置的五金材料足可开两家中等五金商店而有余，其他如以牛油充当油墨，好油墨成千磅任其变质等许多情况，暴露了企业管理中令人吃惊的种种浪费现象。

在筹备过程中，出版总署、高等教育部、中财委有关业务部门及华东局、上海市委先后抽调104名干部到高等教育、财政经济出版社担任社长、正副总编辑、副经理、厂长等主要干部及编辑和一般干部；对商务、中华的资本家和资方代理人，均按双方协议，由私方董事会指派人员担任两单位的副社长、副总编辑、经理、副主任等职。两家原有的实职人员一律包下，年老退休者19人，均按两家向例预拨了养老金，陆续支付。

商务、中华公私合营的筹备工作于1954年4月底大体上告一段落，5月1日，高等教育出版社、财政经济出版社正式在北京宣告成立。

3. 私营出版业在改造中的错误表现

对私营出版业的社会主义改造，是一项细致、复杂的工作。有些私营出版社采取种种手段进行抵制、对抗，例如上海就出现了以下一些事例：

（1）骗取国家贷款。新中国成立初期，政府为扶助私营出版业克服困难，曾帮助他们向银行贷款。有些私营出版社在取得贷款后，竟用来作为投机牟利的资金，出版一些质量低劣的出版物牟利。

（2）虚报出版计划，多领配给的低价纸张向市场出售牟利。

（3）有些私营投机出版社以联营为幌子，搞小集团；有的利用本专业某方面的特点向政府强调特殊，要求划定出版范围企图垄断。

（4）针对出版行政机关加强对私营出版业的管理，限制其出版某些图书等措施，一些私营投机出版社采取化整为零、到上海以外地区编印出售的办法，或按照外地电话号码簿上的户名、地址或向农村的中小学校大量邮寄欺骗性的书目，以及大肆吹嘘的教学辅导读物等宣传材料，或派人到外地兜售等办法扩大销售低劣出版物。

（5）散发匿名信上告。如上海一家未被核准登记的私营出版"跑马书"连环画的出版社，于1954年3月以"上海一群出版社"或"上海一群出版员工"署名，分别向毛泽东、刘少奇、周恩来及中央统战部部长李维汉等中央领导和出版总署寄出多封匿名信，指责："华东新闻出版处坚决不核发上海绝大多数私营出版社许可证，致业务无法进行。最近该处复函请广州市新闻出版处命令广州市私营书店不得经销上海市未领出版许可证的出版社出版物，直欲置数千职工及家属于死地，势将引起严重的社会问题，亦属破坏共同纲领第五条之行为"，并说要"向国内外公正舆论机关反映"，要出版总署迅速拍电报通知华东新闻出版处"放宽尺度，发给许可证，并通知广州市新闻出版处取消禁止出售未领许可证出版社出版物之荒谬命令"。

（6）其他如抽逃资金，故意不发职工工资，有的则故意提高职工工资及福利待遇造成合营后公方处理上的困难；有些资本家在公私合营过程中挖空心思抬高资产估价，或争取名义、职位等的事例较多。

4. 对私营图书发行业的社会主义改造

1954年开始对私营图书发行业的改造，采取下列步骤进行：①进一步掌握私营出版社的出版物。新华书店根据私营出版社的不同情况，对其出版物分别订立总销售合同或建立一般的经销关系，掌握其全部或一部分出版物的货源。②逐步改造私营图书批发商。如将上海的"通联""童联""连联"三家于1954年12月改组为公私合营的"上海图书发行公司"，负责经销上海私营出版社的出版物。这就基本上控制和掌握了上海大部分私营出版社的货源，排挤了私营投机批发商，同时安排以批发为主的私营书店转为零售。③积极地领导、利用和改造私营图书零售商，使他们围绕国营书店经营代销业务，逐步成为国家图书发行网的一部分。

1954年底，新华书店几乎全部掌握了图书产地和销地的批发环节，割断了私营出版社与私营发行业的批销联系网络。当年新华书店的进货总额已占全国公营、私营出版社出版总额的98%。但是，1954年对私营零售书店的批发额只占销售总额的8%（1951年占44%、1952年占30%、1953年占18%），结果私营书店营业额较1953年猛跌50%，全国约有300家私营零售书店因无法维持而歇业、转业，生活受影响者不下1000人，造成图书市场上的公私关系十分紧张的局面。

1955年初，文化部指示新华书店总店把安排和改造私营图书发行业列为全年的中心任务，要求纠正"只挤不管"的缺点，加强批发业务，给私营书店以足够维持生活的营业额，做到"不让一家歇业，不让一人失业"。为了帮助私营书店扩大销售，新华书店实行了"三让政策"：①让批发折扣。从85折改为8折批发（各地新华书店78折进货，8折批发，还要交税，实际上是亏本的）；②让经营品种。适合私营书店销售的热销品种，如字典、地图、唱本、歌本、部分小说、连环画册等，让给私营书店销售；③让营业时间。新华书店每周休业一天或平日减少1、2小时营业，让读者到附近的私营书店购书。经过上述安排，私营书店的经营情况显著好转。1955年，新华书店对私营书店的批发额较1954年增长1.8倍。1956年初，全国私营图书发行业实行了全行业公私合营，许多城市组建了公私合营书店总店。[1]

---

1 郑士德：《中国图书发行史》，797页，高等教育出版社2000年版。

5. 对私营印刷业的社会主义改造

对私营印刷业的社会主义改造工作，是由地方工业行政部门具体负责，在各地党政领导机关统一规划下进行的。

从1950年至1953年，出版总署对私营书刊印刷业主要采取委托印刷的形式进行加工订货；从1954年开始，出版总署和以后的文化部根据中央对私营工商业改造的政策，对有条件承印书刊的印刷厂组织他们进行联营或合并，接受国家出版社的委托加工；对于历史较久、规模较大、技术设备较好的书刊印刷厂，如上海商务印书馆印刷厂、中华书局印刷厂、北京京华印书局、上海艺文印刷厂等，均在印刷厂申请后，批准为公私合营企业；对不具备承印书刊条件的小厂，则由地方工业部门根据社会需要，组织他们转业或承印社会零件印刷。

1956年初，在全行业公私合营热潮中，上海合营了大小规模不同，包括铅印、彩印、铸字、铜模、制版等行业共2400多家，从业人员2.5万余人；北京合营了295家，从业人员5184人；西安合营了60家，从业人员456人，等等。

到1956年6月，对私营出版业、私营图书发行业、私营印刷业的社会主义改造工作基本完成。

对私营出版业社会主义改造工作的成就和问题

1. 国营、公私合营出版社和私营出版社在国家整个出版事业中所占的比重有了很大的变化。

从1950年到1956年，国营出版社逐渐增加、壮大，在国家整个出版事业中所占的比重从1950年占11.9%发展到1956年占82.5%；公私合营出版社从占0.9%增加到17.5%；私营出版社所占的比重从1950年占87.2%到1955年下降到占19.8%，1956年全部完成了社会主义改造。

2. 对私营图书发行业、印刷业改造的结果，使零散全国各地5000多家大小书店，在国营新华书店的领导、帮助下，转变成社会主义书刊发行网的组成部分，原有从业人员1万余人得到了安置；数千家私营印刷业得到改造、合并、公私合营后，实现民主改革，发挥了职工的积极性，逐步提高了产量和质量，在为社会主义文化、出版事业的建设中发挥了力量。

3. 改进对商务印书馆、中华书局实行全面公私合营工作中存在的问题。

商务、中华于1954年4月实现全面公私合营，分别改组为高等教育、财政经济出版社后，国务院陈云副总理对两家的改造情况很关心。文化部党组于1956年6月16日、7月2日两次写信向陈云汇报，信中除谈了两家出版社合营两年来的主要工作情况和取得的成绩外，并检查了商务、中华在进行全面改造中存在的主要缺点：①商务、中华数十年中出版的各种书籍约3万种，其中不少书籍有一定价值，为学术研究所需要，在合营后虽整理重印了一些，但数量很少，这一部分历史遗产没有很好地接受和利用。②两社在香港和南洋都有庞大的出版发行阵地，合营后虽仍保持联系，并做了一些工作，但没有全面规划，加强领导，对两社在香港和南洋的力量没有充分地利用和发挥。③对商务、中华原来的人员虽做了安排，但团结和改造工作做得较差，上层人员还不能真正做到有职有权。一般职工工资较高，合营时有保留工资，而且宣布不动，但1955年底到1956年初，无论商务、中华以及调到新华书店的一部分发行人员，工资都动了一下。④董事会没有定期召开，1955年的盈利没有分配。

文化部党组在7月2日给陈云的信中说："在听了你和总理的指示后，我们准备分作两个步骤，来改进对商务、中华的工作。第一步做两件事：①加强对于商务、中华过去出版的书籍的整理重印工作，并且更多地用商务、中华名义组织学术性质的书稿和工具书的出版，使得商务、中华在出版界发挥更大的作用。②积极地、有步骤地开展商务、中华在海外的出版发行工作。……第二步准备将商务、中华从高教出版社和财经出版社独立出来。"[1]

1958年4月，经中央批准，商务印书馆、中华书局成为受文化部直接领导的两家出版社。6月19日，中央决定调陈翰伯任商务印书馆总编辑，郭敬任总经理，任命金灿然为中华书局总编辑兼社长。

4. 纠正对私营古书业改造中出现的偏向。

在1955年冬至1956年春对私营图书发行业的改造过程中，有部分城市忽视古书业的特点，出现了一些偏向：①有些地方实际上将古书业排挤消灭，将他们一律合并到新华书店特价门市部或转营新书业，将原有能鉴别古籍版本和有修整古籍技术的人员，改行去转营新书或其他行业；②套用对一般资本主义工商业的改造办法，盲目地将他们改为国营或公私合营，实行清产核资、定股定

1 中国出版科学研究所、中央档案馆编：《中华人民共和国出版史料（1956年）》，129—130页、147—149页，中国书籍出版社2001年版。

息和固定工资；在核资时对古籍作价一般偏低，有的地方采取以7折4扣或论斤计价的办法处理；③有个别地方把古书业现存古籍按废纸论斤出售，或者只出清存书不再进货；④有的地方因没有能够鉴别古籍价值的人员确定书价，而将一些古籍冻结起来。

1956年2月9日，国务院陈云副总理在听取北京市文化局关于对私营古书业社会主义改造工作的专题汇报时，对古书业改造中的问题明确指示："对古书业的改造要慎重些，不要看得简单化，不要希望一下子把问题彻底解决，要很好地使用那些懂行的专家，不要轻易地大变，丧失他们应有的积极性。"他还具体指出，对古书业"不过早进行经济改造，暂不定股定息，仍自负盈亏，四马分肥"。[1]

2月21日，国务院向各省、自治区、直辖市人民政府发出"对私营古书业改造必须慎重进行"的电报指示。文化部在调查了解情况后于6月上旬召开8个省市对古书业改造工作座谈会，并于7月7日向各省、市、自治区文化局发出《关于加强对古书业的领导、管理和改造》的通知，规定了具体的办法。《人民日报》于9月7日发表《安排和改造古书业》的社论，阐明古书业对于搜集、保存和流通古籍起着重要的作用，提出对古书业"不能够套用对一般资本主义商业进行社会主义改造的办法。……应当从这个行业的性质和它的经营特点出发，采取不同的办法来进行改造。"社论最后提出："适时地纠正管理私营古书业工作中的缺点，加强对古书业的安排和改造，特别是积极地领导他们开辟货源，扩大古籍流通，是当前文化部门的一个重要任务。这个任务完成得好，不仅可以使这一社会行业能够得到妥善的安排，而且对于继承和发扬祖国文化遗产，促进我国科学文化的繁荣，将会起到良好的作用。"

由于各级领导的重视，使各大中城市对私营古书业的社会主义改造，比一般私营工商业的改造推迟了两年，在改造的步骤和方法上更为稳妥一些。

5. 对资本主义工商业的社会主义改造是新中国成立后对农业、手工业和资本主义工商业三大改造的重要组成部分。

1　《新华书店六十年纪事》编委会编、许起盈总撰稿：《新华书店六十年纪事（1937—1997）》，海洋出版社2001年版；张问松：《北京私营图书发行业社会主义改造简述》，《北京出版史志》第1辑，北京出版社1993年版。"四马分肥"指我国从1953年起为民族资本主义工商业规定的一种利润分配形式。民族资本主义企业每年的利润按国家所得税金、企业公积金、职工福利奖金和资方的股息红利四部分分配，在公私合营企业中，股息红利再按公私股份比例分配。这种制度在一定程度上限制了资本家对工人的剥削，但资本家的利润仍随生产的发展而增加。1956年全行业公私合营后，"四马分肥"被定息制度所代替。

邓小平于1979年6月5日在全国政协五届二次会议开幕词中曾说："我国资本主义工商业社会主义改造的胜利完成，是我国和世界社会主义历史上最光辉的胜利之一。这个胜利的取得，是由于中国共产党领导全体工人阶级执行了毛泽东同志根据我国情况制定的马克思主义政策，同时，资本家阶级中的进步分子和大多数人在接受改造方面也起了有益的配合作用。"[1]

我国对私营出版业、图书发行业、印刷业进行的社会主义改造工作，同其他行业进行的对私改造一样，是伟大的历史性胜利。在实行全行业公私合营的进程中，也同其他行业一样存在有"要求过急""工作过粗""改变过快""形式过于简单划一"的"四过"缺点和偏差，以致在长时期遗留了一些问题。这些工作中的失误，虽然带来了一定的损失，但毕竟是次要的。"整个来说，在一个几亿人口的大国中比较顺利地实现了如此复杂、困难和深刻的社会变革，促进了工农业和整个国民经济的发展，这的确是伟大的历史性胜利。"[2]

1　邓小平：《邓小平文选（第二卷）》，186页，人民出版社1994年第2版。
2　人民出版社编：《中国共产党中央委员会关于建国以来党的若干历史问题的决议》（1981年6月27日中共第十一届六中全会通过），人民出版社1981年版。

"大跃进"年代的出版工作[1]

  一九五八年，党的八大二次会议通过的社会主义建设总路线及其基本点，其正确的一面是反映了广大人民群众迫切要求改变我国经济文化落后状况的普遍愿望，其缺点是忽视了客观的经济规律。……由于对社会主义建设经验不足，对经济发展规律和中国经济基本情况认识不足，更由于毛泽东同志、中央和地方不少领导同志在胜利面前滋长了骄傲自满情绪，急于求成，夸大了主观意志和主观努力的作用，没有经过认真的调查研究和试点，就在总路线提出后轻率地发动了"大跃进"运动和农村人民公社化运动，使得以高指标、瞎指挥、浮夸风和"共产风"为主要标志的左倾错误严重地泛滥开来。

——摘自《关于建国以来党的若干历史问题的决议》

（1981年6月27日中共第十一届六中全会通过）

  1958年至1960年在全国开展的"大跃进"运动，造成了国民经济主要比例严重失调，使社会主义经济遭到了重大损失。"1961年后，'大跃进'运动不再进行，但'大跃进'作为一种经济建设思想，却同所谓'三面红旗'一起存在多年，直至1978年中共十一届三中全会召开。三中全会后，党史、国史界对三年'大跃进'的研究逐渐展开，取得很多成果。"[2]

  四十多年前，全国出版界也毫无例外地积极参加了这场"大跃进"运动。

---

1 原载《出版史料》2004年第4期。

2 鲁振祥：《共和国史上"大跃进"一词的应用与演变》，《中国经济史研究》2000年第1期。

但是，中共十一届三中全会召开后，党史、国史界对三年"大跃进"的研究取得很多成果之中，却很少见到有关出版界的研究文章。由于时隔近半个世纪，有关出版史料的缺乏可能是主要原因之一。2004年我在参与《中华人民共和国出版史料》1957年至1958年和1959年至1960年两卷的编辑工作时，从中央档案馆提供的一批出版档案复印件中，从王仿子同志提供的当年原文化部、出版局的历史文件和内部刊物中，加上从少数老同志写的回忆文章中，对"大跃进"年代出版工作的实况有了较全面的了解。通过对这批史料以及我历年对新中国成立后出版史研究所积累的史料进行综合整理，写成本文，以供出版界同志作进一步研究参考。我想这些史料对于现在和今后的出版工作者加深对于保证出版物质量等出版规律性的认识，可从已往的历史教训中得到有益的启示。

出版界的"大跃进"运动从上海开始迅速推向全国

出版界的"大跃进"运动，是紧随着1957年整风、反右运动结束转入"反浪费、反保守"的"双反"运动后开始的。上海出版系统在"双反"运动中表现突出。1958年2月，按照全市布置，出版社和新华书店共有工作人员3970人，在短短几天内就写了近46万张大字报，大烧"五气"（官气、暮气、骄气、阔气、娇气）。各单位在大反了"保守思想"后纷纷制订"跃进规划"和个人"红专规划"。上海人民出版社首先向全国出版社提出倡议书：保证1958年发稿347种（为前一年的304%），字数2900万（为前一年的379%），上缴利润105万元，其中沪版书利润较前一年增加900%。其他单位也提出了许多不切实际的高指标。

文化部抓住这一典型，于3月10日至15日在上海召开"全国出版工作跃进会议"。会议提出，在全国全面大跃进的形势下，出版工作也要来个大跃进。3月15日，会议听取了《鼓起革命干劲，争取出版工作大跃进，更好地为生产大跃进服务，为社会主义建设服务》的总结发言，通过了向全国出版工作者的倡议书、全国地方出版社跃进竞赛书，同时召开的新华书店第四次分店经理会议向全国图书发行工作人员的倡议书。在"倡议书"中提出要缩短出书时间1/3，在五年内争取出版社干部中的左派达到70%，编辑中的左派达到80%等"跃进"指标。这次会后，在全国出版发行系统立即掀起了一场声势浩大的"学先进，赶先进，比先进"的"大跃进"高潮。

　　7月，文化部直属的23个出版、印刷、发行单位，报送2217件展品，参加文化部举办的"大跃进"展览会。各单位都提出了"大跃进"的目标，如：人民出版社提出："苦战两年，改变面貌，争取成为世界上宣传共产主义思想的最好的政治书籍出版社之一。"人民文学出版社提出："苦战三年，成为世界上最先进的文学书籍出版社之一。出版一批足以震动世界的巨著；装帧印刷质量三年内超过日本，赶上德国。"中华书局提出要在十年内，"用马列主义观点，从5万种古籍中选出5000种汇编成100套丛书"，等等。

　　各单位提出的跃进指标中都突出表现了"一天等于二十年"的"大跃进"速度：人民出版社决定7月份大战一个月，发稿种数要完成原定计划的600%，发稿字数要完成计划的450%。人民文学出版社提出在7月中旬"苦战五昼夜，出书40种"，结果完成89种。外文出版社三天出版俄文、英文版的《赶上英国，超过英国》等6种书。人民美术出版社七、八两月出版的宣传画由55种增至172种。商务印书馆苦战五昼夜，出版11种书，共121万字，其中《俄语》是17万字、表格占20%的一本俄汉文混排的书，过去至少要四五个月才能出版，现在只用五天就出版了。有的出版社提出"三个一"的加快出书时间速度指标，即出一种书最快的一天、次之是一旬，一般的是一个月，最慢不超过四个月，并称："字数多少不管，因为字数再多也首先必须服从政治上的需要。"

　　上海市的出版社在"快速出书"的要求下，上海文化出版社一天就编出6种配合宣传总路线的小唱本，一两天内全部出书。上海人民出版社在六天内出版了宣传总路线的新书15种。6月份一个月，上海各出版社出版的宣传总路线的图书就有209种，总印数达2300余万册。6月8日，上海市出版局的正副局长带领各出版社社长、总编辑、编辑、干部700余人在市区电车上、马路上推销宣传总路线的图书，宣传党在过渡时期的总路线。[1]

　　上海文化出版社通过整风，批判了过去"厚古薄今""厚厚薄薄""重艺术轻政治，盲目追求所谓质量而忽视普及"等倾向，改变了一首打油诗所批评的"狂捧老作家，脚踢工农兵，只要是同仁，个个卖交情"的"组稿路线"，和上海67个工厂创作组取得了密切联系，有650多个工人作者为他们写稿。他们把工人文化宫列为"试验田"，很快就组织起10个文艺创作组，160个文艺创作爱好者，三个月就写出诗歌、曲艺、故事、剧本、歌曲1353篇。"双反"以

1　宋原放、孙颙主编：《上海出版志》，上海社会科学院出版社2000年版。

后的半年中，他们已从工农兵作者手中取得了6000余件来稿（数十万张大字报未计），其中大部分是工人作者写的。文化部出版局编印的内部刊物《出版通讯》1958年第10期上介绍了该社的经验，并配文加以推荐。

在"大跃进"运动的高潮中，全国不少地方办起了专县一级的出版机构。浙江、江苏、河北、广东等有些县已挂了出版社的牌子，很多专县虽然未挂牌子，也分别由当地党委和有关机关团体编写出版了不少介绍工作经验、表扬先进人物的小册子，比较普遍的是出版当地群众写的反映"三面红旗"的诗歌，差不多县县都有。有的中共县委做出"全党全民动手创作"的决定，提出"党委号召，书记挂帅，全党动员，全民执笔，苦战三月，立说40万，精选1万篇，著书100册"的要求；有的县专门成立了"群众文艺创作编委会"，提出"乡乡有编辑组，乡乡编书，社社有创作组"，每月可编书4本给出版社出版。有的地方甚至提出"每县出一个鲁迅""每县出一个郭沫若"等荒唐的"跃进指标"。这些情况被文化部门的领导总结为："群众办出版，群众搞创作，专家与群众相结合，集体写书，现场编辑，开门办社，土专家和工农作家的大批涌现成为出版社的组稿对象以后，繁星耀天，花团锦簇，一洗专家路线时代凄凄冷冷的黯淡景色。"有的文化领导部门甚至提出建议每个专县设立一个综合性出版社，认为"积极地、有步骤地建立专县出版机构是出版事业发展的必然趋势，是在出版工作中进一步贯彻群众路线比较好的组织形式，是开展文化大普及运动的有力工具"。

出版社片面追求快出书，将一些实行多年的工作制度进行"改革"，甚至将保证出书质量的编辑工作"三审制"也废除了。1958年上半年，中国人民大学新闻系出版教研室举办的出版工作讲座，邀请一家中央级著名出版社的领导来介绍"大跃进经验"的发言，具有一定的代表性。这位领导人宣称：过去编辑工作实行"三审制"，不论什么稿子都要提详细意见，甚至约社外力量审看那些不能采用的来稿。这种做法是"少慢差费"的办法，现在已把它倒过来处理：总编辑、编辑室主任先看来稿，部分审读，判定其无修改基础的就立即退稿。过去凡审定能用的稿件都交编辑逐字逐句进行加工，这也是少慢差费的办法。现已改为边审边加工，凡是创作稿先看政治质量如何，如无问题即由责任编辑边审边改，看完就改完，即可发排，一反过去层层审稿加工的办法，时间就快多了。编辑部以前对校对同志是否能保证原稿质量抱有怀疑态度，是不相信群众的表现，经过整风，思想解放了，打破了保守观念，现已做到70%稿件编辑部不看校样，由出版部负责到底，编辑部仅对部分重要书稿要求看清样。

过去不管什么书都要经过"四校一核"，这种"清规戒律"已被打破，改为如稿中没有什么错误就减少校对次数。现在有的书稿"初校后就付印，出书速度大大加快了"。会后，该系出版教研室还将会上介绍的"大跃进"经验编印为学习材料印发出版社学习参考。

出版数量大幅度上升　　出版质量大幅度下降

在"大跃进"中，出版社片面追求"快"的结果是出版数量大幅度上升了，出版质量却大幅度下降了，出现了许多问题。

关于1958年"大跃进"出版工作中的情况和问题，中央宣传部新闻出版处作了调查研究，包之静处长于1959年6月28日向陆定一部长作了书面汇报。《汇报》中说，1958年的出版工作，在马列著作的出版方面成绩显著，还出版了不少优秀文艺作品，学术著作和供学术研究用的资料书籍比过去也有所增长。此外，世界学术名著的翻译出版和中国古籍的整理出版工作也都有了加强。"但出版工作中的缺点错误也很严重。其中主要的问题是工作中的浮夸现象很严重，许多书籍粗制滥造，质量低劣"。《汇报》中对出版质量下降的主要问题归纳为以下三个方面：

第一，片面追逐数字指标，盲目要求快速出书，不注意质量。特别到了下半年的国庆节前后，片面发展数量的歪风达到了高潮。出版社之间，进行数量上的竞赛。为了追求多快，有一个时期好多出版社连必不可少的编辑程序都破除了，如河南提出"权力下放"的口号，总编辑甚至编辑室主任不看稿就发稿了；人民出版社提倡"一校付印"，减少校对的次数。

第二，由于盲目追求数量，许多书籍粗制滥造，质量低劣。大体上有下列几点：

（1）滥编书籍。1958年出版的很多配合政治运动、反映"大跃进"、传播工作经验的小册子，不少是把报刊上的文章拼凑编成的，质量很低，互相重复。其中许多文章不仅传播了很多不恰当的口号，对实际工作作了浮夸的宣传，而且歪曲了党的政策，对共产主义作了种种不恰当或庸俗的解释。如科学出版社出版的《人民公社向共产主义过渡的问题》一书中，有篇文章说："大约在8年左右，农村可以普及大学，每个劳动者都具有相当高的文化、科学、技术水平，大部分人员可以达到工程技术人员、农艺师的水平。从此，在农村，脑力劳动和体力劳动的差别就基本消灭了。"有些出版社出版的大字报集子，内容十分荒诞。如人民出版社出版的《历史科学中两条道路的斗争》（上下两册）和《拔白旗、插红旗》，其中所收大字报的内容许多是教师生活作风和一般思想意识问题，有些是极琐碎可笑的问题，如批评教授不应在晚上而应在白天备课；入厕所应如何拉水等等。出版社还在《历史科学中两条道路的斗争》一书的前面加上说明，要求在本书中受到批判的人"决心痛改前非"。上海人民出版社出版的几集《大字报选》和《厚今薄古辩论集》，以及人民文学出版社出版的《中国古典文学厚古薄今批判集》（4册）亦有类似的缺点。

（2）出版了不少不够出版水平和政治上有错误有毛病的著作。如人民出版社出版的《中华人民共和国史稿》一书（是河北一家师范学院学生和青年教师在不到一个月内编写出来的），基本上是利用现成的材料抄袭拼凑而成，而且其中还有政治性错误。上海的少年儿童出版社出版的《国际友谊号》封面，把波兰的国旗，错绘成印度尼西亚的国旗；地质出版社出版的《石油矿床学》译本，竟然照印了一张把我国东北除外，把台湾划归日本的"中国地图"。不少书籍对于"大跃进"作了许多浮夸的宣传。如通俗读物出版社出版的《社会主义红花遍地开》一书中，宣传河南商丘道口乡在六天内建成243个工厂，并"要求全乡明年实现机械化，今年实现电气化"；此外，还介绍河北定县要在一年到四年内，全县实现灌溉自流化、机械化、电气化，农产品加工机械化、肥料化学化、运输胶轮化、耕作机械化、收割机械化、全县电气化等"九化"。对于文化工作，不少书中也作了许多虚夸的宣传，如"一个青年农民苦学三天，从文盲变成群众教师""过去只读过一年书的妇女，两天半的突击就认识了1800字"，有一个女工竟"在一小时内学了363个字"，等等。湖北黄冈专区人民出版社出版的《怎样学哲学》一书中，介绍了一个14岁的小姑娘不到五个月"不仅学懂了许多哲学原理，而且还能生动、具体、通俗、简练地讲解哲学上什么是唯心主义、什么是唯物主义，以及辩证法、矛盾等一些重大问题"。江苏人民出版社出版的《高等学校跃进花朵》一书中，介绍清华大学一个未学过专业的一年级学生经过10天的奋战，大破迷信，写出了一本新的测量学，并"在测量现场上创造性地解决了工程师们都认为很难解决的悬崖测量问题"。

（3）有些书籍虽有出版价值，但出书没有章法，编校工作不严肃认真，造成了工作中的混乱现象。如人民文学出版社出版的《饮冰室诗话》一书列入"中国古典文学理论批判丛书"，而另一本《文心雕龙注》却标着"中国古典文学理论批判丛刊"。同一套书籍不知道究竟是"丛书"还是"丛刊"？外文出版社出版巴金的《家》（英文版），是向外国读者介绍我国当代作家的作品，出版社在前言中，却对本书作了一些不必要的而且不恰当的批评。此外，出版的技术质量也很差，经常发生错装、漏页甚至发现有许多空白页的现象。有些书籍由于编校马虎，错字错句很多，造成了许多技术性甚至政治性的错误。

第三，出版工作中的浮夸现象，还表现在滥出"丛书"上。据不完全统计，1958年全国出版的各种名义的"丛书"有460种以上，其中以江苏人民出版社最多，出版了76套、共621本，这批"丛书"中既有"实际工作中的哲学问题丛书"，又有"在实际工作中学习运用唯物辩证法丛书"。湖北人民出版社出了33套"丛书"，共312本，其中有一套"通俗小丛书"出版了117本，内容几乎包罗万象，但又看不出什么系统性，甚至在这套"丛书"中还附有"丛书"，如有的加上了"水产生产技术"的副标题，可以另成一套。各出版社出版的许多"丛书"的编辑没有章法，东拼西凑，质量很低。很多"丛书"出了一本就没有了，有一套名为"新曲艺千种丛书"，实际只出了11种就无下文。有些"丛书"名称浮夸，内容贫乏，如"快马加鞭赶英国""一天等于二十年""全民办铀矿小丛书"等等。

《汇报》说，以上所列举的，不过是1958年出版社工作中的一部分情况。"'大跃进'以来，出版部门的干劲很大，这是很好的。但同时，滋长了一种很不好的浮夸习气和庸俗作风。'多快好省'变成了片面追逐数字指标，盲目要求快速出书，粗制滥造；'解放思想，破除迷信'变成了出书没有标准，业务上不认真，不钻研，工作不负责，制度不健全……这就是造成目前书籍质量低下的一个重要原因。出版主管部门一个时候不适当地片面地强调数字指标，并硬性规定任务，以及提倡'放卫星''献礼''竞赛'等做法，对于造成这种现象是有责任的。我们没有及时发现，也是有责任的。"[1]

图书发行部门争相"放卫星""夺冠军"、大搞群众运动

在"大跃进"中，全国图书发行部门也大搞群众运动。好多地方发动了报刊、书籍发行竞赛，提出了"放卫星""争第一""夺冠军"的口号。1958年9月初，新华书店总店在西安召开全国现场会议，提出"人人买书""人人卖书"的口号，推广陕西长安县一个月预订发行图书86万册的经验，被称为放出了第一颗"卫星"（该县县长宣布，到年底再发行620万册）。接着好多省提出放"卫星"的规划，如福建省要求9月份在全省发行6000万册书，使全省平均每人有4册多书，他们的口号是："坚决压倒陕西，誓夺全国第一。"河北省提出山区平均每人买4册书、平原平均每人买5册书为"卫星"的标准。"福建惠安由县委书记挂帅，出动1600名文教干部、教师，'苦战十天'，发行和征订图书180万册，全县平均每人购3.6册。'卫星'越放越'高'，广西桂平县书店'大干二十天'，发行378万册图书。河南、陕西等省店则分别宣布当年第4季度发行通俗读物5000万册。江西宣布仅毛泽东著作就要发行1200万册。……结果，造成全国新华书店的存书积压和赊销坏账。靠行政动员发到公社、生产队的大批图书，有相当一部分并未起到实际作用。"[2]

有些书店违反自愿购买的原则，形成了强迫摊派。如天津宝坻新华书店要在12月份的4天内向农村预订出图书500多万册，便要求学校、农村都成立图书室，每室备书1000册至2000册，商店、理发店、饭铺都要建立阅览站，每站备书200册至300册。教师和干部每人平均购书15册以上，学生平均每人购书10册，不识字的老头买年画，幼儿园买《看图识字》。宝坻的一个人民公社炼钢厂，全厂900个工人，文盲、刚脱盲的和小学程度的人占90%，中学生只占

1 《中央宣传部新闻出版处关于出版工作中的情况和问题以及对于改进工作的意见》，《中华人民共和国出版史料（1959—1960年）》，中国书籍出版社2005年版。
2 郑士德：《中国图书发行史》，798—799页，高等教育出版社2000年版。

4%，他们却分配到《毛主席论帝国主义和一切反动派都是纸老虎》200册。河北泊头市（属交河县）新华书店趁配合党委对农村掀起共产主义教育运动的机会，将《世界史教学大纲》《物理教学法》《系统动物学》《大脑形态解剖学上的问题》以及《社会民主党在民主革命中的两个策略》等书籍也发到公社生产队，社员们反应："要这些书干什么？书店把所有卖不了的书都给我们拿来了。"河南濮阳县一个人民公社因搞图书室购书2000多元，到结账时社主任心疼地说："这些钱值半台拖拉机呀！"[1]

1958年5月20日，广西阳朔县白沙乡民办书店正式开业，广西壮族自治区新华书店派人了解情况后，认为民办书店有"四大优点"：①乡党委直接领导，能紧密为党的中心工作服务；②群众自己办的书店，既服务于群众又便于群众监督；③业务上由县书店指导，指挥自如；④人员、机构稳定，有利于建成"乡乡有书店，社社（农业社）有发行站，队队有发行员"的完整的发行网。广西区店经请示领导后，于7月20日在阳朔召开了有全自治区书店经理参加的现场会议。与会人员赞颂"民办书店是一劳永逸从根本上永远解决农村发行网问题的最理想的形式"。

7月30日，新华书店总店《图书发行》报头版头条以《民办书店——图书发行的好形式》为题，报道了广西和山西建立民办书店的消息，同时发表了《大胆试验民办书店》的评论文章。

8月19日，《人民日报》报道了广西、浙江建民办书店的消息，并发表了《民办书店好处多》的编后话。

在上级的肯定和推广下，广西各地掀起了建民办书店的高潮，到8月底，全区就建起了民办书店340个，有10个县实现了"乡乡有书店"。

1958年8月，中共中央政治局在北戴河举行扩大会议，通过了《关于在农村建立人民公社问题的决议》以后，随着人民公社的成立，各地的民办书店统统改为"公社书店"。到当年年底，广西基本上实现了社社有书店，全区808个人民公社，建立了993个公社书店，发行员达1058人。

在一个短时期内，全国"人民公社"办的"公社书店"遍地开花，很快发展到2万余处。但公社书店建立不久便出现了问题。据广西区店了解的情况说："首先是公社书店发行员的待遇问题。他们看到自己既不算公社干部，又

---

[1]　《关于1958年农村图书发行情况和存在问题的报告》，《中华人民共和国出版史料（1959—1960年）》，中国书籍出版社2005年版。

不算新华书店的编制，待遇不明确，工作不安心。他们大都来自农业第一线，文化素质较差，业务也不熟悉。管理工作跟不上，公社基本上不管，县书店辅导人员也不足，业务、财务制度很不健全，挪用公款和贪污现象屡有发生。再就是摊子铺得过快过多过大，难以维持，存货过大，资金困难。"以后经过"整顿巩固""调整收缩"，到1961年底，广西全区的公社书店收缩为360个，到1962年底只剩下38处。由于"公社不承认公社书店是自己的直属单位，新华书店不承认它是自己的下伸点。公社书店成了既不是集体所有，更不是全民所有，也不是个体经济的未婚先孕的畸形，失去了赖以存在的基础"。于是，"公社书店"在唱完"诞生发展、整顿巩固、调整收缩"三部曲之后，终于在幼儿阶段便夭折了。"'公社办书店'和发行'大普及'的结果，带来了图书大积压、大报废、大损失。既无社会效益，也无经济效益。"[1]

出版工作者参加"大炼钢铁"活动

1958年9月6日，文化部给各省、自治区、直辖市文化局发出电报。电报说，最近党中央政治局扩大会议号召全党全民搞钢铁，为此，要求各地动员一切文化力量为钢铁、为人民公社服务。

文化部建立了"新文化人民公社"，部党组书记、副部长钱俊瑞担任公社社长。在人民公社管理委员会下设农业、工业、教育、文娱、技术研究、福利、军事体育、供销等部，组织各单位开展活动。

10月28日，文化部召开党委会，传达国务院关于炼钢的指示。会上决定，文化部建立一个钢厂，于1959年元旦时要放"卫星"，各单位要制定放"卫星"的规划。并通知在"跃进"期内，要打破八小时的工作制度，同时开展对"供给制"问题的辩论。会后，出版局也号召各直属出版、印刷、发行单位大放"卫星"，向国庆十周年献礼。各单位纷纷制定规划，并抽人参加炼钢。

地处北京东总布胡同10号（原出版总署所在地）大院，有中华书局等四个单位。这时大院已改名叫"红十月人民公社"，并已接到文化部要求开展炼钢的通知。据当年参加这一活动的李侃回忆说："在'以钢为纲''元帅升帐'

1　张昌华：《发行事业史上的早产儿——公社书店》，《书店工作史料》第4辑，中国书店1990年版。

的口号下，中华书局自然不能例外，也要炼钢，怎么炼呢？不知是谁学来的办法，就是在院子里用土坯或耐火砖，砌成一个炉子或挖一个坑，用风箱吹风，把木柴烧旺，然后用废铁甚至锅铁使其熔化，由于不断吹风，火焰极旺，有时铁果然熔化，流出铁水，这时就有人高呼：'出钢了！''出钢了！'其实，过了不到一小时液体凝固了、冷却了，就成为灰褐色的硬块，也叫硫化铁，其实就是矿渣……10号大院中的四个单位，每个单位都在院子里炼钢，把院子弄得乱七八糟。结果是一点钢也未炼出来，出版工作却一时完全停顿了。"[1]

周恩来总理和中宣部领导对文化工作中的问题提出批评

1958年，全国图书出版数量由1957年的27,571种（其中新出18,660种）增加到45,495种（其中新出33,170种），总印数由1957年的12.75亿册增加到23.89亿册，总印张数由35亿印张增加到51亿印张。1958年图书出版的种数、总印数、印张数分别比1957年增长65%、87%、45%，其出书种数是新中国成立以来出版种数最多的一年。这种超常规的"大跃进"增长速度对出版事业的发展造成了严重的比例失调，正常的生产秩序被打乱，出版物的质量下降；书店盲目追求发行数量，结果造成大量积压（据上海市出版局检查，1958年上海新华书店因盲目追求发行数量造成积压的图书高达4110万册），这些情况的出现，加剧了资金紧张，纸张等印刷物资紧缺，技术装备不足等多种矛盾。

12月28日，周恩来总理和中央宣传部领导在听取文化部工作汇报时，对文化部在"大跃进"中，发展群众文化事业要求过高过急以致影响生产，违背创作规律大放文艺"卫星"，不按两条腿走路方针处理普及与提高的关系等问题提出批评。周恩来指示：事业指标要调整压缩，放文艺"卫星"的口号要取消，要认真贯彻执行"百花齐放、百家争鸣"方针和党的知识分子政策。

1959年1月9日至17日，文化部党组召开扩大会议，根据中央文教小组和中央宣传部的指示，检查党组1958年工作中所犯的方针性错误，党组提出的要求在几年内达到"人人能读书、人人能唱歌、人人能创作、人人能舞蹈，人人能画画……"等，违反了文化工作必须根据群众的需要和自愿的原则，错误是严

1　中华书局编辑部编：《我与中华书局——中华书局成立九十周年纪念文集》，29页，中华书局2002年版。

重的。对于放"卫星"等不恰当的错误做法也立即加以纠正。

中共中央对报刊书籍出版发行工作做出重要指示

中共中央对于出版发行工作在"大跃进"中出现的问题十分重视，于1959年3月30日发出《关于报刊书籍出版发行工作几个问题的通知》，指出1958年"图书出版部门对于出版物的实际需要，常常缺乏实事求是的估计，片面地追求数量，忽视质量，以致粗制滥造的情形很严重。报刊的出版和发行，也有盲目发展和忽视质量的倾向。各地发行部门相当普遍地发动了数量的竞赛，甚至用行政手段强迫摊派，或者把积存的没有用的书籍向群众推销。各类出版物在各地特别是在人民公社有很大的积压和浪费"。通知指出："随着我国经济和文化的发展，国家和人民群众对出版物的需要必然会有相应的增长。出版部门应当积极地做好工作去满足这种需要。但是出版物的发展，必须根据国家和人民群众的真实需要，从人民的负担能力和文化水平以及作者和编者的力量等现实条件出发，不能盲目发展。一切出版物的出版和发行，必须有目的、有计划地进行，必须首先注意质量，考虑它的实际效果，决不要为出版而出版，为发行而发行。"

中共中央指示，1959年的出版工作应该着重整顿巩固，提高质量。报刊和出版社办得不合理的，应当加以调整；无力办好或者不需要的，应当加以收缩。为了保证提高出版物的质量，出版机关应当加强和改进组稿、编辑和审校工作，坚决克服粗制滥造的现象。今年为庆祝建国十周年准备出版的书籍，必须以少而精为原则；各地不要勉强出版这类书籍。出版物的发行，应当采取积极的措施，确切地了解各类读者对象的不同需要，把出版物有效地准确地发到群众中去。销售出版物，必须严格遵守群众自愿的原则，决不许强迫摊派。任何出版物发行数量的增长，应当根据客观的需要，并通过宣传、评介等正当的办法来实现。出版和发行工作，都不能发动关于数量方面的竞赛运动。《红旗》杂志的读者对象是县级以上的干部和有一定文化理论水平的知识分子。现在它的发行情况不尽合理。为了更好地发挥它的效率和节约纸张起见，它的发行数量原则上决定在现在的基础上减缩1/2。《人民日报》的发行数量也应根据实际需要，加以适当的控制。《通知》要求各地党委要加强对出版发行工作的领导，国务院文化部、邮电部和其他有关部门，应就去年报刊书籍的出版发行工作进行检查，并且采取切实有效的措施，改进这方面的工作，使它进一步地提高，适应国家建设的需要。[1]

中央宣传部提出切实保证和提高出版物质量的几点意见

为了切实保证和提高出版物的质量，中央宣传部于1959年5月13日召开专门讨论出版物质量问题的会议。出席会议的有：周扬、钱俊瑞、陈克寒、邵荃麟、杨海波、王子野、王任叔、严文井、楼适夷、朱语今、陈原、史育才、陈翰伯、金灿然、邵宇、包之静、王谟共17人（王益因事请假）。

会议由周扬副部长主持。会前印发了《中央宣传部关于保证和提高出版物的质量问题给出版社的信（草稿）》作为会议文件。这封信的内容，一是提供了中宣部所看到的一些消极方面的情况，以供出版社作为进行检查的材料；二是提出几点改进今后工作的意见和大家商量。会议重点对改进今后工作的问题进行了深入的讨论。

中宣部对切实保证和提高出版物的质量提出的意见，其要点是：

1. 要正确地制定每年度的出版指标。指标的规定，既要保证出版物适当的数量的稳步增长，又要保证出版物的一定的质量；既要注意满足当前的需要，又要照顾长远的需要；既要注意普及，又要注意提高。历年来不少出版物长期大量积压，结果成为废纸，这应引为教训。没有目的，不问效果，盲目地追求数量，就是为出版而出版，是不对的。我们考察一个出版社的工作是否有成绩，主要应该看它的出版物的质量，看它出版了多少确实是为国家和人民群众所需要的好书，看它为民族文化的积累作了多少的贡献。决不能单纯看它的数量。

2. 要正确地制订选题计划。选题计划既要照顾全面，又要保证重点；制订计划，要从实际需要出发，同时根据实际的可能。计划要切实，又要留有余地。出版主管部门要认真审查选题计划并对其执行情况经常加以监督和检查。

3. 加强组稿、审稿、校稿的工作。不论新作家和老作家，对他们的著作都应该保证有一定的质量。此外，还必须改进并制订编辑和审核的工作制度。从总编辑起，明确规定各个工作岗位人员的职责。必须加强社长、总编辑的政治

1　《中共中央关于报刊书籍出版发行工作几个问题的通知》，《中华人民共和国出版史料（1959—1960年）》，50—52页，中国书籍出版社2005年版。

责任。技术设计和装帧印制工作也必须重视和加强。要认识，技术错误可以造成政治错误。

4．要积极提高编校工作人员的政治、理论和业务水平。出版工作者所负的责任很重大，担任这种工作需要有一定的政治水平，并且还要按照他们的分工，要求他们具有一定的专门知识。为此，应该订出编校工作者的学习制度，例如规定每年有几个月轮流进行学习和接触工农群众的办法。学习主要是认真读书，不是漫谈讨论。

5．各出版社之间要充分发挥共产主义协作精神，要很好地分工合作。

中宣部建议，将中共中央3月30日发出的《关于报刊书籍出版发行工作的通知》和这封信，一起发给出版社的全体工作人员，进行讨论，并结合合讨论进行一次书籍质量的检查，着重解决思想问题。请文化部党组领导帮助各出版社进行讨论和检查。并根据讨论结果，提出加强今后出版工作的方案。[1]

出版事业在全面调整中继续前进

1958年至1960年的三年"大跃进"，给出版事业的发展造成严重的比例失调，出版发行工作中忽视质量、片面追求数量的问题突出，不少出版物对实际工作进行虚夸的宣传，传播了不成熟或错误的经验和口号，对实际工作中浮夸和生产瞎指挥等歪风起了推波助澜的作用。

1960年冬天，"大跃进"被停止，这期间办的地区和县级出版社相继停办，图书品种、库存数量都明显回落。

1961年1月，中国共产党八届九中全会通过了对整个国民经济实行"调整、巩固、充实、提高"的八字方针。出版部门认真加以贯彻，开始了全面调整工作。中央宣传部和文化部根据中央指示精神，在1961年至1963年期间，主要进行了以下一些方面的工作：

（一）整顿、精简中央一级出版社和期刊社

中央一级出版社在1960年反官僚主义整风运动中已初步进行了工作检查，

1　《中央宣传部关于保证和提高出版物的质量问题给出版社的信（草稿）》，《中华人民共和国出版史料（1959—1960年）》，92—97页，中国书籍出版社2005年版。

从10月份开始，根据中央指示进一步进行整顿，在中央宣传部的领导下，整顿工作至1961年2月底结束。

通过这次整顿，比较彻底地检查了图书出版中存在的问题。中央一级出版社1958年以来共出版图书28,960种，这次检查了22,010种，占76%；共检查出有政治错误的图书1383种，占6.28%。其中性质比较严重作停售处理的有294种。有不少图书内容没有政治错误，但质量很低，内容重复，这类图书占有较大比例。

中央一级出版社原有42家，经过整顿，裁撤了2家，合并20家，继续设立的还有24家，出版社的数量减少了将近一半。中央一级出版社原有工作人员5833人，经过整顿，精简了将近一半。文化部直属的5家出版社原有1135人，减为612人；农业口3家出版社合并后，人员由202人减至70人。在整顿过程中，各出版社都讨论并提出改进工作的具体措施，制定或修订了一些重要的工作制度，特别是在健全编辑审校制度方面，明确规定了必须严格执行书稿的"三审制"。

1961年1月7日，中共中央批转安子文《关于中央一级机关精简刊物工作的报告》。中央的批语说："各地各部门党组必须加强对刊物的领导，使它们成为党在思想政治战线上的锐利武器。各省、市、自治区必须指定一个书记或常委，中央一级各部门必须指定一个副部长或党组成员，负责主管刊物的工作，对刊登的重要稿件应当亲自审查。"中央要求各省、市、自治区党委对本地区的刊物出版情况，进行一次认真的检查，将检查情况和意见向中央作一次报告。

通过检查整顿，中央一级机关104个单位的1254种刊物减为307种，占原有刊物种数的24.5%。从刊物精简的情况来看，各单位出版的一些影响较大的主要刊物，一般都保留下来，削减得多的主要是内部刊物，如冶金工业部原有内部刊物47种，精简后只保留了1种。通过这次整顿，检查和处理了刊物中发生的各种政治性错误，普遍审查和调整、精简了编辑队伍，检查和批判了刊物出版工作中领导上的官僚主义作风。

（二）检查和处理内容有错误的图书

出版社在检查工作中发现有内容错误的图书，有些已由出版社作停售处理。文化部党组为了使出版社在处理有错误的图书时有统一的标准可以遵循，提出四点原则规定报请中央宣传部批准，于1960年12月14日通知全国出版部门执行。但至1961年3月，文化部发现个别地方的书店仍在将宣扬"浮夸风""共产风"等"五风"错误的书籍向农村基层干部宣传推荐，为此于3月15日发出通知，要求出版社对1958年以来出版的宣传农村工作政策、宣传三面红旗、反映农村生活的图书（特别是这方面的通俗读物和连环画册、宣传画）严肃地进行一次检查。对于其中系统宣传"浮夸风""共产风"等"五风"错误的图书，应该根据中宣部批准的处理原则，提出处理意见报请上级党委审批后作停售处理。

（三）缓和图书供应紧张情况

由于出版用纸供应不足，1961年全国出版用纸量只达1957年的水平，除保证课本和报刊用纸外，分配给书籍使用的数量倒退到比1951年用纸量略高的水平；出书印数锐减，图书销售数只达1955年水平。各地书店特别是大中城市书店在"大跃进"时期积压的存书滞销。新书品种和数量都很少，多数只能由各发行所酌情分配，因而书店中形成了新书严重供不应求的状况。

文化部出版局把妥善安排图书市场、缓和供需矛盾作为当前的主要任务，采取改进图书分配，加强计划发行，重印急需图书，挖掘存书潜力，收购旧书再售，开展租书业务，改善服务态度等七项措施。1961年4月，文化部以这七项措施为内容发出《关于加强计划发行缓和图书供应工作紧张状况的通知》。6月5日，文化部和商业部发出《关于加强旧书回收工作的联合通知》，要求商业系统所属的废品回收部门收购到的旧书刊，在处理前首先应经当地新华书店鉴别挑选，并对旧书回收的范围、价格、经营分工以及注意事项等做了规定（1961年，各地新华书店共回收新中国成立后出版的旧书3500万册，售出80%）。许多地方的新华书店还开展了租书业务，由于租金很低，读者可以租到在书店中买不到的书，所以很受欢迎。

1962年4月，文化部召开全国图书发行工作会议，胡愈之副部长到会作了"当前形势和任务"的报告。会议在交流经验的基础上，讨论了缓和供需矛盾的具体措施和办法。文化部决定从贮存的战备纸中拨出7000吨，由新华书店总店做市场调查，选择重印了260余种紧缺品种共1618万册供应市场。

为了合理分配图书，文化部于1961年12月提出四条改进意见，要求新华书店：①严格区分城乡、地区之间的不同需要；②按对象计划分配和门市自由选购要统筹兼顾，合理安排；③加强邮购业务；④加强调查研究和改进同各方面的联系协助。并分别提出具体要求，如第一条中提出：内容较专门或高深的学术、理论著作，不适合一般群众阅读的古籍、外国学术著作、外国文艺作品等，只发中等以上城市，一般县城一律不发；有些对象更窄的甚至只发大城市；年画、历书和各种通俗读物优先供应农村，等等。

1962年5月，新华书店北京、上海发行所共同制定了《图书分配办法》，由文化部颁发试行。

经过各有关方面的努力，图书供应的紧张情况有所缓和。

（四）对历年出版的图书进行重点清理

文化部为了在出版工作中贯彻"调整、巩固、充实、提高"的方针，根据胡愈之副部长的建议，决定对建国以来出版的图书进行一次清理。文化部于1961年4月13日发出通知，要求出版社把本社1949年10月至1960年底出版的图书，根据质量情况，采取抓两头的办法，分成四类加以清理。

据版本图书馆统计，1949年10月至1960年，全国出版的公开发行的初版图书（不包括再版书）约14.5万种，文化部出版局对各地报来的卡片做了适当调整，统计的结果表明，十年来我国出版的图书中，质量好的或比较好的可以作为保留书目的，大约占十年出书总种数的13.5%。在这些图书中，著作约占2/3，翻译书约占1/3。

这次动员全国出版社的力量对十年来出版图书进行清理的过程，是一次调查研究的过程，也是总结经验的过程。文化部出版局于1964年将陆续分册编印的图书分类简目汇总编为《全国图书简目》3册，印发有关单位。

（五）总结经验教训，制定改进出版工作的条例

文化部出版事业管理局在整顿中央一级出版社的过程中，根据中央历来的指示，初步总结了"大跃进"以来的经验教训，着手在总结经验的基础上，制定改进出版工作的各项原则和措施。经过多次讨论和修改，文化部党组于1961年3月31日向中央宣传部报送《关于提高书籍质量、改进出版工作的意见》，提出了改进出版工作的五项原则：①明确出版工作的基本任务；②在为无产阶级政治服务、为工农兵服务、为社会主义建设服务的方针指导下，继续贯彻"百花齐放、百家争鸣"的政策；③大力提高出版质量；④出版社必须继续贯彻群众路线；⑤办好出版事业的根本保证在于保证党的领导。《报告》还提出了正确制定长远选题规划、健全编辑审核制度、坚持定期检查书籍质量、加强编辑干部的培养、合理安排编辑工作人员的时间等13项改进出版工作的措施。

新中国出版教育的历史回顾[1]

新中国成立以后，随着出版事业的迅速发展，出版干部不论在数量和质量上都不能满足需要的问题十分突出。1950年4月1日，出版总署胡愈之署长在新华书店总管理处成立大会上的讲话中说："现在，不论总署和新华书店，最困难的是干部不够的问题。一方面，工作必须做好，一方面，人力非常缺乏，数量和质量，都不能满足一般的要求。我们每一个人都有这样的感觉：力量小，担负大。主要原因是业务发展太快了……千千万万的读者向我们要书，我们不能不给，但是，干部不是很快可以培养的，这就是我们目前最大的困难。"[2]

为了培训出版干部，出版总署在制订1950年工作计划中就专门列有一项："继续开办业务训练班，轮训新老干部及改造旧出版业从业人员。"在以后的历年工作计划中，都对培训干部工作列有专项，提出具体的要求。在出版领导机构和有关出版部门领导的重视下，对出版、印刷、发行工作人员加强教育与培训工作逐步开展起来。现将20世纪50年代至60年代中期（截至"文化大革命"前）有关出版教育和培训工作的状况作一历史的回顾。

新华书店的职工教育与培训

1951年3月，新华书店总店与北京师范大学签订了《共同办理新华书店总店职

1　原载《出版史料》2005年第2期。
2　中国出版科学研究所、中央档案馆编：《中华人民共和国出版史料（1950年）》，128—129页，中国书籍出版社1996年版。

工业余学校合约》，学校于3月20日成立，总店副总经理王益在大会上说："摆在书店面前的问题很多，一切困难和缺点的总根源是政治水平不足，业务水平不足，文化水平不足。""在政治、业务、文化三者之间，文化实处于锁钥的地位。要提高书店工作，必须从提高文化水平开始。"职工业余学校以学习和提高文化为基础，开设语文、数学、历史、地理等课程，并建立了较严格的学习和考试制度。"职校"每期三个月，共办了两期。

新华书店总店还组织职工在职自修。当时出版总署对于干部自修学习很重视，专门请了叶圣陶、吕叔湘、孙伏园等讲授语法修辞、文学史、鲁迅的作品等课程。一周安排几次，时间基本上利用晚上，听后要做复习。

1956年中央提出"向科学进军"的号召后，新华书店总店举办了业务研究班，培训的对象是全国省级书店和基层书店的经理、业务、会计等主要骨干，每期学习时间最短的三个月，最长的近半年，到1958年3月共举办五期，培训学员270余名。

为了进一步加速发行队伍的培养，新华书店总店在北京通县建立了新中国第一所培训图书发行干部的学校——文化部图书发行干部学校，行政上归文化部领导，教学业务由新华书店总店负责。学校于1958年9月20日开学，全国省级书店的科长和地（市）县书店经理共156名学员参加，主要学习马列主义基础、哲学和图书发行的业务知识等。同年11月，学校并入文化部新成立的文化学院图书发行系进修班，到1959年8月结束。此后，图书发行系还办了第二期进修班和一期研究班，于1961年10月结束。

1961年文化学院停办后，新华书店总店于1964年4月举办了发行干部训练班，有省书店经理、科长和专区书店经理41名学员参加，学习国际国内形势、文化出版工作方针政策、人民解放军的政治工作经验等。这个班后因班干部大多下乡参加"四清"运动，在办完一期后即停办。

在地方也举办了一些培训发行干部的机构，如上海图书发行学校、山西图书发行学校、广西图书发行干部学校，辽宁省新华书店举办的科技书发行专业训练班等，这些培训机构，到"文革"开始后全部停办。[1]

1　鲁明：《新华书店的队伍建设和发展》，《新华书店总店史（1951—1992）》，人民出版社1996年版。

印刷技术教育与高等教育

新中国成立初期，随着印刷工业的恢复和发展及其对人才的需要，印刷技术教育受到重视。印刷行业的职工教育从扫盲开始，实行正规教育与业余教育相结合的两条腿走路的方针。有条件的工厂企业相继开办以培养在职职工、不脱离生产的业余学校、夜大学等，组织职工学政治、学文化、学技术。1953年9月15日，上海印刷学校开学。这是新中国成立后第一所培养中等印刷人才的学校。该校初为技工学校，1957年6月改制为中等专业学校（1959年9月上海市成立上海出版学校，招收初中毕业生，1962年停办，并入上海印刷学校）。到1965年止，中专班共招收10届学员1627人、大专班44人，为上海各印刷厂轮训技术干部150人，为全国各地印刷厂举办技工班共计结业200余人，不少经过培训的学员多成为各单位的业务骨干。其他省、市也创办了一些印刷专科学校或培训班，如北京市印刷专业学校、辽宁省印刷学校和一批技工学校。上世纪60年代初，一些地区的出版部门和有条件的印刷厂还创办或在厂内附设半工半读的印刷技工学校，招收初中毕业生，半天生产，半天学习，培养目标为技术工人，毕业后由本厂吸收。

1958年文化部成立文化学院，设立印刷工艺系，调进曾任北京新华印刷厂的副厂长郑德琛承担建系工作。当时，筹建印刷系是我国第一个高等印刷教育系科，白手起家，创业艰难。没有教学大纲，没有教材，也缺教师，一切从零开始。筹建人员多方设法聘请教师，带领职工亲自动手建立教学实验实习设施。在繁重的筹建事务中，郑德琛还挤时间亲自编写《印刷概论》《印刷材料学》《晒版工艺》等讲义和教材。1960年秋季，印刷工艺系的平版印刷专业开始招收了第一届本科生，但1961年文化学院奉命于暑假后停办。学院职工认为，印刷工艺系办起来很不容易，黄洛峰院长认为无论如何必须设法保留。经文化部同意，最后安置在中央工艺美术学院（由文化部和轻工业部双重领导），文化部给人、给教具、给基建指标，终于使印刷系得以延续下来。1962年秋印刷系迁入中央工艺美术学院后，到1965年共招收了四届本科生。上世纪80年代初成立的北京印刷学院就是以中央工艺美术学院印刷工艺系为基础建立起来的。[1]

1　赵晓恩：《六十年出版风云散记》，159页，中国书籍出版社1994年版。

出版高等教育

新中国的出版高等教育，从1956年到1961年，先后成立的培训机构有中国人民大学新闻系的出版专业、北京大学古典文献专业和文化学院三处。

（一）中国人民大学新闻系出版专业

中国人民大学新闻系于1955年4月成立，9月开始招生，是新中国成立后创建的第一个大学新闻系。1956年6月，文化部通知各地出版部门：为培养出版编辑干部，中央宣传部决定在中国人民大学新闻系内开设出版专业，学制三年，学生由出版社保送报名。报名条件是从事出版工作三年以上的党团员，有高中毕业文化水平，年龄在35岁以下，学习期间带职带薪，毕业后回原单位工作。通过考试，有21家出版社的23人被录取。

1956级的新闻系学员主要来自全国新闻、广播、出版单位，共编成12个班，出版专业编为第六班，1957年后为第五班，称"出版班"。新闻系办了一份教学和实习用的报纸《新闻与出版》，铅印对开4版，半月一期，由系主任安岗主编，华青禾协助编辑。这份报纸于1956年10月15日正式创刊（9月9日出有一期试刊号），1957年12月25日出至第30号停刊。它是20世纪50年代我国新闻出版界一份有影响的专业报纸，在一定程度上成为全国新闻出版工作者交流经验、沟通情况、提高业务的一个园地。报纸的订户最高曾达12万份。

参加新闻系学习的出版社干部，在第一学年和新闻系同学共同学习哲学、马列主义基础、中外文学、历史、语法修辞等课程；从第二学年起开设出版业务课。1958年上半年举办了六次出版工作讲座，邀请中央宣传部出版处处长包之静讲《我国出版工作发展概况和出版工作的方针政策问题》、文化部出版局副局长陈原讲《放胆处理前言后记，提高编辑工作的思想性》，中央一级部分出版社领导人讲编辑出版工作经验。

1958年10月转入实习阶段。出版班的大部分同学编为两个组，分别到湖北、浙江两省的人民出版社实习，以当地出版社工作人员和中国人民大学学生的双重身份，参加调研、组稿、编书等活动。1959年3月，两个组在返校途中，又分别到湖南、江西、河南、山东等省人民出版社和上海人民、上海文艺等出版社访问、学习，回到北京后又到人民、人民文学、中国少年儿童等出版社实习一个月，于8月份毕业。此后，人民大学新闻系不再分专业，出版班未继续举办。

（二）北京大学古典文献专业

20世纪50年代后期，学术界的一些著名学者鉴于继承我国古代文化遗产的重要性，古籍整理研究后继乏人和古代文史专业基础薄弱的实际情况，强烈呼吁国家采取切实措施培养古籍整理研究专门人才。1958年1月21日，时任国务院副秘书长的齐燕铭给中央宣传部副部长周扬写了关于加强古籍整理和出版工作的报告，说明古籍整理和出版工作的现状，提出需要"全面规划，加强领导"的建议。在报告的最后提出："古籍的整理是一件长期的工作。按照中国具体情况，在三十年后，培养出五百个乃至一千个程度不同古籍整理的专门人才是有必要的。为此，我们曾和（高等教育部部长）杨秀峰同志商量，并得到他初步同意，拟在北京大学开办一个专业学科，每年招收学生三十名左右。这类专业的学生，除受一般的理论和政治教育以外，业务课主要是学习中国历史、中国文学、文字学、版本学、校勘学等。毕业后，可以专门从事古籍的整理工作，其中一部分水平较高的还可以从事中国古籍的研究和教学工作。"

2月7日，中央宣传部向中共中央书记处写报告，请示在国务院科学规划委员会下面建立古籍整理和出版规划小组，负责总揽全国古籍的整理和出版工作。小组的主要任务是：①确定整理和出版古籍的方针；②领导制订整理和出版古籍的长远规划和年度计划，并且检查这些计划的执行情况；③拟定培养整理古籍人才的方案。古籍整理出版小组拟由19人组成，由齐燕铭负责。

2月14日，彭真批："拟同意。"又经刘少奇、胡乔木核阅同意。[1]

1959年，国务院科学规划委员会领导下的古籍整理出版规划小组组长齐燕铭和翦伯赞、吴晗、金灿然、魏建功等多次邀集有关专家学者磋商，决定在北京大学中文系设立古典文献专业，学制定为五年（后改为四年），课程包括文学、历史、哲学各方面的内容。当时拟订的教学方案中，课程分为共同政治理论课、专业课和古籍综合实习等三大类。其中"专业课"分为：①一般基础课——现代汉语、古代汉语、外语（日语）、写作、中国通史、中国文学史、中国哲学史等。②专业基础课——古籍整理概论、中国文字学、中国音韵

1　中国出版科学研究所、中央档案馆编：《中华人民共和国出版史料（1957—1958）》，341页、347页，中国书籍出版社2004年版。

学、训诂学、目录学及实习、版本学及实习、校勘学及实习、工具书使用及编纂法、古籍整理史等。③专书讲读课——诗经、楚辞、论语、孟子、左传、史记、淮南子等。④专题课——汉语史、目录学史、中国古代文化史、国外汉学研究等。这个方案要求学生尽量接触原著，有选择地通读一些古书，学会使用工具书解决疑难问题，根据马克思主义理论分析衡量古文献的内容。专业教师由北京大学中文系调派，并邀请校内外专家兼任教学工作，中华书局也介绍和组织专家前来讲课。北京大学任命魏建功兼任古典文献教研室主任，1962年又任命阴法鲁为副主任。

1959年暑假，北大古典文献专业开始招收本科第一班学生30名，次年又开始招收研究生。

吴晗在报上发表文章，认为北京大学古典文献专业开始招考新生是学术界的一件大事、一件喜事，因此，他特别著文表示祝贺。他勉励这些"新兵"要"从旧事物中创造新的东西，使旧书为今人服务，使古代经验为今天的建设服务"。文章对"古籍整理算不算科学研究？"的问题，做了肯定的结论。他说："例如一部《资治通鉴》，一部'二十四史'，很难读，目前读过的人也不是很多。经过我们的努力，使这些书成为大多数人的读物，普及了历史知识，普及了文化，这样的工作不算科学研究工作，又算什么呢？"他认为这支队伍并不需要太多的人，但总要有一定数量的人参加。他希望"有志于古典文献整理工作的年轻朋友们，盍兴乎来。"

齐燕铭、吴晗、金灿然等经常关心古典文献专业的教学工作，先后来校做学术报告，并和师生座谈，推动了教学和科研工作。中华书局为专业调拨了大批图书资料，金灿然还通知古典文献专业到中国书店的书库里挑书，认为有用的书就挑出运回专业图书室，书款统由中华书局结算。此后，中华书局每出一种新书，都寄赠专业图书室。中华书局还为专业教师备课、学生实习提供条件；在其大力支持下，古典文献教研室组织了一些古籍整理实践活动。

古典文献专业成立后，教学工作得到了校内外专家的支持，如王力、游国恩、冯友兰、顾颉刚、俞平伯、王重民、马宗霍、宋云彬等，都给专业的学生或研究生讲过课。专业举办的"中国古代文化史""国外汉学研究"等讲座，也有校内外专家多人应邀讲课。

1964年，古典文献专业第一届本科学生毕业，有12人分配到中华书局工作，此后历届毕业生中都有分配到中华书局工作的。

北京大学古典文献专业毕业的学生，大多数从事古籍整理、研究、出版、文史教学、图书档案或与此有关的工作。毕业较早的学生中，多数人成为所在单位的骨干力量；而且很多人著书立说，发表了论著和古籍整理成果，为古籍整理事业做出了贡献。[1]

（三）文化学院

1958年秋，当时任文化部部长助理、党组成员的黄洛峰受部党组的委托，负责筹建文化学院，被任命为院长、党委书记。院址设在北京西郊翠微路农业大学的旧址。文化部同时将新华书店设立的发行干校并入该院，于1958年11月23日正式开学。

文化学院是文化部创办的一所党校性质的新型高等学院，承担两方面的教育任务：一是负责全国文化部系统科处级以上在职干部的岗位培训工作；另一方面设置正规大学的专业系科，主要是为出版、文物、群众文化三个系统培养高等专业人才。建院之初制订的学院发展规划，在党校教育方面计划于三年内将文化部系统的科处级干部（3681人）轮训一遍；在高等教育培训方面，计划七年（1960年—1966年）内设置七个系（马列主义基础、编辑出版、图书发行、印刷工艺、文物及博物馆学、图书馆学、群众文化）共22个专业。其中编辑出版系分社会科学书籍编辑、文学书籍编辑、儿童读物编辑、图书出版专业；图书发行系分国际图书贸易、社会科学图书贸易、科学技术图书贸易专业；印刷工艺系分平版印刷、凹版印刷、凸版印刷专业（有条件时，印刷系可以独立出去单独设学院）。各专业修学期限一般为四年，个别为五年。此外，还视需要另设专修班（学习期限为两年）和函授班，有条件时招收研究生。

1960年秋季，文化学院已初具规模，全院教职员工共300多人。除继续开办干部轮训班外，建立了本科四个专业：马列主义基础系的哲学专业、编辑出版系的社会科学书籍编辑专业、印刷工艺系的平版印刷专业、文物博物馆系的博物馆专业，招生开学。学生大部分是招考应届高中毕业生，少数是基层单位送来深造的年轻干部。黄洛峰对一位著名科学家的儿子考入编辑专业非常高兴。他说，没有一所大学有编辑系，有人不承认编辑是一门科学。现在编辑系有这么多人报考，而且有著名科学家的子弟，说明社会上是重视这门科学的。他认

---

1 阴法鲁：《北京大学古典文献专业的建立与中华书局》，《回忆中华书局（1912—1987）》下编，中华书局1987年版。

为，文化系统内的音乐、美术、戏剧、电影都有高等学校培养人才，而编辑出版、印刷、发行却没有，文化学院就是要补上这些缺门。

文化学院从1958年11月建院到1961年3月，在两年多的时间内共办了18个干部轮训班，参加的学员有1250多人，其中出版发行有7个班，参加的学员656人（以发行干部居多）。学院除建立了本科四个系之外，还办了一些进修班，如编辑进修班、图书发行进修班等。学员对象为年轻的在职干部，每班学员上百人，学习期限原定十个月，后延长到一年以上。学习的内容以编辑进修班为例，有哲学、政治经济学、语法修辞、形式逻辑、编辑业务讲座，还有文化出版方针政策、中国现代革命出版史等专题报告。学习方法以授课为主，课后分组组织讨论，汇集讨论中的问题再进行辅导。

文化学院还经常举办各种报告会，沈雁冰、钱俊瑞、翦伯赞、胡绳、孙定国、冯定等都来院做过报告。编辑班还邀请出版界的领导和老编辑来学院讲课，如叶圣陶讲语法修辞，王益讲形式逻辑，王士菁讲鲁迅怎样做编辑工作，陈原、陈翰伯、金灿然、周振甫等传授编辑出版工作的理论与实践经验。

文化学院开学后缺乏业务教材，黄洛峰便通过办研究班，采取由有关业务领导部门、学院和学员中的业务骨干三结合的办法集体编写。

黄洛峰对办好文化学院充满信心，他有不少想法，如计划出版一份学报来交流学术思想；成立文化学院出版社，组织出版教材和参考书；筹建中的印刷实验工厂与印刷生产相结合创收，增加办学经费来源，等等。但是，国家当时正处于"大跃进"后的三年经济困难时期，文化学院奉命下马，于1961年暑假后停办。这所学院存在的时间虽然很短，但在出版界有深远的影响，当年参加学习和培训的学员，散布在全国各地，大多成为出版战线上的骨干力量，为出版事业的繁荣发展做出了贡献。[1]

制订出版教育、培训工作十五年远景计划

1955年7月，全国人大一届二次会议审议通过了《发展国民经济的第一个五年计划（1953—1957）》，文化部各司局按照上级统一布置，对前几年制订的

1　赵晓恩：《六十年出版风云散记》，151—160页，中国书籍出版社1994年版。

文化事业"一五"计划进行修订，制订了《1953—1967年十五年远景计划》，对三个五年计划期间的任务提出了要求，并列出具体的发展指标。文化部出版事业管理局制订的《出版事业十五年远景计划（草案）》，于1955年11月底完成上报。这个计划中对出版、印刷、发行干部的培养、教育工作方面提出的具体目标是：

（1）第一个五年计划（1953年—1957年）：加强编辑干部的业务学习，调整和大力补充编辑干部；建立上海印刷技术学校，进而改建为北京中等印刷技术学校；开办各种业务训练班。选拔出版、印刷、发行干部20人出国深造。

（2）第二个五年计划（1958年—1962年）：加强干部教育和训练工作，并以培养编辑人员、技术人员和中级干部为重点。会同高等教育部在适当的高等学校增设编辑系、美术装帧系、图书贸易系；建立印刷学院和中等图书贸易学校。大力举办各种业务训练班，有计划地抽调干部进行轮训，五年内，轮训出版、印刷、发行干部19,850人；选拔出版、印刷、发行干部50人出国学习深造。

（3）第三个五年计划（1963年—1967年）：继续大力培养编辑干部，并以培养各项高级专业人才为重点。到1967年，90%的编辑干部经过轮流入学和业余进修等办法，继续受到教育和提高。印刷方面，各厂的工程技术人员，应普遍得到提高，做到一部分工程师能获得学位，一部分技术员提高到工程师。发行方面，做到没有轮训过的干部，普遍轮训一次；5%的发行干部，经过夜大等等办法，受到高等教育。继续选拔出版、印刷、发行干部80人出国深造。

在计划内"对其他部门的要求"一节中提出："在第二、第三个五年计划期内，要求高等教育部在适当的高等学校内增设编辑出版系、美术装帧系、图书贸易系。并要求分配大学生5600人（其中包括各种编辑人员1570人、图书贸易人员400人、工厂管理人员100人）。"[1]

从实际执行的结果来看，"一五"计划所规定的绝大部分指标，到1956年

1　中国出版科学研究所、中央档案馆编：《中华人民共和国出版史料（1955年）》，384—394页，中国书籍出版社2001年版。

底提前完成；"二五"和"三五"计划，由于从1957年到1965年的政治运动连年不断，左倾思想的干扰，出版事业经历了不少曲折和反复，干部教育和培训工作计划中的目标有多项未能实现。1966年5月"文化大革命"爆发后，所有的计划均成为泡影。

新中国少儿读物出版五十年[1]

新中国少年儿童读物出版工作，是整个出版事业中的一个重要组成部分。历经五十年的沧桑，既获得过春天雨露的滋润，也经历了冬日"文革"风暴的摧残，终于从一株稚嫩的幼苗，茁壮地成长为一棵参天大树。据现有统计资料显示，从1950年至1998年，近半个世纪来，全国共计出版少年儿童读物99,715种（其中新出65,551种），总印数107.21亿册，用纸量95.28万吨。这一巨大的成就，是由于党和国家的重视，得到各有关方面的大力支持，全国出版战线同志奋斗的结果，来之不易。现在我们重新打开一页页已经泛黄的历史档卷，回顾走过的历程，对于今天的出版工作者是不无教益的。

曲折前进的十七年
（1949年10月—1965年）

中华人民共和国成立后，社会主义的出版事业刚刚起步，1949年11月成立的中央人民政府出版总署全力忙于统一全国新华书店等头绪纷繁的大事，一时还无力兼顾少儿读物的出版工作。当时，私营出版业还占有相当的优势，许多粗制滥造、质量低劣的少儿读物充斥市场。1950年，全国国营的出版社仅有27家，而私营出版社则有184家。1950年全国出版的少儿读物仅有466种，总印数573万余册，其中种数的70%、印数的59%都是私营出版社出版的。

---

1 原载《出版科学》1999年第4期。

1952年12月，新中国第一家少儿读物专业出版社——少年儿童出版社在上海成立。它是以上海的新儿童书店为基础，吸收中华书局、商务印书馆和大东书局的儿童读物编辑出版部门合并成立的一家公私合营性质的出版社。

1953年9月，中央宣传部召开会议专门研究少儿读物出版工作，会后提出督促青年出版社加强对少年儿童出版社的领导，增加出书的品种和数量等措施，并计划于一两年内将少年儿童出版社迁来北京；同时提出，要出版总署采取措施，有步骤地整顿改造私营出版业。

经过一年多的工作，国营、公私合营出版社出版的少年儿童读物已占优势，基本上完成了对私营少儿读物出版业的社会主义改造。1954年全国出版初重版少儿读物1260种、印行1369万册中，国营、公私合营出版社出版的种数已占60%、印数占80.4%。但是，从已出版的图书看，还存在着"四少"现象，即孩子们最喜欢的文艺创作少，知识性的读物更少，中、低年级的读物少，学前儿童的读物更少。当时全国6岁至15岁的少年儿童近1.2亿，其中识字的约7000万，1954年全国出版的少儿读物印数1369万册，平均约5个小读者才有1册。许多学校因为买不到新书，图书馆的藏书很少，农村的问题更严重，许多高小藏书只有100来册，许多初小连一本书也没有。由于少儿读物不能满足孩子们的需要，很多少年儿童就"饥不择食"，去看不适合他们阅读的书，许多孩子到租书摊上去借阅内容荒诞的武侠图书和旧小说。据有关方面调查，上海市旧出租书铺摊拥有旧小说、连环画册1.4万余种、430余万册，其中60%是需要查禁和调换的坏书。少年儿童课余阅读的图书，除从学校图书馆中借阅少量图书外，绝大部分来自租书铺摊，有的孩子因受到坏书的影响而去干了坏事。由于儿童读物缺乏，上海市还出现了地下书店，投机商人用石印和木刻翻印儿童图书，由小贩在马路上兜售，引起社会的不满。

儿童读物严重缺乏的状况，引起毛泽东的重视。1955年8月2日，中共中央书记处第一办公室编印的《情况简报》第334期上，刊载了《儿童读物奇缺有关部门重视不够》的材料说：

《中国少年报》最近召集有关部门座谈有关儿童读物问题，会上普遍反映儿童们迫切需要的作品和中国儿童文学奇缺，许多应该有的读物都没有，在仅有的读物中，又多半只适合小学四、五、六年级的学生阅读。旅大市共有就学儿童十八万，但所有儿童图书馆和文化馆中只有四万多本儿童书籍。农村更少，据河北统计，平均一千一百多儿童才有一本儿童读物。由于儿童读物缺乏，孩子们便乱看别的书籍，并有的看反动、淫秽的书籍。

毛泽东在上段话旁批注："书少"。

造成此种情况的主要原因是：

（1）各地文化、教育部门和团委不重视儿童读物的创作和供应。如各地出版社都没有编儿童读物的干部，辽宁、天津出版社从来没有出版过儿童读物，计划里根本就没有这一条。

（2）一般作家不愿给儿童写东西。如少年儿童出版社给艾青写过三封信约其写稿，迄无音讯。也有些作家觉得搞儿童文学"糊不了口，出不了名"。

（3）全国多数书店不卖儿童读物，有的虽推销，但也不积极，认为服务对象"主要是工农兵""卖儿童读物赚钱少，影响利润"。发行工作只停留在少数门市部，没有面向学校和孩子们。

（4）书价过高。一般的儿童读物都在一、二角以上，有的翻译作品需七、八角至一元，孩子们没钱买。

（5）许多书店对儿童读物和成人读物的界限搞不清，认为成年人的通俗读物和"小人书"就是儿童读物。

毛泽东在前两项旁批注："无人编"。在第四项"书价过高"旁作了批注："太贵"。

毛泽东除在《简报》有关文字旁批注外，于8月4日将这份简报批给当时任中共中央副秘书长、国务院第二办公室主任林枫："此事请你注意，邀些有关的同志谈一下，设法解决。"[1]

8月15日，青年团中央书记处向中共中央写了《关于当前少年儿童读物奇缺问题的报告》，说最近派人在河北、江苏、山东等地调查，并召集部分省、市、县团委开座谈会。报告汇报了有关情况，并提出改进措施：①大力繁荣儿

---

1 《毛泽东主席对儿童读物奇缺的批示》（1955年8月4日），《中华人民共和国出版史料（1955年）》，224页，中国书籍出版社2001年版。

童文学的创作；②加强儿童读物的出版力量。除上海的少年儿童出版社继续以出版小学中年级及学前儿童读物为主外，拟在北京创办中国少年出版社，以出版初中和小学高年级读物为主，两社应大大充实编辑力量，改进编辑业务，增加出书数量。此外建议江苏、浙江、山东、河北等15个省、自治区的人民出版社设立儿童读物编辑室，担负出版儿童读物的任务。同时提出，适当提高儿童读物的稿酬标准，加强儿童读物的发行工作和宣传工作，增设儿童的阅读场所等建议。

毛泽东看了团中央的报告后做了指示，要求有关部门认真对待这一问题，迅速改进工作，大量地创作、出版、发行少年儿童读物。8月27日，中共中央批转了团中央的报告，要求全国有关方面积极地、有计划地改善少儿读物的写作、翻译、出版和发行工作。9月16日，《人民日报》发表了《大量创作、出版、发行少年儿童读物》的社论。

10月5日，文化部党组向中共中央写报告，除汇报少儿读物的出版情况外，提出以下改进措施：①大力增加少儿读物的品种和印数。计划在以后两年中，使少儿读物新书种数逐年增加25%，印数逐年增加20%；少儿读物的稿酬拟从千字5元至15元，提高到10元至30元（当时一般文字著作稿酬最高为25元），并按递减办法每印1万册付一次稿酬。②增强少儿读物出版力量。拟即成立中央级的少年儿童出版社，人民美术、人民教育、通俗读物、音乐等中央级出版社和上海新美术出版社适当加强少儿读物出版，各地方出版社均应注意组织当地作家写作少儿读物；武汉、重庆、西安、沈阳、广州等城市出版社和河北、辽宁、四川、山东、江苏等省出版社，逐步建立少儿读物编辑室或编辑小组。③改进少儿读物的用纸和印刷质量，降低少儿读物定价。少年儿童出版社1955年下半年所需纸张4.2万令，决定供给较好的进口印刷纸，今后京、沪两地印制少儿读物所需纸张，将尽可能供应较好的进口纸。少儿读物插图多，彩印多，定价原比一般书籍高，拟自1956年起，将铅印少儿读物每印张比原定价降低25%，彩印每印张降低16%到50%，降低后，估计出版社1956年、1957年两年约亏损250万元，由出版事业利润内统一调剂。④采取多种措施，加强少儿读物的发行工作。

由于中央的重视和有关方面的大力支持，出版部门采取了有力的改进措施，少儿读物出版工作有了很大改进。团中央创办的中国少年儿童出版社于1956年6月1日在北京成立。中央有关出版社加强了少儿读物的出版，全国地方出版社出版的少儿读物数量也有了增长。1956年，全国出版少儿读物2315种（其中新出1168种），总印数1.05亿册，比1952年的出版种数增长了31.4%，印数增长116.6%。

1957年至1959年三年中，全国出版了少儿读物5937种（其中新出3891种），总印数1.89亿册，出书品种虽有增加，但由于"反右派"扩大化、"大跃进"、"反右倾"运动，出版工作受到"左"的错误的影响，少儿读物的质量下降，并出现了一些新的问题。如许多少儿读物思想性、艺术性不高，社会知识读物和自然科学读物缺乏，文学读物题材比较狭窄，低年级和学龄前儿童的读物、画册少，适合农村少儿阅读的书更少，茅盾曾形象地称之为"政治挂了帅，艺术脱了班，故事公式化，人物概念化，文字干巴巴"。由于这几年纸张紧张，不少少儿读物的纸张质量很差，图片印刷不清，等等，各方面反映意见甚多。文化部党组和共青团中央书记处为此于1960年2月26日向中共中央写了《进一步改善少年儿童读物的报告》，提出改进意见，要求有关方面加强领导，制定规划，大力提高少儿读物质量，同时提出改进纸张，做好农村少儿图书的发行等意见。中共中央于同年3月5日同意并批转了这份报告。

从1960年至1965年，全国共出版少儿读物4967种（其中新出2394种），总印数2.73亿册，出书的种数较前几年有所减少，但书的质量提高了。

从1949年10月到1965年12月，全国总计出版了少年儿童读物19,671种（其中新出10,723种），总印数6.71亿册，总印张数10.48亿印张。在已出版的少儿读物中，曾出现了不少质量优秀的作品，受到广大少年儿童的欢迎，例如：张天翼的《罗文应的故事》《宝葫芦的秘密》，华山著作、刘继卣画的《鸡毛信》、徐光耀的《小兵张嘎》、秦兆阳的《小燕子万里飞行记》、贺宜的《小公鸡历险记》、洪汛涛的《神笔马良》、孙幼军的《小布头奇遇记》、任德耀的儿童剧《马兰花》；低幼读物中，张士杰的《渔童》，方慧珍、璐德的《小蝌蚪找妈妈》、张乐平的《三毛流浪记》《三毛迎解放》等，在帮助少年儿童认识社会、理解生活、培养良好品德等方面起了很好的作用。有的作品如《小兵张嘎》还被改编拍成电影，深受孩子们的喜爱。

少年儿童出版社成立后，对孩子们看的科学知识读物和科幻小说、故事等作品的创作组织工作很重视，出版了一些有影响的读物，如1955年出版高士其的《细菌世界探险记》《和传染病作斗争》；1959年出版《科学家谈21世纪》，由郭沫若作序，钱学森、李四光、竺可桢、茅以升、华罗庚等几十位著名科学家就科学技术的各个门类做了幻想性的展望。该社1960年7月开始出版的《十万个为什么》，是中国少儿科普读物中影响最大的作品。这套科普读物分为数学、物理、化学、天文气象、动物、农业、地质矿物、生理卫生8个分册，共收1484个问题。从1960年7月到1964年4月，总计发行了580多万册。其中，19个省的人民出版社租型印了260多万册。国内各民族出版社出版了蒙古、维吾尔、哈萨克、朝鲜文版；盲文出版社出版了盲文版；国外，越南翻译出版了越文版，印尼华侨读者由少儿社供应了2万套。出版社为进一步提高这套书的质量，在听取各方面的意见后，于1964年着手修订，编辑第二版，扩充为14个分册，自1965年9月至1966年2月出齐。

受到严重摧残的"文革"十年
（1966年—1976年）

1966年"文化大革命"爆发后，少儿读物的出版工作和其他图书同样受到严重摧残。全国出版的少儿读物从1965年的775种、8400万册，下降到1966年的207种、2900万册；到1967年至1969年的三年中，少儿读物几乎绝迹。1970年才出版了104种，主要是连环画册和不定期出版的《红小兵》；连环画册大部分是根据"样板戏"及报刊上发表的"活学活用"毛泽东思想的先进人物事迹改编的，共出了86种。有10个省、市出了《红小兵》之类的读物。

"文革"中大批图书被封存，孩子们无书可看，小学开学后连一本小字典也买不到，周总理听到各方面的强烈反映后，在百忙中挤出时间，于1970年9月17日召集国务院文化组、科教组和出版口负责人开会，对出版工作提出了意见，并指示科教组组织力量，修订《新华字典》，争取早日出版发行。1971年2月11日，周总理专门召集出版口负责人，提出"青少年没有书看，新书要出，旧书也可选一点好的出版嘛！1971年再不出书就不像话了"。他指示召开一次全国出版工作座谈会。

1971年全国出版工作座谈会召开以后，遵照周总理关于选择"文革"前出的书重印的指示精神，中国青年出版社和中国少年儿童出版社的少数工作人员才从干校回京，成立图书清理小组，清理"文革"前的图书。1972年3月，小组就青少年读物出版问题访问了胡耀邦，他说：青少年读物这也不让出，那也不能出，不按青少年的需要和特点出书，只能出"样板戏"，将来回想这一段，"不只是犯错误，而是犯罪"！1975年10月，经邓小平、叶剑英、李先念等批示同意，中国青年出版社和中国少年儿童出版社才开始恢复出版业务。各地方出版社也逐渐恢复少儿读物出版。

从1966年到1976年，全国共计出版少儿读物4591种（其中新出3878种），总印数17.42亿册，数量似乎不少，但如果仔细分析一下，就可看出"文革"十年对少儿读物出版工作破坏的严重性。这一时期的少儿读物，缺乏少儿特点，题材狭窄，体裁单调，童话、寓言几乎绝迹，少儿科技知识读物更是稀少。给孩子们看的政治读物印了不少，但内容多是空话、套话连篇，政治术语一大堆，孩子们根本不爱看；少量的知识读物往往是"穿靴戴帽"，生搬硬套，文字呆板，内容枯燥；文艺作品则是公式化，概念化；诗歌尽是空喊口号，什么"好好学习争上游，天天向上反潮流"；小说就像是一个模子倒出来的，看头即知尾；反映少年儿童生活的作品"千人一面，千口一腔"，就像一首顺口溜所描述的："小造反真勇敢，小伙伴跟着转，高大的工人师傅当后台，戴眼镜的老师靠边站，爱学习的是小绵羊，瞎胡闹的是小闯将，不信请你往下看，最后准能抓个大坏蛋！"1975年全国掀起了评《水浒》、批宋江的热潮，连幼儿园的阿姨也让五六岁的孩子背语录："《水浒》这部书……"孩子回到家后，妈妈问她："今天老师教了什么？"孩子一本正经地回答："水壶和木梳……"其实，幼儿园的阿姨也很苦恼，她们不这样教就会被戴上"不突出政治"的帽子，何况，当时她们也找不到生动形象的低幼读物给孩子们讲。

少儿读物进入繁荣发展的新时期

（1977年—1998年）

"四人帮"造成的"书荒"十分严重，少儿读物出版园地更是一片荒芜，引起各方面强烈的反映。1978年5月初，国家出版局邀请北京、上海、广东等地出版社座谈少儿读物的出版问题。与会人员反映，目前少儿读物奇缺，必须引起严重注意。1954年团中央向党中央反映少儿读物"奇缺"，那时全国有阅读能力的少年儿童有7000万人，全年出版少儿读物400种；而现在少年儿童已增至两亿人，1977年出版的少儿出版物仅有752种。北京出版社出版的《数学游戏》，王府井新华书店两小时内就销售了15万册；低幼读物《小马过河》出售时排队的读者人山人海，顿时一抢而空。会上还谈到，由于"四人帮"的文化专制主义的影响，粉碎"四人帮"虽已有一年半，但出版界还有不少人尚未完全从极左的精神枷锁束缚中解放出来，心中还有余悸，顾虑重重。例如丹麦著名作家安徒生的童话《皇帝的新衣》批判说假话，有教育意义，儿童们也爱看，但能不能重印出版社还有些踌躇，怕被人说有"影射"寓意。《龟兔赛跑》是家喻户晓的故事，但曾被批判为"宣扬爬行主义"，也不敢重印。少年儿童出版社出版过一本《小公鸡历险记》，因书中写了一只母鸡孵了14只小鸡，"文革"中曾受到批判，说是"不符合计划生育政策"，"文革"后又因作品主人公小公鸡是"转变人物"，怕被认为在鼓吹"中间人物"而不敢重印。如此等等，事例很多。

5月28日，国家出版局委托人民文学出版社在京召开少儿作家座谈会，全国妇联副主任康克清和中宣部、国家出版局等有关方面负责人出席并讲话。叶圣陶、谢冰心、高士其、韩作黎、叶君健、管桦、柯岩等40多位著名作家、儿童文学翻译家、诗人应邀出席并发了言。老作家张天翼在病榻上用左手写了书面发言，呼吁作家们拿起笔来，为孩子写作，把孩子们从饥荒中救出来！主持座谈会的严文井在发言中谈到现在的少儿读物题材狭窄，体裁单调，童话、寓言几乎绝迹的原因时，介绍了中国少年儿童出版社归纳的"八个不敢"：一不敢提出版知识读物，一提就是"智育第一"；二不敢提出版中国古典和外国的作品，一提就是"封资修大杂烩"；三不敢提出版反映党和国家领导人及其他革命老前辈形象的革命斗争故事，一提就是"为老家伙树碑立传"——复辟；四不敢提题材、体裁的多样化，一提就是"资产阶级自由化"；五不敢提再版"文革"前的书，一提就是"黑线回潮"；六不敢提书的特点——要求书籍出版后有相对稳定性，一提就是"不愿为现实斗争服务"；七不敢提儿童特点，一提就是"资产阶级趣味"；八不敢提配合学校教育出书，一提就是"教育中心论"，等等。因此，不打破精神上的枷锁，不改变这种"八不敢"的状态，少儿读物以至整个出版界就不可能出现繁荣局面。

1978年10月11日至19日，国家出版局在江西庐山召开全国少年儿童出版工作座谈会。陈翰伯代局长在会上作了题为《解放思想，勇闯禁区，迎接少儿读物繁花似锦的春天》的报告，着重讲了解放思想，勇闯禁区的重要性。这次会议制定了1978年至1980年三年重点少儿读物的出版规划，提出1979年"六一"儿童节前出版1000种少儿读物，三年内为少年儿童出版29套丛书的规划。

1978年底，中共十一届三中全会召开以后，少儿读物出版工作者认真贯彻解放思想、实事求是的方针，冲破长时期的思想束缚，拨乱反正，使少儿读物出版工作以前所未有的规模与速度迅速恢复和发展。从1979年到1998年的二十年，是少儿读物发展史上最具特色、卓有成效的一个阶段。

（一）少儿读物出版工作在新时期受到党和国家的高度重视，出版指导思想更加明确

1981年3月，中共中央书记处多次开会，讨论少年儿童的工作，号召全党全社会都要重视儿童和少年的健康成长。为了做好少儿读物出版工作，从1980年以来，中央宣传部、国家出版局、新闻出版总署先后召开8次全国少儿读物出版工作会议，还多次召开专题座谈会，针对每一时期少儿读物出版工作中存在的新问题，提出改进意见和新的奋斗目标。1994年11月15日，新闻出版总署专门制定了《关于出版少年儿童读物的若干规定》，保证了少儿读物出版工作沿着正确的轨道顺利前进。

（二）少儿读物出版形成了全国规模的出版体系

1979年，全国仅有两家少儿专业出版社，200多名从业人员，到1998年已发展到30多家专业出版社，在全国130多家出版社内设有少儿读物编辑室，从事少儿读物出版的工作人员达3000多人，其中编辑2000多人，有编审、副编审高级专业技术职务的200多人，形成了老社展新颜、新社大发展、全国共奋进的可喜局面。

少儿读物的发行工作也有了加强。据新华书店总店1984年统计，全年发行少儿读物9亿册，全国有少儿读物专业书店或门市部117处，一般县、市书店设有少儿专柜或专架。

1996年6月，中国版协少年儿童读物出版工作委员会发行专业委员会成立，进一步巩固了全国少儿社的联合，为全国少儿社在社会主义市场经济中加速发展，创造了更加有利的条件。

（三）少儿读物的品种、数量迅速增长，质量显著提高，精品不断涌现

二十年来，少儿读物的种数从1977年的752种发展到1998年的6293种，印数从1.95亿册增长到2.43亿册，再版率从7%上升到45.9%，印张数从3.48亿印张增

长到8.05亿印张。

二十年来，地方出版社出版的少儿读物发展十分迅速。1977年全国出版少儿读物752种、印数1.95亿册，绝大部分为京、沪两地出版，其他地方出版的数量很少。1998年，地方出版社出版的少儿读物已占少儿读物全部出书种数的82.2%、印数的80.6%。

1977年至1998年（二十二年），全国总计出版少儿读物75,553种（其中新出50,950种），总印数83.08亿册，188.04亿印张；比1950年至1976年（二十七年）的出版数量，种数增长3.1倍（其中新书增长3.4倍），总印数增长3.4倍，总印张增长5.2倍。图书的质量也有显著提高，全国出版了许多优秀少儿读物，包括少儿思想品德教育、科普、文学方面的读物，等等，并形成了系列，数量大，覆盖面广。

（四）少儿报刊有很大发展

1977年，全国性的少儿报纸仅有1种，期刊22种；1998年，全国已有综合性和专业性的少儿报纸69种，少儿期刊102种。期刊的品种包括科技、科普、科幻、文学、漫画卡通、文摘、艺术等门类，从0岁到18岁各个年龄段的读者都能找到适合自己年龄阶段的刊物。这批期刊的平均期印数为1695万册（平均每种期印数16.62万册），全年总印数23,279万册，总印张3.86亿张。为了使少儿期刊的质量进一步提高，中央宣传部和新闻出版总署于1997年11月专门召开了全国少儿期刊出版工作会议，总结办刊经验，研讨少儿期刊全面提高整体质量的基本思路和具体措施，提出今后三年至五年的奋斗目标。

（五）少儿音像制品迅速发展

1979年以前，我国仅有中国唱片总公司一家出版少量少儿盒式录音节目带，到1998年已有多家音像出版单位出版了少儿盒式录音带（AT）627种、452.39万盒，盒式录像带（VT）51种、4.48万盒，数码激光视盘（VCD）195种、114.91万张。

（六）少儿读物对外合作出版和版权贸易进展较快

二十年来，先后与世界50多个国家和地区的600家出版社建立了友好往来关系。我国于1990年加入了国际儿童读物联盟（IBBY），并于1992年6月、1995

年9月成功地举办了两届北京国际儿童图书博览会。每年派出近百人参加各类国际图书博览会和少儿出版研讨会。我国外文出版单位以14种外文出版了近千种少儿图书，发行到亚、非、拉、欧130多个国家和地区，成为除外文期刊外对外销路最广的一类出版物。

少儿读物的版权贸易也十分活跃。据有关方面统计，1995年以来，全国少儿出版界与国外出版社进行的版权贸易有800多项。

改革开放以来的二十年，是中国少儿读物发展史上最辉煌的时期。1996年10月，中央宣传部和新闻出版总署联合在北京主办了"中国少儿出版成就展"，展出少儿图书、少儿报刊、少儿音像制品和电子出版物等2万余种，集中展现了党的十一届三中全会以来，特别是"八五"期间我国少儿读物出版的成就。这次展览，既反映了我国少儿读物出版繁荣发展的大好形势，也激励了全体少儿读物出版工作者更加坚定信心，团结进取，扎实工作，为提高少儿读物整体质量更上一个新台阶而发奋努力，使少儿读物出版工作以崭新的姿态迈向21世纪！

新中国中央级出版社六十年的变迁[1]

1949年9月29日，中国人民政治协商会议第一届全体会议通过了《共同纲领》，其中第49条明确指出："发展人民出版事业，并注重出版有益于人民的通俗书报。"

新中国的人民出版事业，是以原来在解放区建立的新华书店和国民党统治区以生活·读书·新知三联书店（以下简称三联书店）为代表的进步出版业为基本力量建立起来的。

新中国成立后，党和政府对出版工作十分重视，采取了一系列措施来发展人民出版事业，首先建立了专门领导出版工作的国家机关——出版总署。1949年10月，在中共中央宣传部的直接领导下，召开了全国新华书店出版工作会议，决定将过去分散在各地经营的新华书店统一为全国性的出版企业。统一后的新华书店，仍然兼营出版、印刷、发行三种业务。到1950年年底，根据分工专业化的方针，将新华书店中的出版业务划分出来，成立了专门从事出版工作的中央和地方的人民出版社。

中央级出版社的建立

1949年9月，公营出版社除新华书店外，还有北京的工人出版社、上海的劳动出版社出版工人读物；公私合营出版社除三联书店外，还有北京的华北联合

1　原载《编辑之友》2009年第10期。

出版社、上海的上海联合出版社出版中小学教材。

1950年，全国国营出版社有25家、公私合营出版社有2家，而私营出版社则有184家。出版总署将建立和不断壮大国营出版社的力量作为重要任务，在成立人民出版社后，会同教育部建立了人民教育出版社。接着，又按照专业分工的方向，建立了若干规模较大的国营专业出版社，以及以某一部分特定读者为对象的综合出版社。

1950年至1953年中，陆续成立了几家重要的中央级出版社。

（一）人民出版社

人民出版社是新中国成立后最早建立的国家政治、社会科学书籍出版社，于1950年12月1日成立。出版社的第一任社长是我国著名学者胡绳，华应申任副社长兼总经理，王子野任副社长兼总编辑。

人民出版社于12月18日召开成立大会，中共中央宣传部部长陆定一、出版总署署长胡愈之和副署长叶圣陶到会祝贺并讲了话。陆定一在讲话中指出，出版政治、社会科学书籍是国家出版社重大而严肃的任务，人民出版社要担负这一任务。他勉励全社同志认真严肃地来完成这一艰巨而光荣的任务。胡愈之在讲话中强调了人民出版社作为国家政治书籍出版社的重要地位，指出人民出版社虽然是出版总署直属的企业单位，但在政治思想上应接受中共中央宣传部的领导，同时也应当负起领导各地方人民出版社的责任。在1951年的工作中应重视对地方出版社的辅导工作，特别是西南、西北条件较差的地区，人民出版社有帮助的义务。叶圣陶在讲话中指出，人民出版社的编辑计划中应加入出版历史地理读物的内容，还提出在编辑工作中应重视文字工作，注意用字用词的精确，注意语法，注意校对。

1951年2月，毛泽东为人民出版社题写了社名，题字制成铜模，开始在人民出版社出版的书刊上使用，同时分发各地方人民出版社使用。

三联书店的编辑出版部门于1951年合并到人民出版社，作为该社的副牌，继续以三联书店的名义出版哲学、经济、历史等方面的学术著作和翻译书籍，以及某些内部发行书籍。1986年1月，三联书店从人民出版社分出，恢复独立建制。

世界知识出版社于1952年9月由公私合营改为国营，合并于人民出版社。合并后《世界知识》杂志及"世界知识丛刊"，对外仍保留世界知识出版社的名义。1957年，世界知识出版社从人民出版社分出，恢复独立建制。

（二）人民教育出版社

1950年9月，第一届全国出版工作会议提出中小学教材必须实行全国统一供应的方针，决定由教育部和出版总署共同组建一家教育专业出版社，专门编写和出版中小学教材，由出版总署和教育部共同管理。人民教育出版社于1950年12月1日正式成立，毛泽东为人民教育出版社题写了社名。该社的首任社长兼总编辑是出版总署副署长，著名文学家、教育家、编辑家叶圣陶。

人民教育出版社刚成立时，为适应新中国教育事业的发展，30多位编辑经过紧张工作，选择老解放区和当时各校教学中使用效果较好的教材进行修订或改编，于1951年出版了第一套全国通用的中小学教材。

1953年5月，毛泽东主持中共中央政治局会议，讨论教育和教材问题。毛泽东认为，人民教育出版社只有30多个编辑太少，增加到300个也不多。他指示：教育部宁可把别的摊子缩小，必须抽调大批干部编写社会主义教材。毛泽东还指出：所谓教学改革，就是教学内容与教学方法的改革。因此，应该改编教材，编辑教学法。会议决定：从全国抽调大批干部编写教材；成立语文和历史两个教学问题委员会，研究语文、历史教学问题和教材编写的方针和原则。根据中央政治局的决定，中央组织部从全国抽调了一批教育行政干部、优秀教师和专家，充实和加强人民教育出版社的领导和编辑力量。已调任教育部副部长的叶圣陶继续兼任人民教育出版社社长和总编辑，从上海市文化教育委员会调来长期从事教育领导工作的戴伯韬任第一副社长、副总编辑，主持日常工作，辛安亭、吴伯箫等任副社长、副总编辑。

（三）人民文学出版社

人民文学出版社是出版中外古今文学书籍的国家文学专业出版社，于1951年3月成立。除了用本名出版文学作品和论著外，还先后使用作家出版社（1953年—1958年、1960年—1969年）、艺术出版社（1953年—1956年）、文学古籍刊行社（1954年—1957年、1987年—1989年）、中国戏剧出版社（1954年—1979年）、外国文学出版社（1979年—2009年）等副牌，出版中外各类文学图书。

人民文学出版社的第一任社长兼总编辑，是著名诗人、作家、文艺理论家、鲁迅研究专家和翻译家冯雪峰。胡愈之在《新文学史料》1985年第4期发表的《我所知道的冯雪峰》文章中说："建国以后，我做了出版总署署长。与冯雪峰暌隔多年，也不知道他怎么样了。忽然有一天，周总理打电话给我讲：'叫冯雪峰做人民文学出版社社长，但待遇要比普通社长高一点儿，工资要高一点儿，要给他一辆私人用小汽车。'"当时，人民出版社、人民教育出版社等大出版社社长都没有专用小汽车，冯雪峰却有一辆副部长一级高级干部才有的专用汽车，说明中央对冯雪峰的重视。当时，担任该社副社长的是蒋天佐，先后担任副总编辑的有聂绀弩、周立波、张天翼、曹靖华、楼适夷等。

人民文学出版社成立后，冯雪峰提出："本社出版方针为古今中外，提高为主。"1952年初，在总结工作的基础上，明确出版社出书的重点为：①当前国内创作及"五四"以后的代表作；②中国古典文学名著及民间文艺；③苏联及新民主主义国家文学名著以及世界其他各国现代进步的和革命的作品；④近代和古代的世界古典名著。

1951年7月，上海鲁迅著作编刊社迁至北京，并入人民文学出版社，建立鲁迅著作编辑室，专门从事整理和注释鲁迅著作的工作，准备出版注释本《鲁迅全集》。

（四）人民美术出版社

1951年9月，人民美术出版社成立。在9月15日举行的成立大会上，出版总署和文化部领导胡愈之、叶圣陶、周扬等到会祝贺并讲话。周恩来总理为出版社题写了社名。萨空了担任第一任社长，朱丹为总编辑。不久，由邵宇继任社长兼总编辑。

人民美术出版社从诞生之日起，就承担了发展中国美术出版事业的重任。20世纪50年代初期，以烽火岁月中锻炼出来的"老延安""老八路"为骨干组成的编辑出版队伍，继承老解放区的革命传统，开拓业务，艰苦创业，团结、组织全国美术创作队伍进行创作，出版了一大批新年画、连环画、宣传画和美术书刊。

（五）中国青年出版社

中国青年出版社原名青年出版社。1949年冬，中国新民主主义青年团建立不久，团中央成立了出版委员会，筹建青年出版社，于1950年1月成立，首任社长杨述。青年出版社成立后，主要出版中国青年杂志社编辑的书籍。1951年初，该社组建青年读物编辑室和儿童读物编辑室，开始有计划地围绕青少年教育和团的工作出版图书。

　　1953年4月，青年出版社与公私合营的开明书店合并，改称中国青年出版社，由当时的团中央书记胡耀邦任董事长，邵力子、刘导生任常务董事，朱语今任社长兼总编辑。两社联合后，原开明书店大大加强，中国青年出版社成为一家出书门类比较齐全、面向全国的青年读物出版社。

（六）机械工业出版社

　　1950年，原由三联书店出版的《科学技术通讯》月刊，经出版总署协调，改由三联书店与中央重工业部合资经营，扩大改组为"科学技术出版社"，于1950年7月1日成立。该社工作由中央重工业部、三联书店及中华全国总工会派员组成管理委员会负责领导，所编书刊由三联书店发行。科学技术出版社是新中国成立后在北京创建的第一家科学技术专业出版社，由蒋一苇担任首任社长兼总编辑，陈元直任副社长兼副总编辑。

　　1952年下半年，中央成立第一机械工业部，科学技术出版社成建制地划归一机部，于当年12月改名为机械工业出版社，成为出版机械工业图书的专业出版社。

（七）民族出版社

　　1952年8月21日，出版总署向政务院文化教育委员会提出成立民族出版社的报告，经周恩来总理批准，以中央民族事务委员会参事室为基础，于1953年1月15日正式成立了民族出版社，周恩来为出版社题写了社名，出版社的首任社长为萨空了。

　　民族出版社是以出版政治性书刊为主的国家综合性出版社，同时兼顾其他学科的基础知识，以及语言文字、文学艺术和文化遗产等方面的编译出版工作，出版的书刊以蒙、藏、维吾尔、哈萨克、朝鲜5种文字为主，也出版少量与民族工作有关的汉文图书。

　　民族出版社成立后，以5种少数民族文字翻译出版的毛泽东著作、中国共产党和人民政府的政策文件等各类图书，以及摄影画册如《伟大的祖国》《我国的少数民族》《毛主席和各族人民在一起》等，都深受各族人民的喜爱。《中国穆斯林生活》画册出版后发行到39个国家。

（八）外文出版社

1949年11月1日新闻总署国际新闻局成立后，即开始用"外文出版社"的名义出版图书。1952年2月，新闻总署撤销，国际新闻局于当年7月1日改组为外文出版社，行政上受出版总署领导，业务方针上由中共中央宣传部领导，首任社长为师哲，副社长为刘尊棋。

外文出版社成立时规定的出版方针是：以选择、翻译和出版中国已有的优秀的政治、学术、文艺等著作为主，辅之以专为外国读者编写的小册子或选辑《人民中国》已刊登过的优秀文章成集。出版物的内容主要是广泛地并多方面地介绍新中国的建设成就、中国共产党与中央人民政府的政策、中国革命和建设的经验，读者对象主要是爱好和平、愿意了解新中国的各国人民。

从1961年开始，由于国内、国际政治形势的变化，外文图书出版工作的重点转移到政治理论书籍上。1963年，国务院外事办公室报请中央批准，将外文出版社从对外文委下属的一个企业单位改为直属国务院的行政单位，名称改为"外文出版发行事业局"，在业务方针上受国务院外事办公室直接领导，在政治理论书籍的出版发行工作方面受中共中央宣传部和中共中央联络部的领导。当年9月，外文出版社改组为外文出版发行事业局，成立了外文局下属的专门出版图书的外文图书出版社（沿用"外文出版社"的名义对外出书），原外文出版社所属各杂志的编辑部均改名为杂志社，统由外文局领导。外文图书的大量发行，为中外文化交流，为增进各国人民对我国的了解和友谊，发挥了重要的作用。

对私营出版业的社会主义改造

新中国成立后，在全国还有相当数量的私营出版业存在。由于绝大部分的出版物不适合读者需要，新书稿源缺乏，过去主要依靠印行教科书盈利的条件不复存在，因而营业萧条，经济情况普遍发生困难。

出版总署（1955年后为文化部）根据中国共产党对资本主义工商业的利用、限制、改造政策，从1950年到1956年6月，对全国私营出版业的社会主义改造工作基本完成。（参见本书79页《对私营出版业的社会主义改造》一文。）

从1950年到1956年的七年中，通过对私营出版业的社会主义改造，国营出版业的数量有了很大增长，历年的变化情况可以从下列一览表中了解（本文中所列的出版社统计数均不包括副牌出版社数）：

1950年至1956年全国出版社经济成分变化一览表

年份	全国出版社总数	国营出版社		公私合营出版社		私营出版社	
		数量	占%	数量	占%	数量	占%
1950	211	25	11.8	2	0.9	184	87.2
1951	385	55	14.3	9	2.3	321	83.4
1952	426	64	15.0	6	1.4	290	68.1
1953	352	56	15.9	6	1.7	290	82.4
1954	167	55	32.9	15	9.0	97	58.1
1955	96	57	59.4	20	20.8	19	19.8
1956	97	80	82.5	17	17.5	0	0

说明：本表据文化部历年统计数汇总。其中1950年、1951年私营出版社统计数，过去由于统计口径不一，有的为年中数，有的将兼出少量图书的杂志社亦作为出版社统计，因此有部分出版史料中曾出现过1950年有私营出版社244家、1951年有457家等统计数字。1955年2月，文化部出版事业管理局计划统计科根据1952年出版社登记表及有关资料，整理出1950年至1954年全国出版社统计表，一律按实际出书的出版社年终统计数统计，凡在中途停业、转业、合并改组的出版社均不统计。

1953年至1965年中央级出版社的变化

从1953年到1965年的十三年间，中央级出版社的情况有几次变化。

1. 我国于1953年开始，制订了《中华人民共和国发展国民经济的第一个五年计划（1953—1957）》。在"一五"计划期间，为了适应国家计划的经济建设对科学技术图书的迫切需要，较多地发展了出版科学技术图书的出版社，如科学出版社、科学普及出版社、冶金工业出版社、国防工业出版社、石油工业出版社、煤炭工业出版社、电力工业出版社、化学工业出版社、轻工业出版社、纺织工业出版社、食品工业出版社、建筑工程出版社、建筑材料出版社、中国林业出版社、人民卫生出版社、地质出版社、测绘出版社、水利出版社、基本建设出版社、城市建设出版社等20多家出版社，就是在这一时期陆续建立的。此外，还新建了通俗读物出版社、法律出版社、金融出版社、统计出版社、文字改革出版社、古籍出版社、人民体育出版社、中国电影出版社、新华地图社、中国少年儿童出版社、中国人民大学出版社等综合和专业的出版社。到1956年，全国出版社有97家，其中中央级出版社50家、地方出版社47家。

2. 1958年至1960年的三年"大跃进"运动，造成了出版事业的发展严重的比例失调，出版工作中忽视质量、片面追求数量的问题突出，不少出版物对实际工作进行虚夸的宣传，传播了不成熟或错误的经验和口号，对实际工作中浮夸和生产瞎指挥等歪风起了推波助澜的作用。

1961年1月，中共中央八届九中全会通过了对整个国民经济实行"调整、巩固、充实、提高"的八字方针。出版部门认真加以贯彻，开始了全面调整工作。中共中央宣传部和文化部根据中央指示精神，首先进行了整顿、精简中央一级出版社的工作。

中央一级出版社在1960年反官僚主义整风运动中已初步进行了工作检查，从10月份开始，根据中央指示进一步进行整顿，在中共中央宣传部的领导下，整顿工作至1961年2月底结束。

通过这次整顿，比较彻底地检查了图书出版中存在的问题。中央一级出版社1958年以来共出版图书28,960种，这次检查了22,010种，占76%；共检查出有政治错误的图书1383种，占6.28%。其中性质比较严重作停售处理的有294种。有不少图书内容没有政治错误，但质量很低，内容重复，这类图书占有较大比例。

1958年，中央一级出版社原有42家，经过整顿，裁撤了2家，合并20家，继续设立的还有24家，出版社的数量减少了将近一半。合并出版社采取两种方式：一种是把出版、发行、印刷等业务工作合在一起，成立一个出版公司性质的出版社，原来各出版社的领导部门仍保留一个比较精干的编辑室，负责书稿的编审工作。如建筑工程出版社、冶金出版社、机械出版社、煤炭出版社、石油出版社、化工出版社、水利电力出版社、地质出版社8家合并后新成立中国工业出版社（日常工作归建筑工程部领导）；另一种是连编辑部门也合在一起，如农业出版社、农垦出版社、林业出版社3家合并后新成立农业出版社（日常工作归农业部领导）；中国铁道出版社、人民交通出版社、人民邮电出版社3家合并后，新成立交通出版社（日常工作归铁道部领导）；轻工业出版社、纺织出版社、财政出版社、金融出版社4家合并后，新成立中国财政经济出版社（日常工作归国务院财贸办公室领导）。中央一级出版社原有工作人员5833人，经过整顿，精简了将近一半。文化部直属的5家出版社原有1135人，减为612人；农业口3家出版社合并后，人员由202人减至70人。在整顿过程中，各出版社都讨论并提出了改进工作的具体措施，制定或修订了一些重要的工作制度，特别是在健全编辑审校制度方面，明确规定了必须严格执行书稿的"三审制"。

3. 上海的编译力量很大，出版的物质条件较好。上海各主要出版社的出书任务，很多和中央级出版社有关的出版社相同，两地出版社都向全国各地组稿，出版的图书都向全国发行。多年来由于缺乏统一领导，在出书计划上往往重复，在组稿时也发生过矛盾以致出现争稿的现象，不仅力量互相抵消，而且对外的影响也不好。

1959年5月，文化部在中共中央宣传部的指导下，召开了几次座谈会，邀请一部分中央级出版社和上海几个主要出版社、8个省级出版社，以及领导这几个中央级出版社的党组和京沪两地出版局的负责人，共同商讨了调整和加强北京、上海两地若干出版社的分工协作关系的意见。会后，文化部党组向中央宣传部报告了会议讨论后的建议：上海人民出版社、上海文艺出版社、上海人民美术出版社、上海少年儿童出版社、中华书局上海编辑所等，都和中央一级的人民出版社、人民文学出版社、作家出版社、人民美术出版社、中国少年儿童出版社、中华书局，以及建议成立的外国文学出版社等，建立一种分社和总社性质的关系。上海这几家出版社仍然是受当地党委和出版局直接领导的独立负责单位，业务由有关中央一级出版社指导。这几家出版社建立了总分社性质的关系以后，应该分别拟订统一的长远选题规划，并进行具体的分工来实现，每年还应拟订统一的出书计划，并且每季加以调整。长远选题规划和年度出书计划，都应报请上级领导机关批准。这几家出版社应按照统一的选题计划分区组稿，上海方面原华东区和中南区各省（自治区）为组稿范围，其余各省（自治区）则归北京方面组稿；如作者不愿受分区约束时，应尊重作者的意见，但两地的这几家出版社不要主动越区组稿。无论北京还是上海的出版社到地方组稿时，都应尊重地方党委的意见，取得地方出版社的协助。

建立这种关系以后，上海方面这几个出版社同时还应负担为上海当地服务的出书任务。这项任务的选题计划和出书计划应单独拟订，建议由上海市委和出版局审查批准。

《报告》对上述几个出版社的出书任务和分工协作关系，均作了具体的安排。

文化部于1959年11月26日，向有关部门和出版社转发了经中共中央宣传部批示原则同意的《关于调整和加强北京和上海若干出版社的分工协作关系和安排若干出版社出书任务的报告》。

4. 1963年3月20日，中共中央宣传部向中央写了《关于上海文艺出版社和人民文学出版社合并的请示报告》。报告中说：为了"加强对文艺书籍出版工作的统一领导，更有计划地、合理地组织全国著译力量和出版各类文学书籍，提高出版物的质量，我们认为有必要将（人民文学出版社和上海文艺出版社）两个出版机构加以合并。我们曾就此问题同柯庆施同志交换意见，他完全同意。经与上海市委宣传部共同研究，拟订合并的办法如下：①人民文学出版社和上海文艺出版社合并为一个机构，人事和财务全部统一。上海文艺出版社改为人民文学出版社上海分社，上海文艺出版社的名义撤销。②两社机构合并后，上海分社的出书任务、组稿范围、编辑机构的设置和干部的调配，都由总社统一安排。人民文学出版社上海分社的思想政治工作和党的工作，由上海市委领导。③原上海文艺出版社出版的不属于文学范围的一些关于书法、棋艺和乐曲等书籍，另作归口安排。合并的工作，如出书任务的安排、机构的设置、干部的调配、资财的清理和管理等各项工作，由文化部负责领导进行。"

对于上述《报告》，陆定一于3月21日批："中央书记处审批。这是一件好事，多年来未能解决，现在解决了。这样，全国性的文艺出版机关，就统一了。"

邓小平于3月22日批："拟同意。刘、周、彭、康生核阅，退定一。"

刘少奇、周恩来、彭真、康生均圈阅。

关于上海文艺出版社和人民文学出版社合并问题，经两社研究后拟订了合并方案（草案），报请中共中央宣传部批准，决定从1964年1月1日起，上海文艺出版社改为人民文学出版社上海分社，上海文艺出版社的名义撤销。

书的厄运——由"香花"变为"毒草"

1962年9月，中共中央召开八届十中全会。毛泽东在会上作了关于阶级、形势、矛盾等问题的讲话，强调阶级斗争必须年年讲、月月讲、天天讲。政治思想上的左倾错误因大抓阶级斗争而严重发展。八届十中全会后，中共中央决定在全国城乡发动一次普遍的社会主义教育运动（也称"四清"运动）；同时，文化思想领域也开展了一场批判运动，对一些文艺作品、学术观点和文艺界、学术界的一些代表人物进行了错误的、过火的政治批判。

中国青年出版社1962年8月出版的《红旗飘飘》丛刊第17集上，发表了王超北写的回忆西安情报处与胡宗南集团斗争的文章《古城斗胡骑》，由于这篇稿件曾送习仲勋审阅并作过修改，竟被康生诬陷为"利用写回忆录进行反革命翻案活动"，把王超北逮捕入狱。与此同时，中国青年出版社再版了几本19世纪法国作家儒尔·凡尔纳写的科学幻想小说，被批判为"恶毒侮辱和咒骂非洲、太平洋各岛屿和拉丁美洲人民，美化殖民主义者，宣扬不经过阶级斗争，统治者就可以自动让出政权的错误观点"而受到严厉指责。中共中央宣传部、文化部和共青团中央为此组成联合检查组进入出版社，用了两个月的时间，发动全社编辑对中国青年出版社和中国少年儿童出版社1961年至1962年两年中初版和重印的书籍逐本进行检查，首先重点检查《红旗飘飘》和翻译小说作品。不久，传来康生的一句话："中国青年出版社没有资格出版革命回忆录。"从此，创刊于1957年、在广大青年中有一定影响的《红旗飘飘》被砍掉了，中国青年出版社文学翻译读物出版工作也停止了。

1963年9月，康生又诬蔑人民出版社用三联书店名义出版的《从五四启蒙运动到马克思主义的传播》（丁守和、殷叙彝著）一书"吹捧陈独秀，为大叛徒辩护，是利用历史研究进行反党"。人民出版社党委写了书面检查报告，康生在报告上批："人民出版社问题十分严重，王子野用了些什么人？近来有人利用历史进行反革命活动，应该警惕。"结果，这本书被停售，作者被迫写了检查。"文化大革命"中，作者为该书受到批斗，罪名上纲到"吹捧陈独秀，抬高李大钊，贬低毛主席，是本大毒草"，并说"这是'康老'定的案，你翻不了"。在一次批斗大会上，他们还将社长王子野和决定出版此书的副总编辑范用揪来陪斗。

1963年、1964年，文化思想领域开展的批判日益加剧，在以阶级斗争扩大化为核心的"左"的思想指导下，混淆了人民内部和敌我之间两类不同性质的矛盾，许多优秀作品被"无限上纲"，戴上了所谓"资产阶级、修正主义的毒草"一类的政治帽子，其作者也受到了严厉的批判、打击。从1964年夏季开始，在意识形态方面，从文学艺术界逐步扩大到哲学、经济学、历史学、教育学等许多领域，开展了新中国成立以来文化领域内规模最大的批判运动。这种批判，以学术讨论的形式，进行政治性的批判，被当作"反修防修"的重要组成部分。在左倾错误日益严重的情况下，文化领域的批判愈演愈烈，最终发展成为"文化大革命"的导火索。

"文化大革命"时期的中央级出版社

1966年5月至1976年10月的"文化大革命"，使我国的社会主义建设遭到新中国建立以来最严重的挫折和损失。这场运动是从文化领域的"批判"开始的。出版事业作为文化领域的重要部门首当其冲，受到的摧残和破坏也更为严重。

（一）许多出版机构被合并或撤销

"文化大革命"前的1965年底，全国有出版社87家，其中中央级出版社38家、地方出版社49家，职工10,149人（其中编辑4570人）。"文化大革命"开始后，许多出版社被合并或撤销，到1970年底，全国出版社仅剩下53家，其中中央级出版社20家，地方出版社33家，职工4694人（其中编辑1355人）。

"文化大革命"前，文化部直属的人民出版社、人民文学出版社、人民美术出版社、音乐出版社、中华书局、商务印书馆、文物出版社有职工1074人（其中编辑523人）。"文化大革命"后，这些出版机构合并为人民出版社、人民文学出版社、人民美术出版社、中华·商务4家。到1970年底，留在北京从事编辑出版工作的仅有166人（其中编辑63人）。其他中央、国务院各部委的出版社，有的被合并或撤销，有的出版业务完全停顿。

（二）编辑出版干部受到批判、迫害，大批人员下放"五七"干校

"文化大革命"开始后，出版界上自出版局局长，下至出版社社长、总编辑，几乎都被打成"走资本主义道路的当权派"，或"忠实执行反革命修正主义的黑线人物"，受到批判。

商务印书馆被诬蔑为"宣扬封资修、大洋古的反革命修正主义黑窝点"，在1967年1月"全面夺权"的风暴中，"造反派"宣称要"彻底砸烂商务印书馆"，将门前挂的由郭沫若书写的招牌摘下劈碎砸烂，换上"东方红出版社"

的新招牌。由于商务印书馆出版了吴晗主编的"外国历史小丛书"，曾任总编辑的陈翰伯成了出版界首先被报纸公开点名批判的"反革命分子"。1966年7月20日，《光明日报》发表一篇署名文章，题目是《揭露"外国历史小丛书"的反革命黑幕》，文章给陈翰伯扣上"反革命分子""钻进党内的资产阶级代表人物"几顶大帽子，陈翰伯立即被挂上黑牌，关进了"牛棚"。

中华书局由于和齐燕铭、吴晗、翦伯赞等密切的工作关系，被诬蔑为"招降纳叛，为复辟资本主义制造舆论"的"大黑窝"，并一度被"造反派"改名为"人民文化出版社"。总编辑金灿然虽然身患重病，也未能逃脱这场厄运，被戴上了"黑帮分子""党内走资本主义道路的当权派""反革命修正主义分子"等种种罪名。中华书局从事古籍整理出版工作的主要党员干部和业务骨干都成了"黑帮分子"和"牛鬼蛇神"，被揪出来隔离审查和批斗的近70人，占全局总人数的三分之一以上。

人民文学出版社被诬蔑为"黑染缸""毒品制造所"，工作人员大都被视作"放毒犯"。

1969年9月，文化部机关包括在京直属单位，除少数留守人员和有出版任务的人员外，绝大多数职工连同家属都下放到湖北咸宁文化部"五七"干校，除进行繁重的体力劳动外，还要无休止地搞"清理阶级队伍""深挖'五一六'"等所谓"斗、批、改"的运动。中央其他出版单位的职工也被下放，有的到"五七"干校，有的全家到农村落户。

（三）大批图书被作为"封、资、修的毒草"封存、销毁

"文化大革命"开始后，新中国成立后出版的图书，绝大部分都被批判为"封、资、修的毒草"，有的被封存，有的甚至被销毁。截至1970年底，负责中央一级出版社进发货业务的新华书店北京发行所仓库中，封存的图书就有7870种、8000余万册。

（四）出书数量锐减

"文化大革命"开始后的第一年，图书出版数量从1965年20,143种（其中新出12,352种），骤降到11,055种（其中新出6790种），减少将近一半。1967年，图书品种又猛降到2925种，只有1965年的14.5%。1968年至1970年，每年出书均在三四千种左右。

1966年至1970年的五年内，全国49家出版社出版的图书（不包括马恩列斯著作、毛泽东著作、图片）总计2977种，总印数51.57亿余册（张），大部分是1969年、1970年两年内出版的。其中政治读物大部分是选编报刊文章，种数占19.6%；共印26亿余册，约占图书总印数的50%。

再从1970年全国图书出版的具体情况来分析，在29个省、自治区、直辖市中，有33家出版单位出书，共出了2494种，占全国出书总数的90%；而中央一级出版单位有14家，出书279种，仅占全国出书总数的10%。

从1969年9月起，周恩来总理开始过问出版工作，他对濒临灭顶之灾的出版事业十分关心。根据他的指示，1971年3月在北京召开了全国出版工作座谈会。会议期间，他于百忙中两次接见会议领导小组成员，在谈话中严肃地批评了形而上学、割断历史、打倒一切、否定一切的极左思潮，对做好各类图书的出版工作做了许多指示。但由于"文化大革命"的左倾错误和"以阶级斗争为纲"的指导方针没有改变，特别是由于张春桥、姚文元的插手，将"两个估计"，即新中国成立以来出版界是"反革命黑线专政，资产阶级知识分子占统治地位"，写入出版工作座谈会文件中，因而周恩来的许多重要指示难以贯彻落实。这次会议的报告经毛泽东批示"同意"，由中共中央转发全国贯彻执行。此后，"两个估计"即成为"四人帮"压制出版界广大干部和知识分子的"紧箍咒"，给全国出版工作带来了严重的后果。

"文化大革命"期间出版的图书，有一大批是所谓"紧密结合当前斗争"的跟着运动转的小册子。"四人帮"一伙搞的"阴谋文艺""影射史学"的出版物泛滥成灾，而真正有价值的学术著作和文艺创作等数量很少；对外国先进的科学技术、当代学术思想著作的介绍几乎绝迹。"文化大革命"时期出版的很多图书，不仅在政治上极其有害，在思想理论上也颠倒了是非，造成恶劣的影响。粉碎"四人帮"后，全国出版部门清理"文化大革命"期间出版的图书，因政治原因报废图书的总码洋达2.8亿元，可见在经济上也造成了很大损失。

改革发展新时期的中央级出版社

1976年10月"文化大革命"结束后，国家出版局根据邓小平否定"两个估计"等一系列重要讲话精神，于1977年12月在北京召开全国出版工作座谈会，着重批判了"四人帮"炮制的"两个估计"。1978年10月在庐山召开的全国少儿出版工作座谈会，突破极左思想的禁区，对推动出版界的思想解放起了积极作用。同年，一大批在"文化大革命"中被污蔑为"毒草"的优秀图书重印发行，受到广大读者的欢迎。

1978年12月召开的中共十一届三中全会，做出了把工作重点转移到社会主义现代化建设上来的战略决策，在思想上、政治上和组织上全面地恢复和确定了马克思主义的正确路线。出版系统的广大干部认真学习、宣传、贯彻十一届三中全会精神，解放思想，开拓前进，使出版业进入了繁荣与发展的新时期。三十年来，我国出版事业发生了巨大的变化，有了长足的发展。

1976年12月，全国有75家出版社，其中中央级出版社40家、地方出版社35家。1978年，国家出版局报经中共中央宣传部批准，重新制定了人民出版社的方针任务，"中华·商务"也经国家出版局批准，分开为两个独立的出版机构，恢复了"文化大革命"前的建制和方针任务。1977年、1978年两年，有9家中央级出版社恢复了"文化大革命"前的任务开始出书；同时新建立了二十几家新的出版社。到1979年，全国出版社达到129家，其中中央级出版社63家、地方出版社66家。

1977年至1979年，全国出版图书45,085种（其中新出36,074种），总印数111.54亿册（张），总印张数425.64亿印张。1979年出版图书的种数、印数和印张数，分别比1976年增长34%、39.7%、91.7%。1979年，图书的总印数和总印张数都已超过历史最高水平。"四人帮"造成的严重"书荒"，读者买书"饥不择食"的情况，已经成为历史。

随着出版业的发展，全国出版社的数量从1980年到1990年有了飞速的增长，从1980年的169家增加到462家，其中中央级出版社十年内增加了87家，地方出版社增加的数量更大，达到206家。

1991年至1993年，图书品种持续增长，新闻出版总署针对出版业发展的新情况、新问题，从1994年起在图书出版的改革、管理、质量等方面采取了一系列重要措施，总的要求是控制总量、调整结构、提高质量、增进效益，取得了明显效果。1995年以后，出版社的数量仅有少量变化，甚至出现了零增长或负增长的情况。1978年至2007年，中央级出版社的数量变化情况和发展情况，可以从下列几个统计数字中得见一斑。

表1　1978年至2007年全国图书出版社数量变化表

年份	全国出版社	中央级出版社	地方出版社
1978	105	53	52
1980	169	89	80
1985	371	143	228
1990	462	176	286
1995	527	204	323
2000	528	204	324
2007	540	204	336

表2　1980年出版图书超过300种的中央级出版社

出版社	图书品种	总印数（万册）
人民文学出版社	306	2985
人民美术出版社	357	13,313
农业出版社	400	763
科学出版社	481	1121
人民教育出版社	742	5076
技术标准出版社	775	840

1990年，中央级出版社出版图书种数为26,734种，其中年出版图书超过400种的中央级出版社有10家（括号中的数字为种数）：人民文学出版社（400），北京师范大学出版社（424），科学出版社（434），外文出版社（490），中国财政经济出版社（496），人民卫生出版社（534），农业出版社（823），机械工业出版社（1097），人民教育出版社（1250），高等教育出版社（1699）。

2000年，中央级出版社共出图书55,130种，年出版图书超过1000种的中央级出版社有11家，其中数量最多的是科技类出版社，有6家（科学、机械工业、电子工业、中国农业、人民卫生、人民邮电），教育类出版社2家（高等教育、人民教育）、大学出版社2家（北京大学、北京师范大学）；还有中国少年儿童出版社1家。

2007年，中央级出版社共出图书120,496种，年出版图书超过1000种的中央级出版社已有26家。其中年出版图书超过3000种、在7000种以下的出版社有8家，排序见表3。

从出版社出版图书的码洋指标中，大体上可以反映一家出版社的产值和经营的实力。1996年，205家中央级出版社出版图书的码洋超过4亿元的只有3家（括号内的数字为码洋亿元）：中国地图出版社（4.58）、人民教育出版社（4.40）、高等教育出版社（4.39）。2000年仍然是这3家：高等教育出版社（8.99）、中国地图出版社（4.97）、人民教育出版社（4.33）。到了2007年，204家中央级出版社中，年出版图书的码洋超过4亿元的已达19家，其中超过7亿元的10家出版社排序见表4。

表3　2007年出版图书超过3000种的中央级出版社

排序	出版社	图书品种	总印数（万册）
1	高等教育出版社	6984	11,413
2	科学出版社	5599	5652
3	机械工业出版社	5296	2688
4	清华大学出版社	4595	2808
5	电子工业出版社	3390	2642
6	北京大学出版社	3218	2705
7	人民教育出版社	3183	14,340
8	化学工业出版社	3094	1423

表4　2007年图书码洋超过7亿元的中央级出版社

排序	出版社	出书种数	图书码洋（亿元）
1	高等教育出版社	6984	23.0707
2	外语教学与研究出版社	2379	13.5699
3	人民教育出版社	3183	13.4113
4	北京师范大学出版社	1875	11.3841
5	科学出版社	5599	10.2810
6	清华大学出版社	4595	8.5071
7	教育科学出版社	903	8.5053
8	机械工业出版社	5296	8.0415
9	人民卫生出版社	2350	7.8556
10	电子工业出版社	3390	7.2715

据现有统计资料显示，从1949年10月中华人民共和国成立，到2007年12月（2008年统计资料在作者写作本文时，新闻出版总署尚未公布），全国共计出版图书（包括书籍、课本、图片）3,823,156种（其中新出2,356,622种），总印数2442.91亿册（张）。

中央级出版社从1949年10月到2007年12月，共计出版图书1,434,261种（其中新出893,342种），总印数377.57亿册（张），分别占全国出版图书总数的37.52%、37.91%、15.46%。

在改革发展的新时期，我国的音像、电子出版社从无到有，发展十分迅速。1979年以前，全国只有中国唱片总公司一家录音制品出版单位，没有录像出版单位。20世纪80年代，是中国音像出版单位大发展时期，到1990年，全国共有专业音像出版社190家、图书出版社音像出版部94家。电子出版物是电子计算机技术发展的产物，我国在20世纪90年代初期、中期快速发展。1996年，全国电子出版单位有36家，2002年达到111家。到2007年底，全国共有音像制品出版单位363家、电子出版物出版单位228家。

统计资料来源：《全国出版事业统计资料汇编》，文化部出版事业管理局1984年10月编印；《新闻出版统计历史资料简明手册》，新闻出版总署计划财务司1995年12月编印；《中国出版年鉴》（1980年—2008年），商务印书馆（1980年—1986年）、中国书籍出版社（1987年—1991年）、中国出版年鉴社（1992年—2008年）于1980年至2008年出版。

新中国科技图书出版六十年[1]

旧中国自然科学、技术图书的出版非常落后，据北京图书馆编辑的《民国时期总书目》统计数字显示：北京、上海、重庆三家图书馆所藏1911年到1949年9月出版的各类中文图书共计124,040种，其中自然科学、技术类图书仅有13,659种（包括：自然科学3865种、医药卫生3859种、农业科学2455种、工业技术2760种、交通运输720种）[2]，平均每年出版350种。

在旧中国，许多科学家经多年研究所写的作品出版十分艰难。例如，著名数学家华罗庚经多年研究，于1941年著作的《堆垒素数论》在国内未能出版，直到1946年才在苏联以俄文刊印就是普通的一例。

在迎接新中国成立六十周年庆典之际，笔者将所了解的新中国科技图书出版的起步和发展、变迁状况，作一历史的回顾。

创业、探索、调整、前进的十七年
（1949年10月—1966年4月）

中华人民共和国成立后，自然科学、技术图书的出版工作，是在十分薄弱的基础上起步的。在1950年至1952年国民经济三年恢复时期，全国新出版的科技图书仅有3900多种，其中大部分是由私营出版社出版，而且有相当一部分是重印新中国成立前出版的旧书。

1　本文获第三届中华优秀出版物论文奖。原载《中国编辑》2009年第5期。
2　邱崇炳：《民国时期图书出版调查》，《出版史研究》第2辑，中国书籍出版社1994年版。

1950年，全国有国营出版社25家、公私合营出版社2家，而私营出版社则有184家。其中当年新建的国营科学技术的出版机构只有2家：

1. 中国科学院编译局。它成立于1949年11月1日，是新中国最早诞生的科技编译出版机构。1954年与创立于20世纪30年代专营科技书刊的龙门联合书局合并，于当年8月1日正式成立科学出版社，是中国科学院领导下的多学科综合性科学技术出版社。

2. 科学技术出版社。1950年，原为生活·读书·新知三联书店出版的《科学技术通讯》月刊，经出版总署帮助由三联书店与中央重工业部合资经营，于1950年7月1日扩大改组为"科学技术出版社"。该社工作由中央重工业部、三联书店及中华全国总工会派员组成管理委员会负责领导。1952年下半年，中央成立第一机械工业部，科学技术出版社成建制地划归一机部，于当年12月改名为机械工业出版社，成为机械工业图书的中央级专业出版社（1970年与一机部科技情报所合并，成为出版与情报相结合的专业出版机构，由机械工业部主管）。

1953年，中国科学院编译局出版了华罗庚的《堆垒素数论》，成为新中国成立后最早出版的一本自然科学学术专著。华罗庚十分感慨地在本书的序言中写道："在解放前漫长的岁月中，这本书的刊出问题，由即将出版、等待出版一直演变到把原稿搞得无影无踪。以至于到了今天，在中国科学院敦促之下，我还得从俄文版翻译出来付印。这些事实有力地说明了旧政权是怎样地腐化，怎样地不关心科学，而人民民主政权又是怎样的宝爱科学成果。"

继华罗庚的《堆垒素数论》之后，接着还出版了古生物学家杨钟健、斯行健，土壤学家李庆逵，植物学家侯学煜，数学家陈建功、苏步青等学者过去多年中取得的一些研究成果。[1]

我国从1953年开始，进入了第一个五年计划（1953年—1957年）大规模建设时期，为了适应国家有计划的经济建设对科技图书的迫切需要，中央有关部委和团体分别建立了一批国营和公私合营的科技出版社，科技图书的出版出现了初步的繁荣。1956年，全国出版科技新书5246种，是新中国成立以来出书种数最多的一年，初重版图书共印14,100万册，这个数字超过了旧中国近四十年所印的科技图书数量的总和。

翻译出版外国自然科学技术图书的数量，也比旧中国有了很大的增长，而

1　谭北生：《自然科学学术著作出版概况》，《中国出版年鉴（1985）》，商务印书馆1985年版。

且逐年增长的比例都较大。如1951年全国翻译出版外国科技图书180种，1953年增至528种，到1955年底统计，五年中共计翻译出版3600多种，其中译自苏联的数量占有70%。（早在1949年9月，我国中央人民政府尚未成立，中苏两国还未建立外交关系，苏联政府为表示苏中友好，免费赠送我国俄文版的科学技术书籍5000种，每种两册。中宣部出版委员会主任黄洛峰同志以中央出版委员会主席的身份到天津，与苏联驻天津商务代表诺维科夫商谈接受苏联政府赠书以及有关两国的图书贸易问题。苏联政府赠送我国的俄文版科技图书，经有关部门选择翻译出版后，对新中国建立初期发展教育科学文化事业发挥了重要作用。）

从1956年到1966年"文化大革命"爆发前的十年，是党领导的社会主义建设在探索中曲折发展的十年。1956年，中共中央提出"向科学进军""12年赶上和接近世界先进水平"的号召以后，全国各地的科研单位和大专院校科技专业数量迅速增加，大大调动了科学技术人员的积极性，科技书籍出版的数量和质量都有较大的提高。例如，1952年新出版科学技术书籍为818种，到1956年就出版了2671种。这一时期，不但出版了一批有较高水平的自然科学理论研究著作，同时也出版了大量和工农业生产需要密切结合的科学普及读物。

1958年、1959年、1960年的"大跃进"运动期间，在急于求成的思想指导下，全国各项事业盲目冒进，科技图书的出版大幅度增长，三年共出新书27,349种，初重版图书总印数4.96亿册，比前8年的总印数还多1.45亿册。这一时期的出版工作片面追求数量，忽视质量，出版了一大批违反科学或介绍不成熟的生产经验的小册子。不少是把报刊上的文章拼凑编成的，质量很低，互相重复。有的文章不仅传播了很多不恰当的提法，进行浮夸的宣传，而且对共产主义做了不恰当或庸俗的解释，助长了"左"的错误的泛滥。例如，在科学出版社出版的《人民公社向共产主义过渡的问题》一书中，有篇文章说："大约在八年左右，农村可以普及大学，每个劳动者都具有相当高的文化、科学、技术水平，大部分人员可以达到工程技术人员、农艺师的水平。从此，在农村，脑力劳动和体力劳动的差别就基本消灭了。"有的科技书中甚至出现政治性的错误，如地质出版社出版的《石油矿床学》译本，竟然照印了一张把我国东北除外，把台湾划归日本的"中国地图"。[1]

1961年初，根据中央对国民经济实行"调整、巩固、充实、提高"的方

1　《中央宣传部新闻出版处关于出版工作中的情况和问题以及对于改进工作的意见》，《中华人民共和国出版史料（1959—1960）》，中国书籍出版社2005年版。

针，中央一级出版社经过整顿，20家科技专业出版社的编辑人员，由整顿前的805人，减少为573人。由于编辑力量的削弱加上三年困难时期纸张供应紧张等原因，1961年全年，全国仅出版科技新书1010种，初重版总印数2900万册，出书种数比1951年还少440种。

1961年、1962年科技新书品种大幅度下降，不少书刊印数偏少，国内许多科研成果和著作得不到出版的机会，广大科学技术人员缺少必要的书刊阅读，影响了科技信息的交流和科研成果的推广，这种情况对于我国生产建设和科学技术事业的发展十分不利。国家科委和文化部为了改变这种情况，于1963年5月20日至6月6日在北京联合召开了全国科学技术出版工作会议。这是新中国成立以后首次召开的关于科技出版工作的一次重要会议。出席者包括部分自然科学专门学报的主编、科技图书的编辑、出版单位的负责人和书刊发行单位的负责人等共108人。

会议通过讨论，明确了科技出版工作的方针、任务并制定了完成任务的措施。会议要求科技出版工作必须适应我国社会主义建设和国家实现四个现代化的需要；出版的书刊，既要适合当前工作需要，又要符合长远发展的要求；既能反映我国的科学技术水平，又能够反映国际上先进的科学技术水平和发展动向；在学术问题上，要贯彻"百花齐放、百家争鸣"的方针。要在保证质量的前提下，适当地增加科学技术出版物的品种和发行数量。

会议提出，科学技术出版工作是一项政策性很强、业务上很专的工作，必须加强领导。国务院各有关部（局）应该指定一位副部长或党组成员负责领导所属的编辑、出版单位的工作，定期检查出版工作的方针、政策和出版计划的执行情况。建议由国家科委、文化部、中国科学院等有关单位各指派一位相当于副部长级的干部共同组成领导小组，负责研究和拟订科学技术出版工作的方针任务，全面规划全国的科技出版事业，以及优秀著作的评奖工作。会议同时提出，要统一规划，协调分工；进一步调动科技人员从事著译活动的积极性；加强编辑、出版队伍的建设和合理调整图书定价，改进出版社和书店、邮局的经营管理等。

1963年11月9日，中共中央同意国家科委党组和文化部党组关于进一步加强科学技术出版工作的报告，并批转全国执行。

1963年12月20日，"全国科学技术出版工作领导小组"经中央宣传部批准成立。小组成员由国家科委副主任武衡、文化部副部长胡愈之、中国科学院副院长竺可桢、全国科协常务书记王顺桐、国家经委委员陶力、国务院农林办公室秘书组组长施铸英六人组成，组长由武衡同志担任。领导小组于12月27日举行了第一次会议，讨论了执行中央批转关于进一步加强科技出版工作的报告的有关问题。报告中提出的各项意见随即付诸实施，从而有力地推动了全国科技出版事业的恢复和发展。1965年，全国共出版科技新书3828种，初重版图书总印数1.01亿册，种数比1961年增长了279%，总印数增长248%。

1965年底，全国有出版社87家（包括中央部门出版社38家、地方出版社49家），其中科技专业出版社有12家（中央部门11家、地方1家）。据统计，1950年至1965年，全国出版的科学技术图书96,063种（其中新出61,776种），总印数11.66亿册（张）。

动乱、倒退、停滞的十年
（1966年5月—1976年10月）

"文化大革命"爆发后，许多出版机构被合并或撤销，编辑出版界的许多负责人和专家受到批判、迫害，大批人员下放"五七"干校劳动，大量图书被作为"封、资、修"的"毒草"停售甚至销毁。

据当时国务院主管出版工作的部门调查，截至1970年年底，中央部门科学技术出版机构有11家（科学、中国工业、技术标准、机械工业、国防工业、燃料化学工业、农业、人民卫生、人民交通出版社和水电部图书编辑室、建委研究院图书编辑组），他们在"文革"前有工作人员1496人（其中编辑611人），1970年底留在北京的人员仅有330人（其中编辑134人）。

1966年"文革"开始的第一年，科技方面的新书出版了1172种，重版书866种，大部分是当年4月份以前出版的；1967年出版的科技新书猛降到147种，直到1976年才陆续增加到2003种。这一时期出版的科技新书，大部分是《"赤脚医生"手册》《农村卫生员用药课本》《常用中草药手册》《简明中医学》《农村兽医手册》《怎样修理晶体管收音机》，以及介绍农业生产经验一类的小册子。"文革"十年中，出版的科学技术新书总计只有10,409种。

"文革"期间，林彪、江青两个反革命集团大肆鼓吹以"阶级斗争"代替生产等谬论，使科技图书的门类越来越窄，品种越来越少，许多基础理论、学术著作和科研成果、技术资料被打入冷宫，国外介绍新理论、新工艺、新技术、新材料、新方法的书籍不能引进出版，至于供青少年阅读的科普读物更是寥寥无几。在极左思潮的影响下，一个时期内，不少科技图书的前言、后记中，生拉硬套、穿靴戴帽搞所谓"突出政治""配合现实斗争"，有的还大讲所谓"儒法斗争""评法批儒"，跟着"四人帮"的指挥棒转，把科技图书搞得不伦不类，面目全非。

复苏、繁荣、发展的三十二年

（1977年—2008年）

粉碎"四人帮"以后，特别是1978年春全国科学大会召开，邓小平同志号召全国科技工作者"树雄心，立大志，向科学技术现代化进军"，并且明确指出：现代化的关键是科学技术现代化，科学技术是生产力，知识分子是工人阶级的一部分。全国迎来了科学的春天，科技图书出版工作开始复苏。1977年高等学校恢复高考的喜讯，鼓舞了广大青年学生，特别是上亿的在农村插队的知识青年及其家庭，使他们看到了希望。因为"文革"中大批知识青年只是名义上的中学毕业生，并没有受过系统的中学教育，他们渴望参加高考，迫切需要适合的参考书。上海科学技术出版社为了尽快为考生们提供合适的考试读物，准备重印"文革"前该社出版的《数理化自学丛书》（17册）。由于这套丛书在"文革"中屡遭批判，所保存的全部纸型已被焚毁，只能重新排版，当时还没有激光照排，排版印刷工艺采用的仍是传统的铅排，工序繁杂。他们克服了种种困难，终于在发排后不到一个月就陆续出版上市。丛书重排本出版发行的消息传出，各地新华书店顿时排起长龙，广大知青和他们的家长、亲友犹如久旱逢甘露，激动、企求和兴奋难以言表。该社接连安排重印，仍供不应求。据不完全统计，共印了435万套，合计6000多万册。[1]

当时由于纸张紧张，广大读者普遍需要的图书，出版社一般只能按照需要量的20%—30%来安排印数，有的只能达到需要量的十分之一或百分之几。如《全国中学数学竞赛题解》一书，各地书店报来的需要量为2700万册，出版社只能印300万册。有的出版社反映，如果充分满足供应，一年只要出版几种书就会把全年分配的纸张全部用光。

---

[1] 徐福生：《在"科学的春天"日子里》，《出版史料》2009年第1期。

　　国家出版局根据出版发行部门的紧急呼吁，和国家科委进行研究，于1978年2月22日向国务院联合上报了《关于大力加强科技图书出版工作的报告》，反映了科技图书出版工作的现状，并提出整顿、健全科技出版机构，充实、加快编辑出版力量，大力扩充科技图书印刷生产能力，做好科技图书发行工作，加强党对科技图书出版工作的领导等建议。

　　国务院于3月7日同意并批转了国家出版局和国家科委的报告。国务院在批语中指出："大力加强科技图书出版工作，对于提高我国整个民族科学文化水平，加快实现四个现代化，有着重要的意义。望各省、市、自治区和各有关部门抓紧整顿科技图书出版机构，充实和调整编辑出版人员，努力改善印刷条件和切实做好科技图书发行工作，迅速把科技图书搞上去，以适应社会主义建设事业发展的需要。"

　　国务院关于大力加强科技图书出版工作的文件下发后，中央各部门和各省、市、自治区都认真贯彻。在各方面的努力下，全国科技图书出版工作发展迅速。到1980年，全国共出版科技图书5715种，比1976年出版的种数（2003种）增加了一倍多。

　　1978年全国出版社105家，其中科技出版社40来家，包括中央级出版社30多家、地方出版社5家。到2008年底，全国出版社增至579家，其中科技出版社含部分出版科技图书的教育、大学、城市出版社，大约150家，占全国1/4多。从事科技出版的人员也有了很大的增长。

　　从1977年到2008年全国科技图书出版统计数据来看，科技图书出版的发展速度有了惊人的变化：

1977年至2008年全国科技图书出版统计

年份	种数		印数 （亿册）	印张数 （亿印张）
	合计	其中：新出		
1977—1979	10,530	9058	5.73	49.12
1980—1985	46,257	36,283	12.41	107.80
1986—1990	71,011	48,032	8.93	99.05
1991—1995	95,013	59,572	11.80	147.87
1996—2000	134,318	82,770	11.56	157.21
2001—2008	405,904	233,059	29.96	430.51
1977—2008	763,033	468,774	80.39	991.56

再从科技图书的分类情况，将1988年和2008年时隔二十一年间的统计数加以比较，可以看出各类科技图书出版的巨大变化。

1988年、2008年全国科技图书分类统计

类别	1988年			2008年		
	种数	其中：新出	印数（万册）	种数	其中：新出	印数（万册）
自然科学总论	469	387	944	823	424	1804
数理科学、化学	1780	1099	3013	5556	2243	4161
天文学、地理科学	580	514	433	1429	956	835
生物科学	345	254	241	1507	885	1050
医药、卫生	2076	1385	3852	12,961	8451	9811
农业科学	1726	1038	2886	5316	2734	3781
工业技术	6313	4164	10,218	39,285	20,982	21,676
交通运输	445	266	2375	2915	1486	1929
航空、航天	41	41	26	241	181	133
环境科学	146	133	127	1323	937	1614

为了促进社会主义出版事业的繁荣和发展，鼓励和表彰优秀图书的出版，新闻出版总署（2001年6月后为新闻出版总署）从1993年起举办"国家图书奖"评选工作，作为全国图书评奖中的最高奖励。从1994年到2003年共举办了六届（每两年举办一次）。2007年7月12日，新闻出版总署开始举办"中国出版政府奖"评选活动，下分6个子项，第一项为图书奖评奖。在六届"国家图书奖"评奖中，科学技术图书共获"荣誉奖"10个、"国家图书奖"46个、"提名奖"103个；在首届"中国出版政府奖·国书奖"评奖中，科技图书奖获16个，提名奖31个；两项获奖共计206个。从这些获奖的科技图书中可以看出，在改革开放的新时期，我国科技图书出版工作有了可喜的发展和变化；不仅品种增多，涉及的学科领域日益广泛，直接服务于现代化建设的应用科学研究著作大幅度增加，并出现了一大批在国内外具有影响的优秀著作，其中不少著作具有世界先进水平。在这些著作中，有老一辈著名科学家多年研究的成果，也有20世纪80年代先后出版的一批中青年科学家的著作，以较高的学术价值和实用价值博得国内外专家的赞誉。集中科技界众多专家智慧编写而成的一批巨著的问

世，是20世纪80、90年代科技出版的重要成就之一，标志着我国科技著作的出版，在水平上和规模上都达到了一个新的高度。

当然，我国科技图书的出版与世界上一些发达国家比较，仍有相当差距。我们必须在总结新中国成立六十年来发展经验的基础上，坚持以邓小平理论和"三个代表"重要思想为指导，认真落实科学发展观，大力推进科技图书出版方面的体制和机制的改革，充分调动科技出版界的编辑出版人员和各方面的积极性，紧紧依靠广大科技工作者，以使我国科技图书出版事业取得又好又快的发展。

统计资料来源：《全国出版事业统计资料汇编》，文化部出版事业管理局1984年10月编印；《新闻出版统计历史资料简明手册》，新闻出版总署计划财务司1995年12月编印；《中国出版年鉴》（1980年—2009年），商务印书馆（1980年—1986年），中国书籍出版社（1987年—1991年），中国出版年鉴社（1992年—2009年）于1980至2009年出版。

新中国稿酬制度的历史演变[1]

稿酬是著作权中著译者取得合法权益的一个重要组成部分。著译者不仅对自己的作品拥有精神权利，而且拥有获得报酬的经济权利。国家制订合理的稿酬制度，对于保障著译者的合法权益，繁荣创作和学术研究，促进文字作品的传播，具有重要的作用。

新中国成立后，出版总署在公布的文件中最早提到有关支付稿酬的办法与标准的是1950年9月第一届全国出版会议通过的《关于改进和发展出版工作的决议》。《决议》中指出："稿酬应在兼顾著作家、读者及出版家三方面利益的原则下与著作家协商决定；为尊重著作家的权益，原则上应不采取卖绝著作权的办法。计算稿酬的标准，原则上应根据著作物的性质、质量、字数及印数。"11月24日，经出版总署批准，新华书店总管理处发出《书稿报酬暂行办法（草案）》，规定书稿报酬分为"定期报酬"和"定量报酬"两种，以中国人民银行折实储蓄单位为支付单位（按北京挂牌计算）。这个办法全国公营出版社实行到1952年。

从1953年到1958年7月以前，出版社一般实行的是按印数定额付酬的办法。"按印数定额付酬"是学习苏联的办法。1954年，出版总署陈克寒副署长提出要制订一个能体现按劳付酬的稿酬办法，因版税制、卖稿以及苏联的印数定额等办法都有缺点。从1954年3月开始，出版总署出版管理局组织人民、文学、美术、教育、通俗读物、青年、工人、卫生、机械工业等出版社成立专门小组，制订《关于文学和科学书籍稿酬的暂行规定》。当年11月出版总署撤销

1　原载《出版经济》2000年第3—6期。

后，由文化部出版事业管理局继续进行。经过多方征求意见，反复讨论修改，到1955年5月基本完成。1955年10月，文化部向中央报送了《关于制定文学和科学书籍稿酬暂行规定的请示报告》。

11月4日，国务院陈毅副总理看了文化部的报告，批示中说："我同意此办法，应请中央批准。以早一点批下来为好。"11月6日，周恩来总理批示："请中宣部先加审查并提出具体意见。"

12月20日，中央宣传部向周总理写报告，认为文化部提出的各项稿酬规定是合适的，同时提出："为了鼓励学术研究著作，报告中对提高学术研究著作的标准已经有了规定，但这个标准还可考虑提高一些，对某些专门性的学术研究著作，可不必受这个标准约束，或规定这种著作不以字数计酬。这一点意见，拟请文化部加以考虑并予修正。"[1]

文化部上报的书籍稿酬暂行办法，后来由于1957年反右派斗争等原因未能批准颁布。文化部出版事业管理局继续对"暂行办法"进行修改，出版局副局长王仿子提出建议：取消印数定额，将稿酬分为"基本稿酬"（按字数与质量）和"附加稿酬"（按印数，并有递减。后改名为"印数稿酬"）的新方式。这个建议被文化部采纳，于1958年形成"基本稿酬加印数稿酬"的办法。

1958年7月14日，文化部报经中央批准，颁发《关于文学和社会科学书籍稿酬的暂行规定（草案）》，先在北京、上海两地有关出版社试行。文化部指定22家中央一级出版社按《暂行规定（草案）》制定自己的稿酬办法，于1958年8月1日起试行。上海方面请上海市出版局布置。但试行仅一个多月，上海市首先提出稿酬标准过高，"著译者的收入标准与一般劳动人民的工资标准相差悬殊，脱离群众的现象非常严重，对提倡业余创作和培养业余作者容易产生追求稿费、滋长个人名利思想，甚至引起一部分工农作者不满意体力劳动等不良后果"。因此，决定将上海出版的报刊、出版物的稿酬按文化部颁发的稿酬标准减半支付。9月28日，北京各主要报刊、出版社也群起响应，决定自10月1日起，一致实行降低稿酬标准一半左右的办法。10月5日，《人民日报》发表《怎样看待稿费》的评论员文章。文章中说："在文化出版界表现资产阶级的法权残余的稿费制度是同我国的社会主义大跃进的形势完全不相适应的。"上海、北京的报刊、出版社降低稿酬一半左右的行动"是消除脑力劳动和体力劳动在

1　宋原放主编：《中国出版史料（现代部分）》（第三卷下册），267—268页，山东教育出版社2001年版。

报酬上差别悬殊的开端，是文化出版界的一件大事"。

从1958年8月到1966年4月，国家制定的稿酬标准经历了上上下下的多次反复。这种反复是与国家的整个政治形势的变化密切联系的。凡是政治生活气氛宽松的时候，著译者的稿酬标准就正常，反之，就处于不正常的状态，1966年1月3日，中共中央同意并批转文化部党委《关于进一步降低报刊图书稿酬的请示报告》中提出："稿费是工资以外的额外收入。社会主义制度下的稿酬，仅属奖励补助性质。"这样，稿酬已不是著作权保护意义上的作品使用报酬了。

曾任文化部出版事业管理局副局长的陈原，在回顾"文革"前十七年期间关于稿酬的话题时，做了如下的反思：

> 在前17年期间，由于左倾思想的泛滥和逐渐占统治地位，我们还把稿酬问题说成是两条路线斗争问题，即把保护知识产权硬说成是走资本主义道路问题。……我们当时确实没有知识产权的最起码的概念（人们普遍认为写出一部文学作品或学术专著，同工人们运用生产线大量生产一支牙膏或一把牙刷是一样的），更没有在社会主义制度下可以而且应该让一部分人先富起来的概念。正相反，我们——包括负一定行政责任的我本人在内——都深深抱着平均主义的思想，把社会主义看成是建设十分廉价的贫穷社会。在50年代末60年代初，我们脑子里装满了"穷则变，变则通，通则富，富则修"的奇怪逻辑。现在看来十分可笑的问题，前17年我们（包括我这样的人在内）都想方设法减低稿酬（或者说，用种种方法限制稿酬），直到"文化大革命"前夜，演变而成取消稿酬——即取消知识产权。开展"反修运动"之后，把知识产权问题提高到要不要"缩小三大差别"那样的"政治"高度，稿费问题就更加突出了。[1]

1966年5月"文化大革命"爆发后，文化部虽然并未发出取消稿酬的通知，而在实际工作中全国出版部门却是完全停止执行原来规定的稿酬办法了。

1971年在北京召开的出版工作座谈会上，稿酬问题成为代表们关注的问题。4月12日，周恩来总理在接见会议领导小组成员及有关方面负责人的谈话中

---

1 陈原：《陈原出版文集》，19—20页，中国书籍出版社1995年版。

谈到稿酬问题，他说：在工资问题没有解决前，这个问题不好定。对代表们提出目前可否给作者适当补助的意见，周恩来说：先用补助的办法可以。

1971年8月，中共中央发出经毛泽东批示"同意"的国务院关于出版工作座谈会的报告中提出："关于稿酬问题，拟同报刊新闻部门共同研究后一起提出一个恰当的办法。"但直到1976年10月"文革"结束，也始终未见这个"恰当的办法"出现。

粉碎"四人帮"后，从1977年到1999年的二十三年内，国家出版管理部门对稿酬制度的主要变动先后有5次：

1. 1977年10月12日，国家出版局发出《关于试行新闻出版稿酬及补贴办法的通知》，从10月1日起实行。这一办法规定，作品发表后一次付给稿酬，重版、转载不付稿酬。对工农作者除付给稿酬外，由抽调单位给以补贴。稿酬标准相当于1964年规定的稿酬，著作稿每千字2至7元，翻译稿每千字1至5元。

2. 1980年5月，中央宣传部转发国家出版局党组4月25日上报经中央书记处批准的《关于制订书籍稿酬的暂行规定的报告》和新制订的书籍稿酬的暂行规定，自本年7月1日起实行。这一规定对基本稿酬做了适当提高，著作稿提高到3至10元，翻译稿提高到2至7元；恢复了印数稿酬，但印数稿酬的数额不大，印数超过100万册时，得到的印数稿酬大体只相当于一个基本稿酬的数字。

3. 1984年下半年，文化部出版局检查了1980年5月中央宣传部批准的书籍稿酬暂行规定试行四年来的情况，认为原办法存在三个方面的问题：一是基本稿酬偏低，二是体现优质优酬的精神不够，三是印数稿酬太少。为此，对原规定作了修订和调整，主要有：①将基本稿酬标准提高一倍，著作稿每千字由3至10元，提高到6至20元，翻译稿由2至7元，提高到4至14元。②基本稿酬增加了古籍整理、辞书条目、书籍编选费、编辑加工费、审稿费、校订费等的计酬标准。③对印数稿酬针对不同情况，实行两种稿酬标准，规定了较高的计酬比例。10月19日，文化部批准了出版局的报告，通知全国出版部门自本年12月1日起试行。

4. 1990年6月15日，国家版权局发出《关于适当提高书籍稿酬的通知》，指出几年来由于物价上涨等因素，经国务院批准，决定自本年7月1日起，基本稿酬中，著作稿由每千字6至20元提高到10至30元，对确有重要学术价值的科学著作可以再适当提高标准，但最高不得超过40元；翻译稿每千字由4至14元提高到8至24元，特殊的不得超过35元。印数稿酬也做了适当提高。

5. 1999年4月5日，国家版权局颁布了《出版文字作品报酬规定》，于同年6月1日起实行。这一《规定》是依据1990年9月7日由全国人民代表大会常务委员会通过的《中华人民共和国著作权法》的基本原则及具体规定制定的，它与1990年7月国家版权局修订的《书籍稿酬暂行规定》相比较，主要作了以下调整：①取消了《暂行规定》中与著作权法不一致的规定，体现了谁使用作品谁支付报酬的原则。②变指令性的付酬标准为指导性和指令性相结合，以指导性为主、指令性为辅的付酬标准。③增加了"版税"和"一次性付酬"两种使用作品的付酬方式，并适当提高了基本稿酬加印数稿酬的标准。④根据教材以及通过行政手段大量印刷发行的作品，对其付酬方式作了特殊规定。⑤扩大了本《规定》的适用范围，报刊使用作品直接适用本《规定》。⑥取消了"校订""编辑加工""审查书稿"等非作品使用性质的报酬标准。

《毛泽东选集》（一至四卷）
出版史研究[1]

  《毛泽东选集》第一至四卷，在20世纪50年代初和60年代初先后出版，距今已有四五十年之遥。关于对这部名著出版史的研究存在一定的难度，因为当年直接从事这项工作的同志多已离开人世。据老出版家王仿子同志回忆："1949年6月，我从生活·读书·新知三联书店调到出版委员会，任印务科科长。那时候新版《毛选》的排版、校对工作正在进行。出版委员会主任黄洛峰对这部伟大著作的出版工作慎之又慎，制定了一个严格的保密制度，只允许少数人接触这项工作，……这项保密制度使现在的调查工作十分困难"，因为当年"直接经手这项工作的黄洛峰、华应申、徐律等几位同志都已不在世了"。[2]

  20世纪90年代以来，由于有关领导部门对出版史研究工作的重视和推动，随着出版史料的发掘逐渐深入，一些当年亲历、亲见、亲闻的老人撰写（或经人整理）的回忆录陆续问世；从中央档案馆和有关部门提供的一批历史档卷整理出版，使出版史研究工作有了可喜的收获；特别是中共中央文献研究室经多年研究、编辑的《毛泽东传（1949—1976）》于2003年12月由中央文献出版社出版，书中根据大量丰富而可靠的第一手的档案资料，披露了有关《毛泽东选集》（一至四卷）的编辑、出版史料，使读者的眼界豁然开朗，解开了不少谜团。

  本文试将近年来见到的有关史料，加以综合整理，提供读者作进一步研究

---

1 原载《出版史料》2005年第4期。
2 王仿子：《王仿子出版文集续编》，308—309页，清华大学出版社2005年版。

参考。

斯大林向毛泽东提出编辑出版毛泽东著作的建议

中共党史出版社1993年出版的《〈毛泽东选集〉出版的前前后后》一书中说："以中共中央的名义编辑一部《毛泽东选集》，源出于斯大林的建议，也得到斯大林的大力支持。"1950年3月初，毛泽东由苏联回到北京后，"5月，毛泽东在中南海丰泽园主持召开中共中央政治局会议，讨论斯大林的建议，结果得到了中央政治局的一致赞同。会议决定成立毛泽东选集出版委员会……这样，《毛泽东选集》的编辑工作立即着手进行"。[1]

此说曾引起一些读者撰文提出质疑，因为《毛选》的编辑早在毛泽东访苏之前，在西柏坡时就已开始进行工作了。

据1949年12月跟随毛泽东访问苏联做翻译的师哲所口述的《我的一生——师哲自述》一书，说毛泽东一行到达莫斯科后，斯大林和毛泽东会谈中曾两次提到编辑毛泽东著作的事，第一次是1949年12月16日下午6时在克里姆林宫："斯大林提出想要毛泽东著作已译成俄文的清单。毛泽东说他正在审查他的著作，过去地方上出版了一些，多有误差。并提出要求苏联给予帮助。一是对原稿的帮助，最好有一位联共（布）中央委员来审查定稿，二是请一位俄文翻译和我们共同来译成俄文。斯大林答应了。"第二次是1950年1月下旬，斯大林在和毛泽东的"会谈中再次提到编译、出版毛泽东著作的事。斯大林很重视总结中国革命的经验，希望将毛泽东的著作尽快编辑出版"。[2]

《毛泽东传（1949—1976）》中对这件事作了如下的表述：

> 《毛泽东选集》的编辑出版，是国内广大干部和群众学习毛泽东思想、了解中国革命历史的迫切需要，也是世界上一些同情和关注中国革命的国家和人民了解中国的需要。……斯大林也希望毛泽东将他的著作编辑出版。1949年12月毛泽东访苏时，斯大林就向他提出这个建议。其实，在此之前毛泽东已经将中共中央决定正式出版《毛泽东选集》之事，告

1　刘金田、吴晓梅：《〈毛泽东选集〉出版的前前后后》，106—107页，中共党史出版社1993年版。
2　师哲口述、师秋朗笔录：《我的一生——师哲自述》，330页、346页，人民出版社2001年版。

诉了斯大林。毛泽东在1949年6月1日为中共中央起草的致斯大林的电报里说:"据说,在苏联已将东北局出版的《毛泽东选集》译成俄文,拟在最近出版。但是该选集在论文的选择方面和分类及次序排列方面均有缺点,并且在论文中也有许多错字错句。现在中共中央正在重新选订《毛泽东选集》,并经毛泽东同志亲自校正,此校正本可于本年6月底出版。那时我们可将新版迅速送达苏联。所以希望暂不要将东北局出版的《毛泽东选集》俄文译本付印,待我们的新版(《毛泽东选集》订正本)送到时,根据此新版与原来的东北版对照作了增减和修订后,再行出版。至盼。"[1]

新版《毛选》第一卷从发排到出版历时两年半是什么原因?

新版《毛泽东选集》的编辑工作,在西柏坡的时候就已经开始。毛泽东于1949年3月下旬进驻北平以后,继续抓紧进行。据黄洛峰1949年10月5日在新华书店出版工作会议上作"出版委员会工作报告"中说:新版《毛选》于当年5月6日发稿,到6月中旬,已完成三校,共一百余万字,全部清样送给了毛泽东,10月开国大典后,毛泽东已看完全书清样的三分之一。

毛泽东在给斯大林的电报中说《毛选》可于1949年6月底出版,但《毛泽东选集》第一卷却一直到1951年10月才出版发行。这年10月12日,胡愈之署长在出版总署举行的庆祝会上说:"在这两年多的时间内,各方面读者经常关心地问:《毛泽东选集》什么时候出版? ……这一段时间很久,是因为毛主席对自己的著作采取了那样慎重的态度,亲自几次校阅修改;中共中央毛泽东选集出版委员会作注释工作和主持出版工作,也十分地慎重。……后来由于计划推迟和校对工作繁重,所以一直到今天才出版第一卷。"

据《毛泽东传(1949—1976)》中披露的史实是:毛泽东于1949年12月因出访苏联,《毛泽东选集》的校阅工作中断了半年多。毛泽东回国后,又致力于国民经济的恢复工作,为中共七届三中全会的召开作准备。1950年6月,全会刚开过,朝鲜战争爆发,《毛选》的编辑工作再一次推迟。

1951年1月,抗美援朝战争第三次战役胜利结束,朝鲜战局大势已定,毛泽

1　中共中央文献研究室编:《毛泽东传(1949—1976)》,138—139页,中央文献出版社2003年版。

东想集中一段时间来继续编辑《毛泽东选集》。2月底，3月初，他以休息的名义向中央请了假，带着陈伯达、胡乔木、田家英三位秘书，到石家庄西郊一栋生着土暖气的四合院里工作了两个月，修改审定了大部分选稿。

1951年初，毛泽东选集编委会（后改称毛泽东选集出版委员会）决定《毛选》在7月1日中国共产党成立三十周年纪念日出版发行。至6月底，毛泽东选集出版委员会因未能按计划日期定稿，决定延至第四季出版，并确定有30多篇文章要先在报上发表，发表后由人民出版社先分篇出版单行本。8月初始决定《毛选》先出四卷本，第一卷规定9月底出书。10月12日，《毛泽东选集》第一卷开始发行。

《毛泽东选集》（一至四卷）的编辑工作

《毛泽东传（1949—1976）》中，对《毛泽东选集》（一至四卷）的编辑工作，披露了许多珍贵的史料。

《毛选》的编辑工作，是毛泽东从头到尾亲自做的。他参加选稿和确定篇目，对大部分文章进行精心修改和校订，并为一部分文章写了题解和注释（有些题解和注释，与正文具有同等的文献价值）。这些修改，绝大部分是文字性的，也有少量属于内容方面的。毛泽东选稿极为严格。约100万字的清样稿，被他删掉了一大批，上面都批着"此件不用"四个大字。

协助毛泽东编《毛选》的主要是他的三位秘书，陈伯达、胡乔木、田家英。从毛泽东与陈伯达、田家英的一些通信中，可以窥见毛泽东精心编《毛选》工作之一斑。

其一，1951年3月8日致陈伯达、田家英：

> 《矛盾论》作了一次修改，请即重排清样两份，一份交伯达看，一份送我再看。论形式逻辑的后面几段，词意不畅，还须修改。其他有些部分也还须作小的修改。
>
> 此件在重看之后，觉得以不加入此次选集为宜，因为太像哲学教科书，放入选集将妨碍《实践论》这篇论文的效力，不知你们感觉如何？此点待将来再决定。
>
> 你们暂时不要来，待《矛盾论》清样再看过及他文看了一部分之后

再来，时间大约在月半。

其二，3月15日致田家英：

《矛盾论》的原稿请即送来。

凡校对，都须将原稿连同清样一起送来。

以前的一切原稿均请送来。

其三，4月1日致田家英：

《中国共产党在民族战争中的地位》《矛盾论》，请不要送去翻译，校对后再送我看。

已注好印出的各篇，请送来看。

其四，4月7日致田家英：

（一）送来的文件，缺少《一九四九年四月二十一日军委给解放军的命令》一篇，请补印送校。

（二）请将《兴国调查》中《斗争中的各阶级》这一章的原文清出送阅，在我这里的印件中缺少这一章。

（三）已注文件，请速送阅。

其五，4月16日致田家英：

此九篇请送陈伯达同志阅后付排改正。其中，和英国记者谈话，和中央社等记者谈话，一个极其重要的政策，全世界革命力量团结起来等四篇，我已照原件修改，请即照此改正，新送来这四件稿子我就不必看了。以上这些及昨付第二次看过的一大批，都可付翻译——惟其中的一篇，即《井冈山的斗争》，请送来再看一次。

毛泽东在访苏期间，曾向斯大林提出，希望苏共中央派一位理论上强的人帮助看看他过去发表过的文章，看可否成集。斯大林当即决定派主编过《简明哲学辞典》的理论家尤金来华。1950年7月，尤金来到北京。对于这件事，在过了八年之后（1958年7月22日），毛泽东曾当面对尤金作过解释。他说："为什么当时我请斯大林派一个学者来看我的文章？是不是我那样没有信心？连文章都要请你们来看？没有事情干吗？不是的，是请你们来中国看看，看看中国是真的马克思主义，还是半真半假的马克思主义。你回去以后，说了我们的好话。你对斯大林说的第一句话就是：'中国人是真正的马克思主义者。'但是斯大林还是怀疑。只是朝鲜战争才改变了他的看法，也改变了东欧兄弟党和其他各国党对我们的怀疑。"

尤金对毛泽东的著作颇为称赞。他看了《实践论》的俄译文，立即送斯大林，并建议在某个刊物上发表。斯大林接受了尤金的意见。《实践论》竟先于中国而在苏联首次发表于1950年12月出版的《布尔什维克》杂志。同年12月18日，《真理报》又发表编辑部文章《论毛泽东的著作〈实践论〉》。中国首次发表此文，则是在同年12月29日的《人民日报》。

《毛泽东选集》第一卷，于1951年10月出版，成为当时全国政治生活中的一件大事。《毛选》第二、三卷先后于1952年3月、1953年2月出版。这三卷包括了毛泽东从1925年12月到1945年8月各个革命历史时期的最主要、最有代表性的著作。这些著作，集中体现了毛泽东思想是中国革命实践经验的结晶。它们不只是毛泽东个人的智慧，也是中国共产党人集体智慧的结晶，是无数革命先烈的鲜血换来的。毛泽东在几次讲话中说过："我的那些文章，不经过北伐战争、土地革命战争和抗日战争，是不可能写出来的，因为没有经验。""没有那些胜利和那些失败，不经过第五次反'围剿'的失败，不经过万里长征，我那个《中国革命战争的战略问题》小册子也不可能写出来。"1964年3月24日，毛泽东在听取薄一波、谭震林等汇报时又说："《毛选》什么是我的！这是血的著作。""《毛选》里的这些东西，是群众教给我们的，是付出了流血牺牲的代价的。"

按原定计划《毛选》第四卷是包括第三次国内革命战争时期和中华人民共和国成立以后的著作。由于新中国成立不久，接着出版第四卷时机还不成熟，就搁下来了。在过了六年之后，第四卷才编辑出版（只包括第三次国内革命战争时期的著作）。

1960年2月27日，毛泽东到广州审定《毛泽东选集》第四卷全部正文。从2月27日到3月6日，毛泽东差不多每天都到鸡颈坑（广州郊区的一处别墅）审读第四卷文稿。同他一起审读的主要有康生、胡乔木、田家英。第四卷的编辑工作，不像前三卷那样由毛泽东亲自动手做编辑工作，而是在别人编好之后，由他主持通读定稿。他逐篇仔细审读，有时顺手改几个字。他还增加了几篇文稿，都是为新华社写的评论和中共发言人的谈话。

《毛选》第四卷是解放战争时期的著作，它是中国人民革命胜利的记录，反映了中国人民敢于斗争敢于胜利的英雄气概和所向披靡的革命威势。毛泽东对这一卷选集特别偏爱。他曾说："一、二、三卷我都没有多大兴趣，只有个别的篇章我还愿意再看，这个第四卷我有兴趣。那时候的方针是针锋相对，寸土必争，不如此，不足以对付我们这位委员长。"在通读第四卷时，毛泽东显得特别兴奋，"想当年，金戈铁马，气吞万里如虎"的气概，油然而生。读到《抗日战争胜利后的时局和我们的方针》《关于重庆谈判》等文章时，他不时地发出爽朗的笑声。

3月8日，是审读的最后一天，在毛泽东的住处广州小岛宾馆进行。除了康生、胡乔木、田家英三人外，参加《毛选》第四卷工作的人还有姚溱、许立群、熊复、逢先知。开始有的同志还有点拘谨，经毛泽东一番轻松的谈话，紧张气氛顿时消除，觉得很舒坦、愉快。

5月24日至6月2日，毛泽东又审读了《毛选》第四卷的全部题解和注释。在题解和注释中，很多地方涉及彭德怀。彭在解放战争时期任西北野战军（后改称第一野战军）司令员兼政治委员，指挥过许多重要战役。编《毛选》第四卷之时，正值庐山会议批彭反右之后，彭德怀的名字和他的战绩，能不能写到《毛选》里面，这在当时是一个极敏感的问题。为此，田家英专门向毛泽东请示，毛泽东明确回答："应该写，过去那一段应该承认。"这是对待历史问题的一种郑重态度。这一卷军事方面的注释比较多，涉及四个野战军和华北部队等，所以由党的总书记邓小平挂帅，请三位元帅、五位大将参加了注释工作。[1]

毛泽东在审定《毛选》文稿时，除了修改内容和文字外，还亲自做一些校对工作。例如，他在校阅《中国共产党在抗日时期的任务》一文时，对清样中排得不好处批有"排拢""排齐"，还画出了校对符号；在校阅《为争取千百万群众进入抗日民族统一战线而斗争》一文时，有两个字因铅字磨损，字体比其他字瘦小，他批道："换一个铅字"。还有一处字号不对，毛泽东将此处画

1　中共中央文献研究室编：《毛泽东传（1949—1976）》，140—145页、1051—1052页，中央文献出版社2003年版。

出，并批："改老5号"。对文章中出现的一些数字，毛泽东在边上总是打一个"？"要求编者查核。有些数字他自己经过核查做了纠正。如《毛选》第四卷收入的《四分五裂的反动派为什么还要空喊"全面和平"？》一文原稿中，提到"国民党在去年十一月初至今年一月底的不足三个月中丧失约一百零五万人，包括国民党正规军一百零五个整师"。毛泽东经过查核，将"十一月"改为"十月"，将"三个月"改为"四个月"，并在"一百零五万人"和"一百零五个整师"这两处各打上一个"？"。经编者查核，结果是原稿的数字不准确，"一百零五万人"应为"一百五十四万多人"，"一百零五个整师"应为"一百四十四个整师"。[1]

《毛泽东选集》第四卷于1960年9月出版，随即在全国出现了一个学习热潮。至此，《毛泽东选集》一至四卷，作为中华人民共和国成立前毛泽东最重要著作的结集，全部完成。

《毛选》一至四卷的蒙、藏、维、哈、朝5种少数民族文字版和盲文版，分别由民族出版社和中国盲人聋哑人协会盲人月刊社（盲文出版社前身）至1965年出齐。

毛泽东批示《毛选》的装帧设计"简单点好"

1950年初，《毛泽东选集》第一卷的编辑工作正在加紧进行中。关于《毛选》的封面装帧设计，从新华书店总管理处到12月成立的人民出版社都十分重视。据张慈中回忆，他于1950年5月到新华书店总处美术编辑室工作后不久，就得知美编室主任邹雅约请中央美术学院教师为《毛泽东选集》设计了多幅封面，形式偏于华丽、烦琐的较多。设计样稿送中央审阅后，退回时有毛泽东主席的批语："我的书，设计简单点好。"邹雅与美编室同志商议，反复推敲，经过一次又一次的修改，最后形成了白底封面上端横写长方宋体美术字书名，书名下"第一卷"三字写成扁宋美术字，书名、卷次均印金色墨，再下边正中印一颗红色五角星。书脊上书名、卷次印红色，下印一颗金色五角星。这个设计通过后又增加一个包封，前后满版印茶黄色，包封正面上方正中采用王朝闻

---

1 刘金田、吴晓梅：《〈毛泽东选集〉出版的前前后后》，116页，中共党史出版社1993年版。

创作的圆形毛泽东浮雕头像。《毛选》一至四卷（第一版）都采用了这个简练、朴素、大方又十分庄重的装帧设计。

毛泽东著作单篇本的封面设计也经过煞费苦心的反复修改，最后选定用白色底，右边偏上印一红色长方形底，上印黑色宋体美术字直写书名。长方块左边靠下用黑色印"毛泽东"签名体。后来单篇本正文改为横排，封面也相应改为横排，把红色条块横过来放封面上方正中，"毛泽东"签名体放在红色块的右下方。

出版部门全力以赴做好《毛选》的出版、印刷、发行工作

为了做好《毛泽东选集》的出版工作，出版总署于1951年成立了由13人组成的"毛泽东选集出版印刷发行工作委员会"，黄洛峰任主任委员，祝志澄、华应申、王益为副主任委员。并于4月17日发出通知，要求人民出版社、新华印刷厂、新华书店全体同志以最严肃、认真与积极负责的态度做好这件工作。

毛泽东选集出版委员会发稿时，希望人民出版社协助做一些技术性的工作，如人名、地名、事件名称、日期、引用文章、讲话等资料核对工作。如发现原稿有错别字和其他方面的问题，均可在校样上用铅笔提出供作者参考。人民出版社成立了配合毛泽东选集出版委员会编辑工作的专门小组，做了大量工作。他们边工作边总结提高，先后制定了《统一用字表》《版式规定》，和新华印刷厂共同遵守执行。随着毛泽东选集出版委员会编辑工作的进展，又拟定了《统一用词》《关于发稿、校对及付印工作的程序和制度》，等等。当编辑工作完成后，在进行正式出版的排版、印刷、装订工作的过程中，也根据各个工序中所存在的一些问题，拟定了不同的工作制度（如付型后有两个检查小组，经常驻厂工作；纸型、铅版样子、机印大样都经过校对，开印后再经常抽查，每次换版必检查一次），为以后高质量出版马列主义经典著作和中央文献等书籍积累了极其宝贵的工作经验。[1]从事这项工作的同志都倾注了全部心血，在工作中一丝不苟，精益求精，从而使《毛泽东选集》在封面装帧，正文版式设计、校对和印刷装订等方面，都达到相当完美的程度，被认为是新中国成立初期出版质量最高的政治理论书籍。出版总署胡愈之署长在1951年10月12日召

1　白以坦：《〈毛泽东选集〉出版经过点滴》，《人民出版社成立四十周年纪念文集》，226—231页，人民出版社1990年版。

开的庆祝会上，高度赞扬了参加这项工作的同志十分认真和严肃的态度。他希望从这一天起，出版界开辟一个新时代，以这次《毛泽东选集》的出版工作为标准，不断提高质量，做到十分认真严肃，没有任何错误。

《毛泽东选集》（一至四卷）第一版的注释修订工作

1965年1月14日，田家英在文化部召开的《毛泽东著作选读》出版工作会议上说："《毛泽东选集》一、二、三卷主要是进城以前编的，当时材料不够，注释不够满意，要重新审订。党史方面要加强，把历史上党领导的革命战争要加些注，同时个别地方有些错误（如把油茶中间加了一点，变为油和茶），[1]也要改正。近几年又发现了许多主席以前的著作，有的也要加进去。"为此，田家英于1962年8月组织了一个班子，开始进行《毛选》一至四卷第一版的注释修订工作，准备出第二版。事先，田家英曾就《毛选》是否增补文章向毛泽东请示。毛泽东说，应当向前看，过去的文章，不要再增加了。因此，这次仅对注释作修订和补充，前后参加工作的有20多人，包括中央政治研究室、中央档案馆等单位的同志；有关军事问题的注释，委托军事科学院战史部负责校核，有关马恩列斯著作的引文译文的校正，主要由中央编译局负责。校订工作进行了近三年，到1965年，一、二、三卷的注释校订全部完成，并陆续送毛泽东审阅，第四卷的校订工作未全部完成。毛泽东选集出版委员会计划1966年将一、二、三卷编好，1967年陆续出版，由于"文化大革命"开始而被迫中断。但1964年出版《毛泽东著作选读》的注释，就是在这次《毛选》修订稿的基础上重订的。

《毛泽东选集》（一至四卷）外文版的翻译出版工作

在20世纪50年代前半期，中央宣传部、对外联络部、中央编译局等机构开始组织翻译出版《毛泽东选集》外文版的工作。1950年5月，中宣部英译《毛泽东选集》委员会成立（1951年7月改名中宣部英译室），徐永煐任主任，陆续参加

1　此系误记。《毛选》第一卷第一版中的《井冈山的斗争》中有二处"茶、油"，1991年出版的《毛选》第二版第一卷中已改正为"茶油"。

该委员会的有金岳霖、钱锺书、王佐良及唐明照、浦寿昌、章汉夫、冀朝鼎等。

《毛泽东选集》俄文版的翻译工作由师哲负责，并聘请苏联汉学家帮助核校译稿；以后根据中苏两党协议，由苏联出版《毛泽东选集》一至三卷的俄译本（莫斯科外国书籍出版局于1952年至1953年底出版，译成俄文分为四册）。

1953年，经中共中央批准，由英国共产党协助，在英国出版《毛泽东选集》英文版。当年5月25日，中国国际书店和英国劳伦斯出版社的代表签订了在英国出版《毛泽东选集》英文版的协议，议定英文版卷数及各卷内容与苏联出版的俄文版保持一致，英方负责制作各卷初版纸型，其所有权在合同有效期满后仍归中方，英方交付中方的版税，按销售册数的每本零售价10%计算。劳伦斯出版社在英国出版的《毛泽东选集》英文版一至三卷分为四册，于1954年至1956年出版，第一版印1.2万册。

不久，由廖承志负责，张香山、赵安博等参加，开始了《毛泽东选集》日文版的翻译工作，后由日本共产党协助，于1955年在日本出版。

1960年《毛泽东选集》第四卷中文版出版后，周恩来指示外文出版社要集中力量，尽快地翻译和出版英、法、西班牙、俄、日五种外文版。确定由伍修权、姜椿芳负责，从有关单位抽调一批高水平的翻译干部组成翻译班子。1961年5月，《毛泽东选集》第四卷英文版出版，至1965年12月出齐一至四卷；其他四种外文版，也是先出版第四卷，以后陆续完成一至三卷。

《毛泽东选集》（一至四卷）各种文版出版数量

据国家出版局1977年7月统计，《毛泽东选集》（一至四卷）各种文版1951年至1976年共出版80,142.8万册（1977年后《毛泽东选集》未作单独统计），分别统计数如下：

1. 汉文版合计78,115.3万册，其中：

竖排繁体字本——精装42.9万册、平装1190.3万册、普及本2712.4万册、大字线装本1.1万册、合订本141.2万册。

横排简体字本——精装6000册、平装4.6万册、普及本67,516.8万册、32开合订本147.3万册、64开合订本6358.1万册。

2. 少数民族文字版合计1246万册，其中：

蒙古文178.4万册、藏文199.6万册、维吾尔文524.3万册、维吾尔文（新文字）80万册、哈萨克文72.9万册、朝鲜文190.8万册。

3. 盲文版（有29分册、17分册两种）合计18.3万分册。

4. 外文版18种文字（英、法、西班牙、俄、德、日、阿拉伯、朝、越、缅、泰、印尼、印地、乌尔都、波斯、意、葡、世界语）合计763.2万册。

中、外历史小丛书和"知识丛书"[1]

20世纪五六十年代，由吴晗主编，中华书局、商务印书馆分别出版的"中国历史小丛书""外国历史小丛书"和胡愈之主编，人民、人民文学等6家出版社出版的"知识丛书"，是深受广大读者欢迎的三套丛书。

普及历史知识的两套小丛书

1958年秋，著名历史学家、北京市副市长吴晗在一次北京市中学历史教师全体大会上的讲话中，倡议为青少年学生编写一套比较全面系统的课外历史通俗读物——"中国历史小丛书"，受到全体教师的热烈拥护。

为了有领导地编辑好这套小丛书，吴晗邀请了一批热爱普及历史知识的专家、教授，组成了"中国历史小丛书"编辑委员会，专门负责制订全面计划和分工审读稿件，吴晗亲自担任这套小丛书的主编。编委会下设办公室，指定北京教师进修学院历史教研室担任助编单位，主要负责联系作者、组稿、请编委审稿以及其他日常工作。办公室把经过初审、准备采用的稿件交中华书局负责编辑、出版。

吴晗身为北京市主管文教工作的副市长，同时又是中国民主同盟中央和北京市的主要负责人之一。此外还经常有外事活动，率代表团出国访问。他长期担任北京市史学会会长，又兼任北京师范学院历史系名誉教授，有时还要给中

1　原载《出版史料》2003年第3期，"知识丛书"为作者补写。

央党校、北京大学讲授明史。人们不禁要问，他还有时间能为"中国历史小丛书"当好这个主编和负责审阅书稿吗？

当时在中华书局具体负责这套小丛书编辑出版工作的李侃回忆说："或许有人认为吴晗当'中国历史小丛书'主编，只是'挂名'而不做实际工作吧！不，完全不是这样，他不但按时召集编委会议，亲自拟选题，而且有时还亲自组稿，随时注意了解读者的反映和发行工作情况。送给他看的书稿或清样，他不但通读，而且亲自修改文字，改正错字，并且总是按时退还，从不拖拉、积压。"他还"明确提出，要通过小丛书的写作，培养一批年青的历史工作者，并且把北京市的中学历史教师作为作者队伍的重要组成部分"。[1]

"中国历史小丛书"的读者对象是初中乃至高小文化水平以上的广大文史爱好者，编写要求史实准确、内容丰富、文字浅显、通俗易懂，每种用一万多字或两万多字说明一个主题。实际上，要做到这一点并不那么容易。有些专家学者能写出有分量的大块文章，却不善于写这种通俗小册子。小丛书的几位编委以及某些熟悉通俗历史读物特点的作者写的书稿，编辑部稍加技术处理即可发稿。但是，就大多数稿件来说，都达不到发稿要求。所以，中华书局丛书组编辑加工的任务非常繁重，每个编辑都积极、认真地对待每一本书稿和每一个工作环节，付出了许多心血。

中华书局总编辑金灿然向编委会提出，希望编委带头，每人为小丛书写一本。吴晗带头交了一本《海瑞的故事》，是把几篇在报刊上发表过的论海瑞的文章收在一起，这几篇文章独立成篇，文字也不大通俗。金灿然让总编室一个青年按小丛书的要求加以改写。他将改写稿寄给吴晗，并附信说明改写原因，还说这是"学生改先生的文章"，请吴阅定。吴晗回信表示这么处理很好。这事，既反映了金灿然的高度负责和处事有方，也看出吴晗这位专家学者的虚怀大度。[2]

中华书局在《海瑞的故事》再版时，对第一版又做了不少改动。当把修改稿送吴晗审核时，他不但对这些修改欣然同意，而且一再对这个编辑表示感谢。吴晗不但很尊重编辑的劳动，而且总是以平等的同志式的态度对待编辑人员。凡是和他打过交道的编辑都感到他是一个和蔼可亲和平易近人的学者。

有一个为小丛书写稿的年轻作者，因为编辑部对他的书稿提了些否定性的

---

[1] 李侃：《吴晗与中华书局》，《回忆中华书局》，中华书局1987年版。
[2] 胡宜柔：《平生佩服金灿然！》，《我与中华书局》，中华书局2002年版。

意见，就勃然大怒，用讽刺挖苦以至污辱性的语言，给责任编辑写了一封很长的信，使这个编辑气得流下眼泪，难过了好多天。有一次开编委会，吴晗、金灿然都提前到会场，在闲谈中，历史丛书编辑室副主任王代文顺便谈起这件事，吴晗听后十分重视，说此风不可长。当那个青年作者所在单位的编委来后，吴晗即向他说明此事。那个编委即向中华书局致歉，并表示回去后要对作者进行教育帮助。

据王代文回忆："'中国历史小丛书'的编委会成员，都是史学领域各个门类的专家学者，起初20多人，以后扩充到30多人。他们各以所长，审阅小丛书某一方面的稿子，以吴晗审稿最多。作为主编，每一本书的付印清样他都看过，照例写上'速付印'几个字，有时还写几句肯定或赞扬的批语。金灿然对小丛书的稿子也极为重视，从观点到文字，看得非常仔细，一个标点符号也不放过。有的稿子他觉得没有把握，就送请中宣部出版处审阅。""编委们审稿都是义务性的，不取报酬。每次开编委会，中午聚餐不用公款请客。吴晗以主编的名义每年向中华书局领取审稿费二三百元，用以支付开编委会时的会场使用费和餐费。"[1]

1959年1月，"中国历史小丛书"的第一种《清代苗民起义》出版，到当年12月共出版35种。小丛书在开始的半年内一般每月发稿一种，以后选题逐渐扩大，除了政治家、思想家、军事家、科学家、文学家、史学家以及旅行家等历史人物外，对我国古代著名战役、历代农民起义以及著名历史事件、名城、古迹、经济、文化、古代著名典籍等均列有专题，到1962年12月，小丛书已出满100种。为此，编委会在人民大会堂召开了带有纪念性的扩大会议。《人民日报》《光明日报》和其他报刊发表了一系列的介绍、评论文章，一时形成了较大的声势。这套小丛书的定价低廉（当时售价低的每册7分，高者1角5分，多数在1角左右）；每种的发行量少的四五万、七八万册，多的十几万册。各方面读者一致反映，这套小丛书是普及历史知识、宣扬爱国主义的良好通俗读物。读者不仅有学生、教师，还有工人、农民、军人以及各级干部。有些社会科学、自然科学的著名学者也爱看。他们说，用一两万字写一个历史人物、一件历史事件，在一般通史著作中往往不会那么集中，那么具体；而且，这套小丛书通俗易懂，富有故事性，真是雅俗共赏，老少咸宜。不仅中学教师把它作为历史

1　王代文：《回忆"中国历史小丛书"》，《回忆中华书局》，中华书局1987年版。

教学的参考教材，甚至有些大学的历史教师也用它做参考教材使用。

"中国历史小丛书"从1959年到1966年"文化大革命"前夕，一共出版了147种，成为书店中常销不衰的热门书。

"中国历史小丛书"出版以后，吴晗有一天见到周恩来总理，向他汇报小丛书的工作，周恩来对吴晗说：你们还应该编一套外国历史小丛书。出国人员渐渐多了，对外国的情况不大了解，读一点这种书多好。吴晗就和商务印书馆总编辑陈翰伯商量，请商务承担出版任务。于是，在北京教师进修学院协助之下，成立了"外国历史小丛书"编辑委员会，仍由吴晗担任主编。

吴晗和陈翰伯共同商定了"外国历史小丛书"的编辑方针，并在编委会和北京教师进修学院等有关方面的协助下，拟出小丛书的选题计划，商务印书馆成立了"外国历史小丛书"编辑室。为了做好这套普及外国历史知识的通俗读物编辑出版工作，陈翰伯对编辑室的同志讲：商务出的书许多是名著，是大部头的书，"外国历史小丛书"是通俗小册子，和大部头的名著自然不能相提并论，但是，请你们不要小看小册子，它同样能给人以知识，给人以力量。越是普及读物，越要谨慎编写，把知识讲错了，观点不对头，贻害读者匪浅。从某个角度上谈，小册子并不比大部头书好写，它要求深入浅出，只有深入了才能浅出。知识读物，切忌空发议论，通俗历史读物，更要用史实说话。当然，要有马克思主义观点，没有正确的观点，就等于没有灵魂。讲史实也不可材料堆砌，要注意史论结合。文字要力求通俗浅显，但基本功在掌握丰富的知识，没有基本功，光是在文字上修饰，也写不好书。编辑部要通过编小丛书，团结和培养一支史学研究的专业队伍。[1] 陈翰伯还鼓励商务的编辑来认"外国历史小丛书"的选题参加写作，作为提高干部业务能力的方法之一。

"外国历史小丛书"从1961年上马，由商务印书馆陆续出版后，和"中国历史小丛书"同样受到读者的欢迎。有的学者、专家赞誉这套"外国历史小丛书"的特色是：主题明确，深入浅出，叙事生动，文笔洗练，图文并茂，雅俗共赏。这套小丛书到1966年上半年，一共出书59种，由于"文革"的开始而中断。

"文化大革命"开始后，吴晗就受到林彪、江青一伙的诬陷、迫害，含冤而死。中华书局、商务印书馆由于出版了吴晗主编的"中国历史小丛书"和"外国历史小丛书"，也构成"反党、反社会主义"的一条重要"罪证"。

1　高崧：《青春办报皓首出书——记陈翰伯50年的编辑生涯》，《出版史料》1987年第4期。

商务的老编辑高崧回忆说："在'文革'的风暴中，商务作为大放'封、资、修'黑书的出版机构，受到冲击本是无可逃脱的，却没有料到，陈翰伯首先是在这套"外国历史小丛书"上栽了跟斗。更没有料到的是陈翰伯竟是因为出版了这套小丛书，在'文革'中成了首先被报纸公开点名批判的人物。1966年7月20日《光明日报》第4版上刊出了一篇署名文章，题目是：《揭露"外国历史小丛书"的反革命黑幕》，文章给陈翰伯扣上了'反革命分子''钻进党内的资产阶级代表人物'几顶大帽子，陈翰伯立即被挂上黑牌，关进了'牛棚'。"

中华书局由于和吴晗有密切的工作关系，"文革"后被诬蔑为"招降纳叛，为复辟资本主义制造舆论的大黑窝"，金灿然和担任"中国历史小丛书"的编辑人员也被归入吴晗一伙，统统被诬为"牛鬼蛇神"了。1965年秋天，中华书局历史丛书编辑室副主任王代文等三人，遵照文化部领导的指示，到农村去了解读者对"中国历史小丛书"的反映。他们在山西省昔阳县农村的中小学开了十多次座谈会，听到教师和学生们对小丛书的一片赞扬声。但"文革"后却受到来自昔阳县的批判，说什么："三家村"头目吴晗主编的"中国历史小丛书"，毒害广大读者，吴晗还派他们的黑爪牙王某某等三人到基层来放毒，声称一定要把这些害人虫揪出来示众，言辞十分激烈。对于"文革"前出版的100多种"中国历史小丛书"，在大字报和各种会议上受到的批判也有不少，批判的基本论点无非是："小丛书"肯定某一历史人物的，就是"美化古人"；批判某一历史人物的，就是"借古讽今"。

"文革"横扫一切的风暴过去后，中华书局从1979年8月起，在编辑部设置历史小丛书编辑室，"中国历史小丛书"恢复出版。当年吴晗主持编写的影响了一代人的"中国历史小丛书"出满200本，后来又在此基础上结集出版了几本专题性的丛书，像《古代要籍概述》《古代科学家传记》《古代经济专题史话》《历代帝王传记》等15种小丛书的合订本。

胡愈之倡议和主编的"知识丛书"

和出版中、外历史小丛书差不多同时，由胡愈之（时任文化部副部长，专管出版工作）倡议和主持，首都6家出版社联合出版的"知识丛书"，从设想进入了具体实践的阶段。

胡愈之对于出版这套丛书早有一套设想。他认为，现在干部缺少合适的读物，尤其缺少提高知识水平的读物。干部前几年做工作很热情，干劲很足，但因缺少足够的知识，常常会失误。所以必须提高干部的知识水平。因此，他想组织几家出版社，编一套丛书，一个题目写一本书，几个出版社联合搞，分开编辑，同时出书，每年可出五六百种，出它几年，就可以成为一部百科全书了。他设想中的这套丛书是中级的知识性读物，用不着都去约请大专家动手，出版社的编辑都可以写，这样一来对于培养编辑干部也是很有利的。他说，从前商务、中华、开明书店都是用这样的办法，培养出一批又一批的编辑骨干的。

胡愈之的这一套设想，得到中央宣传部领导及国务院主管文教工作的陈毅副总理的大力支持，文化部出版局和人民、商务、中华几家出版社研究后，提出了具体的实施方案。文化部向中央宣传部写了关于出版"知识丛书"的报告，很快获得批准。

"知识丛书"编辑委员会由学术界、艺术界56人组成，胡愈之担任主编，编委办公室设在文化部出版局出版一处，由一处处长王城和人民出版社副总编辑范用负责办公室工作。具体编辑出版任务，由人民、人民文学、世界知识、科学普及出版社和中华书局、商务印书馆6家出版社共同出版。

1961年8月3日，"知识丛书"编委会成立（扩大）会议在人民大会堂召开，出席会议的编委及出版社编辑人员共150余人。会议的主要内容是请中央宣传部副部长周扬做报告。周扬一开头就说："这套'知识丛书'现在由胡愈之同志主编，这是佘太君挂帅，我很拥护。"周扬在报告中谈到知识的重要性。他说："现在迫切需要知识，同需要粮食和副食品一样。""近几年强调思想改造比较多些，这是应该的，但强调知识不够。现在要着重强调掌握文化知识。……所以要出版'知识丛书'，要从各方面来满足对知识的要求。如果说出版工作配合中心任务，这就是最中心的任务，最根本的任务。当然，我们要掌握党的路线、政策，但没有知识，也很难掌握。我们要发扬民主，但没有文化，民主生活也很难保证。被领导者没有文化，很难充分发表意见，领导者没有文化，很容易简单粗暴。"

周扬还对如何编好"知识丛书"，提高出版工作的质量等问题说了意见。针对有人怕写错了受批评的思想顾虑，周扬说：写文章写书，不能要求每篇都百分之百正确，这样要求是反科学的。对"知识丛书"的要求，只要材料充实，不违背六条政治标准就行了。至于理论上的错误，学术观点上的错误，大家可以放心大胆地写，错了，大家可以讨论。要把政治问题、思想问题、学术问题分开来，不要轻易越过。过去往往轻易越过，把学术问题提高到世界观问题，再一提高，就成了政治问题。现在要控制一下，不要把学术问题随便提高到政治问题，甚至也不要随便提高到世界观问题。学术问题，有些是反映了作者的世界观和政治观点，但有些也并不反映世界观和政治观点。同志们应该放手写，不要顾虑太多。现在要提倡好的学风：一个是提倡材料充实，反对空论；一个是提倡学术见解自由讨论，对学术问题要采取商量的态度。不要怕讨论，要发展自由讨论。一本"知识丛书"，其中有八分正确的，二分错误的，也是好的，就是其中有六分是正确的，四分是错误的，也还是有益的部分多些。观点是从材料来的。现在要求我们出版的书都没有唯心主义，这是办不到的，这好像要求我们工作中没有一点主观主义一样是办不到的。唯心主义，只能经过批评和斗争，逐步减少。我们要同唯心主义做斗争，但是有些唯心主义我们还要有意识地去学。编书，要求态度认真严肃，从编写到印刷都要认真严肃，但并不是要求百分之百马克思主义。要求百分之百马克思主义，这是不可能的，要求严肃认真是可以的。采取认真严肃的态度，不是马马虎虎地搞出来的，读者看了以后，就会觉得你的确是经过认真劳动的，不是草率的。[1]

8月9日，胡愈之又召集部分编委，讨论了"知识丛书"第一批出书选题计划和编委的日常工作问题。出席这次会议的编委有齐燕铭、包之静、王子野、韦君宜、陈翰伯、冯宾符等，会上决定了第一批出书计划。

胡愈之对"知识丛书"的规划、实施，甚至包括丛书的开本、字数、装帧设计等，都倾注了很多心血。"丛书"出书时用统一设计的封面，以内容分色，一律用36开本，版式也完全一样。丛书以具有中等文化程度和有一定工作经验的干部为读者对象，内容以介绍知识为主，包括理论知识、历史知识、文学艺术知识、世界知识、生产技术及生活知识，每册约在5万字上下。

为了推动"知识丛书"的写作，扩大丛书的影响，中华书局总编辑金灿然专门到北京大学动员著名语言学家王力教授为丛书写一本，王力在不到一个月的时间内赶出五六万字的《诗词格律》，内容深入浅出，引人入胜，因而成为"知识丛书"开山的第一炮，并被作为丛书的"样板"，中华书局于1962年2月出版后，受到广泛欢迎，到当年10月就第2次印刷，以后多次重印。在介绍新

1　周扬：《在〈知识丛书〉编委扩大会上的讲话》，《中国出版史料（现代部分）》（第三卷上册），176—184页，山东教育出版社2001年版。

科学知识方面，胡愈之亲自去约著名科学家竺可桢写一本《物候学》，书中通过唐诗以及其他诗词描写的状况，来推断气候的情况和发展倾向，将比较专门的科学知识，通俗易懂地介绍给普通读者，这本由大科学家写的小书，是"知识丛书"中最吸引人同时又有很高学术价值的通俗著作之一，由科学普及出版社出版后很受读者欢迎。中华书局约请一些著名专家学者写的"知识丛书"，如贾兰坡的《中国猿人及其文化》、金开诚的《诗经》、夏承焘与吴熊和的《诗词常识》、王力的《汉语音韵》、游国恩的《屈原》、刘国钧的《中国古代书籍史话》等，出版后都得到了各方面读者的好评。6家出版社都按照各自承担的分工任务，约请专家学者按照丛书的编写要求，陆续出版了一批"知识丛书"。

1962年6月，"知识丛书"编委办公室在6家出版社报送的丛书选题计划基础上增删、修订成《"知识丛书"选题计划》，分为8大门类，列入选题的书有哲学211种、经济155种、政治35种、历史369种、地理91种、国际问题169种、文学艺术244种、科学技术301种，共计1575种，计划在三五年内出版。

"知识丛书"至1965年共计出版83种，受到读者的欢迎，有的书多次重印。

1989年11月，上海出版的《出版史料》纪念胡愈之诞辰九十五周年特辑，发表了当年曾任文化部出版局副局长，参加"知识丛书"编辑出版工作全过程的陈原写的《胡愈之和〈知识丛书〉》，详细介绍了胡愈之倡议编辑出版"知识丛书"的经过，在这篇文章的最后写道："'知识丛书'每一本书的扉页上，都印了培根（Francis Bacon，1561年—1626年）的名言：'知识就是力量'……我们编印出版'知识丛书'时，认为知识一旦被人民掌握了，就会转化为物质力量。用时下的海外流行语来说，这个观点是我们搞'知识丛书'的人那时的'共识'。就是这一条格言，这六个方块字，在那动荡的十年间，不知挨过多少回大大小小的批判。批判者们说，你们说知识是力量，就是否定阶级，否定阶级斗争，亦即反对革命，即反革命……或者指控说，你们突出知识来冲击政治，林彪说'一冲百空'，其目的说是'复辟资本主义'……多么可怕的指控。""'知识丛书'60年代以'知识就是力量'来鼓励读者，是功是过，历史已经做了结论——不过参加这套丛书的许多热心者已经永远离开我们了……"

陈原的这篇文章，1993年9月收入《陈原出版文集》时，他在文前加写了一段"题解与反思"："60年代初，由胡愈之倡议和主持，首都6家出版社联合出版的'知识丛书'是'文化大革命'前建国十七年出版界一件大事。这套丛书的设想，是用全人类最优秀的精神文明成果，来武装建设新中国的各级基层干部，从而提高整个为人民服务的干部队伍的科学、文化水平。但是在'以阶级斗争为纲'的60年代上半期，这样的一种设想是难以实现的，甚至书前刊印的箴言'知识就是力量'也遭到不公正的非议。因此，这套丛书只出了几十种，便'无疾而终'了——胡愈之在他晚年从不再提此事，可见给他的精神打击是很重的。"[1]

1　陈原：《陈原出版文集》，65页，中国书籍出版社1995年版。

"二十四史"出版史话[1]

　　"二十四史"是中国古代24部纪传体史书的总称,共计四千万字左右,分为3249卷。它以本纪、列传、志(或称"书""考")、表、世家等形式,记述了我国起于传说中的黄帝时代,止于明代崇祯十七年(公元1644年)的史事,历时四千余年,内容涵盖我国历代以帝王的政绩为中心,兼述当时的政治、经济、军事、文化艺术、天文、地理、科学技术以及民族关系、对外关系等各方面的重大事件。就其记事的内容来看,这24部史书时间前后衔接,自成体系,包罗万象。史料之丰富,篇帙之宏伟,是其他史书无与相比的。所以,它成为研究中华民族发展史不可缺少的基本历史文献,一直受到人们的重视。

"二十四史"的由来

　　人们在交谈中,遇有头绪纷繁一时谈不清楚的事情,常说:"一部二十四史,从何处说起?"这句俗语的典故据说出自文天祥之口。据薛应旂《宋元通鉴》记载:文天祥被俘后,解至大都(今北京),元丞相孛罗召见他。文天祥仰首曰:"自古帝王,有兴有废。"孛罗曰:"且问盘古至今几帝几王?"文天祥答曰:"一部十七史,从何处说起?"

　　为什么文天祥当时不说"二十四史",而说"十七史"呢?原来"二十四史"这个名称是清代乾隆四十年(1775年)武英殿刻完各种"正史"时才定下

1　原载方厚枢:《中国出版史话新编》,河南大学出版社2010年版。

来的。在此以前，历代对"正史"的合称曾有过各种不同的叫法。如最早在唐代以前，将《史记》和《汉书》《后汉书》《三国志》四种史书合称"四史"；唐人加上《晋书》《宋书》《南齐书》《梁书》《陈书》《魏书》《北齐书》《北周书》《隋书》九种，合称"十三史"；到宋代，又加上《南史》《北史》《新唐书》和《新五代史》四种，合称"十七史"。文天祥是宋代人，因此他当时只能说是"十七史"。到了明代，又加上《宋史》《辽史》《金史》和《元史》四种，合称"二十一史"；到清代乾隆时修成《明史》，以后又增加了《旧唐书》，并从《永乐大典》辑出《旧五代史》，合称"二十四史"，这就是"二十四史"的发展来由。1920年柯劭忞撰成《新元史》，次年北京军阀的大总统徐世昌下令把它列入"正史"，于是又有"二十五史"之称。如果再加上赵尔巽、缪荃孙、柯劭忞等人于1927年编成的《清史稿》，则我国历代主要的纪传体史书共有26种。

我国的历史古籍十分丰富，体裁也很繁复，除纪传体外，还有编年体、纪事本末体、传记、别史、杂史、载记、政书等。"二十四史"只是"正史"的一种。所谓"正史"，最早见于《隋书·经籍志》，开始将沿袭《史记》《汉书》体例写成的纪传体史书列为"正史"。《宋史》等书沿用其说。《明史·艺文志》又以纪传、编年二体，并称"正史"。清代乾隆年间编辑《四库全书》，又确定以纪传体史书为"正史"，并规定凡不经"宸断"（皇帝批准）的不得列入，曾下诏规定"二十四史"作为"正史"。历代都将纪传体史书作为历史书籍的骨干，一是由于这种体裁的史书记载得比较全面，更由于它们代表了封建的正统观念，所以"正史"之名，就是由此而来的。

二十四种正史表

书名	卷数	编撰者	成书时间
史　记	130	（汉）司马迁	汉武帝太始四年
汉　书	100	（汉）班固	汉章帝建初八年
后汉书	120	（宋）范晔	宋文帝元嘉廿二年
三国志	65	（晋）陈寿	晋武帝太康十年
晋　书	130	（唐）房玄龄等	唐太宗贞观二十年
宋　书	100	（齐）沈约	齐武帝永明六年
南齐书	59	（梁）萧子显	梁武帝天监十三年

书名	卷数	编撰者	成书时间
梁　书	56	（唐）姚思廉等	唐太宗贞观九年
陈　书	36	（唐）姚思廉等	唐太宗贞观十年
南　史	80	（唐）李延寿	唐高宗显庆四年
北　史	100	（唐）李延寿	唐高宗显庆四年
魏　书	130	（北齐）魏收	北齐文宣帝天保五年
北齐书	50	（唐）李百药	唐太宗贞观十年
北周书	50	（唐）令狐德棻等	唐太宗贞观十年
隋　书	85	（唐）魏征等	唐太宗贞观十年
旧唐书	200	（五代后晋）刘昫	后晋出帝开运二年
新唐书	225	（宋）欧阳修等	宋仁宗嘉祐六年
旧五代史	150	（宋）薛居正等	宋太祖开宝七年
新五代史	74	（宋）欧阳修	宋仁宗熙宁五年
宋　史	496	（元）脱脱等	元顺帝至正五年
辽　史	116	（元）脱脱等	元顺帝至正四年
金　史	135	（元）脱脱等	元顺帝至正四年
元　史	210	（明）宋濂等	明太祖洪武三年
明　史	332	（清）张廷玉等	清高宗乾隆四年

在全部"二十四史"中，卷数最多的是《宋史》，共有496卷，其次为《明史》332卷，最少的是《陈书》只有36卷。记载史实时间最长的是《史记》，记述了从传说中的黄帝时代到汉武帝太初、天汉年共三千多年的历史，它是我国第一部纪传体通史（通贯古今的史书），自《汉书》以下各史，都是断代史（以朝代为断限的史书）。

"二十四史"刊刻行世的时间很久，版本众多。据出版史家汪家熔多年考查，从清代武英殿1739年开始雕刻"二十四史"到1989年止的二百五十年间，据不完全统计已有三十多种不同版本问世。他曾写了一篇二万多字的长文：《二十四史250年版本史》，发表于《出版史研究》第二辑，由中国书籍出版社于1994年出版。这一工作受到老出版家王益的赞誉，说汪家熔在这篇文章中"比较了1784年至1989年间出版、能找到的31种版本的二十四史，论断新中国成立后中华书局不轻信最早、而使用各史最好的版本作底本，又由各史专家依各种版本校勘并出校记，汇历代研究成果于一炉，是最优秀的版本。说明了社会主义出版工作的优越性，从而否定了片面强调'书贵初刻'的佞宋出版家"。[1]

"二十四史"于清代乾隆年间出现以后，虽然曾出版过一些其他全史，但就版本而言，基本可以分为两大系统，即乾隆时武英殿校刻本和商务印书馆在1930年至1937年印行的百衲本。但它们都存在若干字句讹谬、脱叶错简以及窜改内容、增删文字等缺点，又没有断句，给读者阅读和使用带来不少困难。而由中华书局从1959年起历经二十年时间，组织国内上百位一流专家学者整理、出版的"二十四史"点校本，选用了当时最好的版本，改正错字，校补遗缺，加注新式标点，划分段落，并撰写了校勘记，出版后被公认为当今最好的版本。关于中华书局出版这部点校本的经过史实，还要从新中国成立后的1953年谈起——

毛泽东主席指示点校"二十四史"中的前四史

早在1953年，毛泽东曾委托历史学家范文澜、吴晗组织整理、标点《资治通鉴》。1956年，《资治通鉴》点校本由古籍出版社出版后，毛泽东反复阅读、浓圈密点，作批写注，共达三千余处。[2]

1958年，毛泽东又指示点校"二十四史"中的前四史（《史记》《汉书》《后汉书》《三国志》）。当年9月13日下午，范文澜、吴晗邀请尹达、侯外庐、金灿然、张思俊商讨此事。10月6日，吴晗以范文澜、吴晗两人的名义给毛泽东主席写信，汇报会议的情况。

主席：

关于标点前四史的工作，已遵示约同各方面有关同志讨论并布置，决定于明年十月前出书，作为国庆十周年献礼。其余二十一史及杨守敬历史地图改绘工作，也作了安排。（标点本为便于阅读，拟出一种平装

1　王益：《重视出版史的研究——为汪家熔出版史研究文集写的序》，《编辑学刊》1998年第2期。
2　1997年，中国档案出版社将中央档案馆珍藏的毛泽东阅点过的《资治通鉴》点校本原书影印出版（全套10册）。

薄本）现将会议记录送上，妥否乞指示。

　　敬礼

范文澜

吴　晗　十月六日

　　"会议记录"中提出标点前四史的办法是：

　　（1）《史记》已有顾颉刚用金陵本为底本的标点底稿，由中国科学院历史研究所第三所负责点校。《汉书》由中国科学院历史研究所第一、二所负责组织人力标点。《后汉书》金兆梓现正在进行此书的标点工作，由中华书局负责督促完成。《三国志》的标点由中华书局编辑部负责。

　　（2）四史的标点分段体例应予统一，以《资治通鉴》的标点体例为标准，由中华书局负责草拟印发。各书后的附载历史地图、书籍装帧应力求简便。

　　（3）历代避讳字可制成对照表，作为附表。本文中一般不改。

　　（4）前四史的标点、出版工作在一年内完成，争取明年国庆前陆续出齐。其中《史记》一书争取今年年底出版。

　　（5）其他二十史及《清史稿》的标点工作，亦即着手组织人力，由中华书局订出规划。

　　"会议记录"中对于改绘杨守敬地图工作也提出了具体的意见。

　　几天后，毛泽东亲自写了回信，说"计划很好，望即照此实行"。此后，中华书局和参加点校的学者即开始紧张工作。由于《史记》《三国志》已有基础，1959年即按计划出版。1962年和1965年，《汉书》《后汉书》也相继出版，前四史的点校本按计划全部完成。[1]

　　其他二十史的点校工作，在各方面的努力下，到1963年上半年，中华书局已完成《南齐书》《陈书》《周书》的付型；《梁书》《北齐书》已基本上定稿，其余各史也程度不等地做了点校或必要的准备，其中《晋书》、《隋书》、

1　蔡美彪：《史籍整理的巨大成就——关于校点本〈二十四史〉》，《中国图书商报》1997年10月3日。

新旧《唐书》、《旧五代史》、《辽史》、《明史》都做了大量工作，有的已接近完成。1966年"文化大革命"爆发后，由于林彪、江青一伙煽动"怀疑一切、打倒一切"的极左思潮，"二十四史"的整理、点校工作被迫停顿，连已出版的几种点校本也被打入"封、资、修"的行列从书店门市部中消失。

"文革"中经毛主席指示，由周总理亲自安排、布置，
"二十四史"得以恢复点校工作

"文化大革命"中的1971年5月13日，由于毛泽东主席对国务院出版口《关于整理出版二十四史及〈清史稿〉的请示报告》批示"同意"，由周恩来总理的亲自安排、布置，"二十四史"的点校工作得以恢复进行。

在重新点校"二十四史"工作正式开始之前，曾出现过一个小小的插曲。

1967年5月，中华书局已成为"封、资、修的大黑窝"被砸烂，由"造反派"夺了权。有一天忽然传来戚本禹的"指示"，要中华书局继续点校"二十四史"，而且还可用"旧人"参加。这个以写批判李秀成、翦伯赞等的文章而红极一时的戚本禹，此时不仅是"中央文革小组"的组员，而且还是奉命接管"旧文化部"的负责人之一，他的"指示"自然非同小可。据从1958年底调到中华书局后就参加"二十四史"点校工作的赵守俨回忆说："……于是中华顿时刮起一股'业务风'，掌权的人为支起工作摊子而昼夜奔忙。""原任点校的同志只有一部分能够借调到中华，另一部分人则由于所在单位'造反派'认为他们的'问题严重'，需要审查清楚，不同意他们出来。于是又从学部系统（即现在的中国社科院）和北京高等学校补充了一部分力量，加上中华编辑部的老老少少，以及虽不在编辑部，却可以胜任此类工作的人，把他们分编成若干业务组。另设秘书组，总管业务工作；序言组，研究并撰写批判性的出版说明。调自北京的院校和研究单位的，也要到中华来工作，按时上下班。在满城大字报和口号声中，居然有一块地方能够坐下来读书、搞业务，这在当时的北京恐怕是独一无二的。有幸参加这一工作的知识分子，乐得在这块小天地里逃避一时，即使在大热天里来回跑跑，也在所不辞，不以为苦。""业务组成立不久，就有人提出，在标点上也应当体现出'阶级观点'，写了一份书面材料，举了许多例证，作为这一说法的论据。随后又有同志提出，校勘记也应该

如此，也搞了一份书面材料。对此，当时即有不同意见。不过'有问题的人'不敢公然反对，一来没有资格反对，二来怕被人说成是'别有用心'。提出这样的意见的同志无非是想点校工作也'革命化'一些，跟上当时的政治形势，并无他意；但由此可见，极左思潮在那时候严重到何等程度……"这个局面只维持了几个月。1968年1月，戚本禹被中央隔离审查，中华书局点校"二十四史"的业务摊子也昙花一现地自然解体了。[1]

1969年9月底，中华书局全体职工都下放湖北咸宁的文化部"五七"干校之后，出版口将中华书局、商务印书馆两个单位合二而一，名为"中华书局·商务印书馆"（简称"中华·商务"）。两家"文革"前共有357人，其中编辑175人，到1970年底，留在北京的仅有16人，其中编辑只有6人。

1971年2月11日，周恩来总理接见出版口领导小组，对出版工作做了指示，其中提出要出一点历史书。出版口一位负责人问"二十四史"是否还要标点，周恩来明确表示："要标点。"

根据周恩来指示召开的"全国出版工作座谈会"，于1971年3月15日在北京开始。姚文元于4月2日给周恩来写信，说"二十四史"只出版了前四史，此次出版会议可否将此项任务继续完成，"作为研究、批判历史的一种资料。现在一些老知识分子也闲着无事，可以组织一些人来做"。并说"此事已请示过主席，主席批示同意"。姚文元在信中含糊其词，一字不提这项任务由谁来承担。事实上姚文元早在2月份就秘密指使在上海的写作班子迅速组织一个点校"二十四史"的小组，以为只要周恩来批了"同意"，即可顺理成章地将任务交由上海的班子来做。但是，周恩来十分清楚，"二十四史"的第一部《史记》是由顾颉刚为首分段标点的，中华书局在"文革"前就为"二十四史"的点校做过大量工程。因此，他看到姚文元的建议信后立即批示："二十四史除已有标点者外，再加《清史稿》都请中华书局负责加以组织，请人标点，由顾颉刚先生总其成。究如何为好，请吴庆彤同志提出版会议一议。"

4月7日，国务院办公室主任吴庆彤及出版口、中华·商务领导、顾颉刚的所在单位中国科学院哲学社会科学部军宣队领导等人一同到顾颉刚家中，传达周恩来的指示。顾颉刚十分感谢周总理的信任、重托，表示一定要竭尽全力完成这一任务。

1　赵守俨：《雨雨风风二十年——"二十四史"点校始末记略》，《回忆中华书局》下编，117页，中华书局1987年版。

4月12日，周恩来在中南海国务院会议室接见出版工作座谈会领导小组成员及有关同志，在谈话中周恩来问中华·商务负责人："过去圈点二十四史的有多少人？"回答说："'文革'前从各地调人进行。"在汇报人员情况时说中华现在有不少老弱残人员。周恩来立即说："老弱残也是人，让他们圈点书有什么不可以？他们还能工作嘛！"这时上海参加会议的代表即说：上海已于今年2月组织有四十多人参加的一个班子，正在点校"二十四史"中的部分书。周恩来指示："你们要合作，协商一下，不要重复，早一点完成。"

4月29日，由吴庆彤主持，出版口邀请顾颉刚、王冶秋、白寿彝、高亨、许大龄等史学专家，以及中华·商务负责人、上海人民出版社代表等座谈，就顾颉刚提出的《整理国史计划书》（内容包括整理的史书、创新的面貌、排印式样、人员分工及资料准备四部分）和中华·商务起草的《整理点校二十四史和〈清史稿〉的初步设想》进行讨论。5月3日，出版口正式向周恩来写了请示报告。

出版口《关于整理出版二十四史及〈清史稿〉的请示报告》经中共中央政治局常委传阅后转呈毛泽东。5月13日，毛泽东批示"同意"，并口头指示："不能割断历史，要批判地继承研究，不单是'二十四史'。"周恩来见到毛泽东的指示后说："发给出席出版工作座谈会的同志每人一份，鼓励鼓励大家。"

6月24日，周恩来接见出版工作会议领导小组成员及部分代表时，又一次详细询问"二十四史"工作情况，他问："二十四史"的计划能不能实现？今年外省调多少人参加？上海有多少人参加？顾颉刚在哪里参加这项工作，他多大岁数了，眼睛怎么样？还问：今年能出书吗？上海搞得怎么样？有样书吗？（回答有）你们送来我想看看。

当中华·商务负责人汇报中说到有人提出"二十四史"圈点时也应有批判，并举《明史·本纪》第二十四卷中崇祯皇帝上吊前在衣襟上写的遗书中有"任贼分裂，无伤百姓一人"，认为在这句话的后面加上惊叹号就是美化了封建帝王。周恩来回答说，标点符号变了，文字还没有改。"二十四史"就是写帝王将相的，美化帝王将相的。你用惊叹号还是改不了美化他自己，惊叹号有什么用？标点"二十四史"，句号改惊叹号好办。其中提到少数民族过去都加"反犬"旁，把人家说成野兽，这比标点还厉害。你怎么办，还改不改？

当汇报说"二十四史"每史前面要写批判性的序言时，周恩来说，出书要有序言，我们现在马列的书也没有自己写的序言。主席早在延安时就讲了，出书一定要有序言。你们如果要搞，可以在标点完之后，当作自己学习试写，但不一定要用。不要因为写序言影响书出不来。

由于毛泽东的批示和周恩来的关心和指示，中断了五年的"二十四史"点校工作得以恢复，并全面展开。中华书局再次从全国高校和研究机构调集一批专家、学者，集中到中华来继续进行这项宏伟的古籍整理工程。在当时特殊的政治形势下，这项工作客观上保护了这些专家学者免受被批斗与专政的厄运，因为有些人就是从"牛棚""五七"干校中借调来的。中华书局也从1971年6月首批从"五七"干校调编辑出版人员二十多人回京参加工作。

"二十四史"的点校工作，周恩来曾批示"由顾颉刚先生总其成"，这是在"文革"极左思潮泛滥的动乱情况下，周恩来通过这一具体事例来体现党对老知识分子的政策。当时顾颉刚已近八旬，身体衰弱，难以胜任具体工作。出版口领导陈翰伯和中华书局赵守俨曾向他汇报过点校情况，点校组还向他送过两次校样和有关材料。整个"二十四史"及《清史稿》的点校组，由白寿彝任组长，赵守俨、吴树平任副组长（吴后来主要参加《清史稿》的工作）。当时中华书局的业务工作，除此之外没有其他的任务。

"二十四史"的点校工作分别在京、沪两地进行。上海分担《旧唐书》《新唐书》《旧五代史》《新五代史》和《宋史》五种，由上海人民出版社负责组织上海史学专家进行，中华书局将所存有关这五史的点校稿和材料，全部提供给上海参考；其余各史均由中华书局组织进行。所有全部史书点校后，统一由中华书局出版。

到1975年底，北京承担各史的点校出版工作基本结束，只剩下《元史》在印刷中。1977年底，《清史稿》也全部出齐（此书因问题较多，特别是涉外和边界问题尤为突出，根据当时文件规定作内部发行）。1978年春，最后一种由上海点校的《宋史》出版，各史点校出版工作全部结束。至此，我国出版史上第一次用新式标点点校"二十四史"及《清史稿》的新整理本历时二十年，终于全部完成，突破了当时极左思潮所设置的文化禁锢，成为开放封存书、整理重版古籍的开端。从点校本"二十四史"和《清史稿》问世之后，各种旧版本的"二十五史"几乎全被淘汰，中华书局出版的两种点校本成为海内外学术界最权威、最通行的版本，始终受到学界重视、读者欢迎，常销不衰。据统计，在2003年至2007年近五年的销售量，每年平均保持在6000套左右（其中《史记》累计印数已超过50万套，《三国志》累计印数近35万套，其他各史的累计印数从三五万套到十几万套不等），年销售码洋1500万元左右，收到了良好的社会效益和经济效益。

　　点校本"二十四史"的整理出版工作，由于经历时间较长，加上政治形势的左右和参与点校人员变动等因素的影响，点校本各史呈现出不同程度的先天不足。多年来，一些专家学者有针对性地撰写了一批校订研究的专著和质疑、考证性的文章、札记，大量考古发现及学术研究的深入对一些史书中所述史实也有所厘正，中华书局二十余年来有意识地收集整理了不少关于点校整理本的意见和建议，本着对广大读者负责，促进学术进步的要求，以及维护一个良好图书品牌，更进一步弘扬祖国优秀传统文化的需要，同时也考虑到一大批能够从事这项繁重的古籍整理出版任务的专家学者日益减少，为了抢救性地利用老专家、老学者的工作能力，培养学术梯队，中华书局决定将"二十四史"及《清史稿》的修订工作提上日程。[1]

点校本"二十四史"及《清史稿》修订工程正式启动

　　中华书局从2005年初即着手点校本"二十四史"及《清史稿》修订的前期调研工作，2006年4月召开了专家论证会，修订工程正式启动，在各地高校、研究机构和大批专家学者的鼎力支持下，各项工作得到扎实推进，组织机构和各史修订人员相继得到落实，启动资金也已到位。

　　党和政府十分重视和支持点校本"二十四史"及《清史稿》修订工程。2005年11月，温家宝总理和国务委员陈至立分别对修订工作做了重要批示，要求重视和支持古籍整理出版事业，解决好资金和人力问题。随后，修订工程被列入国家"十一五"重点图书出版规划、国家古籍整理出版"十一五"重点规划、中国出版集团"十一五"重大出版工程，并获得国家专项资金支持。

　　修订工程组织机构由学术顾问、工作委员会、修纂委员会和审定委员会组成。工作委员会主任由杨牧之担任，任继愈任总编纂，王元化、王永兴、王锺翰、冯其庸、何兹全、季羡林、饶宗颐、蔡尚恩、戴逸等任学术顾问，另有修纂委员、审定委员及特约编审一百余人。参与修订工作的单位分布于京、沪、津、鲁、鄂、陕、苏等省市的十余所高校和研究机构，全国史学界的力量再一

1　严明丹：《中华书局点校本"二十四史"》，《文汇读书周报》2007年9月21日。

次以"二十四史"及《清史稿》为缘聚集到一起，堪称当代学术界、出版界的盛事。

2007年5月16日至18日，中华书局在北京香山饭店组织召开了点校本"二十四史"及《清史稿》修订工程第一次修纂工作会议，标志着这项工程进入到了实质性的修纂阶段。

在修纂工作会议上，与会学者围绕《修订工作总则》《修订工作流程》等进行了认真深入的讨论，并达成共识。整个修订工程统一要求各史做好版本对校记录、点校长编和校勘记录，保证做到修订工作的每一步都具有可回溯性，以利于有效解决修纂过程中出现的各种问题。会上发出"关于征集点校本'二十四史'及《清史稿》校订意见和档案资料的公告"，向社会大众继续广泛征集校订意见和散存于民间的相关档案，以求为修订工程提供更多的资料，使之尽量完美。

截至2008年1月，已落实了16史的修订承担单位和主持人。随后，"南朝五史"、《隋书》、《新五代史》、《金史》等8史的承担单位和修订主持人也陆续确定。截至2009年5月，"二十四史"修订的承担单位和主持人已全部确定。《清史稿》本身情况特殊，原先点校和此次修订方式及要求与"二十四史"略异，加之篇幅巨大，修订方案有待进一步确定。

2009年6月10日至11日，点校本修订工程第三次修纂工作会议在北京召开。会上了解，各史修订的前期工作均已准备就绪，大多数修订小组已开始（或基本完成）资料收集和版本对校工作，进入点校长编和校勘记初稿的撰写。部分修订小组已经开始（或完成）样稿撰写和样稿评审，其中14史样稿已经完成专家评审。修订工作全面展开，有序进行。

从此次大会印发的《旧唐书》《旧五代史》《宋史》《辽史》《明史》样稿看，修订本在纠正原点校本错误，提高校勘记学术质量及标点校勘的统一规范等方面，都有明显的收获，大家对修订工作所取得的成效深感欣慰，也增强了高质量完成任务的信心。

"二十四史"修订本，预计将在2012年中华书局百年局庆之际，以"前四史"为先与读者见面，其他各史也将根据进展在2012年至2015年间陆续出版。[1]

1　全国古籍整理出版规划领导小组办公室编：《古籍整理出版情况简报》第436、460期。

四部古典小说名著出版史话[1]

　　《红楼梦》《三国演义》《水浒传》《西游记》是我国古典小说中的四部名著，从元末明初及清代乾隆年间诞生以来，长期在民间广泛流传，经久不衰；并被国外翻译成多种文字出版，受到各国读者的喜爱。

　　《红楼梦》原名《石头记》，写于清乾隆时。一百二十回。前八十回曹雪芹作，后四十回一般认为系高鹗所续。曹作八十回在撰写、修改过程中就以抄本形式流传。乾隆五十六年（1791年），程伟元将前八十回及后四十回续稿以活字版排印，从此一百二十回本流行，但前八十回的文字经过改动。本书内容以贾、史、王、薛四大家族为背景，以爱情故事为主要线索，着重描写在贾家荣、宁二府由盛到衰的过程中，以贾宝玉和一群红楼女子为中心的许多人物在封建体制和封建家族遏制下的悲剧命运。作品揭露了封建贵族集团内部的荒淫腐败、互相倾轧，暴露他们对劳动人民的残酷压迫剥削，歌颂贵族家庭中具有一定觉醒意识的青年和某些奴婢的反抗行为，对封建礼教等传统思想进行了鞭挞。作品语言优美生动，善于刻画人物，塑造了诸如贾宝玉、林黛玉、王熙凤、薛宝钗、尤三姐、晴雯等许多富有典型性格的艺术形象，尤其是为了表现对人性美的追求，前所未有地描绘出美丽聪慧、活泼动人的女性群像。规模宏大、结构谨严，具有高度思想性和卓越的艺术成就，达到中国古代长篇小说中现实主义的高峰。其中虽然笼罩着宿命的伤感和悲凉，但也未曾放弃对美的理想的追求。后四十回续作虽根据原书线索写了贾家被抄、黛玉病死、宝玉出家等悲剧情节，然其所安排的宝玉"中乡魁"、贾家"延世泽"的结局，则皆非

---

1 原载方厚枢：《中国出版史话新编》，河南大学出版社2010年版。

曹雪芹原意。

　　《三国演义》全称《三国志通俗演义》，元末明初罗贯中作。根据陈寿《三国志》和裴松之注，以及范晔《后汉书》、元代《三国志平话》和某些有关传说，经过综合熔裁，再创作而成。今所见刊本以明嘉靖本为最早，分二十四卷，二百四十则。清初毛宗岗又作了一些修改，成为现在通行的一百二十回本。故事起于刘、关、张桃园结义，终于王濬平吴，描写了东汉末年和整个三国时代封建统治集团之间的矛盾和斗争。对当时动乱的社会状况有所反映，暴露了董卓等封建统治者的某些罪恶；书中的许多描写，为理解封建社会中的政治斗争和军事斗争提供了生动而丰富的材料。文字用浅近的文言，结构宏大，人物众多，情节曲折，是我国历史小说中的著名作品。

　　《水浒传》又名《忠义水浒传》。明高儒《百川书志》著录其所见本，署"钱塘施耐庵的本，罗贯中编次"。胡应麟《少室山房笔丛》认为是施耐庵作，王圻《续文献通考》等则认为是罗贯中著。施、罗皆元末明初人。作者在《宣和遗事》及有关话本、故事的基础上，再创作而成此书。全书以描写梁山英雄的反抗斗争为主要题材，塑造了李逵、武松、林冲、鲁智深等梁山英雄人物，暴露了封建统治阶级的残暴和腐朽，揭示了当时的社会矛盾，反映了市民阶层的人生向往。故事情节曲折，语言生动有力，人物性格鲜明，具有高度的艺术成就。但又鼓吹"忠义"，表现出作者的思想局限。此书在流传

《红楼梦图咏》中的林黛玉。（清）改琦画。

"孔明智退司马懿"。（明）崇祯本《英雄谱》中的《三国演义》插图。

"醉打蒋门神"。（明）刘君裕
刻《水浒全传》插图。

过程中，出现了多种不同的本子。现在所见的，主要有一百回本、一百二十回本和七十回本等。一百回本于宋江受招安后，有"征辽"和镇压方腊起义等情节。一百二十回本又插增了镇压田虎、王庆的情节。后金圣叹将此书删改，砍去招安及招安后事，而以卢俊义一梦作结，称七十回本（实七十一回）。

　　《西游记》一般认为是明代吴承恩所作。一百回。在民间流传的唐僧取经故事和有关话本、杂剧的基础上，经过再创作而成。前七回叙述孙悟空出世、大闹天宫的故事。此后，转而写他被迫皈依佛门，在八戒和沙僧的协助下，保护唐僧去西天取经、沿途降妖伏魔的经过。小说用幻想的形式反映社会矛盾，写出了个人的自由本质与不得不受制约的矛盾处境，歌颂了孙悟空不畏强暴、机智英勇以及百折不挠的斗争精神。作品运用浪漫主义的创作方法，想象丰富，情节曲折，语言生动诙谐，别具风格。对唐僧、猪八戒形象的塑造，也颇有特色。[1]

———

　　从1911年到1949年9月，在旧中国的出版业中，关于《红楼梦》等四部古典

1　辞海编辑委员会编纂、夏征农主编：《辞海》，上海辞书出版社1999年第1版。

文学名著的出版、发行情况，尚未见到系统的文章、资料介绍。仅从个别知情人写的回忆文章中得知：中国第一本用新式标点进行分段的白话古典小说《水浒》，于1920年8月由汪原放完成，并由上海亚东图书馆出版，受到了广大读者的欢迎。接着，汪原放又继续进行了《儒林外史》《红楼梦》《西游记》《三国演义》等多种古典小说名著的标点工作，到1922年底，《水浒》共印了四次，印数达1.4万本，《儒林外史》印了五次，1.3万本，《红楼梦》印两次，7000本。旧中国的出版物，除教科书外，一般图书的印数只有几百本、上千本，能印两三千本就算很不错了，而"亚东"版的标点本小说一印再印，数量如此之多，可见它是完全顺乎潮流、适应当时的社会需求的。

汪原放，安徽省绩溪人，生于1897年，5岁丧父，只读了七年书，13岁时进叔父汪孟邹在芜湖办的科学图书社当学徒，1913年进汪孟邹在上海开设的亚东图书馆，后任编辑。他后来和同事谈起当年标点古典小说的缘起时说，他在芜湖当学徒时，第一次看到《水浒传》，一翻，密密麻麻一大片，读起来真吃力，自己的古文根底又差，许多地方看不懂。觉得这样的好书，只是少数人看得懂，实在可惜。五四运动之后提倡新文化，他受到影响，觉得极有道理，就下决心想把几本古典文学名著都拿来标点一下，由"亚东"出版，以便让更多的读者看。但是，他的设想一开始就碰到极大的阻力。也由于中国当时没有任何一个学者做过这项工作。现在由这个20刚出头、没有进过大学门槛的青年来做，行吗？汪原放周围的人，都怀疑或反对他，劝他不要干。他的大叔说："……把金圣叹的眉批、夹注一概删掉，妥当不妥当？""几百页的大书，不是好玩的，……（出书后）卖不掉，老本亏掉，不得了。"他的大叔说汪原放是"会被老虎吃掉的'初生之犊'"。

汪原放不顾别人的反对和阻力，对自己的主张毫不动摇。他夜以继日地挥笔不止，扎扎实实地搞他的标点本，经过七个多月的奋战，中国第一本标点、分段的古典小说《水浒传》，终于在1920年8月完成了，并由"亚东"图书馆出版。

亚东图书馆当时是一个很小很穷的独资经营的出版发行机构。它在当时上海滩的许多书店竞相粗制滥造、追求利润的竞争中，虽然境况艰难，日子很不好过，但不随波逐流。"亚东"开办之所，陈独秀和胡适与"亚东"的关系极为密切，在出书方面常常得到陈、胡的帮助和指导，因而从五四到大革命这个历史时期，出版了具有相当影响的传播新思想、新文化的书籍。他们知道汪原放标点中国古典小说后，对汪原放这种敢于大胆创新的思想十分赞赏，并从精神上给以全力支持。汪原放标的《水浒》写出初稿时，他的大叔汪孟邹去问陈独秀究竟做得做不得。陈独秀回答说："这有什么出不得？"他看了书稿后来到书店，说："还要得。眉批、夹注删掉不错，让读者自己去读。"还半顶真半开玩笑地指着汪原放大叔的鼻子说："原放的主张要得，你这个'老顽固'的思想要不得。我拿定主意支持原放了。"胡适也对汪原放的工作表示支持和鼓励，要汪原放认真搞好这项工作。陈独秀和胡适在繁忙的工作中，还分别为《水浒》标点本写了《水浒新序》和三万字的《水浒传考证》。1921年汪原放标点《红楼梦》时，陈独秀写了《红楼梦新序》，胡适写了《红楼梦考证》和《考证后记》，并请顾颉刚写了《答胡适书》，这些文章对于扩大"亚东"版标点本的影响，起到了很大作用。

鲁迅对汪原放标点古典文学的工作也给以好评。他在《热风》一书最后一篇文章中，说"汪原放君已经成了古人了，他的标点和校正小说，虽然不免小谬误，但大体是有功于作者和读者的"。后来他得知汪原放还健在时，便在辑集《热风》一书时，特意加了一个短文的"跋"，说："……这实在使我'诚惶诚恐'。因为我本意实不如此，直白地说，就是说已经'死掉了'。可是直到那个时候，我才知道这先前所听到的竟是一种毫无根据的谣言。现在我在此敬向汪先生谢我的粗疏之罪，并且将旧文的第一句订正，改为：'汪原放君未经成了古人了。'一九二五年九月二十四日，身热头痛之际，书。"

当时，上海滩的一些善于追逐利润的书商，看到"亚东"版的标点本一印再印，认为有利可图，便纷纷仿效，大出特出标点本的古典小说；他们为赚钱，还别出心裁地以所谓"一折八扣"相号召，企图压倒"亚东"版的标点本。但由于他们的书粗制滥造，错误百出，文化界和知识界都喜欢购买"亚东"的不打折扣的标点本。因为汪原放工作认真，作风严谨，他所标点的书质量好，有鉴别力的读者，宁可多花一些钱购买"亚东"版的书。

汪原放的标点古典小说出版后，不但受到国内文化界许多著名人士的重视和广泛的好评，日本一些学者也发表文章对其加以赞扬。[1]

1　陈政文：《陈独秀胡适支持汪原放标点古典小说》，《编辑学刊》1987年第4期；尚丁：《我所认识的出版家汪原放》，《纵横》2003年第3期。

二

新中国成立初期，全国整理和重印古籍的数量很少。据有关方面统计，北京、上海少数出版社于1949年10月到1952年底，仅出版29种，大部分为重印新中国成立前出版的古典文学作品。

1951年3月，人民文学出版社成立后，担任首任社长兼总编辑的冯雪峰提出坚持"古为今用"，为社会主义文学的发展和繁荣服务的出版方针。新中国成立初期，以辩证唯物主义和历史唯物主义为指导的文学古籍整理工作，还处于探索和草创阶段。在冯雪峰的指导下，由副总编辑兼中国古典文学编辑室主任的聂绀弩到任后的第一件工作，就是亲自参加《水浒》的整理校订，使这部著名小说在1952年9月率先出版。标志着新中国成立后，由国家出版社最早整理出版中国古典文学作品的新开端，受到党和国家的高度重视，《人民日报》于10月27日发表了短评《庆贺〈水浒〉的重新出版》，表示祝贺。接着，人民文学出版社又整理了《三国演义》《红楼梦》《西游记》等一批古典文学作品，在上世纪50年代前期相继问世。

新中国成立后到1966年"文化大革命"前，《红楼梦》《三国演义》《水浒》《西游记》四种古典文学名著由国营出版社出版的各种版本的情况分述于下：

（一）《红楼梦》

《红楼梦》，作家出版社[1]1953年12月第1版。本书虽然是以程乙本为底本，参照脂砚斋本和戚蓼生本校改，但实际上用的是亚东图书馆出版的汪原放标点本。汪原放虽以程乙本为根据，但对原本做了不少改动。作家版没有把汪原放改坏了的地方改过来，书中有不少标点、文字上的错误，出书后受到学术界的批评。以后着手重加整理，于1957年10月重排（横排），改用人民文学出版社名义出版。

《红楼梦》，启功注释，周汝昌等校点，人民文学出版社1957年10月第1版。本书是就作家出版社1953年版的《红楼梦》重加整理，新版印行的。和作

1　人民文学出版社成立后，曾使用"作家出版社"名义为副牌（1953年—1958年、1960年—1969年）出版文学图书。

家版比较，有相当的不同；参对了较多的本子作校正；增加了《红楼梦图咏》原刻图画（木刻）；注释部分，重新撰写，增加的新注为数很多，原来有注的，也大都经过纠正、补充、修改、删汰和重新编排。书前有《关于本书的作者》一文。1959年11月出版的第2版列入"中国古典文学读本丛书"（直排），内容无变动，书前有何其芳《论〈红楼梦〉》一文节要，作为本书的代序，删去了《关于本书的作者》一文。另外，1964年第8次印刷时，去掉了《红楼梦图咏》，代之以程十发画的插图，仍用"中国古典文学读本丛书"副书题。

《脂砚斋重评石头记》，文学古籍刊行社1955年9月出版。本书据北京大学图书馆藏《脂砚斋重评石头记》庚辰四阅评过本，用朱墨两色套印；原本所缺第64、67两回，则据他本增补，出版精装（全2册）和特种精装（全8册）两种版本。

《红楼梦八十回校本》，俞平伯校订，王惜时参校，人民文学出版社1958年2月出版，全4册。

《乾隆甲戌脂砚斋重评石头记（十六回本）》（线装本），中华书局上海编辑所编辑，1962年6月出版。本书据胡适所藏之原本加以影印。书前仍保留胡适所作的"序"和"跋"。装订一函两册。

《脂砚斋重评石头记（十六回本）》（线装本），中华书局上海编辑所编辑，1962年6月出版。《脂砚斋重评石头记》十六回本，通称乾隆甲戌脂评本，其原抄本于新中国成立前为胡适所藏。此书由中华书局上海编辑所加以复制，去掉胡适涂抹痕迹，个别缺字，间加修补，按原装分为四册。卷末有俞平伯"后记"和《红楼梦》年表。

《乾隆抄本百廿回红楼梦稿》（线装本），中华书局上海编辑所1963年1月出版，全12册。本书据中国科学院文学研究所藏杨继振藏本影印出版。书前有范宁写的跋。

（二）《三国演义》

《三国演义》，作家出版社1953年11月第1版，基本上是按照亚东图书馆出版的汪原放标点本排的。对一些有关历史事实以及比较难懂的文言词句作了简注。附《出版说明》和《关于本书作者》一文。第1版对"后人有诗叹曰"的那些诗大都删去，经中央领导同志批评指出，1954年重排时，已予恢复。并从1957年4月起改由人民文学出版社出版。这一版改以毛宗岗本为底本，参校明代嘉靖序刊本，在文字、专名、引录诗文等方面都作了修订，并对历史故实、古代词语所作的简注作了修订。周汝昌作《前言》，书前附清刻本人物绣像插图24幅。1959年3月重印时，周汝昌的前言作了修改。

《三国演义（节本）》，周振甫节编，通俗文艺出版社1955年11月出版。

《三国演义（节选本）》，中华书局编辑所1963年12月出版。本书是中华书局上海编辑所出版的"工农通俗文库"之一，共出了4本，书中节选了《三国演义》中的一些章节，并作了注释，供工农群众阅读。

（三）《水浒传》

《水浒》，人民文学出版社1952年10月第1版，以金圣叹批改的七十回本（贯华堂本）为底本，经过校订后重印。书前有《出版说明》和《关于本书作者》一文。第1版为插图本，每回有插图。1953年12月出第2版时，以作家出版社名义出版，没有插图，并又重做了校订。大32开本从1959年后由作家版改为人民文学版，小32开本从1962年后改为人民文学版。

《水浒全传》，人民文学出版社1954年3月出版。本书是一百二十回本，用天都外臣序刻本作底本，再用最古的郭勋本残卷、容与堂本、芥子园本、锺伯敬评本、杨定见本、贯华堂本7种本子作校勘。各本所有的异文、所有的增添或删改之处，一一在校勘记中注出。全书由郑振铎等校勘、标点并整理。这个本子，人民文学出版社曾出版胶版纸精装本，其版权记录与平装本完全相同。

《水浒全传》，中华书局上海编辑所1961年7月出版。本书以商务印书馆标点排印的涵芬楼藏明末杨定见序一百二十回本的《水浒》为底本，另用人民文学出版社的《水浒全传》汇校本中的校文加以校订。书中同时插入明代艺术家创作的故事图和陈老莲描绘的水浒人物像，书末还附刊了李希凡写的《谈谈〈水浒全传〉的思想、情节和人物》一篇。

《水浒（节本）》，宋云彬节编，宝文堂书店1955年9月出版。本书由开明书店1935年7月初版发行，系据七十回本《水浒》删订，原对偶句回目，改为一般标题，原来七十回，改为48节。开明书店曾于1951年9月重印。开明版无插图，宝文堂书店本增加了插图。

《水浒（节选本）》，中华书局上海编辑所1962年12月、1963年4月出版5册，是该出版社出版的"工农通俗文库"之一部分。

（四）《西游记》

《西游记》，作家出版社1954年6月第1版，据北京图书馆所藏就明刊本金陵世德堂本《新刻出像官板大字西游记》摄影的胶卷，参考清代六种刻本校订增补排印。对难懂的方言、词语作了注释，附《出版说明》和《关于本书的作者》一文。大32开本从1959年3月起由作家版改为人民文学版，小32开本从1961年9月起改为人民文学版。

《西游记（节本）》，虞彦如编，通俗文艺出版社1956年4月出版。

《红楼梦》《三国演义》《水浒》《西游记》的外文版已全部由外文出版社出版。

三

1966年5月，"文化大革命"爆发后，我国古籍整理、出版工作被迫停顿。已出版的《红楼梦》等四部古典名著和其他大批图书同样成为"封、资、修的毒草"，被停售、封存，从书店门市部中消失。

周恩来总理对于濒临绝境的出版工作十分关心。1971年2月11日，他在参加国务院业务会议后，挤出时间于下午6时，专门召集当时主管出版工作的部门——出版口领导小组负责人讨论出版工作问题，周总理在会上听取汇报并做了重要指示。当他了解大批图书被封存的情况后就说："旧小说不能统统都当'四旧'吧，《红楼梦》《水浒》这些书也都能作'四旧'吗？"当出版口汇报说，现在对《红楼梦》的看法有两种争论时，总理说："《红楼梦》能算毒草吗？中学生都能看懂，你把它封存起来不让看，他就到处找书看，找许多黄色书看。要用历史唯物主义和辩证法分析研究问题嘛！"他指示："二月份你们要做些调查研究，提出一个计划。可以召开一个座谈会。"

遵照周总理指示，由国务院出版口召开的全国出版工作座谈会于3月15日在北京举行。日理万机的周总理于会议期间，两次接见会议领导小组和部分代表，对出版工作做了许多指示。他在谈到封存书的问题时说，把《红楼梦》《水浒》等古典名著封起来干什么？这不是滑稽得很吗，这不是极左思潮是什么？把有点问题的书都封起来，只有少数人能看，只相信自己不受影响，其他人就都会受影响？群众总是比我们知道得多，他们是会作出判断的。一面说青年没书读，一面又不给他们书读，就是不相信青年人能判断。无怪乎现在没有书读了，这完全是思想垄断，不是社会主义民主。我看现在要出一批书，要广开言路。总理十分关心青少年的成长，对出版他们需要的文学艺术书和工具书等，做了很多指示。

关于古典文学著作的出版问题，周总理早在1971年春季就有指示，但由于出版工作领导部门思想上仍存有"怕"字，老在加批判性"序言""说明"上打圈子，迟迟未见行动。1972年1月13日，出版口召集直属出版、发行等单位的人员研究新书出版和封存书开放问题。考虑春节将到，美国总统尼克松即将访华，出版口决定向市场投放一批《红楼梦》等四部古典小说，但当时出版社、新华书店北京发行所连同北京市新华书店实际库存仅有3800多部，就决定除重点供应尼克松将要访问的三个城市（北京1000部、上海700部、杭州300部）以外，其他15个开放城市各20至50部。这区区之数实在是杯水车薪，于是做出"只卖给外国人，不供应国内读者"的错误决定。

1972年2月15日正是春节，北京王府井新华书店门市部还未开门，闻讯而来的读者就排成了长队。开门营业后，听说四部古典小说只卖给外国人，顿时群情激奋，议论纷纷。一些外国通讯社记者发消息加以嘲弄，借此大做文章。

周恩来总理得知消息后，于2月16日夜24时，找国务院业务组和吴德同志谈话，总理说："现在注意一种倾向：一说同尼克松谈判，要注意出现'右'的倾向。'左'不对，'右'的也不对。比如说，出版方面，把几部古典小说摆出来，不卖给中国人，光卖给外国人。何必呢？有书，中国人也要卖，外国人也要卖；没有书，你就别摆。业务组要管这个事（尼克松访华的事），防止再发生类似的事情。"总理说："马上通知上海、杭州，不能那样办，那样办是错误的。如果没摆出来就不要摆了，已摆出来，卖光算了。"

国务院办公室于2月17日凌晨向出版口传达了周总理的指示，出版口领导小组向国务院作了检查，并采取了措施加以纠正。到4月中旬，《红楼梦》《三国演义》《水浒》共印20万部公开发行，到年底，四部古典小说共计印了137万部，1973年《红楼梦》又重印了50万部。人民文学出版社决定重新排版，改为横排简体字本，供应纸型分地区印刷。据全国26个省、市、自治区（不包括京、沪两地）报来的计划印数多达400万部，由于纸张供应不足，只能分批重印供应。

1973年12月6日，据广州海关向国家出版局反映，1972年以来，从香港、澳门和外国进口的古籍日益增多。如《红楼梦》等四部古典小说1973年春节后的半个月内邮寄进口的数量为6909部，10月12日至20日的9天内就邮寄了11,190部，而且还有增大的趋势。

《红楼梦》等四部古典小说虽然大量重印发行，仍然供不应求。新华书店门市部出现了等候购书的长长行列。图书馆开放出借后，这些古典小说不胫而走，每天都有很多人到图书馆借阅处，像电影院门前等退票一样，等着别人还书，或先相约调换借阅后再去办理还书手续。

1975年8月14日，毛泽东对给他念古典文学的北京大学教师芦荻就中国古典小说《水浒》一书发表看法。他说："《水浒》这部书，好就好在投降。做反面教材，使人民都知道投降派。"又称"《水浒》只反贪官，不反皇帝。摒晁盖于一百零八人之外""宋江投降，搞修正主义""让人招安了"。毛泽东肯定了鲁迅过去对《水浒》的批评，认为金圣叹把《水浒》砍掉了二十多回，不真实。他提出："《水浒》百回本、百二十回本和七十一回本，都要出，把鲁迅的那段评语印在前面。"

芦荻把毛泽东关于《水浒》评价的讲话整理出来后，经毛泽东看过并同意。因为毛泽东提出要出版三种版本的《水浒》，就要汪东兴把这个谈话送给分管出版工作的姚文元看。由于受到毛泽东严厉批评而沉寂了三个来月的"四人帮"发现这正是一次"借题发挥"的好机会。

姚文元在看到毛泽东对《水浒》这段评论的当天，立刻给毛泽东写信，说："这个问题很重要"；它"对于中国共产党人、中国无产阶级、贫下中农和一切革命群众在现在和将来、在本世纪和下世纪坚持马克思主义、反对修正主义，把毛主席的革命路线坚持下去，都有重大的、深刻的意义"；"应当充分发挥这部'反面教材'的作用"。信中还就印发并宣传毛泽东对《水浒》的评论，以及出版三种版本的《水浒》提出具体意见。毛泽东阅后在信上批示："同意"。得知毛泽东谈话和批示内容的江青立即活跃起来。她先是对一些同自己关系密切的人大谈所谓评《水浒》的"现实意义"，声称"《水浒》的要害是架空晁盖，现在党内有人架空毛主席"，她所说的"有人"，显然是指邓小平。[1]

8月28日和9月4日，《红旗》杂志和《人民日报》先后发表对《水浒》评论

---

1 中共中央文献研究室编：《毛泽东传（1949—1976）》，1748—1750页，中央文献出版社2003年版。

的社论，提出开展对《水浒》的评论，"这是我国政治思想战线上的又一次重大斗争"；"要从《水浒》这部反面教材中吸取教训，总结历史经验，学会在复杂的斗争中识别正确路线和错误路线，知道什么是投降派"。就这样，毛泽东关于《水浒》的谈话，经过"四人帮"的引申、拔高、组织、策划，就由泛论变成了实指，由文艺评论变成了政治斗争，形成了一场评《水浒》、批宋江的运动。据统计，在短短的两个月时间里，全国各报刊就发表了评论《水浒》的文章两千多篇。

国家出版局于8月15日凌晨接到姚文元直接传达立即落实毛泽东关于出版三种版本《水浒》的指示，经过紧张的工作，向全国出版部门发出通知：①《水浒》一百回本用明容与堂刻本《水浒传》作底本，对照其他百回本校正错字、标点后排简体字横排本，由人民文学出版社出版；一百二十回本用1961年中华书局上海编辑所出版的《水浒全传》，先按原纸型去掉陈洪绶插图和其他附录后重印，并重排简体字横排本，均由上海人民出版社出版；七十一回本用人民文学出版社1954年整理本，重排简体字横排本由该社出版。以上三种版本《水浒》书前均印鲁迅《流氓的变迁》一文中对《水浒》的一段评语，并加出版前言。②为应急需，以上三种《水浒》分别由人民文学和上海人民出版社在近期赶印一部分发行全国；并由两社新排小32开本，提供纸型，由各地分区印刷。③上海人民出版社出过的根据七十一回本缩编的六十四回本《水浒》（少年儿童版），增补内容，增印鲁迅的评语，改正前言，修订出版；金圣叹砍过的七十回本，用明贯华堂刻本《第五才子书施耐庵水浒传》（有金批语），少量影印，由中华书局出版，向全国发行。

于是，在很短时间内，北京、上海和许多省市大量出版了各种版本的《水浒》。此外，还少量出版了一百回本的大字本。

"文化大革命"时期，出版《红楼梦》等四部古典文学的版本情况分述如下：

《脂砚斋重评石头记》（线装本），人民文学出版社1974年2月出版。据北京大学图书馆藏本（庚辰本），依原书尺寸影印。

《脂砚斋重评石头记》，上海人民出版社1975年5月出版。清乾隆甲戌（1754年）本是现存《红楼梦》最早的本子。本书据1962年6月中华书局上海编辑所编辑出版的《乾隆甲戌脂砚斋重评石头记》（十六回本线装本）影印出版，该书据胡适所藏之原本影印。

《脂砚斋重评石头记》，人民文学出版社1975年10月第1版。本书是《红楼梦》的庚辰（乾隆二十五年）本，1955年文学古籍刊行社缩印出版，现据北京大学图书馆所藏原书重新影印。

《戚蓼生序本石头记》，人民文学出版社1975年6月第1版。本书原本是清乾隆时人戚蓼生的收藏本，是《红楼梦》的一个较早抄本。清光绪年间上海有正书局以石印发行。这次即是以有正书局石印本影印。

《红楼梦》，启功注释，周汝昌等校点，人民文学出版社1972年4月第3版，分出大32开和小32开本2种。

《三国演义》，人民文学出版社1973年12月第3版出版横排本。

《三国志通俗演义》（线装本），人民文学出版社1974年10月出版。据上海图书馆所藏明嘉靖元年（1522年）刻本影印，底本中残破和字迹模糊的部分，以甘肃省图书馆同一藏本相应的书页配补。书前有"出版说明"。

《明容与堂刻水浒传》（线装本），中华书局上海编辑所编辑出版，于1966年印，实际发行时间为1973年。本书为一百回本。原书题为《李卓吾先生批评忠义水浒传》，据北京图书馆藏本影印，另据日本内阁文库藏本照片补全了原本的缺页和缺字以及李卓吾叙。书前有出版说明。

《明容与堂刻水浒传》，上海人民出版社1975年4月据中华书局上海编辑所1966年影印本翻印。

《水浒》，人民文学出版社1975年9月出版第3版。书前有毛主席关于《水浒》的两段语录及鲁迅论《水浒》，并有该社写的"前言"和"重印说明"。

《水浒全传》，上海人民出版社1975年9月出版新1版（原书即中华书局上海编辑所1961年7月出版的《水浒全传》），书前印有毛主席关于《水浒》的两段语录和鲁迅论《水浒》及该社写的"重印说明"。

《水浒》（少年儿童版），上海人民出版社1973年9月第1版。本书以人民文学出版社出版的七十一回本为底本，删节了一些章节段落，有的地方在文字上作了精简，字数由人民文学版的66万余字，减少为53万余字，以供少年儿童阅读。

《水浒》（儿童版）（增订本），上海人民出版社1975年10月出版。本书以上海人民出版社出版的一百二十回《水浒》为底本，删除了一些章节段落，精简了某些文字，共八十八回，字数由原书的104万余字减少至72万余字。

《水浒传》，人民文学出版社1975年10月第1版。本书采用的底本，是据明万历末年杭州容与堂刻本校勘标点的一百回本。书前印有毛主席关于《水浒》的两段语录及"鲁迅论《水浒》"。此外，还有该社编辑部的"前言"和"关于本书的校点说明"两篇。

《第五才子书施耐庵水浒传》，中华书局1975年12月第1版。本书此次缩印，以明崇祯十四年（1641年）贯华堂刻本为底本。金圣叹的三篇序文，及其委托为施耐庵作的序文、连同他的评点一并照印。本书是金圣叹评点的七十回本，即所谓"贯华堂所藏古本"。

《西游记》，人民文学出版社于1973年年底又印了1版。

新中国成立后，《红楼梦》等四部古典小说"文化大革命"之前和"文革"时期的出版数字见本文后附出版统计表。

《红楼梦》等四部古典小说对外供应数字，"文化大革命"前的已无资料可查。"文革"时期的出口数字共为64,000部。其中：

《红楼梦》供应香港8100部，供应广交会1200部，供应国外6000部。

《水浒》供应香港7800部，供应广交会1200部，供应国外5500部。

《三国演义》供应香港7300部，供应广交会1200部，供应国外5500部。

《西游记》供应香港13,000部，供应广交会1700部，供应国外5500部。

1949年10月至1976年10月《红楼梦》等四部古典小说出版统计　　单位：部

书　名	1949.10—1966.4 印　数	1966.5—1976.10 印　数	1949.10—1976.10 总印数	备　注
《红楼梦》	1,018,600	1,462,857	2,481,457	共印52次
《三国演义》	1,818,900	703,105	2,522,005	共印55次
《水浒》	2,052,500	2,108,705	4,161,205	共印60次
《西游计》	1,069,640	671,500	1,741,140	共印44次
合计	5,959,640	4,946,167	10,905,807	

统计资料来源：1949年10月至1966年4月"文革"以前的统计数字，由版本图书馆提供；1966年5月至1976年10月"文革"时期的数字，由国家出版局出版部统计。

我在"文化大革命"十年中出版工作的见闻录

〔题解〕

　　"史无前例"的"文化大革命"开始于1966年5月，距今已有近半个世纪之久。我在"文革"十年内，先后在文化部出版事业管理局、"毛主席著作出版办公室"、"国务院出版口"、国家出版事业管理局连续工作没有间断过。

　　1976年10月"四人帮"覆灭后，我于上世纪80年代起，将我在"文革"期间的经历和所见所闻的情况，写成文章陆续在报刊上发表，受到读者欢迎。现趁编辑本书的机会，我将已发表的文章经过选择，部分文sxxx章加以少量修改、补充后集中编在一起，以便于读者了解。对于当前出版界和其他方面的年轻同志们了解在那个"以阶级斗争为纲"年代的出版界是什么样子，会有一些参考作用的。

"文化大革命"发动的导火索[1]

　　1965年11月10日，上海《文汇报》第二版以整版篇幅刊登了姚文元的文章《评新编历史剧〈海瑞罢官〉》，对北京市副市长、著名的明史专家吴晗所写的历史剧《海瑞罢官》进行了公开的批判。在此之前开展的大批判，虽然已带

1　本节部分内容原载方厚枢：《"文化大革命"时期新华书店工作纪事》，《出版六十年书店的故事》，87—90页，中国书籍出版社2009年11月版。

有浓厚的政治色彩，但基本上还限于文学艺术和哲学社会科学领域，主要是在报刊上和有关的文化团体、机关内进行。而对剧本《海瑞罢官》的批判，性质则完全不同，形成了一场席卷全国的政治运动。

早在1959年6月和9月，吴晗响应毛泽东当年4月在上海召开的中共八届七中全会上提出的学习海瑞"刚直不阿的精神"的号召，应《人民日报》之约，在该报先后发表了《海瑞骂皇帝》和《论海瑞》两篇文章；后又应北京京剧团团长马连良之约写海瑞戏，吴晗七易其稿，历时年余写成剧本《海瑞》，在彩排过程中，经多人提出此剧写的只是海瑞生平的一部分，剧名才改为《海瑞罢官》，于1961年1月由北京京剧团在北京首次公演。

吴晗写作有关海瑞的文章和剧本，同1959年庐山会议罢彭德怀的"官"毫无联系。但在中共八届十中全会上，彭德怀的8万言申辩信被作为"翻案风"的表现受到毛泽东的指责之后，康生、江青等便硬将《海瑞罢官》同彭德怀"罢官"别有用心地联系起来。江青在北京找人写文章批判《海瑞罢官》受到拒绝，便秘密到上海找上海市委候补书记、市委宣传部部长张春桥合作，决定由上海《解放》杂志编委姚文元执笔撰写批判文章，整个写作活动是在一种很不正常的秘密状态下进行的。经过八九个月的秘密策划，《评新编历史剧〈海瑞罢官〉》写就发表。文章无中生有地把剧中写的"退田""平冤狱"等情节，与1961年的所谓"单干风""翻案风"联系起来，说这反映了作者是"要拆掉人民公社的台，恢复地主富农的罪恶统治"；要代表国内外敌人的利益，"同无产阶级专政对抗，为他们抱不平，为他们'翻案'，使他们再上台执政"。文章对《海瑞罢官》产生的背景这样说：1961年"牛鬼蛇神们刮过一阵'单干风''翻案风'。""'退田''平冤狱'就是当时资产阶级反对无产阶级专政和社会主义革命斗争的焦点。""《海瑞罢官》就是这种阶级斗争的一种形式的反映。"文章指责《海瑞罢官》是"一株毒草"，姚文发表后，在全国引起了轩然大波。人们纷纷给《文汇报》来信来稿，数量达一万余件。《文汇报》开展了长达5个多月的"讨论"，共刊出"关于《海瑞罢官》问题的讨论"专栏52期。在最初的"讨论"中，人们并不了解这一讨论的政治背景，因此无顾忌地各抒己见。有许多人不同意姚文元文章的观点。但到了12月29日《人民日报》发表《〈海瑞罢官〉代表一种什么社会思潮？》一文，认为《海瑞罢官》代表一种反马克思主义、反社会主义的思潮，次日又发表了吴晗的自我批评文章。此后，讨论中的批判文字就逐步上升，最终形成压倒之势。[1]

中央宣传部部长陆定一和新华社的负责人看过姚文元的文章后，认为把《海瑞罢官》中的学术问题硬联系"单干风""翻案风"，不仅很勉强，而且有故意夸大事实，挑起事端之嫌。所以，陆定一支持当时的北京市市长彭真的做法，拒绝转载姚文元的文章。11月29日以后，《人民日报》《解放军报》及北京各大报刊在毛泽东的压力和周恩来的斡旋下被迫转载了姚文元批《海瑞罢官》的文章。[2]

据中共中央文献研究室编的《毛泽东传（1949—1976）》中披露的情况说："姚文元《评新编历史剧〈海瑞罢官〉》这篇文章是在江青策划下写出来的，写好后给毛泽东看过并经他同意发表。姚文发表后两天，11月12日，毛泽东乘专列离开北京，经天津、济南、徐州、蚌埠、南京，于17日到达上海，他得知北京各报没有转载姚文元的文章，就要上海人民出版社将这篇文章印成单行本，向全国发行。后来他在会见外宾时说过：'文章发表以后，各省都转载，北京不转载。我那个时候在上海，后头我说印小册子。各省都答应发行，就是北京的发行机关不答应，因为有些人靠不住嘛！北京市委就是针插不进、水泼不进的市委。'"[3]毛泽东同意发表姚文元评《海瑞罢官》这篇文章，而且给以极大的重视，表明他发动"文化大革命"的决心已经下定。他把发表这篇文章看作是"甩石头"，用以打破他所不满的那种沉寂局面。这便成为发动"文化大革命"的导火索。

对于这件事，在"文章"中和"文革"后出版的有关"文革"的"大事记"和史书中这样记载说："11月24日，上海新华书店急电全国新华书店征求订数。北京市新华书店奉市委之命不表态，电话询问也不表示意见，直到29日才在来自上面的压力下，被迫同意征订，但是拒绝发行。"这是江青、张春桥一伙为给彭真和中共北京市委罗织罪名而编造的假情况。

事实的真相是：1965年11月24日，北京市新华书店收到新华书店上海发行所发来征求《评新编历史剧〈海瑞罢官〉》一书订数的电报，要求书店请示市委宣传部后回电。当时书店的职工就议论：不就是一本戏剧评论的书吗？还用得着请示市委？是不是需要请示，是我们自己的事，发货店让我们请示，真是

1　熊月之主编：《上海通史》（第14卷），154页，上海人民出版社1999年版。
2　陈清泉、宋广渭：《陆定一传》，中共党史出版社2000年版。
3　中共中央文献研究室编：《毛泽东传（1949—1976）》，1397—1399页，中央文献出版社2003年版。

多此一举。议论归议论，书店经理还是按电报要求，派业务科科长孙忠铨于25日向市委宣传部请示。宣传部部长李琪见到电报后很恼火，对事先不打招呼就公开批判北京市副市长吴晗表示不满。认为现在出了书，按正常业务系统发行就是了，还让新华书店来请示市委，这不是强人所难吗？但为了顾全大局，李琪带领宣传部办公室主任夏觉找到正在国际饭店开会的市委文教书记邓拓，邓看了电报后说：“我正在开会，你先回去。”26日，夏觉电话通知孙忠铨：“市委同意订购。”其他什么话都未讲。孙问订多少合适？夏说：“这是你们的正常业务，自己决定。”北京市新华书店电话通知上海发行所订购8000册。为慎重起见，29日又用电报补报了订数。11月30日书就发到北京，随即分发到各门市出售。[1]

为了制造打倒彭真和中共北京市委的舆论，在江青、张春桥的策划下，1966年5月10日，上海《解放日报》和《文汇报》同时发表了姚文元的《评“三家村”——〈燕山夜话〉〈三家村札记〉的反动本质》，文中断章取义、无限上纲，攻击两本书的作者邓拓、吴晗、廖沫沙，说在《燕山夜话》和《三家村札记》中，“贯穿着一条同《海瑞罢官》一脉相承的反党反社会主义的黑线……”说邓拓是“‘三家村’黑店的掌柜和总管”，说三人的写作活动是“经过精心策划的、有目的、有计划、有组织的一场反党反社会主义的大进攻”，文章声称要上揪“指使”“支持”“吹捧者”，揪出“最深的根子”，下扫“三家村”“在新闻、教育、文艺、学术界中”的欣赏者和追随者。姚文发表的第二天，全国报纸广泛转载，各地迅速掀起“愤怒声讨‘三家村’”的高潮，由此引发了大规模的政治批判，许多人蒙冤受屈。

1969年4月，林彪在中共九大报告中说：“对《海瑞罢官》等大毒草的批判，锋芒所向，直指修正主义的巢穴——刘少奇控制下的那个针插不进、水泼不进的‘独立王国’，即旧北京市委。”由此可见，批判《海瑞罢官》和“三家村”，攻击中共北京市委，是为打倒根本不存在的所谓以刘少奇、邓小平为首的“资产阶级司令部”，为发动“文化大革命”做舆论准备的。

1　张治：《一桩公案的真相——北京发行〈评海瑞罢官〉一书的始末》，《书店工作史料》第四辑，中国书店1990年版。

"文化大革命"初期的出版界概况[1]

1966年5月至1976年10月的"文化大革命"，使我国经过十七年艰苦创业发展起来的社会主义事业，遭到严重的挫折和损失。这场长达十年的浩劫，是从文化领域的"大批判"开始的。出版事业作为文化领域的重要部门首当其冲，受到的摧残和破坏也更为严重。

1966年5月，中共中央政治局扩大会议于16日通过中共中央通知（以后被称为"五·一六通知"）。同年8月，中共八届十一中全会于8日通过《关于无产阶级文化大革命的决定》（简称"十六条"）。这两次会议的召开，标志着"文化大革命"的全面发动。

中共中央政治局扩大会议于5月16日通过的《中国共产党中央委员会通知》中，要求全党"高举无产阶级文化革命的大旗，彻底揭露那批反党反社会主义的所谓'学术权威'的资产阶级反动立场，彻底批判学术界、教育界、新闻界、文艺界、出版界的资产阶级反动思想，夺取在这些文化领域中的领导权"。

出版界成为"文化大革命"开始后被彻底批判的"五界"之一，最早受到冲击、也是最早被"夺权"的部门之一。（参见本书223页《"造反派"抢夺"毛主席著作出版大权"纪实》一文。）

（一）许多出版机构被合并或撤销

"文革"前，全国有出版社87家（不包括副牌，下同），其中中央级出版社38家，地方出版社49家，职工10,149人（其中编辑4570人）。

"文革"开始后，许多出版社被合并或撤销，到1970年底，全国出版社仅剩下53家，其中中央级出版社20家，地方出版社33家，职工4694人（其中编辑1355人）。

"文革"前，文化部直属的人民、农村读物、人民文学、人民美术、中华书局、商务印书馆、文物7家出版社有职工1074人（其中编辑523人），"文革"后合并为人民、人民文学、人民美术、中华·商务4家，到1970年底，留在北京从事编辑出版工作的仅有166人（其中编辑63人）。

1　本节部分内容原载《当代中国》丛书编辑部编：《当代中国的出版事业》（上册），73—83页，当代中国出版社1993年版。

上海市"文革"前有出版社10家，职工1450人（其中编辑783人）。"文革"后，1968年9月，驻上海新闻出版系统的工、军宣队团部根据市革命委员会指示精神，从各出版社和市新华书店等单位抽调50人，于1969年8月22日成立了"上海市出版革命组"，恢复出书，至1970年10月1日改名为"上海人民出版社"，有职工172人（其中编辑107人）。

"文革"开始后，中央、国务院各部委和各省、自治区、直辖市的出版社，有的被合并或撤销，有的出版业务完全停顿。

（二）编辑出版干部受到批判、迫害，大批人员下放"五七"干校

"文革"开始后，出版界上自出版局局长，出版社社长、总编辑，下到县新华书店经理，几乎都被打成"走资本主义道路的当权派"或"忠实执行反革命修正主义的黑线人物"，受到批判、斗争。

"文革"后，商务印书馆被诬蔑为"宣扬封资修、大洋古的反革命修正主义黑窝点"，在1967年1月全面夺权的风暴中，商务印书馆的招牌还被"造反派"摘掉，一度被改名为"东方红出版社"。

中华书局"文革"后被诬蔑为"招降纳叛，为复辟资本主义制造舆论"的"大黑窝"，并一度被"造反派"改名为"人民文化出版社"。全局从事古籍整理出版工作的主要党员干部和业务骨干都成了"黑帮分子"和"牛鬼蛇神"，被揪出来隔离审查和批斗的近70人，占全局总人数的1/3以上。[1]

人民文学出版社"文革"后被诬蔑为"黑染缸""毒品制造所"，工作人员大都被视作"放毒犯"。1969年国庆节前夕，出版社被"连锅端"，除极少数几个侥幸者外，无论老弱都被送往一千多公里外的"广阔天地"，接受"再教育"去了。[2]

建国后曾先后任新闻总署、出版总署副署长、民族出版社首任社长的萨空了，在任时亲自请示周恩来后影印出版了《五体清文鉴》，为清乾隆年间官修的五种文字对照的分类辞书。萨空了曾说过"我们做了一件连皇帝都没能做到的了不起的事"，但"文革"开始后，他即成为首当其冲的批斗对象，被迫手举着这本书接受批判。他所主张的努力满足各民族读者多方面、多层次正当需

1　俞筱尧：《金灿然和中华书局》，《回忆中华书局》下编，中华书局1987年版。
2　王仰晨：《鲁迅著作出版工作十年（1971—1981年）》，《出版史料》1988年第2期。

要的办社方针也被批为"杂家出版社"。[1]

1963年曾因《杂家》事件受到批判的罗竹风，1966年"文革"一开始就被作为上海出版系统头号"走资派"首先被揪出来批斗，关进"牛棚"，隔离审查。1968年4月17日，《文汇报》点名批判罗竹风，随后发表的一篇文章把《杂家》打成"臭名昭著的大毒草"，并说"姚文元的回击是得到无产阶级司令部的支持的"。这样，凡是当初支持《杂家》观点的人，一律被上纲到"对待无产阶级司令部的态度问题"而受到株连。《杂家》中提到的那位编辑被拉去陪斗，与《杂家》事件有关的人或被专题批判或被迫做重点检查。《文汇报》副刊原组织《杂家》一文的编辑余仙藻则被没收记者证，赶出文艺组。天津百花文艺出版社一位编辑因著文支持过《杂家》，全家被遣送到农村，受尽折磨。[2]

"文革"爆发之后，为了姚文元《评新编历史剧〈海瑞罢官〉》在北京的征订、发行问题，使中共北京市委宣传部和北京市新华书店的经办人员，遭到多次的批判、斗争，好几位同志被打成"黑帮分子"，受到残酷的折磨。出版《燕山夜话》《三家村札记》的北京出版社，被诬为"三家村黑帮的批发部"，社长、总编辑被批斗。1968年，该社被勒令撤销，全社人员下放农村劳动。

1968年8月25日，中共中央、国务院、中央军委、中央文革发出"关于派工人宣传队进驻学校的通知"以后，许多中央一级出版社和省、市、自治区的出版系统也纷纷进驻了"工宣队"或"工人、解放军毛泽东思想宣传队"，实行"由工人阶级占领上层建筑"。如上海市工军宣队新闻出版工作团进驻出版系统的有800多人，出版社每个编辑室中都派有一两名工宣队员，担任党支部书记或副书记，主要管"路线"、管"队伍的思想改造"，称之为"抓脑子"。

1969年9月，文化部机关包括在京直属单位，除留少数留守人员和有出版任务的人员外，绝大多数职工连同家属都下放到湖北咸宁文化部"五七"干校。咸宁为古"云梦泽"，气候炎热，最热时达45℃，下放干部除进行繁重的体力劳动外，还要无休止地搞"清理阶级队伍""深挖'五一六'"等所谓"斗、批、改"的运动。中央其他出版单位和各地出版单位的大批职工也被下放。有的到"五七"干校，有的全家到农村落户。上海出版系统有不少人被以"战高温"（进工厂劳动），或以"四个面向"（工厂、农村、基层、边疆）为名把认为"有问题"的人赶出出版系统。

1　刘锦璋：《忆萨社长》，《民族书林》1993年3月31日。
2　《上海出版志》编纂委员会编：《上海出版志》，1186页，上海社会科学院出版社2000年版。

（三）大批图书被作为"封、资、修"的"毒草"封存、销毁

"文革"开始后，新中国成立后出版的图书，绝大部分都被批判为"封、资、修"的"毒草"，书店中停止出售，图书馆禁止借阅，有许多书甚至被焚毁。云南省革命委员会曾批转云南省新华书店《彻底清理存书、处理毒草》的报告，要求全省新华书店除了马列著作、毛泽东著作、党和国家文件、鲁迅著作和高尔基著作外，其余统统销毁，仅省书店库房所存图书即被销毁2700种。[1]

1966年8月，在陈伯达、江青一伙的煽动下，红卫兵"破四旧"，勒令书店"消毒"，新华书店被迫将大批图书下架封存。北京市新华书店各门市部，"文革"前公开发行的图书有一万五六千种，"文革"初期被封存的就有五六千种，其中少数是出版社通知停售，多数是红卫兵和造反组织提出封的。古旧书店经营的古书被批判为"宣扬封建主义"，经营新中国成立后出版的旧书，被批判为"宣扬资本主义、修正主义"，统统禁售。北京中国书店因受到吴晗、邓拓等北京市领导人的关心和支持，常来购书，被诬为"三家村黑店"，"文革"初期至1972年，该店的古旧书均被封存。[2]上海市新华书店"文革"初期封存的上海版图书，共有5342种，1087万册；上海南京东路新华书店门市部，"文革"前有社会科学类图书1792种，"文革"开始后只剩下200种。

截至1970年底，负责中央一级出版社进发货业务的新华书店北京发行所仓库中，封存的图书有7870种，830余万册。

据出版口调查，截至1970年底，有17个省、市、自治区封存的图书总计为33,804万册。封存书种数最少的湖北有4500种，最多的河北有14,158种，广西、贵州均有1.1万余种，陕西、青海、西藏为9000余种；封存书册数最多的陕西有5280万册，最少的西藏有114万册，辽宁、江苏、湖南、广西均有3000余万册，平均每省（自治区、直辖市）封存图书1988万册。

"文革"初期，有一份由"首都红代会中国人民大学三红文学兵团"为首署名编印的小报，大字标题为"六十部小说毒在哪里？"，列举"文革"前出版的60部小说，一一批判为"毒草"。这份小报当时流传甚广，成为部分红卫兵勒令书店停售有关书籍的重要依据。它将60部小说分为6个部分，其所列"罪名"和书名、作者如下：

---

1 郑士德：《中国图书发行史》，845页，高等教育出版社2000年版。
2 郑士德：《中国图书发行史》，845页，高等教育出版社2000年版。

（1）"反党、反毛主席，为刘少奇等反革命修正主义头目树碑立传"（6种）：《刘志丹》（李建彤）、《六十年的变迁》（第一、二部）（李六如）、《保卫延安》（杜鹏程）、《青春之歌》（杨沫）、《小城春秋》（高云览）、《朝阳花》（马忆湘）；

（2）"歌颂错误路线，攻击毛主席的革命路线"（5种）：《红旗谱》《播火记》（梁斌）、《我的一家》（陶承）、《风雨桐江》（司马文森）、《晋阳秋》（慕湘）；

（3）"歪曲阶级斗争，宣扬阶级调和论、人性论、和平主义"（15种）：《三家巷》《苦斗》（欧阳山）、《火种》（艾明之）、《大波》（共4部）（李劼人）、《太阳照在桑干河上》（丁玲）、《苦菜花》（冯德英）、《文明地狱》（石英）、《在茫茫的草原上》（玛拉沁夫）、《山乡风云录》（吴有恒）、《三月雪》（肖平）、《变天记》《山河志》（张雷）、《普通劳动者》（王愿坚）、《我们播种爱情》（徐怀中）、《工作着是美丽的》（陈学昭）；

（4）"歪曲和攻击社会主义革命和社会主义建设"（13种）：《上海的早晨》（周而复）、《在和平的日子里》（杜鹏程）、《乘风破浪》（草明）、《风雷》（陈登科）、《在田野上，前进！》（秦兆阳）、《香飘四季》（陈残云）、《金沙洲》（于逢）、《归家》（刘澍德）、《水向东流》（李满天）、《过渡》（沙汀）、《南行记续编》（艾芜）、《高高的白杨树》《静静的产院》（茹志鹃）；

（5）"丑化工农兵形象，歌颂叛徒，美化阶级敌人"（11种）：《红日》（吴强）、《暴风骤雨》（周立波）、《破晓记》（李晓明、韩安庆）、《桥隆飙》（曲波）、《屹立的群峰》（古立高）、《红路》（扎拉嘎胡）、《清江壮歌》（马识途）、《辛俊地》（管桦）、《铁门里》（周立波）、《战斗到明天》（第一部）（白刃）、《新四军的一个连队》（胡考）；

（6）"大写所谓'中间人物'，反对塑造工农兵英雄形象"（10种）：《下乡集》《三里湾》《灵泉洞》（赵树理）、《丰产记》（西戎）、《李双双小传》（李准）、《山乡巨变》（周立波）、《东方红》（康濯）、《桥》（刘澍德）、《我的第一个上级》（马烽）、《高干大》（欧阳山）。

“文革”后到处高呼“毛主席是我们心中最红最红的红太阳”，“文革”前出版的书中，凡涉及“太阳”的词汇都成为“问题”。如《新华字典》中“阴”字的释义之一“乌云遮住太阳”，“毒”字下例句有“太阳很毒”，均有“影射”之嫌，会被“造反派”上纲为“恶毒攻击”，商务印书馆“文革”开始时刚有20万册《新华字典》印装好，因此不敢发行，写报告向上级请示后杳无音讯，只好全部封存（全国封存的《新华字典》有70万册）。上海出版的一本科技书中解释太阳黑子，被说成是“攻击毛主席”；还有介绍水稻杂交的，说是“敌我不分”，对《龟兔赛跑》的寓言读物，说是“宣扬爬行主义”，如此等等。

（四）出书数量锐减

“文革”开始的第一年，全国出版图书数量从1965年的20,143种（其中新出12,352种），骤降到11,055种（其中新出6790种），减少将近一半。1967年，图书品种又猛降到2925种，只有“文革”前1965年的14.5%，1968年至1970年，每年出书均在三四千种左右。

1966年至1970年的五年内，全国49家出版社出版的图书（不包括马恩列斯著作、毛泽东著作、图片）总计2977种，总印数51.57亿余册（张），大部分是1969年、1970年两年内出版的。其中政治读物大部分是选编报刊文章，种数占19.6%；共印26亿余册，约占图书总印数的50%。

再从1970年全国图书出版的具体情况来分析，全年共出图书（不包括毛泽东著作、毛泽东像，单张图片和中小学课本）2773种，总印数9.12亿册，用纸量4.2万吨，比前三年每年平均用纸量增长一倍多。

这些书绝大部分是地方出版单位出版的。全国29个省、自治区、直辖市，有33家出版单位出书，共出了2494种，占总数的90%；中央一级出版单位有14家出书279种，占10%。全国出版新书在100种以上的，仅有上海、浙江、广东、辽宁、江西、江苏、甘肃7个省市。

从书的内容看，绝大部分是配合当前政治学习的小册子，品种比较集中。2700多种新书中，有80%左右是汇编报刊上发表的文章。分类情况是：

1. 政治读物：共出版1843种，其中汇编“中央两报一刊”[1]社论、文章及

1　“中央两报一刊”指《人民日报》《解放军报》和《红旗》杂志。

《学习文选》等就有993种，占53.9%；其余多是"活学活用毛泽东思想""革命大批判"文选以及工业学大庆、农业学大寨、全国学人民解放军通讯报告选之类的小册子。

2. 文艺读物：共出版393种，其中"革命样板戏"的剧本、曲谱、主要唱段选、剧照画册等就有245种，占62.3%；其余多是根据"样板戏"和报上宣传的人物改编的故事、演唱材料。新创作的文艺作品很少。

3. 科技读物：共出版298种，其中医药卫生方面的书有66种，多为《赤脚医生手册》《中草药手册》、医药卫生常识之类；有关农业生产的小册子出了54种，自然科学方面的小册子出了39种。

4. 少年儿童读物：共出版169种，其中连环画册出版了86种，大部分是根据"样板戏"和报上宣传的人物事迹改编的；有10个省、市出版了《红小兵》（不定期出版的小册子）或"红小兵读物选辑"共58种。

5. 语言文字、历史、地理方面的图书几乎没有，仅辽宁省出版了一本《学生字典》（是1966年至1970年五年内出版的唯一一本），地图出版社重印的地图21种。

从书的印数看，其中数量较大的有《红灯记》等4种"革命样板戏"剧本普及本和主旋律本，北京一地共印了1260万册；上海出版的《智取威虎山》连环画册印了500万册；辽宁出版的《学生字典》印了316万册；天津、上海出版的《赤脚医生手册》都印了100余万册。

（五）编辑出版队伍中的几种活思想

"文革"开始后的几年，新书出版的数量很少，原因在哪里？出版口于1971年2月召集12家中央一级出版社的编辑出版人员开了三次座谈会。据会上反映的情况，主要原因是在编辑出版人员中存在着"一怕、二等、三应付"的"活思想"。

"一怕"——怕犯政治错误。觉得"文化大革命"后，自己的思想跟不上形势，"弄不好就要犯错误"，不如少出几本书，"少出书总比多出书保险"。

怕选题吃不准，"费力不讨好"。上级交下来的任务敢大胆干，自己编新书则缩手缩脚。人民文学出版社的同志说："出版样板戏剧本，是上级交给的政治任务，我们全力以赴，保证完成。其他的书，从我们思想上就决心不大，能出就出几本，一时吃不准，放下也行，所以书出得很少。"有的编辑反映，由于有些政策界限不大清楚，什么书该出，什么书不该出，心里没个底，想来想去，"还是剪刀加糨糊保险"。

怕抓了业务被人说成是"不突出政治""用业务冲击运动"，认为"抓业务危险"。领导干部中这种思想比较突出。有的出版社的领导说，"少出几本书，天塌不下来，运动搞不好还了得！"

"二等"——"等四届人大召开以后，体制定了，方针任务明确了，才好工作。""现在斗、批、改任务很重，等清队结束，斗、批、改有了眉目再出书。"人民美术出版社1970年上半年除出版毛泽东像外，其他业务基本停止，下半年才开始抓，连环画册一年只出版了1种《无限忠于毛主席的川藏运输线上十英雄》。

"三应付"——由于思想上有了"怕"字和"等"字，出书就是消极应付了。有人说，现在是"过渡时期"，能出多少算多少。有的出版社领导认为，出书无指标，无计划，是"软任务"，能应付门面就行了。

有不少编辑都想改行。有的"文革"中分配到出版社的青年编辑不安心工作，对分配到工厂、部队的同学很羡慕。

也有些人反映，新的出版工作怎么搞，心里没有底。编出来的新书有的拿不准，而且"送审无门""没人拍板"，也是出书少的一个客观原因。

上海市1969年8月成立"上海市出版革命组"后，不少人也存在"出版这一行是危险地带""编辑这碗饭不好吃"等"活思想"，不敢大胆出书，4个多月内出书寥寥无几，全年只出版新书16种。

"造反派"抢夺"毛主席著作出版大权"纪实[1]

"文革"开始时，林彪、江青一伙为了篡党夺权，大造反革命舆论，煽动"怀疑一切、打倒一切"，严重搞乱了人们的思想。在出版战线，他们不仅全盘否定新中国出版事业所取得的成就，诬蔑十七年来的出版工作是"反党反社会主义的黑线专政"，还全盘否定解放区出版工作的革命传统，全盘否定国民党统治区的进步出版工作。他们臆造出版界从20世纪30年代到60年代"贯穿

1　原载《出版史研究》第3辑，中国书籍出版社1995年版。

着一条黑线"，诬蔑长期从事出版工作的大批领导干部，说什么老解放区来的是"走资派"，国民党统治区来的是"敌、特、叛"；业务骨干不是"黑线人物"，就是"修正主义苗子"。在林彪、江青一伙的煽动下，学术界、文艺界等各界的大批专家、学者和著名作家被任意扣上"资产阶级反动权威""反革命修正主义分子""反共老手"等帽子，列为"全面专政"的对象，一时造成极大的恐怖和严重的混乱。

"文革"开始后，林彪、江青一伙把中央宣传部、文化部的领导班子成员打成"反党反社会主义的修正主义分子"，强加给他们的一条重要"罪名"，就是"反对毛泽东思想，压制毛主席著作的出版发行"。

20世纪50年代末至60年代初，在学习和宣传毛泽东思想中出现了简单化庸俗化的倾向。1960年3月24日，毛泽东主持召开中共中央政治局常委会，提出要正确地宣传马克思列宁主义、毛泽东思想，不能搞简单化庸俗化。根据中央指示，中央宣传部出版处处长包之静主持对这个问题进行了深入的调查研究，发现在一些图书报刊上，有些文章把毛泽东思想当成现成公式任意套用，把某些技术方面的创造发明，简单地生硬地说成是应用毛泽东某一句话的结果；有些文章则把毛泽东的战略战术思想，牵强附会地和医治某种疾病直接联系起来。根据调查的情况，包之静负责起草了《关于毛泽东思想和领袖革命事迹宣传中一些问题的检查报告》，明确提出在学习和宣传毛泽东思想时，要反对简单化、庸俗化和形式主义。1961年3月15日，这个报告经中共中央批准转发全党，对纠正林彪制造的思想混乱，正确宣传和学习毛泽东思想，起到了重要作用。[1]这件事在"文革"中被批判为"刘、邓司令部批准阎王殿炮制的黑文件，使'简单化''庸俗化'两根大棒得到了'合法地位'，文件散发到全党全国，起了极坏的作用。从此'简单化''庸俗化'的大棒到处挥舞，极大地破坏了活学活用毛主席著作的群众运动。"林彪、江青反革命集团为此大做文章，将这件事作为中央宣传部"反对毛泽东思想"的重要罪证之一。执笔人包之静长期受到迫害，1971年10月于下放劳动地宁夏含冤去世。

从1949年10月到1965年，《毛泽东选集》（一至四卷）已出版1146万部，由于多为公费购买，需要量巨大，因纸张供应不足，印刷生产力紧张，需要分批印制，一时还不能充分满足需要；而《毛泽东著作选读》甲、乙种本已出版

1　袁亮：《怀念包之静同志》，《出版史料》2004年第3期。

7894万部（册），毛泽东著作的汇编本、单篇本已出版6.8亿多册，不仅已充分供应，在书店中已发生积压。因此，所谓"压制毛主席著作出版发行"的罪名，完全是别有用心的借题发挥。

1966年5月18日，林彪在中共中央政治局扩大会议上竭力鼓吹个人崇拜，宣称"毛主席的话，句句是真理，一句超过我们一万句"，"他的话都是我们行动的准则，谁反对他，全党共诛之，全国共讨之"。6月7日，林彪控制的《解放军报》发表社论，强调"毛泽东思想是我们的命根子，不论什么时候，不管什么样的'权威'，谁反对毛泽东思想，我们都要全党共诛之，全国共讨之"。这样，就把《毛泽东选集》供应不足，同"反对毛泽东思想，压制毛主席著作出版发行"的"罪名"画了等号。出版界的"夺权"斗争，正是从这一问题上打开缺口的。

1966年底，文化部报经中央宣传部和国务院文教办公室批准，于1967年1月10日在北京召开"全国毛主席著作印制计划会议"的筹备会，讨论1967年出版《毛泽东选集》一至四卷8000万部的计划。1月4日、5日，上海市在张春桥、姚文元的策划下，发生了《文汇报》《解放日报》被"造反派"夺了权，进而发展到向党和政府全面夺权的所谓"一月革命"风暴。这股风迅速蔓延到北京，文化部召开的毛主席著作印制计划会议筹备会开到第六天，印制毛主席著作的许多物资缺口问题还无头绪。1月16日，会议就被人民出版社、农村读物出版社的一个"造反"群众组织造了反。

对于这样一个经国务院总理和中央宣传部部长同意，国务院文教办公室正式批准的会议，"造反派"提出的"造反理由"主要有以下3条：

第一，解放十六年来，文化部党委从没召开过一次出版毛主席著作的工作会议，一直阻挠、抵制和破坏毛主席著作的出版。但是，文化大革命以来的半年时间中却召开了两次全国毛主席著作印制工作会议。这不过是个幌子，是为了给反革命修正主义文化部涂脂抹粉，对抗无产阶级文化大革命，保护自己过关。他们背着党中央非法召开这次会议，说穿了，这是个打着红旗反红旗的会议，是个政治大阴谋！

第二，开这样重大的会议，应该由出版界革命造反派来召开和主持。但是，这次会议却由顽固坚持资产阶级反动路线的颜金生和史育才[1]来领导，是可忍，孰不可忍？

第三，参加会议的人员中，有局长6人，处长21人，科长10人，大部分人是政治面目还没搞清的当权派，都不是从当地革命造反派中推选出来的。

由此可见，这个会议是破坏无产阶级文化大革命，对抗毛主席的革命路线，抗拒革命造反派夺取出版局的领导权。这是资产阶级反动路线的新反扑，这是当前形势下无产阶级夺权和资产阶级反夺权的斗争！……

会议在一片吵嚷声中草草收场。

1月22日，《人民日报》在第三版以半版的篇幅发表了"首都出版系统革命造反委员会、上海出版系统革命造反司令部、上海工人革命造反总司令部、首都职工革命造反总部、首都红卫兵革命造反总司令部（第三司令部）、《人民日报》遵义红旗战斗团、中共中央高级党校红旗战斗队、人民出版社、农村读物出版社遵义战斗兵团"等22个群众组织的联合宣言，大字标题为：《革命造反派联合起来，夺取出版大权，担负起传播毛泽东思想的伟大政治任务》，同时发表《人民日报》评论员的短评：《出版毛主席著作的大权我们掌》，评论在引用毛泽东语录"天下者我们的天下。国家者我们的国家。社会者我们的社会。我们不说，谁说？我们不干，谁干？"后紧接着说："我们革命造反派一定要牢牢地掌握出版部门的大权，使它成为宣传毛泽东思想的牢固阵地。"

文化部副部长颜金生、赵辛初二人曾于1月6日代表文化部党委[2]写报告给康生，汇报文化部拟召开毛主席著作印制会议的有关情况，未见答复。1月10日会议开始后，颜金生于11日在民族饭店再次写信催询。康生办公室12日上午回电话传达康生的意见：①会议暂时先不一定开，不一定在这时开。他很忙，抽不出时间来。②以后文化部的事情可以找"中央文革小组"，找王力，由他们那里管，印毛著的事也和他们联系，开会的事和王力商量后办。颜金生接到电话后立即给王力写信，要求安排去向他做一次简单的口头汇报。王力一直没有答复。

1月26日晚，王力却在人民大会堂山东厅接见人民出版社和北京新华印刷厂

1　颜金生是文化部副部长，史育才是文化部出版局副局长。
2　此时，文化部主持工作的副部长萧望东以及其他几位副部长多已被北京的"造反派"揪走，主管出版工作的副部长石西民已被上海的"造反派"揪至上海接受批斗。

等单位的"造反"组织代表。王力向同时参加接见的江青、陈伯达介绍:"他们是造了那个会(指民族饭店的会议)反的同志。""造反"的头头说:"我们已经把出版毛主席著作的大权夺过来了!"江青高兴地说:"你们夺权夺得好!"那个头头汇报了"造反"经过后说:"现在我们要联合全国革命造反派,特别是出版界的革命造反派一起,大出特出毛主席著作,要使今天的中国成为毛泽东思想的中国,明天的世界成为毛泽东思想的世界!"江青说:"你们的气魄很大,我们坚决支持你们!"陈伯达也在一旁说:"有气概,支持你们!"这时有人插话:"那个会是文化部颜金生指挥的。"江青说:"颜金生也不是好东西!"上海出版系统的一个"造反派"代表在汇报中说,轻工业部太不像话,把做鞋底的塑料放在第一位,把印《毛泽东选集》用的塑料放在第六位,要造轻工业部的反。江青说:"这个反应该造。"

江青、陈伯达要到另外的厅去会见另一批人,离开会场时江青再次向大家表示:"我们坚决支持你们!我们感谢你们!"王力留下继续谈话,他说:"你们已经夺了权,就要行使权力。不一定派人到各地去串联,可以发号召,如果一定要派人去,也不是串联,而是正常的派出工作,行使权力。""你们要向全国发布命令,实行权力。""凡是夺了权的地方,如山西,你们就不一定要派人去,而是要把任务交给山西革命造反总指挥部,要他们派主要的负责人来抓毛主席著作出版工作。"这时有人提出要成立全国组织问题,王力回答:"成立全国革命造反派出版毛主席著作委员会筹委会是可以的。"当有人提出召开"全国革命造反派出版毛主席著作会议"问题时,王力说,这个会议"是一定要召开的,什么时候开要等一下,因为全国现在正在夺权"。

1月27日,由北京、上海26个"造反"群众组织组成的"全国革命造反派出版毛主席著作委员会筹备委员会"印发的"第一号通告"宣布,"筹委会"已于1月23日在北京成立,宣告"彻底砸烂旧文化部、旧出版局,出版、印刷、发行毛主席著作的一切大权归这个委员会,委员会正式成立前,由'筹委会'代行职权"。并宣称:"任何人胆敢阻挠、破坏毛主席著作的出版,以现行反革命查处!"

2月11日,"筹委会"印发海报宣布即将召开"在京革命造反派出版毛主席著作誓师大会"(后未开成)。

2月12日,中共中央、国务院发出通告,决定取消一切所谓"全国性组织"。"筹委会"的头头即向王力处请示如何办。14日,王力秘书电话传达王

全国革命造反派出版毛主席著作委员会筹备委员会

第 一 号 通 告

大海航行靠舵手，万物生长靠太阳，干革命靠的是毛泽东思想。我们最最敬爱的伟大领袖毛主席是当代最伟大的马列主义者。毛泽东思想是当代马列主义的顶峰。毛主席的宝书是我们革命人民的命根子。今天，我们革命造反派联合起来，砸烂了旧文化部、旧出版局，把出版毛主席著作这个大权从走资本主义道路当权派的手中夺过来了！

为了响应我们伟大领袖毛主席的"抓革命，促生产"的伟大号召，为了进一步推动全国革命造反派的大联合、大夺权，为了满足亿万工农兵群众对毛主席著作的如饥似渴的需要，为了超额完成党中央所决定的今年出版八千万套《毛泽东选集》这一光荣伟大的政治任务，特此通告如下：

一、在革命造反派大联合、大夺权的斗争中，"全国革命造反派出版毛主席著作委员会筹备委员会"于一月二十三日在北京宣告成立。

二、彻底砸烂旧文化部、旧出版局，出版、印刷、发行毛主席著作的一切大权，归"全国革命造反派出版毛主席著作委员会"。在委员会正式成立之前，由这个委员会的筹备会代行职权。

三、"全国革命造反派出版毛主席著作委员会筹委会"号召全国各大区、省、市的革命造反派行动起来，联合起来，将本地区出版毛主席著作这个大权从走资本主义道路的当权派手里夺过来，建立地方的革命造反派出版毛主席著作委员会。

四、全国革命造反派必须最坚决响应毛主席"抓革命，促生产"的伟大号召，彻底粉碎反革命的经济主义的进攻，以最快的速度，最好的质量，出色地完成出版毛主席著作这一最光荣、最伟大的政治任务。

任何人胆敢阻挠、破坏毛主席著作的出版，以现行反革命查处。

全国革命造反派出版毛主席著作委员会筹备委员会

一九六七年一月二十七日

1967年1月27日，由北京、上海26个"造反"群众组织组成的"全国革命造反派出版毛主席著作委员会筹备委员会"成立后印发的"第一号通告"。

力的意见："你们可以改变组织形式，继续工作。"并说："机构要小一些。"关锋在旁说："我们中央文革还是小组嘛，你们是否叫印刷小组？""筹委会"的头头回答说，叫"印制小组"好一些。关锋说可以。于是"筹委会"就取消"全国"二字，更名为"革命造反派印制毛主席著作工作小组"（简称"印制小组"）。

2月下旬，"印制小组"写报告要求开全国毛主席著作出版会议，25日王力答复说："要开你们就开。"于是"印制小组"紧锣密鼓，发通知，订会场，组织接待班子，制定毛主席著作印制计划，着实大忙了一阵。同时，还给周总理写信，要求总理给会议做指示。

3月6日下午5时，王力的秘书突然给"印制小组"打电话，传达中央首长批示："《毛选》注释、出版、印刷一切事宜权力都属于中央，全国会议不开了，立即通知停止。"

"印制小组"接到通知后，决定停止工作，并准备从文化部出版局撤出派去的"监督小组"人员。3月7日，王力的秘书在电话中了解"印制小组"情况后，批评小组不应"紧急刹车"，次日又到人民出版社找"印制小组"负责人，说："中央文革小组派我来了解情况。我们没有意思要你们紧急刹车。你们的日常工作不能停。"

这个"印制小组"折腾了三个月就结束了。

"文革"期间出版管理机构的变化

1967年1月19日，文化部机关被"造反派"夺了权，包括出版事业管理局在内的各部门业务工作全部陷于瘫痪。

4月30日晚，周恩来总理在中南海小礼堂接见中央机关各派群众组织的代表，在讲话中提到："文教口子已经拆散。中央文革小组直接管中宣部、文化部、教育部、新华社。中央文革小组下设宣传出版、艺术电影、教育三组。出版局属出版组管。剩下卫生部另外分口。"

不久，"中央文革小组"办事组宣布：经中央批准，文化部由"中央文革小组"接管。决定委派王力、关锋、戚本禹负责具体接管工作。文化部出版局及其直属单位由"中央文革小组"宣传组接管，文化部其他司局及其直属单位由文艺组接管。

从1967年5月直到1976年10月"文化大革命"结束，在"文革"期间，全国出版管理机构先后有"毛主席著作出版办公室""国务院出版口""国家出版事业管理局"三个部门；地方的出版管理机构也有较大变化。

（一）毛主席著作出版办公室

"中央文革"宣传组从1967年4月开始，就派人分别和首都出版系统的两大派群众组织联系，了解情况，酝酿成立一个业务班子。经过短时期的酝酿，于5月11日成立了"毛主席著作出版办公室"，地址借用北京朝阳门内南小街中国文字改革委员会的二楼。

"毛主席著作出版办公室"的任务和工作范围，在"中央文革小组宣传组办公室"印发给中央有关部委、军队、新闻单位和各省、自治区、直辖市革命委员会（筹备小组）、军管会的通知中作了如下说明："根据中央文革小组关于旧文化部出版局及所属单位归中央文革宣传组管理的决定，为了使原出版局一些急需办理的业务、行政工作照常进行，暂定由'毛主席著作出版办公室'

代行原出版局的领导职权。"

"毛主席著作出版办公室"下设秘书、印制、物资三个组，工作人员前后略有变动，参加工作时间较长的有13人，分别来自下列各单位：国家计划委员会文教局、轻工局各1人，文化部办公厅、出版局各1人，人民出版社3人，科学出版社、中国印刷公司、纸张供应站、新华书店北京发行所、北京新华印刷厂、人民教育印刷厂各1人，由常工负责。1968年12月底，"首都工人、解放军毛泽东思想宣传队"进驻办公室，工、军宣队共5人，分别来自解放军政治学院的解放军3人和北京新华印刷厂2人，由王济生负责。

"毛主席著作出版办公室"是在一个特殊时期成立的临时性出版机构。办公室成立后，主要做了以下一些工作：

1. 首先抓1967年完成《毛泽东选集》一至四卷8000万部的出版任务；

2. 为《毛泽东选集》第五、六卷的出版，编制印制计划和进行物资的准备工作；

3. 制定年度的毛泽东著作、毛泽东像出版计划，经中央批准后下达，并检查各地执行情况；和中央有关部委会商出版物资生产计划的制定和向全国分配供应工作；

4. 办理毛泽东著作新版本、毛泽东新摄影像向中央报批和布置印制工作；

5. 有关毛泽东著作正文和注释修改的执行和检查工作；

6. 汇总毛泽东著作、毛泽东像全国出版统计；

7. 1969年组织有关部门在中国美术馆举办了一个名为"毛主席的革命路线在出版战线的伟大胜利展览会"，于5月预展，10月开始内部展出，12月底停办；

8. 办理中央文革临时布置的其他出版任务；

9. 除毛泽东著作、毛泽东像出版工作外，还负责全国其他图书及课本、报纸、期刊出版用纸及印刷机械等物资的申报、分配、管理工作（自1971年起，地方出版用纸不再向办公室申报）。

1970年10月，根据周恩来总理的指示，"毛主席著作出版办公室"并入当年5月成立的"国务院出版口"。

（二）国务院出版口

1969年7月，国务院值班室向"首都工人、解放军驻文化部毛泽东思想宣传队总指挥部传达"中央文革"关于"出版工作要抓一下"的指示,总指挥部从文化部直属的出版单位中抽调了12名编辑、出版、印刷、发行工作人员组成"出版小组"负责处理出版业务(主要是出版"革命样板戏"剧本、画册),由张指南任组长。

1970年5月9日,周恩来接见文化部工、军宣队领导小组负责人,宣布撤销驻文化部的总指挥部,支左的解放军和工人回原单位。调整文化部机构,保留电影、出版、文物三个口,逐步归国务院文化组接管(后来实际没有接管)。

5月23日,国务院批准成立"出版口三人领导小组",领导文化部直属的出版、印刷、发行单位,由杜润生任组长。同年10月,"毛主席著作出版办公室"并入出版口后,成立"出版口五人领导小组",由王济生任组长。1972年3月,中共中央决定在已建立党委的地方和单位,撤销"三支两军"的机构和人员。不久,王济生等军队人员根据解放军总政治部通知离开出版口,回军队原单位。国务院调原文化部副部长徐光霄为出版口领导小组负责人,主持出版工作。

出版口的机构设置为三部(政治部、出版发行部、印刷部)、二室(办公室、计财室);后出版发行部分为出版部、发行部(发行部与新华书店总店为两块牌子,一套机构),机关编制为80人。

(三)国家出版事业管理局

1973年7月,国务院决定撤销出版口,成立国家出版事业管理局(简称"国家出版局"),直属国务院领导。局设领导小组,由6人组成,徐光霄任组长,下设办公室、计财室、政治部、出版部、印刷部,人员为60人。

1975年4月,原文化部副部长石西民任国家出版事业管理局局长。局机关下设三部(政治部、出版部、印刷部)、三室(研究室、办公室、计财室),编制100人。

这一时期的领导人及任职时间:国家出版事业管理局领导小组组长徐光霄(1973年9月—1975年3月);局长石西民(1975年3月—1977年5月)。

(四)地方出版管理机构

"文革"开始后,各省、自治区、直辖市的出版管理机构随着本省(区、市)机构、体制的变化,出现了多种情况。如上海市于1969年8月打破社界,成立了全市统一的出版机构——上海市出版革命组（1970年10月1日改称"上海人民出版社"）；辽宁、江西、宁夏等省（区）将出版、印刷、发行工作合一，统称"新华书店"；广东、黑龙江等省统一改称"人民出版社"。1967年"中央文革"宣传组成立"毛主席著作出版办公室"后，许多省、区、市也纷纷成立同样机构，多数称"××省（区、市）毛主席著作出版办公室"，也有称"出版发行办公室"或"印制发行办公室"。有少数地区称"××省革命委员会宣传组出版组"，浙江省称"出版事业管理局"，江苏、安徽等省称"出版发行局"。1973年"国家出版事业管理局"成立以后，各省、自治区、直辖市逐渐改称"出版局"。

"文革"十年毛泽东著作出版概况[1]

从1949年10月1日中华人民共和国成立，到1999年12月，五十年间，全国共出版图书（包括书籍、课本、图片）2,028,436种，总印数1861.39亿册（张），其中1966年至1976年的"文革"时期，共出版图书91,869种，总印数300.17亿册（张）。而在这300.17亿册（张）的数字内，毛泽东著作、单张毛泽东语录、诗词和毛泽东像就达108亿册（张）之多，这仅是出版社的正式出版物，如果加上"文革"期间许多机关、团体、学校、部队和群众组织编印的大量毛泽东著作和毛泽东像，其数量更加惊人，这是我国出版史上空前绝后的现象。

（一）"文革"前的出版概况

1949年2月，中央宣传部出版委员会在解放了的北平成立后，向各解放区调查了图书出版情况。据不完全统计，从1940年至1949年8月，华北、华东、西北、东北、华中五个地区共出版毛泽东著作71种、516.87万册（1940年以前的数字没有材料可以统计）。

1949年10月以前的出版委员会、10月以后至1950年4月以前的出版总署出版局、1950年4月至11月新华书店总管理处三个时期出版的毛泽东著作，大部分用"新华书店"名义，一小部分用"解放社"名义出版。1950年12月人民出版

1　本节部分内容原载《湘潮》总第191期，2000年11月20日。

社成立后，全部用"人民出版社"名义出版。

新闻总署于1949年10月1日成立后，国际新闻局即以"外文出版社"的名义出版毛泽东著作单篇本。第一本是用英、法、德、印度尼西亚、阿拉伯文出版的《论人民民主专政》；1952年外文出版社成立后，最早出版的是《实践论》（英、俄文）、《矛盾论》（英文）。

1953年1月，民族出版社成立后，以蒙、藏、维吾尔、哈萨克、朝鲜五种民族文字，陆续翻译出版了毛泽东著作的选集、单篇本、合编本等。

1949年10月至1959年12月，据版本图书馆收到的毛泽东著作（汉文版）样书统计，《毛泽东选集》第一、二、三卷共印1389万册；毛泽东著作单篇本、专题汇编56种，累计印数在100万册以上者有19种，其中印数最多的前5种为：《关于正确处理人民内部矛盾的问题》（2185.79万册）、《关于农业合作化问题》（1810.14万册）、《实践论》（1309.74万册）、《矛盾论》（1285.75万册）、《中国共产党第八次全国代表大会开幕词》（693.67万册）。

20世纪60年代初，随着学习毛泽东著作的热潮在全国兴起，各方面对毛泽东著作的需求急剧增长。从1951年到1965年的十五年间，《毛泽东选集》（一至四卷）的累计印数1146万部；65种毛泽东著作的单行本共印了6.1亿余册；1964年出版的甲、乙两种《毛泽东著作选读》，到1965年底，总印数已达7894万部（册）。但是，《毛泽东选集》从1951年开始出版后，实行计划分配办法，一直供不应求，长期脱销。读者的意见很多，人民出版社1965年收到有关毛泽东著作的读者来信2500余件，其中有63%指名要买《毛泽东选集》。

文化部1965年1月召开《毛泽东著作选读》出版工作会议，请《毛选》出版委员会的田家英做报告。田家英对《毛选》供应不足的原因做了说明。他说，《毛选》一、二、三卷主要是进城以前编的，当时材料不够，注释不够满意，要重新审订，近几年又发现了许多主席以前的著作，有的也要加进去。因为考虑要出第二版，所以对《毛选》第一版控制了一下。为了照顾读者急需，后来就决定出《毛泽东著作选读》。选读本选的是一些最基本的东西，可以长期印行。田家英接着介绍了《毛选》出版委员会1965年的工作，一是编《毛选》第五卷，二是编《毛选》第二版，计划1966年把一、二、三卷编好，1967年陆续出版。在这以前着重出《选读》本，这对广大读者就够了。

1965年3月，文化部通知全国出版部门将《毛泽东著作选读》的印制列为第一位的工作，争取年内做到基本上满足读者的需要，同时安排印制《毛选》（一至四卷）普及本100万部，以应急需。北京市新华书店于国庆节在王府井等六个门市部"投放"1万部《毛选》，不到两个小时就被读者抢购一空。其他个别城市因"投放"工作有缺点而发生了群众"闹事"现象。

人民出版社同新华书店在北京、湖北等地向各阶层读者做了调查，估算至少要有1100万部以上的《毛选》才能基本满足读者的需要。

文化部党委于1966年2月10日向中央写报告，汇报《毛选》的需要和印制安排情况。报告中说："按照必须高质量印制以及纸张供应、印刷能力的具体情况，要在一年内重印《毛选》一千多万部（等于过去15年的总印数），是办不到的，只能分批予以满足。"报告提出1966年重印《毛选》500万部的安排打算。中共中央于2月21日批准了这一报告，并转发全国执行。

（二）"加速大量出版毛主席著作"

1966年5月召开的中共中央政治局扩大会议，批判了彭真、罗瑞卿、陆定一、杨尚昆的"反党错误"，并决定停止和撤销他们的职务。中央宣传部进行了改组，由中共八届十一中全会新当选为中央政治局常委的陶铸任中宣部部长。

6月30日，文化部党委向中央上报《关于加速印制毛主席著作的请示报告》，《报告》说，文化部将动员全国出版、印刷、发行单位广大革命群众和广大革命干部，用集中力量打歼灭战的方法，千方百计扩大毛主席著作的印行数量。《报告》根据陶铸提出"停印可以不出的书刊大量印制毛主席著作"的指示，提出和采取的"革命措施"有：初版新书凡是不应出，或可出可不出的，坚决不出；再版图书，暂时一律不印。一般刊物，性质相同的可以合并，有的可减少篇幅或延长刊期，有的可以暂时停办；报纸不要随意增加印数。"要把一切可以用于印制毛主席著作的纸张全部拿来印制毛主席著作。"《报告》提出1966年和1967年两年的印数计划：《毛选》（一至四卷）2300万部，《选读》甲种本2800万部、乙种本5200万册，《语录》2亿册（不包括部队和中央各部委印数）。

7月12日至16日，文化部召开"毛主席著作印制工作会议"，制订1966年、1967年大量印制毛主席著作计划。石西民副部长在报告中提出：《毛选》（一至四卷）1966年在原定印制500万部的基础上增加到1000万部以上，1967年再印2500万部，两年共印3500万部以上；《选读》甲、乙种本印6000万部

（册），总政版《语录》印2亿册。他说，1966年全年书籍用纸共7.2万吨，计划用4.6万吨印制毛主席著作；全年课本用纸7万多吨，由于学制改革，课本用纸有余，也可用来印毛主席著作。全国书刊铅印生产能力现有500多万令，今年计划用50%来印毛主席著作。

7月15日，《人民日报》在第三版以整版篇幅，冠以大字通栏标题："高举毛泽东思想伟大红旗，向以周扬为首的文艺黑线开火"，发表了四篇文化部的大字报，为首的第一篇就是出版局一名参加工作不久的大学生写的题为《控诉周扬阻挠出版毛主席著作的罪行》，文中说"统治了文化部门的黑帮头子周扬和他们的一伙一直不让多印毛主席著作，他们却为牛鬼蛇神大开绿灯，鼓吹出版社要多出些古今中外封建主义、资本主义、修正主义的书"。还举例说，"1962年重印《红楼梦》《三国演义》等书用纸7500吨，而印毛主席著作仅用纸70吨"。

7月25日，文化部党委向中央写请示报告，说根据陶铸要文化部研究是否可将《毛选》（一至四卷）普及本定价由每部3.25元降至2元的意见，提出两个方案请中央审定。一是每部降价为2元，以1966年和1967年两年计划印数计算，国家将减少收入约4300万元；另一方案降为2.50元，国家将减少收入约2600万元。由于降价减少收入的数字较大，需要由财政部门补贴。

文化部和财政部于8月10日向全国文化（出版）局、财政厅发出联合通知，称中央已同意《毛选》普及本定价降为2元一部，并对降价后影响财政预算问题提出处理办法。随后，《选读》和《语录》的各种版本也降低了定价。

8月8日，全国报纸都在头版头条位置发表《中共中央决定大量出版毛主席著作》的新华社消息。报道说：中共中央号召全国出版、印刷、发行部门的广大干部和职工立即动员起来，全力以赴，把出版毛主席著作作为压倒一切的任务。消息中宣布：《毛泽东选集》1966年、1967年两年全国计划印行3500万部；《毛泽东著作选读》甲、乙种本和毛主席著作单行本在今明两年内做到充分满足需要。《人民日报》同时发表《全国人民的大喜事》的社论，认为这是"文化大革命的又一个巨大胜利"。

文化部于8月19日向全国出版部门发出特急通知，要求各地根据中央指示，又好又快地坚决完成1966年、1967年印制毛主席著作的政治任务。接着，中央有关部门纷纷采取优惠措施，表示对中央决定的支持。主要有：

1. 第一机械工业部召开印刷机械紧急会议，部领导在会上提出要"全力保证印制毛主席著作所需要的印刷机械的供应，需要多少就造多少，要什么品种就造什么品种"。

2. 国家经委向国务院工交各部和民航总局发出通知，决定自9月1日起，全国交通运输部门对毛主席著作、领袖像，做到优先拨车、优先装运，不得积压；凡持各级文化、宣传部门、新华书店、机关团体、部队介绍信，向铁道部、交通部所属的运输单位，邮电部所属的各地邮局，民航总局经营的部分航线托运或邮寄毛主席著作，运费、装卸费、邮递费一律免收；如果装卸单位是集体所有制的，装卸费用由承运部门支付。民航部门向全国各地运送的毛主席著作纸型，也一律免费。

3. 财政部发出通知，规定对毛主席著作、毛主席像的出版发行，免征工业环节和零售环节的工商统一税，印刷厂承印毛主席著作所得的收入、印刷毛主席著作所用的纸型和塑料皮面、塑料布均不征税。

4. 中国人民银行总行发出通知，规定各地银行对出版、发行毛主席著作所供应的资金可以免计利息。

5. 全国物价委员会规定，印《毛选》的凸版纸出厂价格降低20%左右，等等。[1]

1967年5月11日毛主席著作出版办公室成立后，以主要力量抓好1967年完成《毛泽东选集》（一至四卷）出版8000万部的任务。六、七月内，办公室的工作人员和从出版、印刷、发行单位抽调部分人员组成的几个调查组，持"中央文革"宣传组介绍信分别到各省、直辖市、自治区了解《毛选》印制计划执行情况。调查中了解，由于年初大部分省、区原有出版领导机构陷于瘫痪，新的领导机构没有建立，《毛选》的印制实际上处于无人负责状态；有的省虽建立了革命委员会或筹备小组，有的地方已实行军管，但大都忙于运动，很少抓《毛选》印制工作。上海市年初有大批工人离厂上北京，一个时期内就走了3000多人，一度使全市印制毛主席著作的生产受到很大影响。各地《毛选》的印制计划完成情况很不平衡。如江苏省全年计划印制200万部，到4月中旬只出书7万余部；安徽省全年计划150万部，只出书6万余部，云南、甘肃、青海、宁夏四省区全年计划印制130万部，到4月中旬还未出书。宁夏承印《毛选》的一家印刷

---

[1] 1969年5月1日，邮电部通知全国邮局，邮寄毛主席著作一律恢复收费；铁道部决定从1970年6月1日起全国铁路交通部门对发运毛主席著作一律恢复收费。其他部门对毛主席著作的优惠措施也陆续停止。

厂竟发生一个群众组织中的部分人在《毛选》第二、三卷的扉页和环衬边沿印上攻击另一个群众组织"大方向正确狗屁""丑得很""打倒联委会"等标语口号，数量达11.1万多张。印制情况较好的北京市，每月印刷力量可达十三四万令纸，而装订力量（包括公社装订厂在内），仅能承担十一二万令，相差1.5万令到2万令纸。由于《毛选》的纸张不能及时充分供应，使有些地区的印刷力量未能充分发挥。担负《毛选》用纸生产的汉阳造纸厂因武斗停产两个月，严重影响了华东、中南和西南11个省、区、市《毛选》的出版；四川、广西等9个省、区的印刷厂因武斗大批工人离厂，造成停产和减产；因武斗造成运输中断、停电或缺电影响生产的情况时有发生。调查组返京后向"中央文革"宣传组做了详细汇报，同时与有关部委商量，采取措施保证《毛选》纸张和印刷物资的供应工作。

7月18日，中共中央向全国各级党委，各军区、军管会，各省、区、市革命委员会发出《中共中央文件》，指出宁夏发生的在《毛泽东选集》扉页和环衬边沿印上标语口号的事件是"一个很严重的政治错误，是绝对不能容许的"。中央责成兰州军区党委对此事进行严肃处理，并要全国各地从中吸取教训，不要再发生此类严重政治错误。

7月24日，国务院、中央军委、"中央文革小组"联名发出中央文件，转发"中央文革"宣传组《关于出版用纸生产和供应情况》的通知。中央决定"对几个重要的造纸厂（如汉阳、宜宾、江西等造纸厂）即由所在地实行军事管制"；并提出"严格控制各高等院校小报发行数量，由各地革命委员会或筹备小组，军管会或军区负责"等措施。（"文革"初期，全国各地高等院校、"红卫兵"等群众组织编印的小报数量众多，仅北京地区的不完全统计即有400余种，每月用纸350余吨。）

这一时期，许多省、市先后建立了"毛主席著作出版办公室"或类似机构，瘫痪的局面逐步改善。经过几个月的努力，《毛选》的印制情况逐渐好转，但仍有部分地区任务完成得不好，甚至个别地区至8月份仅完成全年计划的20%左右。毛主席著作出版办公室于10月4日向"中央文革小组"写了关于《毛泽东选集》8000万部计划执行情况的报告，并对完成全年计划提出"加强领导，突出重点，确保物资供应，狠抓装订，重视质量"的五点建议。

在《毛选》8000万部印制任务距年底完成仅有两个多月的关键时刻，中共中央、"中央文革小组"于10月27日联名向全国发出《中共中央文件》，要求各级领导部门"加强领导，加强协作，保证高质量、高速度地完成全年8000万部的出版计划"。这一通知对完成《毛选》全年计划起了重要的促进作用。到12月20日，《毛选》8000万部的计划提前超额完成。

据1968年初统计，《毛选》（一至四卷）1967年全国共投印10,618万部，实际出书9211万部，还印制了数以亿计的《语录》和选读本、专集、汇编、单编本。

1967年11月，"毛主席著作出版办公室"根据各省、自治区、直辖市出版部门汇报的情况，向"中央文革"提出1968年毛泽东著作、毛泽东像的出版计划。报告中说："根据全国各地群众反映，普遍要求在1968年内，每人（职工、战士、干部、高中以上学生）、每户（主要是农村贫下中农）都能配备'五件宝'：《毛泽东选集》一部、《毛主席语录》（100开本）一本、毛主席著作专集一本、《毛主席诗词》一本、毛主席像三至五张或相册一本。"1967年印制毛泽东著作、毛泽东像共用凸版纸18万吨（其中《毛泽东选集》用纸11万吨）、胶版纸1.5万吨。1968年的计划中提出需要毛泽东著作用凸版纸21.2万吨（其中《毛泽东选集》用纸12万吨）、毛泽东像用纸（不包括相册）2万吨，加上其他书籍、课本、报纸、期刊用纸，报告总计提出1968年共需凸版纸31.2万吨（包括国家储备纸5000吨）、胶版纸2万吨、新闻纸17万吨，同时还提出要求供应印制毛泽东著作需用的塑料2万吨、油墨4200吨、印像用白铁皮400吨等一批物资。

12月2日，中共中央、国务院、中央军委、"中央文革小组"联名向各省、市、自治区革命委员会（筹备小组），军管会，各大军区、省军区发出中共中央中发〔67〕第363号文件，内称："同意这个报告。可将这个报告发给国家计委和经委及其他有关方面，并发给毛主席著作出版计划会议讨论，由国家计委最后决定。"随文附发了"毛主席著作出版办公室"的报告。

为庆贺1967年印制《毛选》8000万部的完成，安排1968年毛泽东著作出版计划，"毛主席著作出版办公室"报经中央批准，在北京召开"毛主席著作出版计划会议"，各省、自治区、直辖市和中央有关部门代表一百余人参加。12月25日会议开幕时，国家计委、一轻部、二轻部、一机部的领导和有关方面代表共250人出席。12月31日，出席会议的全体代表和工作人员参加了在人民大会堂召开的大会，受到毛泽东主席和其他中央领导的接见。

1968年2月24日，毛主席著作出版办公室就1968年毛泽东著作出版和其他出

敬爱的伟大领袖毛主席万岁！
战无不胜的毛泽东思想万岁！

毛泽东同志是当代最伟大的马克思列宁主义者。毛泽东同志天才地、创造性地、全面地继承、捍卫和发展了马克思列宁主义，把马克思列宁主义提高到一个崭新的阶段。毛泽东思想是在帝国主义走向全面崩溃，社会主义走向全世界胜利的时代的马克思列宁主义。毛泽东思想是全党全国一切工作的指导方针。

中国共产党第八届中央委员会第十一次全体会议公报

伟大的毛泽东思想照耀全中国全世界！

毛泽东选集今年出版八千万部

毛主席语录出版三亿五千万册，毛泽东著作选读出版四千七百五十多万册，毛主席诗词出版五千七百多万册

这一光荣政治任务的胜利完成，是我国出版、印刷、发行战线上的无产阶级革命派和亿万军民在中共中央、国务院、中央军委和中央文革小组直接领导下，共同谱成的响彻云霄的毛泽东思想凯歌。毛主席著作在全国和全世界广泛传播，极大地推动了我国的无产阶级文化大革命，有力地促进了世界各国人民的革命斗争

1967年12月26日，《人民日报》报道《毛泽东选集》8000万部于12月20日提前超额完成的消息。

239

版用纸情况及问题，向国家计委写报告，称"毛泽东著作出版计划会议"提出的1968年全国出版用纸计划，目前由于煤、电、化工原料不足等原因，部分纸厂未能完成生产计划，原安排的全年纸张计划不能完全落实，再增加用纸则困难更大，希望国家计委迅速采取有效措施加以解决。

3月24日，国务院批转第一轻工业部《关于保证完成1968年毛主席著作出版用纸生产和建设任务的意见》。国务院要求各省、市、自治区革命委员会、军管会和各大军区、省军区"参照报告中所提意见，逐厂进行安排，在1968年计划中，必须把毛主席著作出版用纸的生产和建设放在首位，从原材料供应和设备制造等方面应优先安排，保证需要"。

1969年3月26日，国务院业务组计划组向"毛主席著作出版办公室"传达周恩来总理3月23日向全国计划会议讲话中的一部分。周恩来指示：1969年国民经济计划，首先要高质量全力保证毛主席著作的出版，大力加强广播事业。强调"宣传毛泽东思想要讲究实效，要贯彻节约闹革命的思想"。

4月19日，"毛主席著作出版办公室"向周恩来总理和"中央文革小组"报告1969年毛主席著作出版计划：《毛选》（一至四卷）普及本全国已基本普及，拟根据需要适当安排一部分；精装袖珍合订本需要量很大，拟适当多印一些。《语录》城乡都已普及，只偏僻山区还需要一部分，今年已投印7000万册，全部印出后不再投印。毛主席著作用纸原计划25万吨，加上其他出版用纸11.8万吨，计36.8万吨，调整后两项共需30.8万吨，比原计划减少6万吨。毛主席著作封面用塑料也由原计划2.7万吨减为2.2万吨，减少5000吨。

6月10日，"毛主席著作出版办公室"向各省、市、自治区出版部门发出通知，提出《毛选》（一至四卷）普及本在全国城乡已普及，今后不再做统一安排；《语录》按人口计算，已超过人手一册，也不要再印。

（三）"文革"十年毛泽东著作出版统计

从1966年至1976年，全国由出版社正式出版的毛泽东著作统计数如下：[1]

《毛泽东选集》（一至四卷）：出版汉文版精、平装、普及本、合订本、线装大字本9种；盲文版1种；少数民族文字版6种文字6种；外文版18种文字25

---

[1] 统计数摘自国家出版事业管理局1977年7月编印：《毛主席著作出版统计（1949—1976年）》；毛泽东单张语录、诗词和毛泽东像出版数量统计据"毛主席著作出版办公室"及有关出版单位统计资料。以上统计均不包括部队出版社出版的数量。

种，共96,486万册，折合24,121.5万部。

《毛泽东著作选读》甲种本（上下册）：汉文版1种，盲文版1种，少数民族文字版5种，外文版4种，共4743.2万部；乙种本：汉文版1种，盲文版1种，少数民族文字版5种，共8412.9万册。

《毛主席语录》：汉文版4种，盲文版1种，少数民族文字版8种文字，外文版37种文字，共102,749.8万册。

毛泽东著作专集、汇编本、单篇本：汉文版、少数民族文字版、外文版共55种文字，241,416万册。

以上各种版本的毛泽东著作，连同供张贴用的单张毛泽东语录、诗词和毛泽东像，在"文革"十年的总印数，共计108亿册（张）。

经过十年时间，据新华书店总店调查统计，到1979年6月底，存放在全国书店库房中的毛泽东著作还有3.14亿册，其中除少量为新版本著作外，绝大部分是"文革"时期积压下来的。这批书经过年复一年的高温、梅雨季节，造成塑料老化、封面粘连、书脊脱胶、铁丝钉锈、风黄污损；大批供张贴用的毛泽东单张语录、诗词和毛泽东像经长期堆放，造成粘连、污损的现象也很严重。书店的库房一直十分紧张，堆积如山的毛泽东著作、毛泽东像长期不动，影响了许多新版书进不了库。而且从1979年起，要付银行贷款利息400余万元。为此，国家出版事业管理局党组提出四点处理意见，于1979年底报经中央宣传部批准执行。[1]

《毛主席语录》从大量印制到停止发行的历史纪实[2]

凡是经历过"史无前例"的"文化大革命"的人们，都不会忘记当时被誉为"小红宝书"的《毛主席语录》。由于林彪的鼓吹和积极推行一系列加强个人崇拜的狂热举动，这本小小的册子，曾风靡全国、遍及全世界150多个国家和地区，创造了我国图书出版发行数量的最高纪录，有"东方的《圣经》"之称。从1964年5月问世到1979年2月12日中宣部发文通知停止发行时止，在短短

---

1 本文发表的原文中有关"文革"初期"造反夺权"、毛泽东著作正文和注释的修改、《毛主席语录》、毛泽东像的出版情况等，在本书所收的文章中均另有专文反映，本文从略或做了删节。
2 原载《中华读书报》2004年7月7日。

的十五年内，仅国家出版社正式出版的总印数就有十亿五千五百多万册，如果加上"文革"初期"造反"组织和许多机关、团体、部队、厂矿等翻印和私自编印的，其数量之巨大更为惊人！

（一）总政版《毛主席语录》的问世和流行

1959年庐山会议后，林彪取代彭德怀主持中央军委工作，便大肆鼓吹"毛泽东思想是当代马克思列宁主义的顶峰"，宣扬学习毛泽东著作是学习马列主义的"捷径"，推出"要带着问题学习，活学活用，学用结合，急用先学，立竿见影，在'用'字上狠下功夫"的学习方法。在林彪的鼓吹和军队带动下，全国迅速掀起了"活学活用毛泽东思想"的热潮。

1961年4月，林彪授意《解放军报》应当经常选登毛主席语录，该报即从5月1日开始在每天的报眼上刊登。后根据总政治部领导指示，选编200条于1964年1月5日印成16开本的《毛主席语录200条》（征求意见本），经全军政工会议讨论、增补，正式命名为《毛主席语录》，编印单位改署"中国人民解放军总政治部编印"。

总政版《毛主席语录》第一版于1964年5月1日出版，共摘编语录366条，分为30个专题。1965年8月1日出版第二版，内容做了修订，共收语录427条，分为33个专题，共8.8万字。第一版有52开本纸面平装、64开本精装加红色塑套两种装帧，第二版起全部为64开红色塑套装，以后又出版了100开、128开本。在64开本书前有林彪手书的题词："读毛主席的书听毛主席的话照毛主席的指示办事"，在再版本的题词后又加了"做毛主席的好战士"。关于林彪手书这一题词的来历，在湖北当阳曾流传一个说法：据史书记载，东汉建安二十四年（公元219年）蜀将关羽与孙吴交战，败退于临沮，被杀。吴主孙权将其首级运至洛阳送给曹操，同时以诸侯礼葬其尸骸于当阳，后称"关陵"。陵园内保存有多处明、清两代名人碑刻，其中有清人集关羽语录所立的一块石碑，上刻"读好书听好话行好事做好人"。当阳附近有一空军机场，林彪之子林立果曾来关陵游览，看到这块碑文后告知林彪，林彪受到启发就写了上述的题词。

总政版《毛主席语录》出版后，发行范围仅限军队内部。地方出版部门纷纷要求加印，人民出版社报经领导部门批准，从1964年9月开始向地方供印总政版《语录》的纸型，人民出版社也先后出版多种版本，均在内部发行。

1966年"文革"开始后，各地对《语录》的需求量猛增，文化部分配到全年印制书籍的纸张仅有5万余吨，以5000吨印《毛选》，对各地印《语录》要求加拨纸张难以满足。经与轻工业部商定，在计划外另拨纸2500吨，专供中央各部委和各省、自治区、直辖市印《语录》。

1966年3月11日，文化部党委向中央写报告，称总政版《语录》纸型经中央同意分发各地后，全国已印制2800余万册，但仍供不应求。鉴于《语录》的发行有相当一部分是重复的，费用一般用公费支付，免费分发，易产生重复供应造成浪费。《报告》提出今后统一由各地党委责成出版部门办理，定价出售，交当地新华书店控制发行，不在报上发消息，不登广告，不公开陈列，不卖给外国人。

国务院外事办公室于3月5日向有关单位发出《关于不向外国人赠送〈毛主席语录〉的通知》，4月2日又发出补充通知，其中规定："过去已送给外国人的《毛主席语录》，原则上都要收回，但必须注意方式。个别左派朋友如实在不愿意退回时，可不必勉强，但要向他们说明，此书是内部读物，必须注意保存。"6月9日，外事办公室又发出通知，规定外国专家、留学生、实习生和常驻外宾，凡主动向所在单位要求赠阅、借阅或购买《语录》的均可满足；对方没有索要的，不主动散发。

1967年3月28日，国务院外事办公室发出通知说：1966年3月5日、4月2日的两个通知是错误的，6月9日的通知"也不符合主动积极地对外宣传毛泽东思想的精神"，宣布撤销这三个通知，并称"对外赠送《毛主席语录》（中、外文版）就是向世界人民宣传毛泽东思想。各涉外单位，应将此作为头等重要的政治任务"。从这本语录由内部发行到公开发行、从不向外国人赠送到向外国人赠送是"头等重要的政治任务"的过程，也可看出"文革"形势发展的变化情况。

1967年3月16日，陈伯达、康生、王力向毛泽东请示，要不要修改《毛泽东选集》某些人名和注释问题，毛泽东答复：现在不要修改，这些人名都不要删掉，这些都是历史。没有司马懿、司马师、司马昭，何以成为晋史？注释要修改，要费很多时间，现在没有时间。毛泽东对《毛选》内容和注释问题做出六点指示，其中最后一点为：语录本中引用《整顿党的作风》中刘少奇的那段话删去，第二十四节题目"思想意识修养"改为"纠正错误思想"。人民出版社根据中央文革宣传组的布置，对毛主席著作中需作改动的部分提出处理办法，通知全国租型出版单位执行。

据国家出版局统计，总政版《毛主席语录》从1964年到1976年，全国出版部门共用汉文、8种少数民族文字、盲文、37种外文共47种文字印刷102,749.8万册。

据外文出版发行事业局统计，截至1967年10月，世界各国以65种文字翻译出版毛泽东著作853种，其中有20个国家以20种文字翻译出版《毛主席语录》，共有35种版本。

（二）三种《毛主席语录》的争斗和《毛主席语录一百条》的流产

总政版《毛主席语录》出版并在内部发行后，中央宣传部副部长许立群向中央书记处写报告，说总政版语录摘引了一些毛主席未公开发表过的文章或毛主席写的用别人名义发表的文章，建议重编一本，由人民出版社出版，公开发行。报告经批准后，由中央宣传部、文化部、人民出版社抽人组织编选班子进行工作。最初的设想是编成专题语录，分册出版。田家英等拟定了12个题目，分工进行，后根据胡绳意见改为7本。经过讨论，认为当前群众对语录简编本的要求十分迫切，应先集中力量编出简编本语录，7本专题语录是供干部使用的，可以后一步出，于是决定先编选一本。考虑这本语录和总政版语录的读者对象不同、选材要求不同、内容与公开的不同，在编出的初稿本中，对总政版语录（收427条）删去157条，选用270条。在编选过程中，田家英曾逐条看过，提出修改意见，稿本先后反复修改7次，共收语录572条，经许立群、田家英、石西民审定，于1965年10月初联名报送陆定一转中央书记处审阅。

12月，彭真将收到的上述《语录》稿送陈伯达征求意见。陈伯达看后认为编得不好，说"没有体现毛主席的理论体系"，他另外让《红旗》杂志的人重新赶编了一本。

1966年1月18日，中宣部根据彭真的意见，将人民出版社送审的《毛主席语录》，连同陈伯达让《红旗》杂志编的本子和总政版的本子三种《语录》，一并上报中央书记处审查。

1月29日，邓小平、彭真在钓鱼台召集会议，讨论三种《毛主席语录》的出版问题。参加会议的有陆定一、许立群、姚溱、田家英、石西民等人。会上经过讨论，邓小平最后确定，在人民出版社送审本的基础上修改出版。会后，由石西民主持，人民出版社版本的编写班子根据会上所提意见进行修改。改定的《语录》共有47个题目，收语录646条，其中有38条是根据邓小平指示，"对十分需要而公开文字中没有的语录可从《毛选》五、六卷的文章中少量选用"的精神新选的。定稿的《语录》由人民出版社排成铅印清样，版面字数8.6万字，最后由许立群、田家英、石西民审定，联名于2月底报送邓小平、彭真和康生审批。

人民出版社为便于文化程度较低的工农群众学习，还编辑了一本《毛主席语录一百条》，副题"供工农群众学习兼作识字课本用"，分18个专题，约1.5万字，64开本，于1966年10月排出样本，每册定价一角五分。计划先由《人民日报》发表，人民出版社出版，然后各地大量印制。文化部已向各省、市、自治区做了布置。仅江苏一省就计划安排46家印刷厂，年内出版2000万册。《人民日报》于10月14日用二号楷体字共排了四个版面。经过多次修改，最后定为18个专题的排列次序是：一、永远跟着中国共产党；二、千万不要忘记阶级斗争；三、突出无产阶级政治；四、坚决走社会主义道路；五、全心全意为人民服务；六、反对以美国为首的帝国主义；七、反对修正主义；八、巩固无产阶级专政，巩固工农联盟；九、把社会主义教育运动和无产阶级文化大革命进行到底；十、多快好省地建设社会主义；十一、自力更生，奋发图强，艰苦奋斗，勤俭建国；十二、建设一支强大的人民军队；十三、加强战备，用人民战争消灭一切侵略者；十四、相信群众，依靠群众，按群众路线办事；十五、正

一本已编好而未能出版的《毛主席语录一百条》。

确处理人民内部矛盾，贯彻执行民主集中制；十六、开展批评和自我批评、加强团结；十七、要有正确的思想方法；十八、努力学习，当好无产阶级革命事业接班人。一切安排妥当，只待中央审定通过，《人民日报》即可发表。石西民于10月15日见到排出的报纸清样后，还建议将副题中的"识字课本"改为"文化课本"。但一直等到11月4日，文化部还未接到中央定稿通知。这时《人民日报》却传来消息，说陈伯达已给《人民日报》打电话，以"主席著作的发表要非常慎重"为由，通知《毛主席语录一百条》不要在《人民日报》发表。

总政治部编印的《毛主席语录》再版本于1965年8月1日出版。编印单位和"前言"仍署"总政治部"，由52开本改为64开本，用红塑料皮封面，发行范围仍限军队内部。

1966年8月，中共八届十一中全会召开，改组了中央领导机构，林彪名列中央政治局常委的第二位，不久又被宣布为中央副主席，成为毛泽东的接班人。负责编选总政版语录的解放军报社将"前言"中对毛泽东和毛泽东思想的评价按照八届十一中全会决议的提法改写。报社党委在上报送审时，对署名问题提出两种意见，一是仍署"总政治部"，一是为便于公开出版和对外发行，改署"人民出版社"，两种意见上报领导部门审批。

1966年12月15日晚，"中央文革小组"在钓鱼台开会，讨论解放军报社报送的关于《毛主席语录》再版前言署名问题的报告。会议决定，将原以"总政治部"署名的《再版前言》，改以林彪署名。12月17日，全国报纸以显著地位发表了林彪署名的《〈毛主席语录〉再版前言》。从此，这本语录本，就成为"文革"期间唯一流行的小"红宝书"，而费了很大精力认真选编，计划由人民出版社出版的《毛主席语录》和《毛主席语录一百条》，从此销声匿迹，不为人知。石西民于1966年9月1日写信给人民出版社负责《语录》工作的梁涛然，说简编本《语录》经中央批准后，第一批先印500万册的计划也成为泡影。

（三）周恩来提出"宣传毛泽东思想要讲究实效"

总政版《毛主席语录》从1966年到1968年底已印制70,452万册，极大地满足了群众的需要。这一时期，社会上较普遍地存在着追求毛泽东著作的新版本越多越好的风气。《毛主席语录》出了塑料封套精装本，就不要纸面平装本；出了100开本，就不要64开本，当时，社会上对"红宝书"多以公费购置、免费分发干部或作为奖品、礼品或会议文件等形式分发，印数再多也满足不了需要。

1969年3月23日，周恩来在全国计划会议上做的报告中，特别强调"宣传毛泽东思想要讲究实效"，要"贯彻节约闹革命的思想"。他说："城市的干部家里有《毛主席语录》十几本，这不是浪费吗？""一个人放着十几本语录不用就是没有实效，实效变成了失效。原来要求人手一册，不是人手几册，现在讲究哪个厂出的，哪个地方出的，净从形式上去挑。还有拿语录送礼。"周恩来问，《毛主席语录》已发行7亿多册，1969年国民经济计划纲要中还要印3亿册，是否多了一些？是否能够少印一些？《毛主席语录》农村不够，可以从城市来捐献，要把发行工作做好。

1971年4月12日，周恩来接见全国出版工作座谈会领导小组成员时，对社会上乱编乱印未经批准的毛泽东著作又一次提出批评。周恩来说："中央从1966年起，就三令五申通知了多次，不经过批准不准乱印，可他们就是印，把纸张占用了，印刷力都占用了，把塑料也占用了。"会上有人请示"是否可以把战士出版社印的'四合一'本《最高指示》正式出版？"周恩来立即说："'最高指示'不要用，就是毛主席指示。将主席诗词也放在这里边怎么叫'最高指示'？"周恩来明确地说："对文化大革命以来的《毛主席语录》要认真审查，要经过中央讨论批准，没有经过中央批准的本子一律取消，凡是中央规定的版本就是合法的，其余都是非法的。"

1979年2月12日，中央宣传部发出，《关于停止发行〈毛主席语录〉的通知》。内称："林彪为捞取政治资本而搞的《毛主席语录》本，断章取义，割裂毛泽东思想，自发行以来，危害很大，流毒甚广。为了肃清林彪、'四人帮'的流毒，自即日起，新华书店、国际书店现存的中文版、民族文版和外文版的《毛主席语录》本一律停止发行。"从此，《毛主席语录》在书店的门市中消失。

"文革"期间毛泽东像大量印制，发行工作纪事[1]

1966年"文化大革命"开始后，毛泽东被歌颂为"全中国全世界革命人民心中的红太阳"，"副统帅"林彪亲笔题词"伟大的导师，伟大的领袖，伟大

---

1 原载《出版史料》2003年第4期。

的统帅，伟大的舵手毛主席万岁！万岁！万万岁！"成为当时最响亮的口号，毛泽东像的供需情况出现了空前紧张的局面，人民美术出版社1966年上半年在北京、上海两地安排印制毛泽东像1亿张，相当于"文革"前16年总印数的60%，但这个数量仅能维持京沪两地的需要。

1966年8月，"红卫兵"运动迅猛遍及全国。北京市的"红卫兵"接连向北京市新华书店发出"最后通牒"，提出"毛主席像不准卖钱，最低限度只能收点成本费"，要求限期答复。市郊的房山县、天津市及其他地方也频频出现类似情况。北京市新华书店紧急向上级汇报，文化部党委立即向新任中央宣传部部长陶铸写报告请示，要求参照《毛泽东选集》（一至四卷）普及本定价已由每部3.25元降低为2元的措施，提出将毛泽东像的定价降低一半的建议（当年减少财政收入约1000万元由财政部门解决）。同时提出，文化部"过去为了保证质量限定（毛泽东像）集中京沪两地印制的办法已不符合当前实际情况，拟采取凡是具备印制条件的省、市、自治区，由人民美术出版社统一供应照相底版，允许各地按本省需要大量印制"。这一报告经中央宣传部批准后，毛泽东像开始在全国大量印制、发行。

1967年5月11日，中央文革小组宣传组在北京成立了"毛主席著作出版办公室"，主要任务是负责组织毛泽东著作、毛泽东像的出版工作。之后，许多省、市、自治区也先后建立了类似的机构。

1967年5月初，北京举办了《毛主席是我们心中的红太阳》摄影展览，人民美术出版社和"中国革命摄影协会"合作，迅速出版了同名摄影画册，12开本，内容包括50幅黑白图片和10幅彩色的图片，扉页印有林彪手书的"四个伟大"的题词。出版由毛泽东照片组成的画册，这在新中国成立后还是第一次，7月1日开始发行后，报上的大字标题称，这本相册是"无产阶级文化大革命的光辉史诗，毛主席革命路线的伟大颂歌"。

7月18日，全国报纸以突出版面发表新华社的消息，题为《全中国全世界革命人民心向毛主席》，报道从1966年7月至本年5月底的11个月中，全国已印制毛泽东像33种、8.4亿多张。

1967年下半年，北京、上海、天津、河北、辽宁五地美术出版社计划向全国供应毛泽东像1亿对开张，各省、市、自治区报来1968年春节前的需要数（除去本省自印数）为2.2亿张（8开以上）。为了加强协作，做好印制发行工作，五地的出版、发行部门于8月下旬在上海召开会议，落实下半年印制32种毛泽东像11,685万对开张的任务。"毛主席著作出版办公室"向全国转发了会议纪要，并统一制定了各种开张的定价，要求有关方面加强领导和督促检查，做好供应工作。

9月24日，《解放军画报》革命委员会筹备小组向中央军委、"中央文革小组"写报告，请示《毛泽东思想胜利万岁》大型图片展览的展出和画册的出版问题。这一大型展览原定以"中国人民解放军总政治部"名义主办，从8月1日起预展，9月8日在各军区同时正式展出。鉴于总政党委已处于瘫痪状态，《报告》建议展览由中央军委领导，并以中央军委的名义主办展览，争取于10月1日配合国庆十八周年在北京和各军区同时展出。展览画册的编辑、印刷安排和物资准备工作，已由画报社筹备就绪，建议画册以中央军委名义颁发全军。10月7日，周恩来批示"同意"，并将展出时间改为10月15日。

1967年底，"毛主席著作出版办公室"向全国调查1968年毛泽东著作、毛泽东像的需要情况，据各地反映，群众普遍要求在1968年内，每人（职工、战士、干部、高中以上学生）、每户（主要是农村贫下中农）都能配备"五件宝"，即《毛泽东选集》一部，《毛主席语录》（100开本）、毛主席著作专集和《毛主席诗词》各一本，毛主席像三至五张或相册一本。"毛主席著作出版办公室"在向中央上报1968年出版计划中，提出毛泽东像出版5亿对开张、相册200万册的计划。

中共中央、国务院、中央军委、"中央文革小组"1967年12月2日联名发出中央文件，转发了"毛主席著作出版办公室"关于1968年毛主席著作出版计划的报告，批语中说："同意这个报告。可将这个报告发给国家计委和经委及其他有关方面，并发给毛主席著作出版计划会议讨论，由国家计委最后决定。"

经中央批准，"毛主席著作出版计划会议"于1967年12月25日至1968年1月8日在北京举行。经会议讨论制定的1968年出版计划中，毛泽东像为5亿对开张（其中标准像1.5亿张、生活像3.5亿张），《毛泽东思想胜利万岁》相册16开本200万册（包括民族文字50万册，外文150万册），32开本845万册（汉文），挂图4开（每套80张）100万套、6开（每套约300张）23万套，共需用纸2万吨。

"文化大革命"开始后，毛泽东像的绘制、出版、发行工作中曾发生多起令人啼笑皆非的事件，现仅举数例以见一斑：

绘制毛泽东巨幅画像的王国栋所画天安门城楼悬挂的第四幅毛泽东像，是根据新华社提供的标准像创作的，也是中央政治局通过的，由于摄影家取景的

载于《人民日报》，吕相友摄。

角度和位置，毛泽东只露出一个耳朵。画像在天安门城楼挂出后，有人说"主席不能只有一个耳朵，那样容易偏听偏信"，于是只好又用另外一张露出两个耳朵的毛泽东照片绘制。1967年，他绘制毛泽东的正面画像，就是今天人们看到的天安门城楼上毛泽东巨幅画像的前身。另一位绘制毛泽东画像的张振仕因为多年画毛泽东稍微有些侧脸的画像而在"文革"中被人打得眼底出血。王国栋从专业角度考虑在总结画巨幅像的经验时说："四面开花"即用传统擦炭像的方法，确定轮廓，集中一点扩展开来完成肖像绘制，不料竟有人说他"想拿毛主席当靶子，先打鼻子后打眼，想歼灭毛主席"，让他哭笑不得。

"文革"中的一天，《人民日报》一版刊登了毛泽东的一张大幅照片，二版有条新闻报道我国一些城市群众示威游行，标题有反对帝国主义和各国反动派字样。有人故意把报纸摊开，对着阳光察看，二版的"反动派"三字正好和一版的毛泽东头像重叠，为此牵强附会酿成一大"事故"。上边反复追查是否坏人制造反革命事件，把二版标题上的"反动派"三字正重叠在一版的毛泽东头像上。所幸这种"警惕性"违反读报常识，报纸版面的安排者又身份过硬，此事才不了了之。……在那动辄得咎的时代，事情涉及伟大领袖，确实出现过许多令人啼笑皆非的"现行反革命"案件。

1968年4月，福建、四川、河南、江苏、山东、湖南、湖北、河北、陕西等九省十四个专区、市、县新华书店纷纷向"毛主席著作出版办公室"来信来电反映，这些地区的群众中传说，"毛主席第一次接见红卫兵的彩色像，在毛主席头发的纹路里发现有'修党'两字，传说这张照片的摄影者已被逮捕，军队传达要把这张像收回"，等等。很多群众信以为真，纷纷到新华书店要求退像，有人甚至将像从墙上撕下来毁坏，有的地方公社干部也布置把这张像摘下来，"目前这股风仍在蔓延"。

毛泽东身穿军装，佩戴红卫兵袖标，1966年8月18日在天安门城楼上第一次接见红卫兵并向群众招手的彩色像（吕相友摄），是"文化大革命"初期出版的毛泽东像中印刷数量最多、发行范围最广的一种。"毛主席著作出版办公室"接到各地反映后，派人到新华社、人民日报社和有关印刷厂了解这张像的摄制、印刷过程。从原照片的底片到在印刷厂制版、印刷的全过程，凡是群众中传说有问题的地方，均未做任何改动，仍保持拍照时毛主席头发的纹路，办公室于4月30日向"中央文革小组"做了书面汇报。5月10日，陈伯达、姚文元在报告上批："这是无中生有，显系反革命分子破坏活动。"办公室向有关地区的出版发行部门发出通知继续发行这张像，并向群众进行宣传解释、制止谣传。

1968年5月16日，毛泽东批评在一份文件中用了"世界革命的中心——北京"这种提法，指出"这种话不应由中国人口中说出，这就是所谓'以我为核心'的错误思想"。5月18日，中共中央、"中央文革小组"联名发出"重要通知"，传达了毛泽东的批示，通知今后在报刊、文件和讲话中不要再用"世界革命的中心"这种说法。

"毛主席著作出版办公室"检查了人民美术出版社出版的《毛主席是我们心中的红太阳》摄影相册，发现说明文字中多处有类似说法；该社出版的一幅宣传画，画有世界各国人民高举《毛主席语录》欢呼的形象，题名《毛主席是世界革命人民心中的红太阳》。办公室于6月3日向"中央文革小组"做了书面汇报，次日即接到通知，将画册、宣传画停止发行。"中央文革小组"同时做出规定："以后编印毛主席相册和说明，一定要送中央文革小组审查，不能由编印机关独断独行，违反这个纪律将受处分。"

为了做到用最快速度出版毛泽东像，"毛主席著作出版办公室"根据各地的反映，于8月10日向"中央文革小组"写报告建议："凡新华社、《人民日报》、《人民画报》公开发表的毛主席照片，出版单位可以选择出版。"《报告》对中央级出版社和地方出版社送审、出版毛泽东像的办法等提出几点意见。

北京院校同学集体创作，刘春华等
执笔的《毛主席去安源》油画。

8月22日，"中央文革小组"联络员答复办公室："送上的报告，中央文革小组五位首长都看了，批示：'《人民日报》第一版所刊登的主席像是经过审定的，可选择出版，但必须保证质量。其他新华社、《人民画报》没有经过审定。'"

"毛主席著作出版办公室"约集《人民日报》摄影组、新华社摄影部、《解放军报》摄影组和在京出版、印刷、发行单位的代表开会，共同商定今后毛泽东像的选定、出版、印刷、发行等具体办法，并查明《人民日报》第一版刊登的毛泽东像，从1967年7月1日至1968年7月1日共刊登19幅，其中除少量形象雷同不出外，大部分都决定安排制版、印刷、出版。

1967年10月，在北京举行的"毛泽东思想的光辉照亮了安源工人运动"展览会期间，展出了一幅油画《毛主席去安源》，1968年6月，江青赞扬这幅油画"非常好，把主席的神气都画出来了"。说"这幅油画是无产阶级文化大革命果实之一。它有高度思想水平，构图采光，着色艺术方面亦是优秀的。听说是青年人画的，同意发表，建议写上作者的名字"。（该画出版时署名："北京院校同学集体创作，刘春华等执笔"。）7月1日，《人民日报》随报赠送这幅彩色油画，全国大部分省、市、自治区的报社也纷纷随报赠送。"毛主席著作出版办公室"向全国做了紧急安排，在京出版4开和8开的画像，各地印数和用纸列入本年毛泽东像的印制计划。北京新华印刷厂在半个月内就向全国（除西藏外）供齐了印版。北京的版刚制出，上海就将所需印版由空军的飞机运沪，印刷厂在48小时内印出191万张，立即在书店发行。其间张春桥曾两次打电话了解上海印制情况，并要上海加出对开版。解放军的战士出版社也赶印出对开和全开的大幅像在军内发行。其他许多省市纷纷打电话、发电报或派专人到北京要求尽快供版。许多地区的发行部门都是油画刚一印出，就装上彩车，敲锣打鼓，以最快速度送到工农兵群众手中。有不少地区举行上万人的群众大会迎接画像，歌颂"伟大领袖毛主席亲自去安源点燃革命烈火，开拓工农武装夺取政权必由之路的历史"，"宣判了中国赫鲁晓夫吹嘘自己是'安源工运领袖'的死刑"。江西把印出的第一批画像送到安源，"立即掀起了对中国赫鲁晓夫大批判的高潮"。

截至1970年12月，这幅油画在全国以汉文、少数民族文字版、木版水印等各种形式，印制了全开、对开、4开、8开版共计19,417万张，如果加上《人民日报》和各地省报随报赠送的油画像，数量更多得惊人。一幅由年青的作者画的油画作品，竟受到从中央到地方的如此重视，出版时间之快，印数之大，发行范围之广，都是前所未有的。

从1966年至1968年底，全国已累计印制毛泽东像80种（其中毛泽东单身像59种，毛泽东、林彪合影像19种，毛泽东、林彪和周恩来合影像2种），总印数229,366万张。

这一时期，许多地方特别是在一些被称为"活学活用毛泽东思想先进典型"的城市中，出现了有些人的家中以整面墙上贴满了几十种、上百种毛泽东像和单张语录、诗词，吸引众多外来的群众参观而引以为荣。出版部门依然根据一些虚假的表面现象继续大量印制毛泽东像，发行部门较普遍地存在"积压不算问题，脱销了要犯政治错误"，以及"数量越多越显出成绩"的思想。

1969年6月12日，中共中央发出经毛泽东批示"照办"的《关于宣传毛主席形象应注意的几个问题》的中发〔69〕33号中共中央文件，提出宣传毛主席形象，宣传毛泽东思想必须"实事求是""要节约闹革命""不要追求形式，要讲究实效"。文件规定，今后印制毛主席像和有毛主席形象的宣传画，必须经省、市、自治区革委会认真讨论和批准；不经中央批准，不能再制作毛主席像章；规定了对存有过多像章的单位和个人可以献出像章分送给边远地区和农村群众的办法；同时提出：报纸平时不要用毛主席像做刊头画，车辆、机器、武器装备、信封、信纸、办公用品、生活用品、文具、儿童玩具以及各种商品、商标、包装上一律不要印毛主席像；不要围绕"忠"字随意提一些不妥当的口号（如脚往"忠"字上走，血往"忠"字上流，劲往"忠"字上使），不要搞"忠字化"运动，不要修建那些什么封建式（如小庙、牌坊、门楼、宝塔等）的建筑。对"文化大革命"后开始盛行的"早请示、晚汇报""饭前读语录、向主席像行礼"等形式主义的活动，也通知"不要搞"。

12月17日，周恩来在全国机电工作会议上对"毛主席著作出版办公室"负责人指示说："毛主席像是珍品，多了，就不珍贵了，不要印得那么多。"

"毛主席著作出版办公室"根据中央指示精神，决定调整出版计划，向全国出版部门发出通知：毛泽东像原定1969年出版7.5亿对开张的计划，各地可根据实际需要适当减少。

1970年5月23日，"国务院出版口"成立，10月，根据周恩来指示，毛主席著作出版办公室并入"出版口"。

1971年7月1日是中国共产党成立五十周年。经中央批准，新华社摄影部编辑一套《纪念中国共产党五十周年》摄影集，由人民出版社出版。这套摄影集共收毛泽东1919年至1970年在各个历史时期的照片50幅，对原黑白照片用染印法全部染印成彩色。6月22日、26日晚，中共中央政治局会议对其中40幅照片审阅同意，并提出调整、补充意见，周恩来于6月29日批准印发。新华社摄影部计划10月1日前先彩色染印出100套，供国外使馆和国内各大城市国庆时展出之用；9月15日前，印出100万套，其中15万套精装送中央赠送外宾等用，85万套简装供农村和城市国庆时展览用。制版印刷发行工作由出版口负责，并成立了临时协作小组，由北京新华印刷厂等六个厂分工印刷。各厂正在加紧突击印刷时，出版口于10月8日晚8时突然接到上级通知，《纪念中国共产党五十周年》50幅彩色像暂时停印。事后得知，9月13日林彪外逃叛国，这套影集中有林彪像8幅。据人民出版社调查，截至10月8日停印时止，影集已印好23.6万套，已交新华书店9.8万余套。出版社根据上级指示，于12月25日通知有关部门，将有林彪像的8幅和另1幅（接见空军四好单位和五好战士）共9幅抽出销毁，其余41幅交书店零张销售。

林彪叛党叛国的罪行传达后，出版口领导小组于1971年10月26日向国务院办公室写报告，称："以林彪提出的'四个伟大'，作为毛主席标准像的像题，是1967年2月人民美术出版社群众组织自行决定的，未经中央审批……林彪罪行传达以后，北京市已将像题改为"毛主席万岁"，浙江等省、市也打电话询问如何修改。如中央不做统一规定，各省、市可能自行修改，容易造成混乱。"《报告》提出三点建议，请中央审批。

国务院文化组根据领导的指示提出了具体意见，张春桥于11月15日批："建议将此事提请政治局会议一议。"姚文元、江青均画了圈，并画线指向张春桥批语处，表示同意张的意见。

11月29日，周恩来在文化组的报告上批示："政治局会议审定：主席像上不要再印林彪题的'四个伟大'，也不要再提'四个伟大'了。"

出版口根据国务院领导的指示精神，通知全国出版部门：①毛主席标准像，今后印制不用像题，供应国外发行的，像题印"毛泽东主席"；②毛主席摄影像，今后印制以时间、地点为像题；③目前存在发行部门的毛主席像，凡印有"四个伟大"像题的，不再发行。如在保证质量的前提下能做技术处理的（把"四个伟大"拿掉）可继续发行；不能做技术处理的，以保密件送纸厂化浆处理。

"文革"十年，毛泽东各种像总计印了418,330万张，据"毛主席著作出版办公室"调查，截至1970年3月底，全国发行部门还存有的毛泽东像（4开以上）统计如下：

毛泽东标准像	105,073,000张
毛泽东生活像	487,233,000张
《毛主席去安源》	31,138,000张
合计	623,444,000张

"文革"中大量印制的毛泽东像，截至1970年3月全国还存有6.2亿余张，其中80%存在县城新华书店和公社代销点。经过七八年时间，大量纸介质的毛泽东生活像长期堆存在条件较差的库房中不能流通，造成像页粘连、风黄污损的现象十分严重。1978年11月23日，国家出版局请示中央宣传部同意，颁布了《新华书店滞销书处理的试行规定》，对书店所存滞销图书的范围、处理方式（分调剂、降价、报废、赠送四项）、审批权限和手续、财务处理等做出具体规定。其中对风黄污损的领袖像规定不得做降价处理，在做报废处理时一律售给纸厂化浆，不得做其他用途，不得售给其他部门。各地新华书店遵照这一试行规定，对部分风黄污损严重不能出售的毛泽东生活像做了报

废处理。

"文革"时期"革命样板戏"出版概况[1]

"文化大革命"初期，全国出版部门除了大量印制毛泽东著作、毛泽东像之外，大印"革命样板戏"图书成为第二位的"政治任务"。

1963年12月12日，毛泽东看了中宣部编印的《文艺情况汇报》116号刊载的《柯庆施同志抓曲艺工作》一文后，将此件批给中共北京市委的彭真和刘仁，并写了一段批语："此件可一看，各种艺术形式——戏剧、曲艺、音乐、美术、舞蹈、电影、诗和文学等等，问题不少，人数很多，社会主义改造在许多部门中，至今收效甚微。许多部门至今还是'死人'统治着。……这需要从调查研究着手，认真地抓起来。"就在这一背景下，江青亲自到北京京剧一团，与剧团一起将沪剧《芦荡火种》改编为京剧上演。1964年春，毛泽东观看了京剧《芦荡火种》，指出"要突出武装斗争，改名为'沙家浜'"。在毛泽东的支持下，江青又先后参加了京剧《红灯记》《奇袭白虎团》《智取威虎山》《海港》《龙江颂》《杜鹃山》，芭蕾舞剧《红色娘子军》《白毛女》的改编排演工作。江青借八个"革命样板戏"的成果，自诩为"文化革命的旗手"，竭力扩大在思想文化界的影响。

陈伯达最早在各种场所竭力鼓吹江青对"京剧改革"的"贡献"。1966年7月24日，他在广播学院的讲话中说："京剧改革是文化大革命很重要的开端，……京剧改革这件事，江青同志是首创者，……现在文化革命是从京剧改革打开缺口的。"

1967年5月8日出版的《红旗》第6期和5月10日的《人民日报》《解放军报》上以《谈京剧革命》为题，同时发表了江青1964年7月在京剧现代戏观摩演出人员座谈会上的讲话。《红旗》还配发了社论，称"京剧革命，吹响了我国无产阶级文化大革命的进军号，这是我国无产阶级文化大革命的伟大开端"。1967年五、六月间，《红灯记》等八个样板戏在北京会演，历时37天。"文革"后百花凋零的文艺舞台上，就成为八个样板戏的天下。一时间，全国到处演唱样

1　原载北京出版志编纂委员会编：《北京出版史志》第15辑，北京出版社2000年版。

板戏。毛泽东发出号召:"样板戏要提高,也要普及。不要工农兵的戏工农兵看不着,都是城市老爷看。样板戏要允许人家学,凡是发表了的剧本都可以演。工厂、农村、学校、部队都可以组织业余演出,光靠几个样板团不行。开始可能演得不好,但是可以一遍遍地提高。戏都是好戏,总比演帝王将相才子佳人戏好。"[1]这就提出了出版样板戏的剧本、画册,进一步普及样板戏的任务。

1967年后,全国大量出版毛泽东著作、毛泽东像的工作,由"毛主席著作出版办公室"负责组织;其他一般书籍的出版,1969年开始由"首都工人、解放军驻文化部毛泽东思想宣传队"总指挥部主管。1969年7月,指挥部接到"中央文革"通知,传达陈伯达的话:"样板戏还没有完全定型。《智取威虎山》《海港》要在拍电影过程中继续定型,可以少量印一些。"于是,文化部军宣队总指挥部从直属出版部门抽调了12名编辑、出版、印刷、发行人员,成立了出版小组。

10月28日,姚文元向中央政治局常委写信,说《智取威虎山》的文学剧本即将在《红旗》全文发表。建议《人民日报》《解放军报》《光明日报》都可转载。通知出版社另出附音乐乐谱、舞台美术设计及舞蹈程式的本子。

《智取威虎山》剧组又向文化部出版组转达"中央文革"领导对出书的要求:出全剧本,全面反映,还原样板戏,演出不走样,防止歪曲丑化;要使人看得懂,拿到剧本就能排戏;彩色图版多,要保证内容准确,定价不能太高。出版组抽调了7名编辑、版式设计和出版人员组成《智取威虎山》综合剧本编辑出版组,立即展开工作。

1970年5月23日,"国务院出版口"成立,文化部的出版组并入出版口。出版口1970年的任务以抓出版样板戏为主。

样板戏的出版工作,名义上由国务院文化组主管,有事文化组再上报张春桥、姚文元,但实际上一切都由江青定。文化组根据江青的意见,研究决定每个样板戏都出版以下五种图书:①普及本(大32开平装),内容为剧本、主要唱段(简谱)、场景图、剧照,分为甲乙两种本子;②综合本(大32开本平装、精装2种),内容为剧照、剧本、主旋律曲谱(简谱)、舞蹈动作说明、舞台美术设计(人物造型图、舞台气氛图、舞台平面图、布景制作图、灯光布光图及灯光说明表等);③五线谱总谱(8开精装本和16开平装本);④主旋律曲

---

1 刘杲、石峰主编:《新中国出版五十年纪事》,121页,新华出版社1999年版。

谱本（简谱）（大32开平装本）；⑤画册（12开平装、精装和24开平装本）选编彩色和黑白剧照。以上均用人民出版社名义出版。此外，还由人民美术等出版社出版年画、四条屏和赞评样板戏的文集等。

现以《红色娘子军》（芭蕾舞剧）一书为例，看江青是怎样抓样板戏出版的。

1970年7月9日，新华社在《国内动态清样》上刊载了关于《红色娘子军》剧本发表后部分群众的反映情况，江青阅后立即通知文化组开会讨论如何尽快出版单行本，提出要印彩图，大一些，并告刘庆棠争取8月1日出版。

7月10日一早，国务院文化组召集出版口等有关方面负责人开会布置执行。张春桥、姚文元于11日晚召集文化组开会，决定要尽全力以最快速度出版《红色娘子军》普及本，确定于7月15日搞好送审样本，8月1日前出版。内容包括彩色剧照、剧本、简谱插曲、彩色场景图；封面用"常青指路"剧照，书名用隶体字；印刷质量要高，定价要低，大量发行。

江青于7月9日批文，文化组于10日向出版口布置，11日晚上决定15日就搞出送审样本，要求于8月1日前出版。完全不考虑书中有大量彩图需要制版，在这样短促的时间内是否能够办到。而直到8月10日，文化组内还对封面设计"常青指路"的照片因意见分歧定不下来。会上对剧组送审的3张图片有3种意见：有人认为第一张"洪常青与吴清华的距离太近，不宜用于封面"；于会泳认为第三张"既突出了洪常青，又突出了武装斗争，作为封面较好"；其余的人则认为第二张图片清晰，反映了芭蕾舞的特点，舞姿好，也体现了武装斗争。相互争论不下，最后决定：将三张设计图全部报送周恩来总理审定。

周恩来于11日即批回，提出四条意见：①简谱不放到剧本里，以后单独出简谱本；②封面设计从第二方案和第三方案中选一种；③彩色剧照太多了，剧本中已有黑白照片就不用再放彩色照片了；④听军队的同志说，剧本发到排，这就太多了。《红旗》杂志每个团发4本，和《红旗》的发行量差不多就行了。

15日，张春桥、姚文元给江青写信，说同意简谱单独出版，封面由文化组研究决定，洪常青等三人指路那张也可以考虑，发行对象是广大工农兵，应由新华书店直接向工厂、农村发行。部队发多少，应当由总政酌定。建议早出快出，不要再拖了。文化组最后研究决定，简谱本单出，普及本中只留两段插曲，封面采用第二方案，彩色剧照保留8张，取消彩色场景图；普及本统一定价二角五分，发行多少，等印出剧本再送审请示。文化组通知出版口修改《红色娘子军》封面（换了一张照片，并在封底加了一张剧照）后付印，书于9月中旬出版。

1970年9月前，江青对样板戏的出版曾规定由文化组先付排，等她和张春桥、姚文元看清样同意后再制版。从9月15日起，才改由文化组负责定稿；但文化组仍按照江青的意图办，不少事仍向江青和张春桥、姚文元请示。

出版口在进行样板戏的出版工作中，经常遇到一些难题，如稿件发工厂制版后，剧组又通知更换图片，改动频繁，既延误出书时间，又增加印制成本；样板戏剧本全用好纸印刷，彩图多，出版规格超过了马列经典著作。综合版的内容非常烦琐，规定得很死，道具如火柴盒有多大、什么颜色，都得一一标明。书的成本较高，而定价却压得很低。普及本不论厚薄，成本多少，一律规定每册售价二角五分，造成很大亏损。（文化组规定普及本每册一律二角五分，实际成本有的一册要七角多，一印就是几十万或上百万册。）而对于亏损的钱则要出版口打报告直接向周恩来总理要求补贴。

由于样板戏的出版任务往往要求很急，出版人员经常加班加点，疲于奔命。而有时因审稿等原因延误不能按预定计划出书。如《龙江颂》普及本印完60万册后开始装订时，突然接到通知，"龙江大队"队旗上的红绸要去掉。出版社当即通知工厂停止装订，并同剧组联系是否可以不改。剧组负责人意见，电影和戏都已改了，书上的剧照也应改。出版口为此与文化组商议，提出如不是政治原则性问题，可否将已印好的60万册装订发行，以后加印时再修订改版。经文化组查告，剧中的红绸仍保留，扁担上的红绸要去掉。由于书中并未收此剧照，书才得以继续装订，未造成损失。类似问题不少，使出版口的有关领导产生了"政治内容同技术设计有矛盾，高质量要求与节约成本有矛盾，普及与提高有矛盾，编辑人员的思想水平同出版样板戏的政治任务要求有矛盾"等"活思想"。文化组主管出版的负责人为此专门向出版口领导人做"思想工作"进行"开导"。指出："政治内容与艺术形式是统一的，只要能'还原样板戏'，主题思想和英雄人物塑造能在书中如实反映，这一矛盾就解决了。""剧本要求高质量，用最好的形式表现出来"。还说："一个新东西搞出来，总要花试验费的，出样板戏的书，也要交点学费。花几万元制版，早点搞出样书，请中央领导批准出版，能算浪费吗？""报纸、电台、画报、《红旗》杂志都出成果了，就是出版拿不出一本成品来。""教育干部抓根本，当前的根本就是紧跟毛主席指示，普及样板戏。领导干部怕这怕那，出不了书，在宣传样板戏上没完成任务，才是最大的错误。总之，找原因要从领导方面找，领导思想问题不解决，书还是出不来。现在万事俱备，就看你们的决心了。如迟迟不出书，时间耽误了，在工农兵面前，在中央交办的任务面前，是不好交代的。至于样板戏普及本每册定价二角五分，出版口要多考虑从印制管理上精打细算，不要等待国家补贴。"

江青不顾周恩来日理万机工作非常忙碌的情况，对于有关样板戏的请示报告，不论大事、琐事、小事都要周恩来批，表面上似乎尊重周恩来，实际上对周恩来批的一些意见却并不重视和改进。例如1970年8月11日周恩来对样板戏剧本发到排认为太多的意见，以及对剧本收彩图太多的批示，江青均未认真改进。

1970年9月17日和1971年2月11日，周恩来两次接见出版口负责人时，都对样板戏出版中的浪费问题提出意见。出版口在汇报中提到《智取威虎山》综合本反复制版造成浪费的情况时，周恩来说："样板戏出版是越漂亮越好。剧照有了黑白的，还要搞彩色的，有什么必要？出版要搞成本核算，不搞核算就不懂得当家。剧本有的补贴点，不能什么都要补贴。"又说："样板戏现在就那么几种，有的可以学唱，可以多印一些。《红色娘子军》（舞剧）有多少人学跳？看看也就完了嘛。"当他了解到《红色娘子军》印了500万册时就说："一个生产队一本，太多了，发得出去吗？将来要造成大量的浪费。"

"文革"时期，样板戏全国究竟印了多少？据出版口统计，仅1966年到1970年五年，全国文艺读物出版了137种，总印数42,177万册，其中样板戏剧本、曲谱就印了8294万册，演唱材料、故事书等出了82种，印数29,417万册，其中就有不少是根据样板戏改编的。上海市1969年至1971年出版的样板戏宣传画、剧照有90种，印数1.3亿张，连环画《智取威虎山》累计印数在500万册以上。北京地区出版的样板戏图书，1970年至1972年6月共出版了3115万余册。

截至1972年6月底，在北京地区新华书店的样板戏图书存书约150万册，其中仅《红色娘子军》（舞剧）和《沙家浜》两书的存书就有30多万册，存在全国各地的也很多，后来虽然大幅度降价（有的曾降为每册5分）也无人问津，证实了周恩来预见的正确性。这一大批堆积如山的存书，经过多年的积压，塑料封皮老化、粘连，风黄污损，无法销售，许多成为废品。

1970年至1972年6月北京地区样板戏图书出版统计　　　　单位：万册

	普及本 （大32开）	综合本 （大32本）	主旋律乐谱 （大32开）	总谱		画册 （24开）	总计
红灯记	（乙）360 （甲）10	15	275	（8开）0.2		—	669.7
				（16开）2.5			
				（大32开）7.0			
沙家浜	（乙）330 （甲）10	—	295	（8开）0.2		—	642.0
				（16开）2.5			
				（大32开）4.3			
红色娘子军 （舞剧）	（乙）500 （甲）10	7	190	（8开）0.3		4.3	719.1
				（16开）2.0			
				（大32开）5.5			
红色娘子军 （京剧）	70	—	—	—		—	70.0
智取威虎山	（乙）360 （甲）10	35	300	（8开）0.3		—	714.3
				（16开）2.5			
				（大32开）6.5			
海港	100	—	50	—		—	150.0
龙江颂	100	—	50	—		—	150.0
合计	1860	57	1160	33.8		4.3	3115.1

"文革"时期古籍及研究专著出版纪事[1]

　　"文革"开始后，我国古籍整理出版工作被迫停顿，已出版的大批古籍和研究专著被当作"四旧"给"横扫"了。直到1971年，周恩来在毛泽东的同意下做出明确的批示后，对"二十四史"的点校开始恢复，古籍及研究专著的出版才稍有一丝转机。

（一）点校"二十四史"工作的恢复和全部完成
　　重新点校"二十四史"的工作正式开始于1971年5月，分别在京、沪两地进

1　原载《出版史料》2003年第1期。

行，上海分担《旧唐书》《新唐书》《旧五代史》《新五代史》和《宋史》五种，由上海人民出版社负责组织上海的专家进行，其余各史均由中华书局组织进行。所有全部史书点校后，统一由中华书局出版。到1975年底，北京承担各史的点校出版工作基本结束，只剩下《元史》在印刷中。1978年春，最后一种由上海点校的《宋史》出版，各史点校出版工作全部结束。至此，我国出版史上第一次用新式标点点校"二十四史"终于全部完成。（详细情况参见本书187页《"二十四史"出版史话》。）

（二）章士钊的《柳文指要》在毛泽东和周恩来的关心下得以顺利出版

章士钊（1881年—1973年），字行严，湖南长沙人，在我国近代史上是一位有影响的政治活动家和学者。他在75岁后开始撰写《柳文指要》（以下简称《柳文》），历时十年，完成百万字。这部对古籍做研究的专著竟能在1971年"文革"动乱时由中华书局出版，这是难以想象的奇迹。而在当时，只有得到毛泽东的支持才能使这个奇迹成为现实。

早在章士钊写作《柳文》时，毛泽东知道后便对章士钊说自己也爱柳宗元的文章，要章士钊将书稿送他先读。1965年6月，章士钊先后把《柳文》初稿送给毛泽东审阅。毛泽东看后于6月26日写回信称赞，并送去桃杏各五斤，信中说："大作收到，义正词严，敬服之至。古人云：投我以木桃，报之以琼瑶。今奉上桃杏各五斤，哂纳为盼！投报相反，尚乞谅解。"

毛泽东不仅读了《柳文》，还逐字逐句研究，提出修改意见，并亲自改正了若干处。1965年7月18日毛泽东看完《柳文》下部之后给章士钊写信说："各信及指要下部，都已收到，已经读过一遍。还想读一遍。上部也还想再读一遍。另有友人也想读。大问题是唯物史观问题，即主要是阶级斗争问题，但此事不能求之于世界观已固定之老先生们，故不必改动。嗣后历史学者可能批评你这一点，请你要有精神准备，不怕人家批评。……柳文上部，盼即寄来。"[1]

毛泽东在信中所说"另有友人也想读"的"友人"是指康生，当时是分管意识形态工作的中共中央书记处书记。康生读过《柳文》书稿后给毛泽东写信提出"此书也有缺点，如著者不能用辩证唯物主义的观点去解释柳文，对柳宗元这个历史人物缺乏阶级分析"等等。但因毛泽东称赞《柳文》这部书"可谓解柳全

---

1 中共中央文献研究室编：《毛泽东书信选集》，602页，人民出版社1983年版。

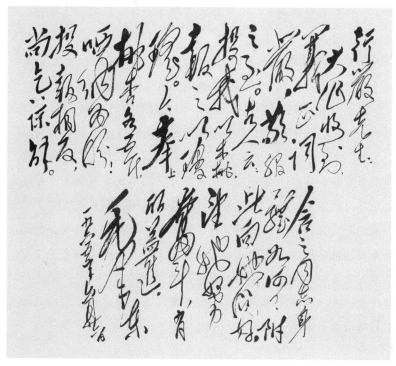

1965年6月26日，毛泽东致章士钊的书信手迹。

书"，"颇有新义"，"大抵扬柳抑韩，翻二王、八司马之冤案[1]，这是不错的。又辟桐城而颂阳湖，讥帖括而尊古义，亦有可取之处。"因此，康生在信中也不得不对《柳文》有所肯定，表示"85岁的老先生有精力作此百万巨著，实非易事"，此书中的缺点"对于一个没有研究马列主义的人，这是可以理解的"。

《柳文》书稿送到中华书局，因"文革"到来，此书的出版自然就搁置下来。此后的情况，据章士钊的女儿章含之的回忆文章中说：

> 当"文化大革命"的狂暴逐渐减弱，转为"斗、批、改"的时候，父亲又重新提出了《柳文指要》的出版问题。此时大约是1970年。本来毛主席已批准同意出版，中华书局也已排版，但此时的康生已窃取"中央文革"要位，见《柳文指要》最后要出版了，他专断地提出要父亲改

1　"二王"指王叔文、王伾；"八司马"指韩泰、韩晔、柳宗元、刘禹锡、陈谏、凌准、程异、韦执谊。他们支持唐顺宗进行政治改革。失败后，八人被贬为远僻地方的司马，故有"八司马"之称。《柳文指要》肯定了八人的政治主张，从各方面论证了柳宗元在历史上的进步性，并把柳宗元和韩愈做对比，称颂了柳宗元的"以民为主"的思想，驳斥了韩愈的"以民为仇"的观点。

变观点，将全书用马列主义、毛泽东思想重新修改一遍，才能出版……父亲得知康生意见后，极为愤怒，写了一封措辞激烈的长信给毛主席并康生，断然拒绝康生意见修改全书。从父亲的手稿中可见父亲当时心情十分激动，他在信中说："根据康生的意见，看来原作不加改动断不可，既为社会必须扫除的秽浊物，哪里还谈得上出版。"又嘲讽地说："夫唯物主义无他，只不过求则得之不求则不得之高贵读物。"还说，"我未信人类有不可变更的观点，亦未闻天下有走不通的道路。为此请求主席恕我违抗指挥之罪（父亲旁注：指不改变原稿），并赐我三年期限补习必不可不读的马列著作以及全部毛选，如果天假之年能达九十六阙比时，谅已通将《指要》残本重新订正准即要求版行公之大众，不望无瑕，庶乎少过。我之此一请求出于十分真诚。临纸无任惶恐。待命之至，未肃顺致崇祺。康生副委员长均此未另。"……父亲这封讥讽挖苦康生、发泄了很大不满的信不仅没有招来杀身之祸，反而促使毛主席下指示由中华书局立即排印《柳文指要》。[1]

周恩来在1971年4月12日和6月24日两次接见出版工作座谈会领导小组成员时，都详细询问《柳文》的出版情况，并做了指示。在第一次接见时，他问：《柳文指要》排了没有？打算印多少？又问：《柳文指要》排几号字？当得知排五号字后说："能看这类书的人都是老人，不能用大一点的字排吗？"又说："这部书贵一点没有关系。出书后不要送，我们买。""老年人写古人，算是晚年的一个大著，印好一点，可以。""如这本书出得还像样，可看出我们对旧的东西不是一笔抹杀。"在第二次接见时，他又问："《柳文指要》的出版说明是否又修改了一些？是不是章士钊自己改的？"当他看到出版社重排送审的一册《柳文》样书时说："这个本子的大小和用三号字排还可以，就是拿在手上太重了。打算分多少册？（答准备分五册）太重了。主席看书都是拿在手里，坐着看，不是放在桌子上看。一页按500字计算，120万字，2400页，分成10本怎么样？一本240页，120张纸，是不是还重？因为老年人拿在手上，时间一长受不了，你们终归要替老年人想一想。"当出版口汇报拟用宣纸印时，周恩来说，宣纸不好。宣纸印两面，一个分册印6万字，120万字印20个分册，

---

1 章含之：《无愧无悔》，《文汇报》2003年3月23日。

更重。最后，他说："快一点印出来，章士钊还在生病，印出来让他看看，也算是他最后一点贡献。"

周恩来于1971年10月7日对《柳文》一书做出批示："同意，即行付印出版。"在周恩来多次过问下，此书终于由中华书局在10月底出版。全书120余万字，分为14册，线装三函，共印3000部。章士钊收到书后十分高兴。他自己花钱买了上百部，叫秘书买来红纸，裁成小条，他亲笔题字，送给他的朋友们，当然首先是送给毛泽东。

"文革"开始后，稿酬完全取消。关于《柳文指要》的报酬问题，周恩来也很关心，指示做特殊处理。1972年6月18日，国务院办公室向出版口传达周恩来的指示，同意给章士钊一万元，但不用稿酬之名，可考虑用"赠予"或者"生活补助"之名。章含之在回忆文章中说，她父亲"一生中经手过不少钱财，但直到他生命的最后，我们家既无动产，也无不动产，他唯一留下的一笔金钱是《柳文》出版后，周总理指示送他的一万元人民币"。

1972年2月27日下午4时，中国总理周恩来和美国总统尼克松在上海锦江宾馆北楼礼堂里向世界宣布了后来被尼克松称为"改变世界的七日"的《上海公报》。当晚，周恩来为尼克松举行盛大告别宴会，在宴会上，周恩来吩咐送一套"二十四史"给尼克松，并向尼克松介绍担任翻译的章含之，说："我们这位翻译，他的父亲是中国的大学问家，八十多岁高龄还完成了一部百万字的巨作。"尼克松礼貌地表示很钦佩。他的翻译理查德·弗里曼很有兴趣想知道这部巨作是什么，周恩来说是《柳文指要》，是研究唐代柳宗元的思想和文体风格的。周恩来要章含之找一套《柳文指要》送给弗里曼。宴会散会时已是晚上10时，弗里曼在告别时很认真地对章含之说，他期待明天登机启程回美国前拿到这部书。章含之急忙托上海外办主任帮忙，到次日清晨6时才找来一套用过的《柳文》，是从上海市委写作组找来的。章含之听说后，就多了些小心，把14本《柳文》逐页检查有无眉批、夹条。果然在书中找出了几张条子，都是批驳《柳文》的，有一张条子还写着当年被鲁迅痛斥的落水狗又在搞封建主义复辟，等等。章含之庆幸没有让这些字条带到美国白宫。[1]

1973年，章士钊逝世。2000年4月，上海的文汇出版社又出版了《柳文指要》大32开精装本上、下两册。

1　章含之：《跨过厚厚的大红门》，文汇出版社2002年版。

（三）周恩来批准出版的一批古籍

1973年1月上、中旬，江青三次通过国务院图博口王冶秋转告出版口徐光霄，布置出版一批书籍。江青说，她有两本《红楼梦》的好版本（脂砚斋重评《石头记》、戚蓼生序本《石头记》），可以影印出版；并说她在广州看到广东印的《古诗源》，"送给主席后，主席很高兴，说这些书多印一些，现在书太少了。"江青要出版口叫广东送1万部来北京卖。

出版口根据江青提出要印的书，于1月15日向周恩来写了请示报告。周恩来22日在出版口报告的书目上注明公开或内部发行的"发行"两字前面，一一加上"定价"两字，并批示："请注明内部、外部发行的原则，以便安排。不管内部、外部发行，都要按成本加手续费定价发行。"经周恩来批准出版的一批古籍有17种。

1. 下列3种内部发行：

《脂砚斋重评石头记》（乾隆甲戌十六回本），戚蓼生序本《石头记》，二书均各影印线装200部，平装2万部；《骆宾王文集》十卷，影印线装1000部。

2. 下列14种公开发行：

《昭明文选》（清嘉庆十四年胡克家仿宋刻本）、《忠义水浒传》（明李卓吾评、容与堂刻本）、《三国志通俗演义》（明嘉靖元年刊本）、《儒林外史》（清同治年群玉斋活字版本）、《聊斋志异》（清乾隆十六年铸雪斋抄本）。以上5种各影印线装500部，《昭明文选》影印平装2万部，其他四部各印3万部。

唐、宋、元、明、清5种《诗别裁集》影印线装各1000部，平装各1万部。

《词综》三十六卷（清朱彝尊选）、补二卷（王昶编），影印线装各1300册，平装各1.8万部。《遏云阁曲谱》（清王锡纯辑），影印线装600部。

将"文革"前出版的《关汉卿戏曲选》和《汤显祖集》（诗文戏曲合集）二书重排新四号字，大32开本，各印5万册。以上各书分别由中华书局、人民文学出版社出版。此外，还通知广东影印的《古诗源》（清沈德潜选，广东人民出版社据清光绪十七年湖南刻本影印）加印1万部，送北京公开发行。

（四）"评法批儒""评水浒"运动中出版了一大批古籍

从1973年下半年起，全国掀起了一场"评法批儒"运动，各地出版部门新出和重印了一大批"法家著作"点校本和"法家著作"注释、选译等。1975年8

月，毛泽东对古典小说《水浒》一书谈了看法之后，全国掀起了一场"评《水浒》、批宋江"的热潮，北京、上海和各地大量出版了各种版本的《水浒》。

从1966年5月到1976年10月的十年间，全国出版的古籍一共有350余种，和同时期出版的其他学术著作比较起来，数量似乎不少；但如果具体分析则可看出，除了"二十四史"、《清史稿》和周恩来批准出版的少数古籍之外，还有中华书局出版的《两宋农民战争史料汇编》《历代天文律历等志汇编》；文物出版社出版的《经法》《老子》《孙子兵法》《武威汉代医简》；人民卫生出版社出版的少数中医古籍，这批古籍的种数仅占"文革"中出版的全部古籍的25%；而配合"评法批儒""评水浒"等政治需要出版的古籍就占75%。所以，"文革"时期的古籍出版工作，总的来说，还是处于萧条和畸形的状态。这一时期对古籍的研究专著，仅出版了章士钊的《柳文指要》等极少几种。

周恩来总理"文革"时期对出版工作的关怀[1]

"文化大革命"期间，周恩来总理在十分艰难的情况下，对濒临灭顶之灾的出版事业给予关注，多次做出指示和采取各种措施，为纠正极左思潮、恢复出版工作费尽了心血。为什么一个日理万机的国家总理在那样困难的情况下，竟会如此关注出版工作？"文革"前担任国务院秘书厅秘书室主任，"文革"中先后担任国务院值班室主任和办公室主任的吴庆彤，在他所著的回忆录中做了如下表述：

"在'文化大革命'中，林彪、江青两个反革命集团煽起的否定一切的极左思潮，在出版方面造成严重恶果。""整个出版工作中存在的问题，仍然无人来抓。因为主管出版方针、政策的中宣部和主管出版行政管理事务的文化部已被'砸烂'，（新组成的国务院）文化组、科教组都不管出版工作。""当时，在中央分管宣传和文教工作的张春桥、姚文元，对人民群众（既买不到书又借不到书）的呼声，置若罔闻，漠不关心。""江青集团日夜想的是篡夺党和国家的领导权，他们只顾破坏，根本不负责任。当时存在的主要问题是极左思潮泛滥成灾。如果由江青集团来抓出版工作，不仅不能解决面临的问题，而

1　本节部分内容原载《出版工作》1989年第11期、《出版科学》1998年第2期。收入本书时，作者将两文整理合并，并做了修改、补充。

且会把事情搞得更糟，因此，周总理也不会请他们出面解决。日理万机的周总理只好亲自来抓。"[1]

（一）周恩来开始关注出版工作的恢复

周恩来具体抓出版工作的恢复是从《新华字典》的修订出版开始的。

"文革"初期，几万种图书被封存停售，连《新华字典》也难逃劫运。1970年春，小学开学后，要求供应字典的呼声很强烈。"中央文革"宣传联络员根据文化部工、军宣队总指挥部反映的情况，向陈伯达写了书面报告，请示修订再版《新华字典》和《四角号码词典》。5月11日，陈伯达口头对宣传联络员说："《新华字典》你们看一看，斟酌一下，如果没有问题就可以出版。《四角号码词典》不能出了，因为是王云五搞的，待以后考虑。"商务印书馆根据传达的上述意见，请了北京一家工厂的工人和两所中学的教师进行审查。9月5日，出版口三人领导小组向国务院值班室写报告，汇报对《新华字典》通读审查发现的"严重问题"，最后提出："鉴于目前还没有一本新编字典供应读者，建议将《新华字典》的存书加一《读者》的条子说明供读者'批判地使用'，有组织地按成本发行。"

出版口的报告送到周恩来那里，立即引起他的重视，除批准出版口的报告外，结合他平时了解的有关群众反映中小学生没有字典用、青年人没有书看等问题，决定召集文化、教育部门的负责人开会研究解决办法。

9月17日，周恩来在处理了紧急公务后，不顾疲劳，于深夜11时50分召集国务院文化组、科教组、出版口、图博口、"毛主席著作出版办公室"等几个单位的负责人（多数是军代表）开会。当出版口在汇报中提到《四角号码词典》不能用，因为是王云五编的时，周恩来立即反问："王云五编的《四角号码词典》为什么不能用？"接着说："不要因人废文。一个人有问题，书就不能用了？它总有可取之处嘛！要懂得水有源树有根。《新华字典》也是从《康熙字典》发展来的嘛！编字典可以有创造，但创造也要有基础。要古为今用，推陈出新。新的出不来，旧的又不能用，怎么办？芭蕾舞是洋的，能说是我们创造的吗？我们编的芭蕾舞剧，基础是原来的，内容却是新的，形式又有了改变。这就叫作洋为中用。"

<hr />

1　吴庆彤：《周恩来在"文化大革命"中——回忆周总理同林彪、江青两个反革命集团的斗争》（增订本），209—211页，中共党史出版社2002年版。

周恩来进一步指出：马克思主义的三个来源是德国的古典哲学、英国的古典政治经济学和法国的空想社会主义。这三个来源还不是资产阶级的或受唯心史观限制的学说吗？可是它们都含有合理的因素。任何思想的发展都不是无根的，新社会是从旧社会脱胎出来的。毛泽东思想是从马克思、列宁主义发展来的，马克思、列宁主义是毛泽东思想的根。这就叫历史唯物主义。要有点辩证法，不要一听封建主义、资本主义就气炸了，那叫形而上学、片面性。周恩来强调，要贯彻古为今用、洋为中用、推陈出新的方针，多出书、出好书，解决青年一代着急没有书看的问题。

在这次会议上，周恩来指定科教组负责组织力量，对《新华字典》进行修订，争取早日出版发行。最后指示出版口将中央级出版社和印刷厂的情况在国庆节前后进行一次调查，提出怎么办的意见，写一个报告。会议一直进行到第二天的凌晨1时10分才结束。

1971年1月22日，出版口领导小组向周恩来写了1971年出版计划的报告。这份报告除开头说了一段要"高举毛泽东思想伟大红旗，突出无产阶级政治，以阶级斗争为纲，认真搞好斗批改"等内容外，在具体谈到出版计划时，提出要出版：毛主席著作、毛主席像，重印马、恩、列、斯30本书，出版革命样板戏剧本以及活学活用毛泽东思想的经验，革命大批判文集，办好"五七"干校的典型经验，进行阶级教育的读物，工业学大庆、农业学大寨、全国学人民解放军通讯报告选，工农兵国际评论选等。整个报告不到1200字。

2月11日下午6时，周恩来在参加国务院业务组会议后，专门召集出版口领导小组负责人，讨论出版工作问题。周恩来说："你们的计划我看过了，太简单，不行。计划中的这些书要出，但不能只出这几种。青少年没有书看，新书要出，旧书也可以选一点好的出版嘛！"他强调说："1971年再不出书就不像话了。"周恩来指示出版口做些调查研究，召开一个全国性的座谈会。

2月27日，周恩来亲自签发了国务院召开全国出版工作座谈会的特急电报通知，要求省、市、自治区革命委员会各派一位负责人和一名熟悉出版业务的同志，于3月15日来北京参加座谈会，讨论1971年出版计划，并要求带来本省（市、区）近几年新出的图书样本，提出可以重版或修改后重版的书目。

（二）1971年召开的"全国出版工作座谈会"

1971年3月15日，"文革"后召开的第一个全国性的出版会议——全国出版工作座谈会在北京举行。会期原定两周时间，由于"文革"后需要解决的问题太多，许多重要问题需请示中央决定，因而一再延期，直至7月22日才结束。（参见本文274页《开了一百三十八天的"全国出版工作座谈会"》。）

（三）批准恢复和重建一批出版单位

"文革"后，在极左思潮的影响下，许多出版单位或处于瘫痪，或被合并、撤销。在周恩来的关心或批准后，有的单位才得以恢复工作，或者重建。

文化部直属的出版社"文革"前有7家，1970年5月"国务院出版口"成立后，将直属出版社合并为4家。"文革"前7家出版社共有1074人，到1970年底留在北京的仅有166人。当时，仅出版毛泽东著作、毛泽东像、"两报一刊社论"等小册子、样板戏等少量图书。

周恩来在同"出版口"负责人几次谈话中，都很关心中华书局、商务印书馆的出版工作。在1970年9月17日的谈话中，他说："中华书局、商务印书馆就不能要了？那样做，不叫为群众服务。"在周恩来的关心和指示后，中华书局和商务印书馆逐步恢复业务，承担了"二十四史"、《清史稿》和外国历史、地理等书籍的出版任务。

荣宝斋是出版以中国书画为基本任务、组织木版水印及胶印出版，并经营古今字画与文房四宝的单位，不但在国内，尤其在国外有一定影响。"文革"后被批判为"外汇挂帅，只要钱，不要线，出卖社会主义"，荣宝斋被迫取消经营文物字画，停止收售、代售现代画原作，业务处于停顿状态。

1971年4月12日，周恩来接见全国出版工作座谈会领导小组成员，当有关负责人汇报到荣宝斋书画装裱、金石篆刻、木版水印等业务时，周恩来说：裱毛主席的字是成绩，也是一套本事，还有别的好的字画也可以裱。用石头刻图章，是废物利用。木版水印，大搞不必，如有销路，为什么不搞？他还指出：荣宝斋对国家是有用的。周恩来的明确指示，挽救了荣宝斋，使之得以恢复正常业务。在周恩来的关怀下，木版水印长卷《韩熙载夜宴图》历尽艰辛终于问世，驰名中外。

1973年2月4日，周恩来批示同意"国务院图博口"关于重建文物出版社的报告，文物出版社由人民美术出版社分出来恢复单独建制。音乐出版社也从人民文学出版社中分出来，更名为人民音乐出版社。

人民教育出版社"文革"后业务停顿，人员下放"五七"干校。1972年7

月，在周恩来的关怀下，开始重建人民教育出版社，包括普通教育和高等教育两方面的工作，并陆续从"五七"干校调回干部，逐步恢复教材的编辑出版工作。

"文革"开始后，大批期刊停办。人民出版社办的《新华月报》因干部下放"五七"干校被迫停刊。周恩来得知后提出《新华月报》不能停，指示交新华社接编。新华社于1970年5月出版了《新华月报》试刊号，7月正式复刊。由于周恩来的关注，才使这一大型文献资料刊物没有中断而连续出刊，直到1978年4月，《新华月报》才交还人民出版社继续编辑出版。

外文出版局主办的《人民画报》《北京周报》《人民中国》《中国建设》《中国文学》《人民中国报道》6种外文版期刊，在"文革"中由于周恩来的亲自干预，未让"中央文革"插手而得以保留下来。周恩来还对外文版期刊的编辑方针做了指示，如1967年2月26日，他接见《中国建设》革命生产委员会成员谈起杂志的读者对象问题时说："我们的读物是供给国外的，要争取广大中间读者，事情要有阶级分析，不能蛮干，要区别对待……。你们的杂志调子高了，拿出去没人买了……。主席一再强调要有的放矢，要看对象。他们是民主革命时期，杂志不区别性质是出不去的。各种刊物都要区别对待，要有分工，如果不这样，内容就都一样了。"这一指示，对所有外文版期刊都有重要的指导作用。[1]

《人民画报》的外文版和海外中文版称《中国画报》，是我国第一份以帮助海外读者了解中国为任务的国家级综合性的大型画刊（月刊），在"文革"动乱期间，日理万机的周恩来竟亲自为这份画报审定稿件达三年之久。[2]

（四）出版界一批老干部得到解放和使用

为了恢复出版工作，周恩来指示要落实干部政策和知识分子政策。在他的亲切关怀下，从1971年下半年起，国务院出版口陆续将直属出版单位大多数干部从"五七"干校调回来，从机关到各单位都有一些受批判、靠边站的领导干部恢复领导职务，如陈翰伯、王益、许力以、史育才、王仿子、陈原、丁树奇、陈茂仪、曾彦修、范用、严文井、韦君宜、周游、聂绀弩、楼适夷、李季、秦兆阳、葛洛、邵宇、姜维朴、孙慎、王璟等，都是这一时期先后回京恢

1　戴延年、陈日浓编：《中国外文局五十年大事记（1）》，231页，新星出版社1999年版。
2　杨正泉：《新中国外文出版发行事业五十年》，《中国出版年鉴（2000）》，中国出版年鉴社2000年版。

复领导职务的。尽管当时每前进一步都很困难，而且随时都有可能遭受"四人帮"的刁难甚至迫害，但却使恢复出版工作有了组织上的保证，更为粉碎"四人帮"后出版领域的拨乱反正和繁荣发展积蓄和集结了力量。[1]

1971年4月12日凌晨，周恩来在接见全国出版工作座谈会会议领导小组成员和部分代表时，亲切地一个个询问到会的代表们的年龄，家乡何处。他慈祥地笑着说，你们都受到冲击了吧？受冲击不要紧嘛，要站出来工作，你们都是党员，现在群众没书看，孩子们没书看，任务紧急啊。你们不干，谁干啊？参加这次接见的老出版工作者姜维朴回忆当时的情景时说："我们满心的委屈和痛苦都被总理期待的目光、温暖的话语冲散了，产生了信心，看到了前途，责任感油然而生。……恢复工作后的二十多年里，尤其是1985年创建中国连环画出版社的繁忙艰辛时期，只要一想起周总理的伟大人格和他的期望嘱托，就觉得没有克服不了的困难！少儿读物、美术出版业的兴旺发达，是我们所能给予他最好的告慰。"[2]

（五）从推动《新华字典》的修订到批准中外语文词典十年出版规划

周恩来在纠正出版工作受极左思潮影响的过程中，对图书的内容质量方面也很重视，特别关心为青少年出书问题。他于1970年9月17日指示国务院科教组组织对《新华字典》进行修订后，多次询问工作进度情况，还指示让参加全国出版工作座谈会的全体代表，分组审阅《新华字典》（试用本）修改稿，提出补充和修改意见，并预报各省、市、自治区的需要数量。这是中国出版史上空前的一次动员全国力量会审一本小小的字典。

国务院科教组刘西尧从商务印书馆、北京大学中文系和北京市教育局等单位调专人组成的《新华字典》修订组，从1970年9月下旬开始工作。当周恩来看到修订组送审的第一稿后，见到原字典中的"陛下""太监""僧侣"等许多词被删去，即要刘西尧转告修订组：不能认为"陛下"等都不能进字典。字典是工具书，有它的特点。反映资产阶级生活方式的字和词仍要用。要从群众的需要出发，有些知识还是需要的，不能主观删掉，人民要了解历史，一些历史事件应该介绍，不要回避。他还特别强调：字典除确实有错须改外，一般不必大改。

周恩来看到送审的第二稿后，在修订稿上批示："做了一点修改。"在字

1　宋木文：《缅怀周总理对出版工作的关怀》，《新闻出版报》1998年3月4日。

2　朱音、侯正新：《难忘的嘱托——访八届全国政协委员、中国连环画出版社原总编辑姜维朴》，《新闻出版报》1998年3月4日。

典的出版说明稿上，他一丝不苟的用铅笔逐句作了圈点。字典附录中的《节气表》，编者没有标明表中的月日是阴历或阳历。周恩来在《节气表》三字后面加了一个括号，括号内写明"按公元月日计算"。他还在"役"字的注释最后，加上了一条"③服兵役"，使义项更加完备。

1971年6月24日，周恩来接见全国出版工作座谈会领导小组成员、部分代表及《新华字典》修订小组成员时，有人请示编写外语词典要不要收入燕尾服、新婚、蜜月等资产阶级生活方式的词汇，周恩来说："你不用怎么行？外国字怎么能取消？像陛下、殿下，怎么能不用？来个国王，你还能不承认陛下。Sir（先生）你用不用？现在还存在资本主义社会嘛！这都是极左思潮。"

当周恩来看到《新华字典》样书封面书名是拼集鲁迅的字，便说："我就不赞成这样拼凑字作书名，拼字不是艺术。还有人把毛主席的字拼来拼去。主席题字都是完整的构思，不能随意拆开。比如主席写的'为人民服务''艰苦朴素'，都有完整的布局。鲁迅没有给这本字典题过字。鲁迅在世时，还没有简化字。这个'华'字还不是凑成的吗？这是不尊重鲁迅。将来一考证，说你们尽造假。还是老老实实的好。封面不要用鲁迅的集字，不要弄虚作假。你们这样搞，我就不批准。"

在周恩来的关心和指导下，《新华字典》修订工作历时半年完成，连同印刷共9个月出书。在"文革"极其困难的条件下，《新华字典》（修订第四版）终于在1971年6月正式出版，全国新华书店第一次报回的征订数高达8285万册，因印刷安排困难，到1971年12月全国共印制3453万册，余数次年再印。

1975年5月，国家出版局在广州召开中外语文词典出版规划座谈会。会议制定了1975年至1985年编写出版中外语文词典160种的规划（草案）。7月16日，国家出版局向国务院上报了有关座谈会的报告。《报告》经几位副总理圈阅后，于7月31日送到总理值班室。当时周恩来已病重住在北京305医院，他在病床上审阅了《报告》，在"总理"名上画圈表示同意，还加批了一句："因病在我处压了一下"表示歉意，并注上"八月廿一日"签批的时间。这是周恩来生前对出版工作所批的最后一份文件。这份文件的审阅和批文，充分体现了周恩来对出版工作的关怀和严于律己的精神。据周恩来保健医生写的回忆文章中说，周恩来自1972年5月确诊患癌症起，到1975年9月初，先后输血89次，大小手术做了13次。他于1975年8月21日阅批词典规划报告时，正是准备接受又一次关键性的大手术前夕。可以想见，周恩来是以何等非凡的精神忍受着多么巨大的病痛的情况下，还关心着出版工作的繁荣。

10月7日，手术后不久且身体极度衰弱的周恩来，在医院的病床上仍十分关心《辞海》的修订工作，他嘱咐秘书转告王冶秋："当年袁世凯称帝时，'筹安会六君子'的第一名杨度，最后参加了共产党，是我介绍并领导的。"他说：请冶秋同志告诉《辞海》编辑部，《辞海》若有杨度条目，要把他最后入党的事写上。《辞海》编辑部遵照周恩来的嘱托，将《辞海》1965年版中对杨度一批到底的释文，在1979年出版《辞海》修订本中，把杨度（1875—1931）晚年倾向革命，后在上海参加中国互济会及其他进步团体，于1929年秋加入中国共产党，在白色恐怖下坚持党的工作等事实写入条目。[1]

开了一百三十八天的"全国出版工作座谈会"[2]

1971年3月15日，全国出版工作座谈会在北京国务院第一招待所举行，参加这次会议的各方面代表共计126人，其中全国出版部门的代表85人，中央和国务院有关部门的代表19人，北大、清华、上海复旦大学和部分中、小学的师生代表7人；还邀请了工农兵代表15人，分别来自北京针织总厂、上海机床厂、吉林油脂化工厂、江西萍乡煤矿的工人，河南林县红旗渠的贫下中农，北京郊县一个公社先进生产队的基层干部，以及在延安插队和在黑龙江生产建设兵团的知识青年，还有分别来自陆、海、空军和铁道兵部队的解放军干部、战士参加。

这次会议，是"文化大革命"以后召开的第一个意识形态方面的全国性会议，国务院于2月27日发出的开会通知中，原定会期两周左右，由于"文革"后需要解决的问题太多，许多重要问题需请示中央决定，因而会议一再延期，至7月22日结束。7月29日，周总理和在京的中央政治局委员一起接见全国教育工作、出版工作等七个会议的代表，周总理在会上讲了话，7月30日出版会议的代表分组座谈后，会议正式结束。因此这次会议前后共计开了138天。

出版工作座谈会的会议领导小组，由吴庆彤（国务院办公室主任）任组长，王济生（"国务院出版口"领导小组组长）任副组长，小组成员由国务院办公室、文化组、科教组、出版口、中央党校的代表和会议七个组的组长共17人

1　巢峰：《〈辞海〉编纂和修订》，《出版史料》2003年第2期。
2　原载《出版史料》2007年第1期。

组成（其中军代表11人、工宣队1人、革命干部5人），负责领导这次座谈会。

会议开始后，从3月16日起，学习毛主席1970年8月在九届二中全会上写的《我的一点意见》和1971年3月为纪念巴黎公社100周年的文章《无产阶级专政万岁》写的批语："我党多年不读马、列，不突出马、列，竟让一些骗子骗了多年，使很多人甚至不知道什么是唯物论，什么是唯心论，在庐山闹出大笑话。"接着开展大批判（党内以批判陈伯达为主）。从3月25日起，学习马、恩、列、斯和毛主席论出版工作的语录，联系出版战线的实际开展大批判，小组揭批、大会发言。

4月7日，周总理在接见旅游会议和援外会议代表时，特意让出版会议领导小组全体成员参加。周总理在会上做的报告中，着重讲了党内两条路线的历史，还列举了"文革"开始以来毛主席的十几次批示，批评并纠正外事活动中自我吹嘘、强加于人、大国沙文主义、盲目排外的极左思潮。4月9日，出版工作座谈会传达了周总理的讲话，联系出版战线的情况进行讨论。根据总理的指示，会议集中一个星期时间，批判极左思潮。

会议秘书组根据会上讨论的意见，将出版战线的极左思潮归纳为五种主要表现：

1. 乱编乱印毛主席的著作和语录，以及中央其他领导同志的文章，不听中央指示，为所欲为，无政府主义思潮严重。

2. 出新书选题范围窄，框框多，有些书有形式主义倾向。

3. 对旧版图书否定一切，"一封、二推、三不管"，绝大部分下架封存，不敢开放。

4. 对原有编辑队伍不"一分为二"，"出身成分不好的不敢用，犯过错误的不想用，业务尖子不能用"，队伍组织不起来，工作没人干。

5. 不加分析地否定原有规章制度，新制度建立不起来，"大家负责，大家都不负责"。

有些代表谈到，"由于极左思潮披着'革命'的外衣，欺骗性更大。因此，一定要批臭，彻底肃清它的影响"。但是，会上也有人对批极左思潮持反对态度，认为"极左思潮的提法不大适当，估计有点过分了"。

听了周总理4月7日在旅游、援外会议上的讲话，以及5月30日、31日在外事工作会议上讲话的传达，通过对极左思潮的批判后，在会议的座谈讨论中，改变了会议开始时"一边倒"的局面，出现了一些不同的看法。有的代表认为，"文革"前的出版界和文艺界不同，十七年中还是出版了不少马、恩、列、斯著作和毛主席著作；在一般图书中，真正反党反社会主义、反毛泽东思想的毒草、坏书也是少数，出版界不能说是"资产阶级专政"，只是受了反革命修正主义路线的干扰和破坏。对原有编辑出版队伍的看法，认为坏人只是少数，多数是好的和比较好的，不能一律排斥，"犁庭扫穴，通统不要"。对当前出版队伍中的错误思想倾向，有人认为，极左思潮是主要的。"文化工作危险论"也是被极左思潮"打倒一切"逼出来的。比如有人说："出版界是'是非之地'，不可久留""宁肯倒在屎上，不可跌在纸上""现在画圈点头，将来弯腰低头"，因而"怕"字当头，工作"一等、二看、三应付"，甚至想"笔杆不摇，走出文教"。这些都是对极左思潮的变相抵触、消极对抗，并非真心不求进取，甘居落后，革命意志颓废消沉。

但是，这些正确的意见却遭到少数人的反对，有人说："对十七年怎么看？十七年出版战线是被修正主义控制的，被资产阶级知识分子统治的，依靠'权威''专家'，强调业务挂帅，大搞'三名三高'，权不在我们手里。"有人认为（江青炮制的《文艺工作纪要》中讲的）"黑线专政"同样适合于出版界。"十七年出版的图书，坏书和毒草是大量的，否则，如何解释出版界的资产阶级专政呢？"代表中这些不同的意见，都通过会议简报（增刊）向周总理反映。

从4月19日起，会议交流了组织"三结合"编创小组，修订再版图书，清理开放封存图书和促进出版队伍思想革命化等方面的经验，讨论代国务院起草的《关于出版工作座谈会的报告》，研究编制《1971年全国重点图书出版计划（草稿）》和《第四个五年计划期间全国图书出版工作设想（草稿）》。

来自全国各地的出版界代表，对于"文革"开始五年后才召开的这次会议抱有很大的希望，各自带了许多问题希望中央领导同志给予解答。出版口领导小组将会议召开后的有关情况与代表们提出需要请中央领导指示的问题加以汇总，于3月30日写成《全国出版工作座谈会提出的一些问题汇报提纲》报送中央；会议秘书组也及时将会议的进程和代表们提出的一些问题编成《出版工作座谈会简报》（增刊）向上反映。

"文革"中，各地出版社、书店、图书馆都封存了大量图书。从1969年下半年起，上海等省、市陆续开始审查处理，但由于处理封存图书的政策性强，还有不少问题要请示领导指示。如在代表们提出的问题中即有：

1. 有些重要政治文献，如"一评""二评""七评"中有提到刘少奇、邓小平的内容，《列宁主义万岁》一书中有陆定一署名的文章，"九大"文件汇编中有陈伯达的名字和照片，像这类书应该如何处理为好？

2. 越南中文版《胡志明选集》中有刘少奇的名字，朝鲜中文版《金日成选集》中有彭德怀、贺龙、习仲勋的名字，是否可在越、朝两国人员来往较多的城市陈列出售？

3. 《宋庆龄选集》拟公开发行，郭沫若的著作、范文澜的历史书是否可全部公开发行？

4. 中外古典著作，如《红楼梦》等四部古典小说，拟逐步公开发行，但类似的一些书，如《老残游记》《儒林外史》《聊斋志异》等以及外国文学著作，如托尔斯泰的《战争与和平》，莎士比亚的剧本，普希金、海涅等人的作品能否援例？黑格尔、费尔巴哈、亚当·斯密、傅立叶等哲学、经济学、空想社会主义著作，高尔基的作品，一些苏联小说如《钢铁是怎样炼成的》《青年近卫军》等书拟逐步公开发行，不知是否妥当？

5. 封存图书凡作者是"九类分子"的均不发行，有些翻译书内容无问题，但译者是"九类分子"，如夏衍翻译的高尔基的《母亲》等，能否作技术处理（涂掉译者名字）后发行？

6. 全国封存图书估计约值四亿元，经过审查有相当数量需要报废。销毁图书的损失，是否可由国家财政部门报销？

7. "文化大革命"以来，批判了修正主义的高稿酬制度。报社、出版社都废除了稿酬制度。但现在也出现了一些新的问题。工农兵写稿，需要一些费用，如福建马尾造船厂有个工人参加编写《水泥船制造工艺》一书，去外地调查，花费较大，卖掉了家里的小猪；上海一个工厂，绘制一套机械挂图，花了很多钱，出版社出版后，没有给钱，只好在工厂中开支。我们认为这个问题需要解决。目前可否根据作者的经济收入情况，适当给以补助？

8. 关于中文图书出口和外国人买书的问题，有些难题不知如何解决，如：①1970年香港三联书店向国际书店订书600多种，只供应了20种；朝鲜、越南要《农业学大寨》一书，农林部外事组问出版口，出版口让问外交部，外交部又推给出版口，周转一圈，定不下来；天津人民出版社出版的《地雷战》《地道战》连环画册，香港三联书店要求订购，天津市政工组不敢点头，中央也没有地方去请示，至今没有解决。②一些国内公开销售但不能出口的图书，外国人要买，很难处理。③荣宝斋的经营方针，应如何确定？

此外，还有关于重新组织出版队伍的问题，中央和地方的出版权限问题，关于审稿制度、书价问题，少数民族文版图书翻译工作中的译文方向问题，等等，都恳切希望周总理接见时给予指示。

周恩来总理对全国出版工作座谈会的召开很重视，他指派国务院办公室主任吴庆彤担任会议领导小组组长，始终主持会议的进程，及时向总理反映会议情况，重要事项都向总理请示。周总理在百忙中于4月12日和6月24日两次接见会议领导小组成员，听取会议情况汇报，对出版工作做了许多指示。

4月12日，周总理第一次接见会议领导小组成员和部分代表三十余人，接见从凌晨1时开始。总理入座后按接见名单一一询问每人的年龄、籍贯，还不时提到被问人家乡的特点，会场洋溢着一片亲切祥和的气氛。总理面带笑容对到会同志说："你们都受到冲击了吧？受冲击不要紧嘛，犯了路线错误，认识了改了就好，要站出来工作。你们都是党员，现在群众没有书看，孩子们没有书看，任务紧急啊！你们不干，谁干啊？"总理在询问了出版口直属出版社和新华书店的机构、人员情况后说："看看你们的《汇报提纲》要解决的问题吧。"接着，吴庆彤逐段读了出版口领导小组报送的《汇报提纲》，周总理边听边谈，详细询问了许多情况，并对一些问题做指示、谈意见。夜深了，有的领导提出：大家汇报尽量简短些，好让总理早点休息。总理马上说："不要紧，还是把情况谈清楚。"总理还没有吃晚饭，工作人员端来一小碗面条和一小碟咸菜，总理边吃边谈，会议直到凌晨5时20分结束。

6月24日，周总理第二次接见会议领导小组成员，从下午5时45分开始，至8时45分结束。

在两次接见中，周总理针对林彪、陈伯达一伙对出版工作的干扰破坏，深刻地批判了他们鼓吹的形而上学，割断历史，怀疑一切，打倒一切的极左思潮。他着重谈了马、恩、列、斯著作和毛主席著作的出版问题，谈了要积极组织出版各类图书，特别是历史、地理和青少年读物的问题，谈了封存图书的处理、开放问题，谈了出版队伍的建设问题，还谈了图书的封面设计、定价、稿酬、印刷、发行等许多方面的问题。

周总理指出："你们管出版的，要印一些历史书。我们要讲历史，没有一点历史知识不行。你们的出版计划中有没有历史书籍？现在书店里中国和外国的历史书都没有，地理书也没有。不出历史、地理书籍，是个大缺点。""不讲历史、割断历史怎么行呢？中国人不讲中国历史总差点劲。毛主席的著作还有不少篇幅是讲历史的嘛！读毛主席的著作也得懂历史。”总理又说：“同志们说，有的地方把封存的图书都烧了，我看烧的结果就是后悔。应该选择一些旧的书籍给青少年批判地读，使他们知道历史是怎么发展来的。都读新的，哪有那么多？要有组织地给他们读一点书，总不能把历史割断吧！否定一切，不一分为二，这是极左思潮，不是毛泽东思想。我们要用历史唯物主义的观点来看问题。那些把书都烧了的，还不是受极左思潮的影响？把《鲁迅全集》和《红楼梦》《水浒》等古典名著封起来干什么？这不是滑稽得很吗？胡志明、金日成的书都封了，这不是极左思潮是什么？把有点问题的书都封起来，只有少数人能看，只相信自己不会受影响，其他人就都会受影响？群众总是比我们个人知道得多，他们是能够做出判断的。一面说青年没书读，一面又不给他们书读，就是不相信青年人能判断。无怪现在没有书读了，这完全是思想垄断，不是社会主义民主。我看现在要出一批书，要广开言路。读马克思、列宁的书和毛主席的书是主要的，但也要读历史、地理，读哲学，等等。有些青年连世界地理位置、重大历史事件都搞不清楚，知识面越来越狭窄，这不行，这样是不可能真正高举毛泽东思想伟大红旗的。我党的出版工作，必须坚持把出版马列著作、毛主席著作放在首位，同时应该做好学习马列著作和毛主席著作的参考读物，青少年读物，文学艺术读物，科学技术读物，经济、历史、地理、国际知识读物和工具书等各类图书，以及少数民族文字的图书出版工作。”

周总理十分关心青少年的成长，对出版他们需要的文学艺术作品和工具书，科普读物等，都做了详细的指示。他对《新华字典》的修订工作很关心，多次询问工作进度情况，对字典修订稿的内容、封面、字体以至定价等都提出具体的意见，还指示让参加出版座谈会的全体代表分组审阅《新华字典》的修订稿，提出修改和补充意见，动员全国力量会审一本小小的字典，这在中国出版史上还是头一次。在周总理的关心和指导下，“文化大革命”后首次进行的《新华字典》修订工作历时半年完成，连同印刷共9个月出书。在“文革”极其困难的条件下，《新华字典》（修订第四版）终于在1971年6月正式出版，全国新华书店第一次报回的征订数高达8482万册。

周总理还指示，要研究制订一个出版计划，动员和组织各方面的力量写作；有些旧书可以重印，图书馆应该清理开放。在谈到出版队伍的建设时，周总理明确提出，要正确执行党的知识分子政策，充分调动一切积极因素，为社会主义服务。

7月29日晚，周总理在接见全国教育、出版等七个会议代表的讲话中，再一次对出版工作提出了殷切的期望，他说，现在最大的不足是不能满足人民更多方面的需要，要求大家回去后一定要抓紧多出版一些好书，包括青少年儿童读物。还责成各省、市、自治区党委第一书记要抓一下出版工作，会议结束后，就要把工作布置下去、落实下去，包括编辑、印刷、发行，都要积极行动起来，努力满足人民的需要！

全国出版工作座谈会最后形成的文件——国务院1971年7月22日给毛主席、党中央的《关于出版工作座谈会的报告》，经毛主席批示同意，中共中央于8月13日以中发〔1971〕43号文件下发到各地执行。但是，这份文件是由当时在中央分管宣传和文教工作的姚文元修改、张春桥定稿的，在文件中塞进了周总理并不同意的"两个估计"，即建国后出版界是"反革命黑线专政，资产阶级知识分子占统治地位"，这些人不能用，要重新组建出版队伍。这两个完全错误的"估计"，把林彪、江青炮制的"文艺黑线专政论"在出版界"合法化"，长期成为出版界广大知识分子沉重的精神枷锁。直到粉碎"四人帮"，中共十一届三中全会召开后，经过全面的"拨乱反正"，极左思潮被清算，才得以肃清这个报告带来的消极影响。

邓小平主持全面整顿时期对出版工作的关注[1]

1975年1月，四届人大第一次会议闭幕后，周恩来的病势更加沉重。邓小平在周恩来推荐下，经毛泽东批准，从2月开始主持国务院的工作，6月开始主持党中央的日常工作。他在毛泽东、周恩来和叶剑英、李先念等大力支持下，对"文革"以来受到严重破坏的经济、科技、教育、军事等各方面的工作进行整顿的同时，对出版战线的整顿也给予了关注。

（一）邓小平指示国务院政研室收集有关文化、教育、科学、出版等方面执行"双百"方针的材料

邓小平主持党中央和国务院的日常工作后，需要有一个机构协助他工作，而

1　原载《出版史料》2004年第2期。

那时党中央的几个意识形态部门都控制在"四人帮"手中，这个机构如设在党中央就很难工作，因此邓小平决定在国务院成立政治研究室，由他直接领导。政研室的负责人有胡乔木、吴冷西、胡绳、熊复、于光远、邓力群、李鑫7人。

1975年7月，毛泽东在两次谈话时谈到文艺问题，他说"百花齐放都没有了"，"缺少诗歌，缺少小说，缺少散文，缺少文艺评论"。"党的文艺政策应该调整一下，一年、两年、三年，逐步逐步扩大文艺节目"。

7月9日，邓小平召集政研室几位负责人谈话，在传达了毛泽东的指示后说，除百花齐放外，还有一个百家争鸣的问题；要防止僵化；现在的文章千篇一律，是新八股；"双百"方针没有贯彻执行，文学艺术不是更活泼、更繁荣。他还谈到科学工作，指出现在对基础理论不重视。只搞应用科学，这样要赶超世界先进水平不行。

作为政研室负责人之一的于光远，在回忆1975年政研室工作的文章中说："这年上半年，邓小平抓铁路、钢铁、军队的整顿，颇见成效，大得人心。但是'四人帮控制的意识形态领域，依然是一片凋零，万马齐暗。他力图在文化教育领域打开缺口，毛泽东想作些政策调整，当然提供了有利条件。邓小平告诉我们，他不熟悉这方面的情况，政研室要收集有关文化、教育、科学、出版等方面执行'双百'方针的材料。他还说政治局将讨论这个问题。"[1]

7月10日，胡乔木召集政研室负责人开会，讨论了调查研究、收集材料的题目、分工和工作方式。会上确定，调查文艺状况的工作主要由于光远、邓力群负责。次日于、邓就召集理论组组长王子野等人传达并布置调研任务。邓力群提出了关于"三突出"这个题目，他请王子野翻阅报刊文章，把有关"三突出"的论述，摘抄整理一个材料。

王子野带领理论组几位同志查阅了党的"九大"以来北京、上海几种主要报刊，发现从1969年11月到1975年6月，在《红旗》杂志、《人民日报》、《文汇报》上发表的"四人帮"写作班子和样板戏剧组写的18篇文章中，对毛泽东关于文艺方针的四句话，都只提三句，而有意不引"百花齐放"，18篇中就有19处之多。王子野整理成《关于报刊中宣传"双百"方针情况的材料》和《关于报刊上宣传"三突出"创作原则情况的材料》于7月中旬送给胡乔木、邓力群。

王子野整理的这份材料抓住了"四人帮"的罪证，提出了一个重大原则问

1　于光远：《忆邓小平和国务院政研室》，《百年潮》2000年第7期。

题，说明正是自称"旗手"的江青及其同伙，公然反对毛泽东文艺方针，阉割毛泽东思想，持续时间长达六年之久。

邓小平看了政研室报送的调查材料很重视。10月4日，他在农村工作座谈会上讲话，就运用政研室的这个材料，对"四人帮"割裂毛泽东思想进行了有力的揭露和批评。他说："割裂毛泽东思想这个问题，现在实际上并没有解决。比如文艺方针，毛泽东同志说，要古为今用，洋为中用，百花齐放，推陈出新。这是很完整的。可是，现在百花齐放不提了，没有了，这就是割裂。"

由于毛泽东提出"百花齐放都没有了"等批评意见，邓小平又揭出了他们割裂和篡改毛泽东思想的罪证，这就迫使"四人帮"在"百花齐放"口号等问题上做暂时的表面的退却。在张春桥授意下，文化部创作办公室于当年12月12日向出版机关发出《样板戏剧组文章若干提法的修改方案》，在第一段"关于文艺方针的提法"中说："1969年以来，所有样板戏剧组文章，大都是提贯彻执行毛主席的'古为今用，洋为中用''推陈出新'的方针，未提'百花齐放'。根据目前情况，应加上'百花齐放'，改为'古为今用，洋为中用''百花齐放，推陈出新'方针的完整提法。"[1]

（二）支持编辑人员提出的纠正左倾错误，恢复出版各类图书的建议

1975年9月3日，中华书局编辑周妙中给邓小平写信，针对"文革"对出版工作造成的破坏，建议恢复出版各类图书。周妙中在信中说，为配合国家建设，要制定十年出书规划，大力出版或重印学术著作、工具书和古籍。她建议要组织老中青知识分子编写著作和工具书，要落实"百家争鸣"的方针，鼓励个人写作，要防止"批评的无限上纲，乱扣帽子，一棍子打死"；也要防止"否定一切地对遗产抱虚无主义思想的错误"。为了完成十年出书规划，建议要做好印刷、装订、发行等工作。

邓小平对周妙中这封写了3000多字的长信很重视，于9月11日将这封信送给毛泽东看，并在信前批注：

"主席：知你向来关心这些方面的问题，故送上一阅。拟交国务院政治研究室乔木同志等研究处理。"

毛泽东圈阅后，邓小平于9月16日又将周妙中的信转给在京的中央政治局委

1　夏杏珍：《当代中国文艺史上特殊的一页——一九七五年文艺调整述论》，《新文学史料》1994年第4期。

员传阅。

9月23日，中共中央办公厅根据邓小平的批示，将周妙中的信转给胡乔木。24日，胡乔木给国务院和国家出版局有关负责人写信，对贯彻邓小平的批示提出具体意见。国家出版局随即召开专门会议，进行研究和贯彻。

邓小平对一名普通编辑反映的情况和建议如此重视，并对所提建议的支持和批示，对此后我国出版事业的恢复和发展，产生了深远的影响。

（三）批准召开编纂出版中外语文词典会议

"文革"后，辞书园地一片荒芜。到1975年初，书店中公开出售的中外文词典，仅有《新华字典》《工农兵字典》和《袖珍英汉词典》《袖珍日汉词典》等少数几种小型词典，收词较少，读者反映很不够用；教学、科研、外事等方面需要收词较多的中外语文词典的反映十分强烈。国家出版事业管理局和教育部会商后，于1975年3月22日联名向国务院上报了《关于召开中外语文词典编写出版规划座谈会的请示报告》。《报告》提出，这次会议以出版局为主，教育部协助召开。参加会议的有13个省、市的文教、出版部门负责人，有关高等院校负责人和专业工作者，有中央有关部门的负责人和工农兵代表。另外，还特邀丁声树、魏建功、郑易里、葛传槼4位专家参加。座谈会规模约100人，会期预期25天左右。这个请示报告经有关负责人圈阅后，最后报邓小平审批。邓小平很快批准，使这次座谈会得以顺利召开。

1975年5月23日至6月17日，中外语文词典编写出版规划座谈会在广州召开。会议讨论制定了1975年至1985年编写出版160种中外语文词典的规划（草案）。国家出版局于7月16日向国务院报送了这次座谈会的报告和中外语文词典十年规划（草案）。

邓小平对于这项工作很重视，他不仅对国家出版局的报告很快圈阅同意，还将这份报告报送在医院中的周恩来最后审批。周恩来于8月21日在病床上审阅同意，国务院于22日转发了这个报告和规划，从而保证了这一规划得以实施。

国家出版局关于召开中外语文词典编写出版规划座谈会制定十年编写出版规划的工作，是在"文革"后期，邓小平主持中央工作抓整顿的时期进行的一项重要举措。报告经国务院批准下达后，尽管开始困难不少，进展较慢，甚至被少数人指责为"刮业务台风"。但是这项工作是具有历史意义的。粉碎"四人帮"后，在20世纪80、90年代陆续问世的大批辞书，包括《辞海》《辞源》的修订和新编的《汉语大词典》《汉语大字典》等大型汉语辞书；新编的《英汉大词典》《日汉大词典》《法汉大词典》《德汉大词典》和修订的《俄汉大词典》等大型外语辞书，以及许多中小型中外语文词典，都是列入1975年制定的规划中的项目，它们的出版，为我国文化建设事业的发展发挥了重要的作用。

　　（四）支持《人民文学》复刊

　　《人民文学》是与中华人民共和国同时诞生的国家级文学月刊，于1966年6月"文革"开始后停刊。1971年8月中央批转《出版工作座谈会的报告》后，原《人民文学》负责人就已着手准备复刊工作，但报告送上去后，遭到江青、张春桥等多方刁难，迟迟不批，筹办刊物的班子被迫解散，复刊计划只好搁置下来。1975年夏毛泽东提出要调整文艺政策后，"四人帮"一伙对《人民文学》复刊再难以压制。但"四人帮"心怀鬼胎，唯恐《人民文学》的复刊工作纳入邓小平进行整顿的正轨，便抢先谋划，企图将这块阵地抓到自己手里。8月25日，张春桥亲自召见他们在文化部的一个亲信面授机宜，提出"只要几个热心人，几个年轻人就办得成功。要夺权，不要原来的人"。并且很快就配备好由文化部那个亲信副部长任主编，从上海调来他们的帮刊《朝霞》的负责人任常务副主编，并以文化部名义拟定一份"创办"（不是复刊）《人民文学》的报告，于9月6日报送中央政治局。9月8日，张春桥第一个看到这份报告，立即批了"拟原则同意"。

　　邓小平赞成《人民文学》复刊，但他对"四人帮"想攫取、把持这个阵地保持高度警惕。早在8月8日，他与国务院政治研究室胡乔木等几位负责人开会谈到《人民文学》复刊问题时就说过："现在的文化部恐怕办不好《人民文学》。"所以，当张春桥批过"拟原则同意"的报告送到邓小平手中时，他除了对《人民文学》复刊表示"我赞成"，接着针锋相对地写了批语："看来现在这个文化部领导办好这个刊物，不容易。"这就打乱了"四人帮"的阵脚。于是，张春桥采取拖延战术，将报告扣压了一个多月，才于10月15日不得不表示："此件在我处压了一些时候，实在安排不出时间，反而误了时间。请你们同出版局协商，先办起来。"签字后又补批："待商。可以先设在出版局，如果不方便，将来再说。""四人帮"妄图夺取《人民文学》领导权的图谋未能得逞。《人民文学》，终于在1976年元旦复刊，编辑部事先向毛泽东请示拟启用他的亲笔手迹作为刊名，毛泽东批示"可以"。

　　在《人民文学》复刊的第一期内，编辑部组织、发表了工人作家蒋子龙创作的小说《机电局长的一天》，小说以工业战线贯彻落实邓小平整顿方针为背景，塑造了一位为把国民经济搞上去而奋不顾身猛促生产的老红军干部霍大道的形象。刊物出版后受到广大读者的欢迎与好评，一时间"霍大道"成了邓小平的代称。但此后不久，形势急转直下，开始了所谓"反击右倾翻案风"。"四人帮"的喉舌随即炮制"批判"文章，针对邓小平关于复刊《人民文学》的批示，发泄怨恨，咒骂"党内那个不肯改悔的走资派，抢起'整顿'的大棒，诬蔑文艺界新的领导班子，这也不行，那也不行，连个文艺刊物也办不好"。随后"天安门事件"爆发，《机电局长的一天》也被"上纲上线"为"给邓小平树碑立传的翻案风黑样板"。蒋子龙被迫做了违心的"检讨"，《人民文学》编辑部也被指令专题做"检查"。

（五）授意创办《思想战线》杂志

1975年6月29日，邓小平向胡乔木明确交代：国务院政研室一定要把中科院哲学社会科学部（简称学部）管起来；并提出，"学部要办个刊物"，由政研室指导。9月5日，学部临时领导小组写了报告上报政研室并国务院。

9月16日，毛泽东在科普杂志《化石》编辑张锋给他的信上加了"一封诉苦的信"的标题，批示"印发在京中央各同志"。9月19日，邓小平对胡乔木说：《化石》这样的刊物，主席这样地关心，学部办的综合性理论刊物还会不关心？催促胡乔木赶快把刊物办起来。9月22日，学部临时领导小组对9月5日的报告做了修改，再次向政研室报送了《关于创办〈思想战线〉杂志的请示报告》，请转国务院。胡乔木接到报告后，即向邓小平汇报。邓小平指示抓紧筹备，还说：别人写文章，你们也可以写，但不要影射，要讲道理。他还要求《思想战线》的重要文章要交政研室审定，有些文章还要交中央和国务院审查。胡乔木立即把创办《思想战线》的请示报告修改重写了一遍。

10月5日，邓小平看过报告后，在便笺上签署意见："拟同意。请主席批示。"毛泽东当天就看了这个报告，圈阅表示同意。

毛泽东已圈阅的《请示报告》于6日退到邓小平处，邓小平当即在上面写了批语："请政治局同志阅后退胡乔木。"10月9日，文件经13位在京中央政治局委员圈阅后，退到胡乔木、胡绳的手里，前后不到一个星期。[1]

1　程中原、夏杏珍：《夭折的〈思想战线〉》，《世纪风采》2003年第9期。

学部在《请示报告》中称："遵照中央政治局的指示，哲学社会科学部已经逐步恢复业务工作。学部所属各研究所过去出版过的各个杂志，只有《历史研究》《考古》《考古学报》仍在出版，其余都已停刊多年。现在除准备按照需要和可能逐步出版各种分科的杂志外，打算先出版一个综合性的杂志。"刊物定名为《思想战线》。它是一个理论性、批判性、讨论性的哲学社会科学综合性月刊。《报告》强调：《思想战线》要认真贯彻"百花齐放、百家争鸣"的方针，贯彻"古为今用""洋为中用""厚今薄古"的原则。在马克思主义世界观的指导下，开展不同意见的争鸣。勇于坚持真理，勇于批评和自我批评……对于其他各种反马克思主义、非马克思主义的错误思想必须坚决斗争，严肃批判，决不能让它自由泛滥。

《报告》提出：《思想战线》杂志社为学部直属单位，拟由林修德兼主编，梅关桦任副主编。计划每期约10万字，印数15万至20万册，由邮局向国内外发行。拟于1975年内出试刊，1976年1月正式出刊。

《思想战线》在筹备出版期间，胡乔木、胡绳、于光远等不断地给杂志出题目，并且告诉编辑部，某篇文章可以约某位同志写；他们还为杂志约了一些同志写文章。可以设想，这个刊物上发表的文章同"四人帮"那时的笔杆子上至张春桥、姚文元，下至梁效、罗思鼎、洪广思、唐晓文等的文章大异其道，事实上是唱"对台戏"的。因此，在刊物筹备创刊过程中，"四人帮"就对它进行造谣中伤、恶毒攻击，矛头直指邓小平。据杂志社临时领导小组副组长邢方群在回忆文章中说：

> 1976年2月25日，姚文元在电话中对《红旗》杂志负责人说："他们有一篇讲三项指示为纲的文章，讲法比刘少奇凶得多。我刚拿到手，可以看到问题的尖锐性。他们准备放在《思想战线》作为第一篇。"3月1日，姚文元又在电话中说："批《论全党全国工作的总纲》，要联系不肯改悔的走资派。胡乔木关于《思想战线》的讲话，也可以批判。"4月26日下午，姚文元同《红旗》杂志负责人谈话时，诬蔑邓小平同志派人去学部工作是搞复辟，办《思想战线》是和党中央唱对台戏。《红旗》杂志1976年第5期就登了一篇文章，诬蔑邓小平指示学部筹办《思想战线》是为了制造反革命舆论。"四人帮"的黑干将迟群和"梁效"写作班子，在各种场合诬蔑《思想战线》。他们扬言，"《思想战线》出一期，

我们就批一期"。"四人帮"在上海的一个党羽在1976年2月也对上海文教组讲:"他们想搞一个修正主义舆论工具,这是一个很大的阴谋。"

……

尽管"四人帮"及其爪牙围攻《思想战线》杂志,但杂志编辑部在学部和政研室的领导下,顶着阴风恶浪,继续工作,终于把试刊第1期稿子编出,打出清样后,经学部领导审阅,然后送交胡绳。胡看过,转胡乔木审定。只等乔木同意了,就付印出版。但就在这时,全国掀起批判右倾翻案风,批判邓小平同志,于是,《思想战线》杂志不得不停止出版了。[1]

"批林批孔"运动中的出版工作[2]

1971年9月13日林彪叛逃坠机身亡后,全国开展了对林彪反党集团的批判。在清查林彪问题的过程中,发现他藏有一些孔孟言论的卡片,又在床头挂有"克己复礼"的条幅,于是认定林彪与孔子的思想一脉相承,都要搞复辟。

1973年5月20至31日,中共中央在北京召开工作会议。周恩来在会上传达毛泽东关于要重视上层建筑领域里的革命的指示。毛泽东在指示中批判孔丘,肯定秦始皇。7月4日,毛泽东在和张春桥、王洪文的谈话中,再次讲到不赞成否定秦始皇,认为林彪和国民党一样,都是"尊孔反法"的。8月5日,毛泽东向江青讲述中国历史上儒法斗争的情况,说:历代有作为、有成就的政治家都是法家,他们都主张法治,厚今薄古;而儒家则满口仁义道德,主张厚古薄今,开历史倒车。他当场念了所写的一首题为《读〈封建论〉呈郭老》的七言律诗:"劝君少骂秦始皇,焚坑事业要商量。祖龙魂死秦犹在,孔学名高实秕糠。百代都行秦政法,十批不是好文章。熟读唐人封建论,莫从子厚返文王。"

毛泽东1973年下半年几次谈到评法批儒的问题,并写了《读〈封建论〉呈郭老》的诗,着眼点是针对那些怀疑以至否定"文化大革命"的看法,提倡"社会要向前发展,反对倒退"。但他并没有提出在中央的全盘工作中突出"批孔"问题,更没有主张要发动一场大规模的"批林批孔"的政治运动。这以后召开的中共十大及其后中央一系列工作部署中,都没有"批孔"的内

1 邢方群:《邓小平授意创办〈思想战线〉被"四人帮"扼杀经过》,《炎黄春秋》1997年第9期。
2 原载《出版科学》2005年第1期。

容。显然，毛泽东并没有把"批孔"问题放在这样重要的位置。江青等却认为"批孔"是一个好题目，可以借"批儒"把攻击矛头一步步指向周恩来。十大以后，他们操纵的写作班子，连续发表大量"批孔""批儒"文章，借古喻今，竭力把批判"孔孟之道"引导到现实政治斗争当中来。

1974年元旦，江青等控制下的"两报一刊"联合发表社论，十分引人注目地提出"要继续开展对尊孔反法思想的批判""中外反动派和历次机会主义路线的头子都是尊孔的，批孔是批林的一个组成部分"。

1月12日，王洪文、江青又联名写信给毛泽东，建议向全国转发北京大学、清华大学汇编的《林彪与孔孟之道》的材料。毛泽东看后批示："同意转发。"18日，中共中央以当年一号文件转发了这份材料。转发的《通知》中说：这个材料，"对继续深入批林，批判林彪路线的极右实质，对于继续开展对尊孔反法思想的批判，对于加强思想和政治路线方面的教育会有很大帮助"。《通知》中也没有出现"批林批孔"的提法。

参与整理《林彪与孔孟之道》这个材料的迟群（这时任清华大学党委书记、革命委员会主任）等当众炫耀说：编辑《林彪与孔孟之道》，是1973年下半年里江青亲自抓的一件事，是作为"当前的一个大方向"来看待的；江对此"像抓样板戏一样"认真仔细，不仅反复审看，还多次做出指示，指导我们"一遍又一遍地改"。他们没有一个字提到周恩来和中央政治局事先是否知道这件事。几天后，迟群等又给江青写信说："您亲自抓批林批孔，抓部队、国家机关的政治思想建设，抓教育革命，抓知识青年上山下乡等大事。"这里只讲江青"亲自抓批林批孔"，连毛泽东也没有提到，这在当时是很少见的[1]。

中央一号文件下达后，江青显得格外兴奋和忙碌。他指使迟群等先后前往军队、国务院文化组和中共北京市委等单位，以江青的名义送去有关"批林批孔"的信件和材料。24日，江青以个人名义给中央军委和全军指战员写信，又要驻京机关部队开万人大会，动员开展"批林批孔"运动。1月25日下午，在江青策动下，在北京召开了有一万多人参加的党中央直属机关和国务院各部门"批林批孔"动员大会。迟群等在大会上发表长篇煽动性讲话：他们借宣讲《林彪与孔孟之道》的材料，大谈所谓"抓大事"和"反复辟"问题。江青、姚文元等在会上频繁插话，提出"不准批孔就是不准批林"，"要反对折中主义"，

1　中共中央文献研究室编：《毛泽东传（1949—1976）》，中央文献出版社2003年版。

等等。于是，一场声势浩大的"批林批孔"运动就在全国范围内迅猛展开。

1974年1月23日，国家出版局向周恩来写请示报告，说《人民日报》编的《批孔文章汇编》（一）和《五四以来反动派、地主资产阶级学者尊孔复古言论辑录》二书，人民出版社已发稿，四五日内即可出书。《报告》提出《五四以来……》一书拟作内部发行，军队发至营以上，农村发至公社以上的意见。周恩来阅后批示"拟同意"，但此信在其他中央领导间传阅时，江青批了一段文字，提出将《批孔文章汇编》的书名改为《批林批孔文章汇编》，将《五四以来……》一书改为公开发行，此书的发行范围改为军队发至连以上，农村发至大队以上。

1月26日，国家出版局向各省（市、自治区）革命委员会文教组（出版局）发出加急电报，内称：根据中央指示，为了配合批林批孔学习需要，人民出版社正在突击赶印《批林批孔文章汇编》（一）（二）、《鲁迅批判孔孟之道的言论摘录》、《五四以来反动派、地主资产阶级学者尊孔复古言论辑录》四本书，均由人民出版社统一供型，要求各地收到纸型以后，按特急件付印出书，印数请示省、市、自治区党委决定，做到各地新华书店门市部和农村供销社售书点都能迅速充分供应。

《批林批孔文章汇编》等四种书，1月23日晚发稿，人民出版社于24日上午即向中央报送审查清样，25日得到中央批准印刷的指示，立即开始打纸型，1月26日、27日两天内，已将四种书的纸型用航空发出。

据各地向国家出版局汇报的印数，全国第一批安排四种书各印5700余万册。人民出版社还出版了四种书的线装大字本各200套，平装大16开本子6000册，于2月7日全部出齐。

北京市组织中央各部和市属12家印刷厂赶印4种书，第一批各180万册于1月27日开始出书，31日出齐；第二批各100万册于2月5日出齐。其中市内每种书供应了230万册，其余各50万册供应印刷条件较差的西南、西北、华北、东北等地8个边远省、自治区。其他大部分地区于2月初开始出书，随即陆续供应。

北京市四种书发行230万册后，据新华书店调查，中央和北京市党政机关已基本满足，厂矿工人满足了70%到80%，但市区街道只供应到革委会和党支部，农村只供应到大队以上干部，社员和知识青年见到的很少。于是，北京市又加印了各70万册。部队系统则由部队自行印刷供应。

2月7日，北京维尼纶厂有人向市革委会写信，反映中央党校编写的《鲁迅批判孔孟之道的言论摘录》内误选了瞿秋白的话，经《北京日报》查实，吴德即向姚文元做了书面反映。姚文元于2月8日晚批："经8日晚政治局讨论，觉得书中可以不删，因是鲁迅手编。我们编的摘录，还是不录为好。拟请党校再看一遍，能否增订一些，删去这两条，迅速出一再版本，原本则收回，由出版系统办。"

国家出版局接到指示后，即于2月8日急电全国将《鲁迅批判孔孟之道的言论摘录》停印停发。中央党校对该书删去2条，增加5条，对一条注文做了少许修改，人民出版社迅速出版了修订重印本。国家出版局于2月12日电告全国，由新华书店通过组织系统，用新版本换回旧版本，旧版收回后作化浆处理。

1974年，各地出版部门"选题出书紧密配合党的中心工作"，出版了多种为批林批孔运动服务的各类图书，仅国家出版局的直属出版社除大量出版了《批林批孔文章汇编》等四种书之外，还出版了《反动阶级的"圣人"——孔子》、《关于孔子诛少正卯问题》、《孔丘杀少正卯》、《鲁迅批孔反儒文辑》、连环画《剥开"孔圣人"的画皮》、宣传画《工农兵是批林批孔的主力军》、诗歌集《我写儿歌来参战》、歌曲集《批林批孔战旗红》；荣宝斋出版了以批林批孔为内容的书法、字画，盲文厂出版了配合批林批孔的盲文读物，等等。

"评法批儒"热潮中的出版工作[1]

（一）"评法批儒"图书泛滥成灾

从1973年下半年到1976年9月，全国出版部门在"评法批儒"的热潮中出版了大量的有关图书，其中有不少"四人帮"写作组炮制的文章先在报刊上发表，然后汇编成"活页文选"或以文集、丛刊等形式出版。

1973年8月5日，毛泽东向江青念了《读〈封建论〉呈郭老》的诗后，姚文元抢先将此事透露给上海写作组的头头，并授意组织文章。上海于9月15日出版的《学习与批判》创刊号上即发表了署名石仑的《论尊儒反法》一文，文章打着批判所谓"周公之典"的旗号，影射攻击周恩来。这篇文章经姚文元亲自修改，又在《红旗》当年第10期发表。姚文元在修改时把一些露骨影射攻击周恩来的话删去，如把"要求一切都按奴隶主贵族的'周公之典'办事"改为"按

1　原载《出版科学》2005年第1期。

旧制度办事",还加上"中国历史上,历来就存在尊儒反法同尊法反儒两种对立的观念和派别"。文章最后说:"在无产阶级革命的进程中,要不要批判尊儒反法思潮,也是党内两条路线斗争的一个重要内容。"这是"四人帮"后来鼓吹"儒法斗争继续到现在"的反动口号的先声,并为他们揪"现代儒"埋下伏笔。

1973年11月1日,《红旗》第11期发表了署名"罗思鼎"的《秦王朝建立过程中复辟与反复辟的斗争——兼论儒法斗争的社会基础》一文,这也是姚文元授意写的,刊出前姚亲自修改了三遍。文章按照姚文元的点子,大批吕不韦搞"折中主义",并以吕不韦为中心,把秦、齐、楚、赵等一批宰相列为批判对象,用比附的手法,把矛头指向周恩来。文章发表后,上海写作组的头头对写作组的人员说:"中央领导同志(指江青)说这篇文章好,好就好在批了吕不韦,吕是个宰相。"一语道破了他们的矛头所指正是周恩来。姚文元在《红旗》组稿会议上也称此文写得好,"比第一篇文章深入了一步",布置再写几篇批"宰相"的文章,并点题要写评《吕氏春秋》《王荆公年谱考略》等。自此以后,在"四人帮"授意下,不批林、假批孔、大批"宰相"儒的文章相继出笼。

1973年12月16日,《学习与批判》第4期发表了署名康立的《汉代的一场儒法大论战——读〈盐铁论〉札记》一文,这也是姚文元授意写的。文章歪曲历史,把根据汉武帝遗诏辅佐昭帝执政的大司马大将军霍光,说成是"企图改变汉武帝时实行的那条加强中央集权、打击奴隶主残余势力的政治路线,收集了一批各郡国的所谓'贤良文学士',一手策划了盐铁会议"。文中借骂身任丞相的田千秋,影射周恩来"是一个相当圆滑的老官僚","他善于摆平关系,模棱两可,始终不表态,最后各方面都不得罪"。

"四人帮"在借批儒进行攻击的同时,还热衷于吹捧被他们所封的法家以宣传他们自己,最突出的是1974年为吹捧江青而出现的"吕后热""武则天热",在他们炮制的一些文章中,大肆鼓吹吕后"'为人刚毅,佐高祖定天下',高祖死后,执政十六年,继续推行法家路线,是中国历史上著名的女政治家";"刘邦死后……吕后为防止发生动乱,决定亲自掌权"。狂热地吹捧武则天是"忧劳天下"的"明王""圣后",以及她是怎样"在儒法两条路线的激烈斗争中成长起来的一位杰出的尊法反儒女政治家",还鼓吹"武则天的反儒色彩远远胜过唐太宗,她推行法家路线也要比唐太宗更加坚决、彻底。……明代法家李贽曾热情称赞武则天'胜高宗十倍，中宗万倍'"。上海出版的《儒法斗争史话》一书中说："武则天面对朝廷内外反动势力的夹攻，昂然挺立，镇定自若。"她当皇帝"有着广泛的社会基础"，"不愧为我国历史上一位杰出的女政治家"。1976年3月2日，江青在12省、自治区的会议上更加露骨地说："有人……说我是武则天，有人又说是吕后。我也不胜荣幸之至。吕后是没有戴帽子的皇帝，实际上政权掌握在她手里，她是执行法家路线的。""武则天……不简单。她那个丈夫也是很厉害的，就是有病，她协助她丈夫办理国事，这样锻炼了才干的。"

1974年7月初，"四人帮"在上海的党羽布置赶写一篇宣扬吕后的重点文章，按照江青的口径，向写作人员下达三点要求：

（1）要写"吕后是了解刘邦最深的，追随刘邦最紧，与刘邦共同生活最长，刘邦所建立的功绩是与吕后分不开的"。

（2）要写"吕后是刘邦最合适的接班人，是刘邦法家路线的忠实继承者"。

（3）要写"吕后是按照刘邦生前的法家路线办事的，除吕后外，没有任何人能够完成刘邦的未竟之业"。

张春桥看了文章后，对有关人员说："这样的文章影射太明显，容易产生副作用，目前暂不宜发表。"此文虽未发表，但其中的一些论点却在某些公开发表的文章中流露出来。

"四人帮"为了利用出版法家著作搞影射史学，手段十分恶劣。1974年在福建发现了一本明刊本《史纲评要》，内容节自其他编年体史书，并无任何新的史料，但刊印者说是明代李贽评纂的著作。经过专家研究后，认为可能是伪托。但"四人帮"对这部书中有关秦始皇及其"焚书坑儒"措施的评语如"始皇出世，李斯相之，天崩地坼，掀翻一个旧世界"，"祖龙（指秦始皇）千古英雄，挣得一个天下"等大加赞赏，于是江青于6月19日亲自出马在"天津市儒法斗争史报告会"上对这部书吹捧了一通，迟群就秉承江青的旨意，压制不同意见，说什么"首长指示，法家著作不能轻易否定"。又派人到出版单位，诡称出版这部书是"中央决定"，蛮横地要求在10天到半月内把这部近60万字的书抄写、整理出来。经过有关方面突击，于当年11月出书，共印11万部，还印了大字本1.6万部。为了配合这部书的出版,《学习与批判》在第8期发表题为《从〈史纲评要〉看李贽的尊法反儒思想》的文章和《〈史纲评要〉摘编》的资料。罗思鼎的《论秦汉之际的阶级斗争》一文中,也特别引用《史纲评要》中的某些话,加以鼓吹。

据国家出版局版本图书馆收到样书的不完全统计,从1973年下半年起到1976年底止,全国共出版评法批儒图书1403种,总印数1940余万册(不包括批林批孔图书和各地互相租型、翻印及少数民族文字版),约占同期出版的哲学社会科学类图书的四分之一。在这1403种图书中,"批儒"的有496种(包括儒家著作批注,如《论语批注》《三字经批注》之类);"评法"的有907种(包括报刊文章汇编217种,活页文选294种,"法家著作注释本"224种,"法家著作校点"或重印本34种,编写的《儒法斗争史》《法家人物评介》和资料138种)。

"四人帮"为了宣扬其"儒法斗争贯串两千多年,一直影响到现在"的反动谬论,乱封的"法家"称号从史墨、管仲、邓析到魏源、严复、章太炎达86人之多。其中对几个人物的著作注释特别集中重复。如关于商鞅的69种(其中仅注释《更法》的单篇就有11种);荀况的40种(其中注释《天论》的单篇有10种);韩非的69种(其中注释《五蠹》的单篇有13种);秦始皇的63种(其中《论秦始皇在历史上的进步作用》以及类似题目的有37种);桑弘羊和《盐铁论》的36种;曹操的29种;柳宗元的48种(其中注释《封建论》的单篇有20种)。中华书局出版、由该书局的编辑参加工作,署名北京汽车制造厂工人理论小组编写的《读〈封建论〉》,被誉为"创造了古籍整理贯彻'古为今用'方针的好经验,打破了工农兵不能整理古籍的迷信,是上层建筑领域革命的新生事物"。该书出版后就有16个地方出版社租型重印,还被译成5种民族文字版和盲文版,总印数达100余万册。

（二）"法家著作注释出版规划座谈会"的召开

1974年5月24日,姚文元在国家出版局报送中央的《出版工作情况反映》91期上批:"毛主席提出要注法家著作问题是需要规划的任务,建议出版局、科教组等能找一些人议一下,搞出一个规划,包含注释方针、著作目录、大体分工、完成时间、对旧注的取舍原则等,报中央审批。"送张春桥和江青核批,25日,张、江即批"同意"。

6月5日,姚文元在国务院科教组、国家出版局代拟的开会通知中批:"加

①经毛主席批准，②交换关于加强马克思主义理论队伍建设问题。由科教组、出版局发省市革委会。"吴德向两单位口头传达姚文元的意见说："关于注释法家著作，包括原来提出的注释方针，旧注取舍原则等一些问题都是主席的意见；关于会议后期再谈一下加强马克思主义理论队伍的建设问题，也是主席的意见。"

7月5日至8月8日，科教组和国家出版局在北京召开了"法家著作注释出版规划座谈会"，北京、上海等12个省、市负责理论工作和有关专业人员、工农理论队伍代表及特邀的老专家等60余人出席。会议传达、学习毛泽东关于要注释法家著作的指示，就注释方针、著作目录、对旧注的取舍原则、大体分工和完成时限5个问题进行了讨论；拟定了《法家著作注释出版规划（草案）》，具体落实了分工任务。

8月7日下午，中共中央政治局在京委员在人民大会堂接见出席会议的全体代表。王洪文、张春桥、江青等和到会的一百多人一一握手。王洪文开头讲了几句后，江青接着讲话，假惺惺地讲要开展"争鸣"。她说："我们要谨慎，要谨慎，要允许争鸣。比方我举一例子，×××教授说过扶苏是个儒，这话我也说过。（指×说）咱们俩都凭的是《史记》。后来，有个青年同志给我写信，说不是儒，看前边他像是儒，往后看，他不是儒。我收到信后，把信转给×××同志（中央党校写作组的头头），要他向×××教授打个招呼，要鼓励你那个对立面，不要一下子下结论，要谨慎……千万不要武断。要是不谨慎，不刻苦，咱们就要打败仗。"江青还对会议提出批评："没有兵，是个很大的缺点，这个缺点大了。我有几个点，他们都提了意见，为什么不请他们？要道歉，要向部队道歉。"王洪文连忙说："各省回去开会都要找部队。"张春桥接着说："没有解放军参加，要道歉。各省回去传达要找当地部队，不要以为是国务院系统开的会就不找军队。"姚文元连忙说："这是我考虑不周。"迟群紧接着说："主要是我们考虑不周。"江青又说，"还有女同志太少，也是一个缺点。"

姚文元在接见时着重讲了这次会议中对"古为今用"问题讨论得还不是非常充分，但在《规划》里专门作为一条提出了。他说："我们今天注法家著作，当然是为当前斗争服务的。""古为今用搞好了，在注释法家著作的方向、效果上就能发挥巩固无产阶级专政的作用。"

江青最后强调说："今天是'八七'，'八七'会议呵！咱们就是斗儒！斗林彪！"那时"八七"，是主席斗陈独秀。无耻地把自己与毛泽东相比，也暴露了"四人帮"把这次会议的矛头指向周恩来的罪恶用心。

这次座谈会是"四人帮"一手策划的。会议打着落实毛泽东关于注释法家著作的指示的幌子，实际上是贯彻"四人帮"利用"评法批儒"的机会，大搞影射，吹"女皇"，批"宰相"，批"现代大儒"的反革命意图。（据国家出版局整理的会议记录）

"文革"期间的书刊印刷和图书发行工作[1]

（一）书刊印刷

"文革"开始后，各地书刊印刷厂的厂长大多数被打成"走资本主义道路的当权派"。工厂管理中的各种规章制度，统统被批判为是对工人实行"管、卡、压"的"修正主义制度"而遭废除。工厂里的生产系统被打乱，一度出现为"操作无规程、质量无标准、产量无定额、生产无计划"的"四无"状态。

1968年2月，北京新华印刷厂被军管。5月，军管会上报了一份关于发动群众开展对敌斗争情况的报告，5月19日毛泽东看到新华社《文化革命动向》内部参考特刊所载的这份材料后作了批示："在我看过的同类材料中，此件是写得最好的"，"建议此件批发全国"。5月25日，中共中央、"中央文革小组"转发了《北京新华印刷厂军管会发动群众开展对敌斗争的经验》，要求全国各地区、各单位"有步骤地有领导地把清理阶级队伍这项工作做好"。12月1日，毛泽东对北京新华印刷厂在对敌斗争中执行"给出路"政策的经验报告上做了批示："建议将此件转发各地参考。"中共中央即转发了《北京新华印刷厂革委会在对敌斗争中贯彻执行党的"给出路"政策的经验》，介绍了该厂在整党中"清除废料""吐故纳新"；把党内所谓的"蜕化变质分子""阶级异己分子"统统清除出去的做法。当时，北京新华印刷厂是毛泽东亲自抓北京"六厂二校"的典型单位之一，该厂的两份"经验"作为中共中央文件下发后，在全国造成了很大的影响。

实际上，新华印刷厂的这两份所谓经验，是"四人帮"的亲信干将迟群、

1　原载方厚枢、魏玉山：《中国出版通史：中华人民共和国卷》，中国书籍出版社2008年版。

谢静宜一手炮制的假经验。迟、谢两人从1968年2月以军管名义进驻北京新华印刷厂，直至"四人帮"垮台，在将近九年的时间里，一直把持这块阵地，干了许多坏事。江青从1975年2月到1976年9月"四人帮"垮台前夕，曾先后到新华印刷厂达10次之多，另外，还找该厂工人"座谈"一次，大肆推行其反革命政治纲领。

迟、谢一手炮制的两份假经验，全盘否定新华厂十七年的工作成绩，极力诬蔑该厂的工人、干部队伍，把一大批工人和干部打成"国民党残渣余孽、假党员、叛徒、特务、走资派、现行反革命分子"，说什么新华厂的人员中有"张作霖的卫生员，吴佩孚的机要通讯员，中美合作所渣滓洞里的少校教官，大特务戴笠的老部下，曾经为蒋介石在铁路做过一段护卫工作的，给李宗仁开汽车的司机，人员极为复杂"。实际上是打着介绍"对敌斗争"和"给出路政策"经验的旗号，混淆两类不同性质的矛盾。在清队工作中，他们无视党纪国法，大搞逼供信，陷害、冤枉好人，实行法西斯专政。全厂在清队中被打、被逼致死的4人，被无辜定为敌我矛盾的60余人，受到审查和株连的上千人，占全厂职工总数的三分之一。

"四人帮"覆灭后，1979年9月，在国庆三十周年的前夕，中共中央批复了中共北京市委和国家出版局党组为北京新华印刷厂彻底平反的报告，否定了迟、谢炮制的两个假经验，纠正了对新华厂的历史和新中国成立以来的工作所做的颠倒和歪曲，推倒了强加给该厂广大干部的一切诬蔑不实之词，平反昭雪了在该厂所造成的一切冤假错案，彻底解放了套在全厂干部和工人身上的精神枷锁。

在"文革"期间，大量印制毛泽东著作、毛泽东像，只需由北京一地排版、供给纸型或印版，分送各地印制，其他印刷厂排字、制版任务不多。在一般政治读物中品种少，印数大。国家投入大量资金购置的印刷设备，但生产能力没有能够得到充分的发挥。书刊印刷的畸形发展，造成了排、印、装生产力不平衡的新矛盾。据统计，1976年书刊印刷厂的职工人数是1965年的2.25倍，铅印产量是1.49倍，平印是1.6倍，装订是1.41倍，只有排版产量不但没有增长，反而有所下降，1976年的排版产量比1965年减少24%。

"文革"的十年内乱，使我国的印刷技术与发达国家的差距拉大了二十年。当发达国家已普及激光照排、电子分色、高速胶印、装订机械化、联动化的时候，我国书刊印刷业还滞留手工铅排、铅印和手工装订的落后状态。

（二）图书发行

"文革"开始后，红卫兵"破四旧"，书店是最早受到冲击的单位之一。北京王府井书店被勒令"铲除大毒草"，并在书店橱窗贴出"害人不浅"的大字标语，门市部被迫把大批图书下架。新华书店门市部的大部分书架、书柜上仅陈列了少数几种书的重复样本。

"文革"前，新华书店总店、北京发行所、外文发行所、储运公司共有职工767人，到1970年留在北京工作的只有272人，主要是发行毛泽东著作、毛泽东像、样板戏和"两报一刊社论"等图书。1969年9月，新华书店总店全体职工以及北京发行所、外文发行所、储运公司的大部分人员下放湖北咸宁文化部"五七"干校劳动。外文发行所全体职工142人刚登上去湖北的火车时，文化部军宣队一名负责人突然在车上宣布：新华书店外文发行所撤销，要他们长期在"五七"干校"安家落户"。

"文革"开始后，有些新华书店经理和业务人员因发行邓拓的《燕山夜话》等书于"文革"开始后最早遭审查、批判斗争。西安市新华书店女进货员尤敏，因多次添订《燕山夜话》《三家村札记》，成为"文革"中西安市发行部门第一个受到批判的"罪人"。《夜话》《札记》的进发货记录，就是她"反党反社会主义"的"罪证"，为此对她进行了没完没了的批判，兴师问罪的大字报铺天盖地，一次又一次被"上挂下联"，质问她"为什么这些书要多次订进？""发行量为何如此之大？"（事实上都未超过500册）强迫硬逼她和"黑线"联在一起，使这个连书的作者是何许人都不知道的进货员蒙上多年的不白之冤。[1]

各地省级新华书店和部分市县书店的职工相继下放到"五七"干校劳动，或到农村插队落户。省级书店的业务基本停顿，市县书店一般只维持门市营业，有的门市部也时开时闭。1970年5月后，许多省级书店被并入本省（自治区）"毛主席著作出版办公室"，有的被并入省人民出版社。辽宁、安徽、甘肃等省的市县书店下放后，一度与文化馆、广播站、电影院等文化部门合并为一个单位，称"毛泽东思想宣传站"，有些书店门市部改称"红化馆"或"敬展馆""忠字馆"。

许多地方的基层书店被"造反夺权"，原来的规章制度和企业经营计划，

1　尤敏：《"在劫难逃"的进货员》，《书店工作史料》第4辑，中国书店1990年版。

被批判为是"职工头上的枷锁",是不突出政治的"管、卡、压",统统被废除。书店的业务骨干被调走,流动资金被挪作他用。在不少地方,一些老弱病残人员以及文化程度极低的人员被安插到书店工作。在"文革"后最动乱的一个时期,许多市县书店管理失控,"造反派"推行"无计划、无指标、无考核"的"群众愿意咋办就咋办"的"三无管理",造成进销失调,账目混乱,严重亏损的局面。有些基层书店门市部实行"五不开门":搞"大批判"不开门,学"毛著"不开门,学江青在农村树立的"典型"——"小靳庄"唱歌跳舞不开门,批斗"走资派"不开门,打"派仗"不开门。许多地方武斗严重,有些书店被一派"造反"组织占为据点,书店的存书包件被用来做武斗工事,筑堡垒,以致弹穿、烧毁、散失图书无数;有的书店被炮火焚毁。

在"服务得越好会出修正主义"的谬论影响下,书店的服务态度和服务质量大大下降,"为读者找书,为书找读者"被批判为"没有阶级观点",有些城市书店原来设有的专家、学者接待室,被说成是"为反动学术权威服务"而统统撤去。

"文革"开始后,大量发行毛泽东著作成为发行部门压倒一切的重要任务。在极左思潮的支配下,许多省、自治区以至市、镇的革命委员会成立后的第一件大事,就是大张旗鼓地开展"红宝书"发行运动,有些地方称"忠字化"运动或"红化"运动。《毛泽东选集》、"老三篇"、《毛主席语录》、《毛主席诗词》等毛泽东著作以及毛泽东像等,通过各种形式层层分配,新闻媒体大造声势。在城镇,基本上是公费购买,由各单位按人头分发。在农村,则以生产队为单位,按户分发,秋收后扣款。有些农村举行隆重的"敬迎红宝书"仪式,物色"政治上最可靠的红人"领队,挑选红色马匹套上用红色油漆新刷过的胶轮车,满载红色塑料封面的"红宝书",红旗引路,群众列队跟随,敲锣打鼓,送书到各村。各村则组织大批群众列队"恭迎红宝书"。湖南、福建、江西、安徽等省农村的许多农户还"敬立'宝书台'",专放"红宝书"。[1]

1972年12月,新华书店总店、北京发行所、储运公司的下放干部大部分返回北京。各省级新华书店的下放干部也陆续返回。

"文革"后,我国的出版物进出口贸易受到严重的影响。在出版物出口方面,除少数几种外文报刊可供出口外,国际书店已基本无书向外商提供。在出

1　郑士德:《中国图书发行史》,847—853页,高等教育出版社2000年版。

版物进口方面，许多单位停止或大量减少了外国书刊的订购，国家用宝贵外汇进口的许多书刊被销毁或查封。国际书店、中国外文书店、北京外文书店等单位的许多业务骨干被下放外地干校，有的地方外文书店、新华书店外文部被关闭、工作人员被遣散。但在这种极端不利的情况下，从事出版物进出口贸易的干部和职工仍然坚持工作，排除干扰，保证了对国家科技与国防工业发展急需的外国书刊进口工作一天也没有中断。1970年，新华书店外文发行所并入中国外文书店，1973年，中国外文书店等单位合并成立了中国图书进口公司，归中国科学院领导（当时国家科委已解散）。[1]

"文革"十年的报纸和期刊[2]

（一）报纸

"文革"开始后，全国中央级和省、自治区、直辖市报纸的种数，由1965年的197种，猛降到1966年的49种，1967年至1976年维持在42种至53种之内；中央级报纸由1965年的20种降到1966年的7种，1967年又降至4种，以后一直到1976年基本不变；省、自治区、直辖市报纸，由1965年的323种，1966年猛降到42种，以后一直到1976年，都在38种至49种之间左右。

在"文革"十年中，报纸成为发动和开展"文化大革命"的舆论工具，在林彪、江青两个反革命集团的控制下，成为他们煽动极左思潮，鼓吹个人崇拜，阴谋篡党夺权的舆论工具。这个时期，报纸已失去自己的个性和特色，降为和文件、政治传单等同的价值。

中央级报纸1965年的20种中，至1967年有16种被迫停刊。其中创刊于1902年的《大公报》，从1956年10月1日起，作为专事报道经济财贸和国际新闻的全国性政治类大报在北京出版发行。"文革"开始后，不断接到红卫兵要求报纸改名的警告，经报经上级批准，《大公报》于1966年9月15日改名《前进报》出版。在创刊号中，报社宣称《前进报》是"在无产阶级文化大革命新高潮中诞生的，是红卫兵和革命群众破'四旧'立'四新'大进军中的胜利产物"，其

1　仲辉：《我国出版物进出口贸易发展概况》，《出版史料》第4辑，开明出版社2002年版。
2　"报纸"原载《中国出版通史：中华人民共和国卷》，161页，中国书籍出版社2008年版；"期刊"原载《编辑学刊》1998年第3期。

根本任务是"高举毛泽东思想伟大红旗，大力宣传毛泽东思想，及时、迅速、正确地把毛主席的指示，把党的方针政策传达给群众，用毛泽东思想去武装广大财贸职工群众的头脑，用毛泽东思想指导财贸工作以及同财贸有密切联系的轻工业、手工业生产和农业生产"。但是，这份宣称"紧跟'文革'进程，大力宣传无产阶级文化大革命"的《前进报》仅仅"前进"了103天，就于当年12月28日晚10时，被中央财政金融学院"北京公社"八八战斗队"孙大圣"支队封闭了。这个"孙大圣"支队公布的《〈前进报〉被判以死刑》的"判决书"中，列举了北京《大公报》的"六大罪状"："经常利用各种机会，运用各种方法抬高刘少奇、贬低我们的伟大统帅毛主席；在三年困难时期，鼓吹'三和一少'，充当帝修反和国内牛鬼蛇神的应声虫；精心炮制'生意经'等许多毒草，宣扬资本主义的经营方针，散布剥削阶级毒素，为修正主义传播种子，为资本主义制造温床；《大公报》像黑暗动物害怕阳光一样，极端害怕真理，仇视革命；一直没有转载姚文元《评新编历史剧〈海瑞罢官〉》的文章，它'抵制破坏文化大革命的手段，不是比前《北京日报》还恶毒吗'；在《大公报》改为《前进报》的'改刊启事'中，竟只字不提高举毛泽东思想伟大红旗，不提毛泽东思想，表现了《大公报》对毛泽东思想的刻骨仇恨……"

"造反派"不仅在报社门口贴出大字书写的所谓"《大公报》讣告"，还"堂而皇之成立了令人啼笑皆非的所谓'《大公报》治丧委员会'。北京《大公报》就这样'寿终正寝'了。"

"文革"时期的报纸内容，《人民日报》的老记者、老编辑李庄在回忆文章中曾做了如下的描述：

> "文革"期间有个说法："小报抄大报，大报抄'梁效'"。大报主要指《人民日报》。"梁效"是江青反革命集团在两所大学豢养的写作班子，专门按照江青一伙的意旨炮制"帮文风"范文，交《人民日报》和其他报纸登载。"梁效"是"两校"的谐音。其实不只"小报抄大报"，大报也抄《人民日报》这个带头的大报，这大概是我们国家在"文革"这个特定历史时期的特有现象。当时每到夜间，许多报纸的夜班编辑纷纷给《人民日报》总编室打电话，询问翌日报纸主要版面的安排和主要标题的制作，叫作"对版面"，以便减少不应有的麻烦。
>
> ……

一个很长时间，（报上）定调子的评论、文章都出自"两报（《人民日报》《解放军报》）一刊（《红旗》杂志）"。三家准备文章又有分工，政治评论多数出于"两报"，理论文章多数来自"一刊"。"批邓、反击右倾翻案风"的新闻、文章一度满天飞，我有幸目睹这类作品的炮制过程。一个编辑奉命生产一篇批邓文章，他准备几页稿纸，摊开一本《红旗》杂志，在略述某某单位认真学习"最高指示"、狠批邓小平情况之后，进入正题："经过学习、批判，他们认识到"，以下照抄《红旗》一段文章；"他们进一步认识到"，又抄一段文章；"他们还认识到"，再抄一段文章作为结束。

当时存在一个坏文风竞赛的形势。《人民日报》登过山西省造反派成立造反总指挥部给毛泽东的致敬电，开头是"最最最最敬爱的领袖毛主席"，文中说，总指挥部得以成立，"是您对我们最大的关怀、最大的鼓舞、最大的支持、最大的鞭策"，"我们纵然高呼一千遍一万遍'毛主席万岁'，也呼不尽我们对您无限热爱的心情；我们纵然高唱一千遍一万遍《东方红》，也唱不完跟您闹革命的决心"。通篇文字除了重复这类千篇一律人人厌恶的词句外，称得起实质内容的，就是把前中共省委臭骂一通。……当时"帮文风"泛滥全国，互争雄长，由于没有真理，只能虚词吓人。……这类文章已经出现很多，想后来居上实属不易。此文开头连用四个"最"字，听说就推敲很久。《人民日报》登了这篇妙文，那个造反总指挥部就认为得到了毛主席的承认，马上广发喜报，击鼓游行。

……

"文革"期间，偌大北京城报纸、刊物没有剩下几家。少数能够出版的都塞满大批判文章，但是难以看到作者的名字。过去写文章的，多数被打倒了，少数搁笔了。新涌现的或被监督工作的人写了批判文章，都署"××大批判组"或"梁效"（两校）、"江天"等化名，时间长了，从文章的调子、架势、口气，也能判断是哪里炮制的。新闻记者也不署名，而署本报（社、台）记者。据说这种做法有利于淡化记者的"成名成家"思想，有利于记者思想革命化。我看真正有利的是可以消除一些记者怕出丑的顾虑。看看《毛主席语录在全世界广泛传播》这篇新闻的开头："四海翻腾云水怒，五洲震荡风雷激。当世界人民昂首阔步进入毛泽东思想为伟大旗帜的崭新的历史时代的时候，在震撼世界的中国无产阶级文化大革命取得伟大胜利的凯歌声中，在亚洲、非洲、拉丁美洲民族解放运动汹涌澎湃、滚滚向前的时候，中国出版的红宝书《毛主席语录》外文版在全世界广泛传播……"我不相信哪位作者愿意在这种新闻中署上自己的名字。[1]

（二）期刊

"文革"期间，由于许多出版机构被撤销，人员被大批下放干校劳动，大量期刊被迫停刊，到1966年底，全国出版的期刊种数，从"文革"前1965年的790种，骤降到191种，1967年底又猛降到27种。到1969年，只剩下《红旗》《新华月报》《人民画报》和外文版的《人民中国》《北京周报》《中国文学》等20种。而这20种中，《北京周报》等6种外文版期刊，还是由于周恩来总理的亲自干预，未让"中央文革"插手而得以保留下来的。这仅存的20种期刊，不仅比建国初期的1950年（出版期刊295种）的数量少275种，而且也是近百年来中国期刊发展史上全国期刊年出版量的最低点。

从1970年下半年开始，周总理在日理万机的情况下，开始亲自过问出版工作。1971年2月27日，他亲自签发特急电报，通知各省、市、自治区革委会派代表参加在北京召开的"全国出版工作座谈会"。会议结束后，国务院向毛主席和中共中央报了《关于出版工作座谈会的报告》，经毛主席批示"同意"后，以中共中央文件下发。在文件的第三部分"全面规划，积极做好图书出版工作"中，有一节专门谈到期刊出版工作，文件规定："根据需要和可能，逐步恢复和创办一些理论、文学艺术、科学技术、学术研究、文教卫生、体育等期刊，首先要注意恢复和创办工农兵、青少年迫切需要的期刊。属于社会科学方面的期刊，报中央组织宣传组批准，属于文学艺术方面的期刊，报国务院文化组批准，其他方面的期刊，报国务院有关部门批准。"

1971年7月22日，郭沫若给周总理的一份请示报告中提到："《考古学报》《文物》《考古》三种杂志拟复刊，以应国内外之需要。"周总理批示"同意"，使这几种杂志成为"文革"后最早复刊的少数杂志之一。

中共中央《关于全国出版工作座谈会的报告》文件下发后，期刊出版工作

---

[1] 李庄：《"文革"中"帮文风"给我带血的记忆》，《我们都经历过的日子》，北京十月文艺出版社2001年版。

开始有些转机,一些停刊的期刊陆续复刊,也新创办了少量期刊。全国期刊出版种类,由1970年的21种,上升到1971年72种,1972年又上升到194种。特别是中央级期刊上升的数量较多(由1969年、1970年的17种,上升到1972年的118种),但与广大读者的需要仍有较大差距,一些"文革"前出版的著名期刊迟迟未能复刊。

1973年4月,新华社记者在一份上报的"内参"中,反映了有关陈景润的情况,引起了毛主席和周总理的关注。记者在报道中说:中国科学院数学研究所陈景润,40多岁没结婚;长期埋头读书,搞数学研究,被认为是"关门读书"、"走白专道路"的典型。陈住在集体宿舍,因每日搞得很晚,又不注意卫生,不受欢迎,只好搬到一个不用的旧厕所里去住。陈经过多年的刻苦研究,在数学上有一个发明创造(解决了外国专家提出过而没有解决的问题),超过了世界先进水平。最近,陈景润病了。

毛主席、周总理都很关心这项创造和陈景润的工作、生活情况。4月24日深夜,毛主席找姚文元谈话,要他和国务院科教组负责人迟群给陈景润找医生治病,并解决陈的住房问题。就在这次谈话时,毛主席做了如下指示:

"有些刊物,为什么不恢复?像《哲学研究》《历史研究》。还有些学报,不要只是内部,可以公开。无非是两种:一是正确的,一是错误的。刊物一办,就有斗争,不可怕。"

姚文元即向迟群作了传达。善于投机的姚文元这时一反常态,忽然对期刊工作热心起来,他问迟群:"学部能搞哲学编辑、历史编辑的,有多少?有哪些人?力量怎么样?主席最近提起翦伯赞的死,意思是没有做好工作。还问到冯友兰的情况。学部的领导力量怎么样?关键是领导权掌握在谁手里。学部主要是搞清领导层的问题。"又说,"知识分子总得用,吃了饭,总得搞点事情","保留一点对立面,没有关系"。他叮嘱迟群:"工人阶级要领导一切,要掺沙子,改造世界观,这个基本原则,基本阵地不能动摇。"姚文元在另一次和迟群谈话时还谈到山东大学出版的《文史哲》,姚说:"《文史哲》面比较广,错误也多些,但总是有些基础的,在正确路线领导下,错了就批判嘛,有什么要紧。"国务院出版口领导小组听到迟群的传达后,进行了研究,并责成版本图书馆立即调查"文革"前全国期刊出版情况和现在复刊、创刊的情况。5月18日,出版口领导小组向中共中央、国务院上报了《文化大革命前期刊出版情况和现在复刊情况》的情况反映。据版本图书馆不完全统计,"文革"

前公开发行的700多种期刊，大部分于1966年6月"文革"开始后停刊，其中为广大读者所熟悉或发行量较大的已停期刊有217种。大致分类情况如下：

1. 党的理论期刊28种，除《红旗》杂志外，均在1961年前后停刊。

2. 哲学社会科学、文化艺术类期刊65种，如《哲学研究》《历史研究》《文史哲》《新建设》《中国工人》《中国青年》《中国妇女》《时事手册》《世界知识》《政法研究》《经济研究》《国际问题研究》《文艺报》《人民文学》等，《戏剧报》《诗刊》《美术》《人民音乐》《大众电影》等，以及《中国人民大学学报》等大学学报，均在1966年12月底前停刊，已复刊的仅有《新华月报》《考古》《文物》和《考古学报》4种。

3. 自然科学和各种技术科学期刊124种，已复刊的仅有《科学通报》《地球物理学报》《地质学报》《中华医学杂志》等11种。各大学自然科学学报，大部分没有复刊。

据版本图书馆1972年收到的全国已出版的期刊样本（包括1973年创刊的个别期刊），公开发行的期刊有145种（包括：政治理论5种，社会科学和文化教育9种，文学艺术31种，科学技术51种，少年儿童23种，综合性及其他26种）；此外，尚有内部发行的期刊436种，其中科学技术类占这类期刊的90%。

由于毛主席、周总理的督促推动，各方面读者对各类期刊需要情况的呼吁，从1974年起，期刊出版的数量逐年有所增加，但仍没有达到"文革"前的水平。"四人帮"一伙仍然利用手中掌握的权力，处处设置障碍，《人民文学》的复刊问题，就是一个典型的事例。（参见本书280页《邓小平主持全面整顿时期对出版工作的关注》一文。）

"文革"十年，全国期刊出版的数量虽然从1969年的最低谷20种，逐渐上升到1976年的542种，但从期刊的内容来说，存在的问题很多。"四人帮"利用出版部门，大造反革命舆论。他们打着出版"要紧密配合当前斗争"的旗号，迫使出版工作跟着他们的指挥棒转。"四人帮"的御用写作班子在他们直接控制的报刊或其他主要报刊上，抛出一篇篇文章，为"四人帮"篡党夺权的罪恶目的效劳。

1976年10月，江青反革命集团终于覆灭。中国出版事业从十年浩劫的绝境中复苏过来，迎来了春天。期刊出版工作也同报纸、图书等出版工作一样，进入了复兴、繁荣、蓬勃发展的新时期。

1966年至1976年全国期刊出版统计

年份	种数（种）	总印数（万册）	总印张（千印张）
1966	191	23,441	414,828
1967	27	9084	326,304
1968	22	2755	106,478
1969	20	4589	233,521
1970	21	6898	377,567
1971	72	16,019	737,167
1972	194	23,156	947,177
1973	320	32,231	1,199,695
1974	382	40,034	1,474,718
1975	476	43,928	1,473,208
1976	542	55,783	1,806,621

参加清查非法印刷品工作的回忆

1970年9月2日晚，周恩来总理接见中央外事、新闻单位的负责人，提出新华社编印的《参考资料》8月27日下午版上刊有林彪的一条语录："毛泽东思想是当代马克思列宁主义的顶峰，是最高最活的马克思列宁主义。"周恩来对新华社军管组组长说："这句话主席不让用，1967年、1968年还发过文件。""以后《参考资料》上语录不要用了。这件事中央常委曾商讨过，并且请示过主席。"当得知这条语录是从解放军政治学院编、战士出版社印的《毛泽东思想胜利万岁》一书中摘抄时，周恩来说，中央已经三令五申，不许乱编毛主席著作，不许随便编印没有公布的主席指示，这本子未经中央批准，是私货，要收回。还有那些未经中央批准随便乱印的本本也要收回。"这件事我还是依靠军队同志办。各单位都有军代表嘛。总的由李德生同志抓。""先把北京的收起来。"他当即指定了军队、外事、中央宣传部门和政府各部四个口子的负责人来负责收。并说，对这件事要严格，要严格纪律。工作要分步骤进行，第一步先摸清情况，第二步由李德生同志研究一下再收。

9月3日，国务院办公室召集"出版口""毛主席著作出版办公室"等部门

1970年9月，参加中央军委办事组清查非法印刷品工作小组，与一同工作的解放局同志合影。（前排左二为方厚枢。）

的负责人，传达周恩来2日晚的指示。4日，中央军委办事组从解放军总政、总参、总后三总部和北京的各军、兵种中抽调20余人组成清查班子，并邀"毛主席著作出版办公室"派人协助。当日下午，办公室军宣队负责人王济生同志带我乘车到北海三座门中央军委办事组的办公室，将我的情况做了简单介绍后，我便开始参加清查工作。

北京市革委会于9月6日向全市传达并布置清查工作，至10月9日止就收到各单位上报非法印制的样本657种（总印数750余万册）。

中央军委办事组清查班子在办公地点的一间大房间内，接受中央单位和北京市送来的非法印刷物。中央各机关、部队和北京市在清查工作中收缴的大量私自编印的各种毛泽东著作堆积如山，其中有各式各样的《毛主席文选》，收有"文革"初期"红卫兵"抄家得来的中央机要文件和中央领导同志的报告、讲话材料；数量最多的是各式各样的《毛主席最新指示》《最高指示》和《毛主席语录》，仅不同单位编印的就有440种。

清查班子分为几个小组，分别对收缴的毛主席著作样本进行查阅，我分在语录组，主要任务是鉴别哪些是中央批准的版本。经清查班子查阅后，在440种版本中，以军队编印的《最高指示》（"四合一"本）和《毛泽东思想胜利万岁》（"六合一"本）[1]两种印数最大，加上地方翻印的总数超过1000万册。这几百种本子的内容中全部选自《人民日报》《解放军报》和《红旗》杂志公开发表的毛主席语录，只有三种，其余的在内容中都不同程度地存在各种问题，主要有：引用未公开发表的内部文件，引用毛泽东的语录不准确，泄露国家和国防的机密等。有些群众组织编印的本子中，将一些大字报和小报、传单中流传的材料均作为"最高指示"编入《毛主席语录》。如有一个本子中收入了这样的一些语录："王力、关锋本来就不是好人，江青早就向我汇报过。""陈毅怎么能打倒呢？陈毅跟了我四十年，功劳那么大。陈毅现在掉了20斤肉，不然我带他接见外宾。""要保他，他是第三野战军司令、外交部长。现在没有人搞，还要他来搞。"有几个地方翻印了这个本子，内容完全相同，但在封二竟然加上"林彪同志摘编"的字样。有的本子错漏百出，有一个单位的"革命工人造反团"翻印的本子，32面中错漏即达60处，其中《给江西共产主义劳动大学的一封信》，256字中，错漏即有16处，甚至将原文"有五万人之多"一句错印成"有五百万人之多"。有一本红卫兵组织编印的《最高指示》中，把毛泽东的名字也印错了，有的本子甚至将林彪讲的话也作为毛泽东语录收入。

清查班子20余人都集中住在军委办事组办公处内的招待所（"文革"前解放军高级干部开会住的地方，每人一间房），我白天参加清查工作，晚上就在住处摘抄有保留价值的出版资料。通过一个多月的工作，抄录了不少有关毛泽东著作的写作、修改情况和其他有关出版方面的珍贵资料。清查小组工作班子经过一个多月的大量工作，最后写了一份工作总结，经李德生审定后向周恩来汇报。

"四人帮"覆灭前的最后一次反扑[2]

一

1975年，周恩来的病势日趋沉重，国务院工作急需加强。在周恩来的推荐

1　"四合一"本的《最高指示》为战士出版社出版，在军内发行。这个本子含《毛主席语录》、《最新指示》、"老五篇"（《为人民服务》《纪念白求恩》《愚公移山》《关于纠正党内的错误思想》《反对自由主义》）和《毛主席诗词》；"六合一"本的《毛泽东思想胜利万岁》含《毛主席语录》、《最新指示》、《林副主席语录》、"老五篇"、《毛主席诗词》、《九大文献》。

2　原载《党史博览》2010年第2期。

下，经毛泽东批准，邓小平复出，任中共中央副主席、中共中央政治局委员、国务院副总理，主持中央日常工作。邓小平对"文革"以来受到严重破坏的经济工作进行了大刀阔斧的整顿。

邓小平抓整顿，是在"三项指示为纲"的旗子下展开的。他于1975年5月29日在钢铁工业座谈会上第一次提出了这个说法。他说：毛主席最近有三条重要指示，一条是关于理论问题的，要反修防修，再一条是关于安定团结的，还有一条是要把国民经济搞上去。这三条重要指示，就是我们今后一个时期各项工作的纲。这三条是互相联系的，不能分割的，一条都不能忘记。

"三项指示为纲"，是邓小平在特定历史条件下根据毛泽东几次讲话精神归纳出来的。它的着重点是"把国民经济搞上去"。

邓小平对各条战线实行整顿的深入，势必要触及"文化大革命"中实行的许多左倾错误和政策，并逐渐发展到对这些错误的系统纠正。这种发展趋势，既遭到"四人帮"的强烈反对，也为毛泽东所不能容忍，最终导致"批邓、反击右倾翻案风"运动的发动。

1976年1月，毛泽东提议并经中央政治局通过，确定华国锋任国务院代总理并主持中央日常工作。3月3日，中共中央印发毛泽东关于"批邓、反击右倾翻案风"的谈话和华国锋2月5日在"第二次打招呼会议"上"关于当前就是要搞好批邓"的讲话。此后，"批邓、反击右倾翻案风"运动在全国大规模展开。在这前后，"四人帮"通过他们控制的舆论工具，极力诽谤、攻击邓小平和一批老干部。他们把国务院政治研究室邓力群按邓小平多次讲话精神主持起草的《论全党全国各项工作的总纲》草稿，胡耀邦、胡乔木主持起草的中国科学院工作汇报提纲草稿《关于科技工作的几个问题》和国家计委根据国务院指示起草的《关于加快工业发展的若干问题》草稿，诬为"邓小平授意炮制的三株反党、反马克思主义的大毒草"，是所谓"邓小平修正主义纲领的产物"，横加罪名，发动批判。

二

1976年8月，张春桥、姚文元直接向清华大学党委书记迟群和副书记谢静宜布置，通知国家出版局，由人民出版社出版《评〈论全党全国各项工作的总纲〉》《评〈关于科技工作的几个问题〉》和《评〈关于加快工业发展的若干问题〉》三本小册子。这三本小册子，按照迟群传达的"四人帮"的意见，只收"北京大学、清华大学大批判组"和上海、辽宁两地的文章，并以"两校大批判组"的名义写了编者前言。

8月12日晚，迟群、谢静宜在"两校大批判组"对国家出版局和人民出版社负责人布置三本小册子出版任务时，拿出两份批件：一份是张春桥当天写给迟、谢两人的信，上面说"中央同志已批准交人民出版社内部发行"，让他们"持原批件同人民出版社商量出版事宜"，"如果北京各印厂因防震排印有困难，可以请出版社安排到外地（如上海）排版，打纸型"，"事情办完后将原批件退我存档"。另一份就是张春桥信上说的那个"原批件"，是以他和姚文元两人的名义在7月21日写的，说"三本小册子，已由清华、北大编出"，"建议批准由人民出版社内部发行"。迟群对国家出版局和人民出版社接受任务的负责人说："这是批邓以来中央第一次正式批准的材料，是不以中央名义出版的文件，这样做是为了容易发到群众手里。要同批林批孔四本书一样印发。"迟、谢还提出要出大开本，经说明大开本不易印制，才同意出小开本。

迟群所说的"批林批孔四本书"指的是1974年1月《人民日报》编的《批孔文章汇编》和《五四以来反动派、地主资产阶级学者尊孔复古言论辑录》（以下简称《五四以来……》）等四本书，国家出版局在向周恩来写的请示报告中原提出《五四以来……》一书拟作内部发行，军队发至营以上，农村发至公社以上的意见。周恩来阅后批示"拟同意"。但这份报告在其他中央领导间传阅时，江青批了一段文字，提出将《批孔文章汇编》的书名改为《批林批孔文章汇编》，将《五四以来……》一书改为公开发行，此书的发行范围改为军队发至连以上，农村发至大队以上。

迟群所说的《评〈论全党全国各项工作的总纲〉》等三本小册子是"批邓以来中央第一次正式批准的材料"，既是"中央正式批准"，为什么不通过中共中央办公厅和国务院批给国家出版局，而直接由"四人帮"控制的"两校大批判组"来办？张春桥特别交代迟、谢"事情办完后将原批件退我存档"。难道中央正式批件能作为个人档案保存？在给国家出版局看的这份"中央原批件"上面，也看不见其他中央批件上盖有的中央办公厅或国务院办公厅在文件传递审批中登记的印记，这些不平常的做法是历来少见的。

迟群、谢静宜在布置任务时特别交代，三本小册子完全照原稿印，一个字也不能改动。但人民出版社编辑部拿到原稿后还是组织人力做了核对工作，主要是核对原稿中引用的马、恩、列、斯和毛泽东语录有无错误。结果发现在三本小册子的批判文章中，毛泽东语录错了一个字，标点错误有三处，有一条语录是过去没有公开发表过的。在附录中引用的语录，同样也有错字、漏字、用错的标点和没有公开发表过的语录。当人民出版社将这些情况告诉"两校大批判组"后，他们向迟群做了详细汇报。迟群决定要在书中加按语对附录中的上述问题狠狠加以批判。经过研究后写成"编者按"："邓小平之流根本不懂马列，引用革命导师语录时多有错漏，态度极不严肃。附录系按原件排印，未予改正，特此说明。"但对于他们自己文章中存在的同样问题，却连半句自我批评的话也没有讲。

三

人民出版社将《评〈论全党全国各项工作的总纲〉》等三本小册子的纸型于8月14日、15日寄发各省、自治区、直辖市的人民出版社。上海市在全国最早印刷，到8月22日前不到9天全市就印刷发行了600万册，北京市克服了因唐山大地震造成的困难，也于15日开始出书发行。

当国家出版局做了出版安排后，迟群、谢静宜就迫不及待地打电话要国家出版局直接向张春桥、姚文元写出三本小册子出版落实情况的报告，由他们转交。国家出版局向张、姚写的报告送出三天后，迟群于8月20日又来电话说：张春桥要出版局把情况直接向中央报告。

9月中旬，"两校大批判组"给国家出版局打来电话说，江青近日到小靳庄和天津附近时，看到那里支援灾区的军队连队中还没有三本小册子，要出版局调500套由她们分送。

在这三本小册子印制、发行过程中，迟群曾几次通过"两校大批判组"向国家出版局有关负责人了解各省、自治区、直辖市的印数和发行情况，以借此"摸"各地党委对"批邓"的态度。

这三本小册子采取"内部发行"的方式。据国家出版局统计，全国以汉文和蒙、藏、维吾尔、哈萨克、朝鲜5种少数民族文字及盲文共印制9100余万册，实际发行8000余万册。

四

"批邓、反击右倾翻案风"运动尽管表面上沸沸扬扬，喧嚣一时，但它违背了广大干部群众的愿望，严重破坏了各条战线经过整顿刚刚出现的比较稳定的局势，使全国再度陷入混乱之中。这场运动使广大干部群众更加厌恶"文化大革命"，进一步认清了"四人帮"祸国殃民的真面目，因而对运动进行了不同形式的抵制。《评〈论全党全国各项工作的总纲〉》等三本小册子虽然发行8000余万册,但并没有达到"四人帮"希望"彻底批倒、批臭邓小平"的目的。

"文革"前担任《人民日报》副总编辑的李庄曾回忆说:"林彪、江青等反革命野心家惯用'摘编'别人'错误言行'和'罪恶历史'的手法丑化对手,在后者完全不能还口的情况下颠倒是非,置人于死地。……这些材料违反事实,站不住理,总会露出马脚,造成害人者预想不到的结果。'文化大革命'后期,'四人帮'批判'三株大毒草',气势汹汹。当时我想:信口雌黄不算本事,有胆量把你批判的'大毒草'亮出来让大家看看!可能是被报纸上'一言堂'的声势冲昏了头脑,他们竟然把'毒草'亮出来了——印成小册子,'控制发行'。好了,我很快听许多人说:'这是什么毒草!明明是香花!'当时我真想大喊几声:'事实万岁!'"

"四人帮"覆灭后,国家出版局根据1976年发出的中央16号、18号文件的精神,于11月6日向中共中央写了关于停止发行《评〈论全党全国各项工作的总纲〉》等三本小册子的请示报告。汪东兴于11月11日批:"请华主席、吴德同志阅示。"华国锋批示:"拟同意。请政治局同志阅批。"

至此,"四人帮"在覆灭前所做的最后一次反扑,在"文革"十年出版史上作为最后一件罪证而记入史册。

五十年的巨变[1]

——"拨乱反正"的三年出版工作纪事

中华人民共和国1949年10月成立后的五十年来，出版事业大致经历了四个阶段的发展历程：

1. 1949年10月至1956年，国家对旧中国的出版业进行了清理、整顿和改造，发展、壮大了一批新型的国营、公私合营出版机构，为社会主义出版事业的发展奠定了基础；

2. 1957年至1965年，是出版事业在曲折道路上继续前进的时期；

3. 1966年至1976年的"文革"十年动乱，使出版事业遭到了重大挫折；

4. 1977年至1999年，特别是中国共产党十一届三中全会以来的二十年，随着改革开放的不断深入，出版事业获得了空前的发展和繁荣。

有比较才有一定的说服力。下面根据现有统计资料，按上述分期，将1950年、1956年、1965年、1976年、1978年、1988年、1998年7个年份的统计数，包括出版社数，图书及期刊、报纸的种数、总印数、总印张数，出版用纸吨数分别列出，从这几张表中，可以清楚地看出我国出版事业在五十年中发展的巨大变化。（音像、电子出版物绝大部分为20世纪90年代发展起来的，本文没有涉及。）

1　本文获2002年第四届全国出版科学优秀论文奖。原载《出版科学》1999年第3、4期。

表1　出版社机构数（不包括副牌）

年份	全国	其中		备注
		中央	地方	
1950	27	6	21	全国另有私营出版社184家
1956	97	50	47	
1965	87	38	49	
1976	75	40	35	
1978	105	53	52	
1988	448	173	275	
1998	494	189	305	

从1950年到1998年，全国总计出版图书（包括书籍、课本、图片）1,878,605种（其中新出1,241,119种），总印数1787.18亿册（张），其中出书种数的76%和总印数的71.4%是在1977年到1998年内出版的。7个年份的分年数如表2：

表2　图书的种数、印数、印张数

年份	种数（种）		总印数（亿册、张）	总印张（亿印张）
	合计	其中：新出		
1950	12,153	7049	2.75	5.91
1956	28,773	18,804	17.84	43.57
1965	20,143	12,352	21.71	56.16
1976	12,842	9727	29.14	89.97
1978	14,987	11,888	37.74	135.43
1988	65,962	46,774	62.25	269.03
1998	130,613	74,719	72.39	373.62

图书中的书籍（不包括课本、图片）统计数如表3：

表3　书籍的种数、印数、印张数

年份	种数（种）		总印数（亿册、张）	总印张（亿印张）
	合计	其中：新出		
1950	6408	6408	1.21	3.08
1956	25,439	16,751	9.07	21.78
1965	12,566	8536	10.06	27.45
1976	7352	6268	13.06	50.04
1978	8941	7594	11.57	56.68
1988	49,449	37,342	30.78	155.21
1998	107,936	67,137	35.22	188.85

从1950年到1998年，全国书籍总计出版1,441,643种（其中新出1,007,946种），总印数835.25亿册（张）。

表4　期刊的种数、印数、印张数

年份	种数（种）	总印数（亿册）	总印张（亿印张）
1950	295	0.35	0.79
1956	484	3.53	7.63
1965	790	4.41	9.35
1976	542	5.58	18.07
1978	930	7.62	22.74
1988	5865	25.50	71.20
1998	7999	25.37	79.87

表5　报纸的种数、印数、印张数

年份	种数（种）	总印数（亿册）	总印张（亿印张）
1950	382	7.98	6.51
1956	347	26.12	24.47
1965	343	47.41	40.30
1976	182	124.29	112.27
1978	186	127.76	113.52
1988	1537	267.78	231.27
1998	2053	300.38	540.00

表6　全国出版用纸量　　　　　　　　　　单位：吨

	总计	书籍	课本	图片	期刊	报纸
1950	30,938	7222	6616		1845	15,255
1956	173,038	51,939	45,939		17,838	57,289
1965	241,427	64,511	60,234		21,976	94,706
1976	506,387	117,593	82,501		42,456	263,837
1978	622,155	133,203	168,749		53,441	266,762
1988	1,343,325	364,734	247,948	31,403	167,328	531,912
1998	2,310,200	443,800	430,100	6600	187,700	431,242,000

统计资料来源：《新闻出版统计历史资料简明手册（1949—1994）》，新闻出版总署计划财务司1995年12月编印；《中国出版年鉴》（1996年—1999年），中国出版年鉴社1996年至1999年版。

1978年12月召开的党的十一届三中全会，是新中国建立以来我党历史上具有深远意义的伟大转折，也是新中国建立以来我国出版事业发展史上的伟大转折。在邓小平理论的指导下，出版界学习、宣传、贯彻解放思想、实事求是的思想路线，在各项工作中取得了很大的成绩。1998年在纪念党的十一届三中全会召开二十周年之际，新闻出版总署、中国版协的主要领导和有关方面的同志在纪念会的讲话和撰写的专文中，已对二十年改革开放以来所取得的成就和主要经验，做了充分、精辟的阐述。我作为原国家出版局的一名工作人员，曾经历了这场伟大的转折。现将党的十一届三中全会前后（主要为1977年、1978年、1979年三年）在"拨乱反正"中的若干见闻写出来，为这段出版史留下一点片断的记载。

揭批"四人帮" 推倒"两个估计"精神枷锁

1976年10月，江青反革命集团覆灭，"文革"十年动乱终于结束。出版界同全国一样开展了揭批"四人帮"的斗争。1977年5月，中央决定由王匡同志主持国家出版局工作，他随后被任命为国家出版局党组书记、局长。出版局就"四人帮"对出版工作的干扰、破坏问题，召开了十几次调查研究会，又约请各直属出版社部分同志进行座谈，并将历次调查和座谈的情况整理成《"四人帮"对出版工作的干扰破坏》一文，以《出版工作情况反映》（增刊）的形式，于1977年8月3日上报中共中央、国务院。这份汇报将各方面谈到的主要问题归纳为6个方面：①歪曲三服务方针，利用出版为篡党夺权服务；②反对双百方针，大搞文化专制主义；③歪曲古为今用，洋为中用，大搞古为帮用，洋为帮用；④利用"三结合"，大搞绝对化；⑤编辑出版队伍受到严重破坏；⑥破坏党对出版工作的领导。每一题下均列举了大量事实说明。国家出版局党组为了对"四人帮"及其在国家出版局的影响进行清查，做了许多工作，还成立了出版工作调研小组，由陈原同志主持，范用、宋木文同志协助，调研工作持续进行了三个多月。在王匡同志的亲自指导下，从调研小组到局党组，最后形成了一个共同看法，即要纠正出版工作"左"的影响，分清路线是非，扭转出版工作窒息、萧条的局面，一定要批判、推倒写入中共中央1971年43号文件中的关于出版界的"两个估计"，即"文革"前出版界是"反革命黑线专政"，"资产阶级知识分子占统治地位"。这"两个估计"像两座大山压在出版工作者的头上，成为沉重的精神枷锁。

　　在1977年下半年，国家出版局要进行拨乱反正，面临着相当大的难度。宋木文同志在他的《出版文集》所收一篇文章的"题解"中，准确地描述了当时的情况。他说："这时，'四人帮'被粉碎了，为清理'文革'错误路线创造了重要的政治条件，一大批恢复工作的老同志要求纠正'文革'错误，但党的十一届三中全会尚未召开，'两个凡是'还束缚着广大干部（正式文件上还有'巩固发展无产阶级文化大革命'的提法），全党拨乱反正的大气候尚未形成，'左'的思想影响还相当普遍，被搞乱和颠倒了的思想路线是非还未清理，一大批出版业务骨干还没有从各种有形或无形的政治帽子和枷锁中解脱出来，大多数建国以来出版的图书还被封存着。"在上述情况下，要批"两个估计"还不能不考虑到"这个中央文件是毛主席批示同意颁发的，又是周总理主持召开的1971年全国出版工作座谈会给中央的报告。当时囿于'两个凡是'，对毛主席发动'文革'虽多有议论却难以正式提出讨论，而要批判'两个估计'又必须同周总理划开。经过调研和查阅有关档案材料，查清'两个估计'是'四人帮'对抗周总理指示炮制出来的；要批判'两个估计'又不要指向中央1971年43号文件"。[1]

　　国家出版局经过比较充分的准备，于1977年12月在北京召开了全国出版工作座谈会，王匡同志代表国家出版局党组向大会作的报告中批判了"两个估计"，得到了与会绝大部分代表的赞同。国家出版局在会议一开始就明确表示，会议集中批"四人帮"塞进1971年43号文件中的"两个估计"，而不涉及整个文件。会上虽有个别人表示这样做是否会批了周总理、批了毛主席，会后有人将这种意见向中央报告了，中央有关领导曾过问此事。国家出版局将有关"两个估计"的出笼情况向中央做了详细汇报。

　　1977年对"两个估计"的批判，是出版界在粉碎"四人帮"后的一次思想解放，对于"拨乱反正"具有深远意义。但在当时的历史条件下，还难以做到彻底推倒。只有到十一届三中全会否定了"两个凡是"后，才完全彻底地将它否定。

缓解"书荒"的重要措施

　　出版界的"拨乱反正"工作主要在两个方面展开：一是落实人的政策，为

1　宋木文：《宋木文出版文集》，24—26页，中国书籍出版社1996年版。

被打倒和错误处理的领导干部和知识分子平反冤假错案，重新安排工作；另一件是落实书的政策，把"文革"中被打成"封资修毒草"的一大批图书解放出来，重新出版。

"文革"开始后，全国被封存停售的图书，据出版口1971年调查估计有5.76亿多册，仅新华书店北京发行所一处封存的图书就有7870余种、800余万册。

1978年初，北京、上海的部分出版社少量重印了几种"文革"前出版的文艺书籍。同年2月23日，北京市新华书店开始在主要门市部发行《家》《一千零一夜》等四种文艺书，引起读者强烈反响，在很短时间内全部售完。国家出版局接到书店反映后十分重视，于2月27日召开办公会议做了专门讨论。王匡同志说："这是一件非常的大事，一定要抓好。要以新的工作方法干这件事。"会议决定立即召集北京、上海等13个省、市出版局和部分中央级出版社开会，安排落实重印35种中外文学作品，计划每种印40万至50万册，于5月1日在大中城市同时发行，并要保证70%的数量在门市零售。当时面临最大的困难是纸张紧张，要马上拿出7000吨纸来印1500万册书一时很难解决。这时纸库中存有为准备印《毛泽东全集》和《毛泽东选集》第六卷的一批专用储备纸，能不能借用？王匡同志亲自连夜赶到中南海，向中央主管文化出版的领导说明需纸的紧迫情况，要求借用一批储备纸，经同意后，才解决了重印35种中外文学作品的纸张问题。

5月1日，这批中外文学作品同时在全国大中城市集中投放市场，如久旱逢甘露，引起很大轰动。4月30日晚，就有许多读者闻讯在书店门外彻夜排队等候。节日期间，成千上万的读者纷涌抢购的热烈场面，与"四人帮"推行文化专制主义和禁锢政策，造成百花凋零、书荒严重的局面形成鲜明的对照。这是出版界批判"两个估计"后在"拨乱反正"方面的一个重大突破。

纸张紧张成为当时突出的矛盾

国家出版局继1978年3月重印35种中外文学作品，得到各方面普遍欢迎之后，又于6月组织7个省、市重印工具书、科技书、少年儿童读物57种，共3200余万册，用纸6000余吨，于国庆节集中投放市场。重印这两批书虽然尽了当时最大的可能，印刷的册数之多是多年未有的，但仍然是杯水车薪，发到各地书店后很短时间就被读者抢购一空。这一时期，全国新建和恢复了一批大专院校，原有院校也扩大了招生名额，对教材的需要猛增；各地区、厂矿纷纷开办各类业余学校，需要的教材数量也相当可观。这种情况使原来就偏紧的纸张供应更加紧张。读者需要的图书，一般只能按需要量的20%到30%来安排印数。粉碎"四人帮"后，新出和恢复出版的报、刊、图书日渐增多，需纸量大大增加，纸张供需矛盾一直十分尖锐。由于纸张严重不足，有20多个省、自治区的中小学课本都未印足，各地对此反映十分强烈。此外，随着纸张紧张，印刷紧张的矛盾也显得突出起来，印刷落后的问题集中表现在印刷技术落后、印刷力不足、经营管理不善三个方面。

1978年下半年，王匡同志调任中共港澳工委书记、新华社香港分社第一社长。国务院任命陈翰伯同志为国家出版局代局长。他首先面对的两个大难题就是纸张紧张和印刷落后问题。

1979年1月15日，陈翰伯同志以个人名义给当时任中央宣传部部长的胡耀邦同志写了一封信，信中开门见山地提出：按照党的十一届三中全会精神，出版部门要全力以赴地多出书、快出书、出好书。"而印刷落后和纸张紧张就像两座大山一样挡着我们的去路。""要在这两个问题上打个翻身仗，出版工作才能搞上去。"信中简要地列举了存在的主要问题，并说明其中有些问题不是国家出版局一个部门所能解决的。为此，希望能向耀邦同志当面汇报，以便提出建议和听取指示。

胡耀邦同志对来信十分重视，很快就召集国家计委、轻工业部、商业部和国家出版局等有关部门的负责人，专门商讨解决纸张紧张的紧迫问题。胡耀邦同志听取汇报后明确表示：教科书用纸必须保证，报纸不可一日缺纸，重要的书刊也要适当安排出版。此事请国家计委牵头，会同有关生产部门务必设法解决。会后，有关部门立即采取了措施。在1979年的全国计划会议上，调整了新闻出版用纸的生产计划，还特地调拨约1亿美元外汇用于进口纸张和纸浆，使进口纸的数量从1977年的5万吨、1978年的9万吨，猛增到1979年的22万吨。

1979年全国新闻出版用纸，国家出版局按照国家计委核定的86.2万吨计划数分别分配给中央各单位和地方，但因国家调整国民经济计划，削减了7.5万吨。为解决计划调整后的纸张缺口，国家出版局专门向中央宣传部并胡耀邦同志写报告，提出借用《毛泽东选集》储备纸4万吨，压缩课本用纸0.8万吨，将《人民日报》和《红旗》杂志的用纸压缩0.7万吨，另外压缩书刊用纸2万吨，确定的报刊控制发行数当年一律不再增加拨纸，各部门批准创刊和复刊的期刊年内无法供纸。胡耀邦同志看到国家出版局的报告后立即作了批示："我看所提方案是妥当的，同意。要把有关同志找在一起，谈谈纸张的困难情况和你们的打算，求得大家思想一致，计划用纸，节约用纸。这是一种走群众路线的方法，也是一件政治思想工作，不可忽略。"

恢复稿酬制度

"文革"开始后，稿酬制度被彻底废除。由于"四人帮"极左思潮的影响，一些能创作的作者心有余悸，不敢提出稿酬的要求。批判了"两个估计"后，新出和重印的图书逐渐增多，完全不付作者稿酬也带来了许多问题。于是，王匡同志决定向中央提出恢复稿酬制度的建议。国家出版局分别征求了有关部门和部分作者的意见，着手起草恢复稿酬的办法。

1977年7月17日，一位在"文革"中到一所中学当工宣队员，后留校任教师的同志写信给国务院，说他当工人时用了三年半的时间写了一本《钣金工下料基础知识》（37万字，300幅图），于1976年10月出版后，倍受欢迎，销路之广，出人意料。来信说，仅有一样令他伤心：出书后"不仅没有分文报酬，反而连招待读者费用，给读者复信费用，也得自己掏腰包。对我一个月薪水仅40.04元的人来说，真不堪负担。本来我还想再写点东西，可我实在无力再写了"。信中还说："全国像我这样情况的人，何止千百？其中大多数嫌'法权'不愿多嘴罢了。""我请求有关部门考虑稿费问题……有了300元、400元就基本能解决夜宵、笔、墨、制图仪器等问题了。""现在写书特别是写技术书的人，大部分是'一锤子买卖'。究其原因，多数是因为没有报酬而力量不足。"

国务院信访室将这封来信转到国家出版局处理。经了解，这本书系由建筑工业出版社出版，共印30万册。作者原是建筑部门搞通风管道的工人，原有中学文化程度，此书是他和另一位老工人合作编写的。出版局认为来信所提的问题有一定的代表性，于是将来信全文专门编印了一期《出版工作情况反映》上报中共中央、国务院、人大常委会，并送有关部委和各大新闻单位。1977年9月2日，国家出版局向国务院上报了《关于新闻出版稿酬及补贴试行办法的请示报告》，很快得到批准，从1977年10月1日起实行。虽然实行的是低稿酬制度（著作稿千字2元—7元，翻译稿1元—5元），但在稿酬停发了十一年的情况下得以恢复，确实突破了一个禁区，是"拨乱反正"的一项具体成果。

恢复和加强新版《鲁迅全集》注释出版工作

"文革"中"四人帮"颠倒黑白，对《鲁迅全集》的注释横加指责、批判，《鲁迅全集》被封存禁售。

"文革"中的1972年，中央通知出版局，说毛主席要看《鲁迅全集》，而且通知要用新中国成立后出版的版本，内容和注释全不动，印成繁体字竖排、大字、线装，出一本，送一本。出版口于1972年3月安排印刷，共分10卷，每卷10个分册，于4月初出齐。

1972年2月21日，美国总统尼克松来我国访问，周总理要送他一部《鲁迅全集》做礼品，但《鲁迅全集》早已成为禁书，不能送外宾，只能送1938年出版的20卷本。经多方寻找，最后从鲁迅博物馆幸存的纪念本中选送了一套。人民文学出版社考虑新版注释本的《鲁迅全集》出版遥遥无期，因此提出重印1938年版无注释本的建议，报经周总理同意后出版。但出版新注释本的《鲁迅全集》仍是出版社的强烈愿望，为此多次向上级建议，出版口也多次写过报告请示，但都被姚文元以"待研究"为名搁置下来，又以"省注释之繁"为借口，不准对鲁迅著作进行必要的注释。

1975年10月28日，周海婴同志给毛主席写信，信中说："近年来，我常想到关于鲁迅书信的处置和出版，鲁迅著作的注释，鲁迅研究工作的进行等方面有一些亟待解决的问题，也向有关负责同志提过多次建议，始终没有解决，感到实在不能再拖下去，只好向您反映，请求您的帮助。"信中提出了几点建议。

毛主席很快于11月1日作了批示："我赞成周海婴同志的意见。请将周信印发政治局，并讨论一次，作出决定，立即实行。"

1976年4月23日至5月10日，国家出版局召开鲁迅著作注释出版工作座谈会，制定了注释出版规划（草案），由13个省、市、自治区有关方面协作完成。但由于"四人帮"的干扰，这一重大出版任务仍然阻力重重，进展迟缓。

毛主席批示下达近两年，新注释鲁迅著作单行本26本中仅出了2本。

粉碎"四人帮"后，国家出版局在王匡同志主持下，于1977年9月11日向中共中央写了请示报告，建议请胡乔木同志过问《鲁迅全集》的编选工作；将"文革"中受"四人帮"迫害，现仍在江西一工厂劳动的林默涵同志调回北京主持《鲁迅全集》编选工作，并约请郭沫若、沈雁冰、周建人、王冶秋、曹靖华、李何林、杨霁云、周海婴8位同志为注释工作的顾问。还提出了关于编选注释原则的若干建议。报告经中央批准后，在胡乔木同志的领导和林默涵同志的主持下，鲁迅著作出版工作的进度大大加快，有注释的新版《鲁迅全集》（16卷）终于在1981年鲁迅诞生一百周年前夕，由人民文学出版社出版。这也是出版工作"拨乱反正"的一件大事。

突破出书内容和出书方针的一次重要会议

由于"四人帮"的文化专制主义的影响，粉碎"四人帮"虽已有一年半，出版界有不少人仍然心有余悸，顾虑重重。1978年夏，国家出版局调查了解少年儿童读物编辑出版工作情况，发现这一问题比较普遍地存在。例如安徒生的著名童话《皇帝的新衣》批评说假话，有教育意义，儿童们也爱看，但能不能重印，出版社却犹疑不定，因怕被人说有"影射"寓意，《龟兔赛跑》是家喻户晓的故事，但曾被批判为"宣扬爬行主义"，也不敢重印。为什么少儿读物的数量少而且题材狭窄、体裁单调，童话、寓言几乎绝迹？中国少年儿童出版社将其原因归纳为"八不敢"。（参阅本书123页《新中国少儿读物出版五十年》一文。）

1978年10月，国家出版局在江西庐山召开全国少年儿童出版工作座谈会。陈翰伯代局长作了《解放思想，勇闯禁区，迎接少儿读物繁花似锦的春天》的报告，着重讲了解放思想，勇闯禁区的重要性。他形象地说，"四人帮"一举粉碎了，而肃清"四人帮"的思想流毒就不是一举、几举的事，而是要几十举、几百举。翰伯同志特地讲了《不怕鬼的故事》一书中的《艾子》篇的一段故事：一个小庙前有条小沟，有人过不去，就到庙里搬出木雕神像搭脚过沟。有一个人来了，认为这是亵渎神灵，诚惶诚恐地又把神像搬回庙里放好。晚上，小鬼们议论纷纷，说是应该狠狠地惩罚前面那个人。大鬼却说，只能惩罚后面那个人，因为前面那个人根本不相信我们，怎么惩罚他？翰伯同志引申说，"四人帮"也是鬼，如果我们相信鬼，就会怕鬼；不相信鬼，就不怕鬼。他又从思想、理论、历史等多种角度反复强调要解放思想，勇闯禁区。他指出，一百多年前，马克思主义创立时，资本主义是一大禁区，《共产党宣言》就是宣布要闯这个大禁区。五十多年前，毛主席建立中国共产党，就是要把蒋介石统治的大禁区冲破。我们现在要继续革命，非有这个精神不可。

这次会议，是在少儿读物领域内"拨乱反正、解放思想"的一次重要会议。1977年国家出版局在北京召开的全国出版工作座谈会批判了"两个估计"，是一次以解除出版界的政治枷锁为主要内容的解放思想和拨乱反正；这次庐山少儿出版会议则是一次以突破出书内容和出书方针上的禁锢为主要内容的解放思想和拨乱反正，其影响远远超出了少儿读物出版工作，而对整个出版领域都起了重要的促进的作用，并具有深远影响。

明确出版工作主要任务，提出奋斗目标

为贯彻党的十一届三中全会精神，国家出版局党组在陈翰伯同志主持下，于1979年3月至5月连续召开了十多次党组扩大会议，经过充分讨论，明确了全党工作着重点转移后，出版工作的主要任务是：坚持百花齐放、百家争鸣的方针，通过不断地提高出版物的质量和增加新书的品种，完整地、准确地宣传马克思列宁主义、毛泽东思想的科学体系，广泛地传播科学文化知识，为提高整个中华民族的科学文化水平，为社会主义现代化建设服务。陈翰伯同志在会上还指出，当前要把提高出版物的质量放在首位。现在，主要是书少，供不应求，同时也出现了一些重复浪费现象。为了解决"书缺"的问题，需要增加品种和印数，但如果品种和印数增加了，而质量不高，或者重复浪费，粗制滥造，读者买不到他们所需要的书，"缺"的问题仍然解决不了。所以，关键还是要提高出版物的质量。要在保证质量的前提下，来考虑增加品种和印数，同时采取坚决的措施，消灭可出可不出的书，反对、杜绝重复浪费和粗制滥造，把有限的纸张和印刷力用到读者真正需要的较好质量的图书上去。

国家出版局为了尽快把出版工作搞上去，十分重视推动出版部门制订出书规划，提出了"出版工作三年（1978年—1980年）实现初步繁荣、八年（1978

年—1985年）达到全面繁荣"的奋斗目标，并采取多项措施来促其实现。

解放地方出版社的生产力

建国初期，地方国营出版社的数量不多，仅出版一些通俗读物类的小册子。1952年11月15日，出版总署胡愈之署长在给政务院文委和周总理的一份报告中，就提出地方国营出版社的任务为出版通俗读物，并规定"当地所需某些读物，如已由中央一级国营出版社出版的，应尽先采用，（地方国营出版社）不应再行另出，以免重复浪费"。

大约在1953年，中央宣传部规定地方出版社的方针是"地方化、群众化、通俗化"。1954年4月，出版总署为了解地方出版社贯彻执行"三化"方针的情况，专门做了一次调查，发现许多地方出版社对"三化"方针做了极狭义的理解，将联系地方实际单纯了解为配合中心工作，结果就用办报的办法来办出版社，报上发表了什么就要配合什么，"辛辛苦苦赶任务，出书质量不高，甚至书籍出版，工作已经过去，成为马后炮，无人购买，造成积压"。地方出版社的选题和出书范围也很狭窄。出版总署将调查结果向中央宣传部做了详细汇报，并建议地方出版社的出书范围应宽广一些，"凡是有作者、书稿有一定质量、地方出版社力能出版的书籍都可出版"；"高级学术性读物，如果其主题有地方特点，地方出版社也可以出版"。并认为"中央和地方出版社的分工只能一般地规定，拘束太过，对发展文化不利"。

中央宣传部出版处根据出版总署的反映，对地方出版社问题进行研究，起草了《中央宣传部关于地方出版工作的指示》。中宣部办公室将文件草稿印发给部分出版社和有关方面征求意见，后根据各方面的意见，将原件做了修改，改为代中央拟的文件，题为《中共中央关于改进地方人民出版社工作的指示（草稿）》。中央宣传部的这两份文件稿中均未提及"三化"方针字样、在后一份文稿中提出"不少地方人民出版社只注意出版配合当前政治运动的书籍，甚至完全用办报纸的办法来办出版社。这些想法和做法，显然带有很大的片面性和狭隘性，因而也是不正确的，今后必须加以纠正"。文稿中对地方出版社的出书范围提出较为宽广的内容，其中并提出地方人民出版社"可以出一些真正有内容有价值的学术性的著作"。

　　1955年5月，《指示（草稿）》经修改为《中央宣传部关于改进地方人民出版社工作问题给中央的报告》，报告中提出："一般省人民出版社服务的重点，应是农村，即应以农村工作干部和识字的农民为主要对象，同时应适当注意工业干部和工人群众的需要。大城市和工业发达的省的人民出版社的服务重点，是工业干部和工人群众。所有地方人民出版社都应为广大的工农劳动群众服务，注意通俗化的工作，多出版通俗的书籍。"地方人民出版社"不仅负有政策教育和政治鼓动的任务，而且还负有理论宣传、普及科学文化知识和总结介绍当地生产经验的任务"，应针对这些方面适当扩大出书范围。此外，"还应当出版宣传马列主义基本原理、宣传辩证唯物主义和历史唯物主义、批判资产阶级唯心主义和各种反动思想的通俗著作，自然科学和技术方面的通俗著作，各种文艺著作，各种有用的教学参考书和当地作家的学术著作。"地方人民出版社同中央各出版社实行合理的分工和配合，"某些当地作家的学术著作和文艺著作更适合于中央一级出版社出版的，各地出版社应向中央有关的出版社主动地加以推荐。""地方出版社出版的书籍原则上可以在各地区之间流通发行，但新华书店应视实际需要和是否适用别的地区等情况，适当加以选择掌握，防止盲目发行。""今后上海人民出版社应改为人民出版社在上海的分社，它的服务对象和出书任务应一面保持地方特点，一面兼顾全国的需要，因而应在人民出版社的统一计划下，安排选题和出版计划。"

　　中央宣传部的这份报告经周扬、张磐石阅后，于1955年5月27日打印好，但未上报中央，一直到12月3日，机要室接到通知说此件不上报了。

　　根据国务院的决定，出版总署于1954年11月30日正式撤销，出版行政业务改由文化部担负。从1955年到1965年，文化部曾多次召开全国地方出版社会议，文化部有关领导在历次会议的报告中，都始终强调地方出版社必须坚决贯彻"三化"方针。

　　粉碎"四人帮"后，随着出版事业的发展，地方出版社的数量至1978年底已发展到52家。有些地方出版社已提出"三化"方针应该改变的意见，特别在党的十一届三中全会解放思想、实事求是的思想路线指导下，地方出版社要求改变"三化"方针的呼声更为强烈。1979年4月，国家出版局在北京召开部分地方出版社座谈会，不少同志建议要允许地方出版社"协作出书，面向全国"。

　　1979年12月，国家出版局在长沙召开全国出版工作座谈会。这次会议原定把提高书籍质量作为会议的中心议题，并围绕这一中心，起草了《出版社工作条例（草案）》等几个文件提交会议讨论。但与会代表在讨论出版改革和发展问题时，围绕地方出版社"三化"方针展开了热烈的讨论，会上出现了两种意见，不少同志肯定过去执行"三化"方针是必要的，但在改革开放的新时期再念"三化"这本"经"，就是画地为牢，画省为牢，束缚地方出版社的积极性。有的同志说，科学文化知识没有国界，更没有省界，今天还固守"三化"，就是"思想僵化"。他们主张应该"立足本地，面向全国"，同北京、上海两地出版社展开竞争，这才有利于增加整个出版界的活力。另有一些同志则强调地方出版社今天出书也仍然需要贯彻"三化"的精神，并指出原来京沪两地出版社出书面向全国还经常发生矛盾，如果地方出版社都面向全国，岂不会造成"天下大乱"？

主持这次会议的陈翰伯和国家出版局党组同志研究了大家的意见后，在12月11日的全体会议上说：这三年是解放思想、拨乱反正的三年。在党的十一届三中全会精神的指引下，出版界解放思想已经达到这样一个水平，不仅敢于突破"四人帮"设置的禁区，而且也敢于突破"文革"前十七年中形成的妨碍出版事业的条条框框，包括实行多年的方针政策。翰伯同志明确表示：地方出版社的同志要求"立足本地，面向全国"或"兼顾全国"可以试行。地方出版社不受"三化"限制。当然，首先要满足本省读者的需要，要发挥本省写作力量的积极性。他还说，要充分发挥中央和地方出版社的积极性，目前要特别注意发挥地方出版社的积极性，同时要树立全国一盘棋的思想。解放地方出版社的出版生产力，有力地促进了全国出版事业的繁荣发展。随着时间的推移，现在愈来愈看得清楚了。地方出版社的数量已从1978年的52家发展到1998年的326家（不包括副牌），增长6.26倍；地方出版社的出书种数不仅已超过中央级出版社的出书种数，并且出版了许多过去实行"三化"时期不可能出版的优秀的重点图书。仅以"国家图书奖"为例，一至三届评奖中获"国家图书奖"（不包括荣誉奖和提名奖）的104种图书中，地方出版社获奖书即有58种，而且地方获奖书占全国获奖书的比例实践证明，地方出版社"立足本地，面向全国"方针的确立，是国家出版局对新时期出版事业发展做出的有深远影响的一项重要决策。

中国出版改革发展二十年的历史见证[1]

——《中国出版年鉴》创刊二十周年感言

《中国出版年鉴》（以下简称《年鉴》）创刊于1980年11月，到2000年11月已整整度过二十个春秋。在历史的长河中，二十年仅是短暂的一瞬间，但这20卷、近4000万字的《年鉴》，却完整地记载了中国出版业走过的二十年辉煌历程，成为这一时期出版改革发展的重要历史见证和标志。

回顾《中国出版年鉴》二十年来走过的路程，我有三点感受较深的体会。

编辑、出版一本《中国出版年鉴》，
是我国出版工作者多年的愿望

早在新中国成立初期的1950年，上海《大公报》专刊上就发表过一篇文章，提出我国出版业有悠久的历史，在新中国出版业的开端，应该编辑出版一本《中国出版年鉴》来详尽地记载本行业的发展进程，让后来者了解。文后并拟出了《年鉴》应包含的内容和篇目，文章呼吁出版界共同来办好这件事。但是，这个良好的愿望，却迟迟未能实现。

在改革开放后的新时期，我国出版工作者的多年愿望终于成为了现实。《中国出版年鉴》正是在中共十一届三中全会后，伴随着我国出版事业飞跃发展的二十年而一同成长的。

1　原载《中国出版》2001年第2期。

《中国出版年鉴》是在我国老一辈出版家的关心、推动和指导下才得以问世的

在新时期最先提出创办《中国出版年鉴》建议的是陈原同志，他和当时担任国家出版局研究室主任的倪子明同志交换了意见。1979年10月16日，倪子明同志向出版局党组写了报告，提出《编印〈中国出版年鉴〉的初步设想》，这一份报告很快得到批准。两个月后，中国出版工作者协会成立。根据出版局领导决定，由研究室具体负责，以中国版协的名义编辑《中国出版年鉴》。

在筹备编辑《中国出版年鉴》创刊号的过程中，担任中国版协副主席的陈原同志不仅对《年鉴》的内容提出了具体意见，审阅了全书篇目和重要文稿，还亲自向担任中国版协名誉主席的胡愈之同志约写《发刊词》。胡愈老当年已84岁高龄，体力很差，特别是不能多用脑，正准备到外地休养。但他对创办《中国出版年鉴》十分重视，不顾北京七月的炎热，先在录音机里讲了话，然后请人记录下来，在与陈原同志约定的时间（7月9日）准时交稿。胡愈老在这篇《发刊词》中说："在八十年代第一年，开始出版《中国出版年鉴》是一件大好事。这部年鉴将记录我们出版工作在新形势下的进展；而全国人民可以从这里看到我们在精神生产和物质生产两个方面的变化和成就。""通过这部年鉴的出版，让全国读者、作家、编辑、出版工作者、印刷工作者、发行工作者同心同德，奋发图强，改进我们的出版工作，加强我们的出版工作。"胡愈老在文章最后深情地呼唤："让我们的社会主义出版事业，从八十年代开始，飞起来吧，快快飞起来吧！"陈原同志后来在一篇怀念胡愈老的文章中回忆起这件事，深为感动地说："这是一位经历了八十四个春秋的文化战士给我们留下的一篇意义深湛的遗言——仅仅一千多字，表达了这位从不知疲倦的老战士对出版事业的依恋和期望。"

原国家出版局代局长陈翰伯同志不仅对创办《年鉴》的倡议完全赞同，还在工作中给以全力支持和帮助。他经常将一些年鉴编辑部看不到的有关文件和内部资料主动批交我们采用或参考。中央宣传部出版局、国家出版局、新闻出版总署和中国版协的历届领导，对《年鉴》的工作都给予了热情的关怀和支持。1992年《年鉴》组建编辑委员会后，在许力以同志和刘杲同志的直接领导和帮助下，在各位编委和全国出版界许多老同志的大力支持下，《中国出版年

鉴》工作不断有了改进和提高，这些都是我们难以忘怀的。

《年鉴》是在不断向年鉴界的同行们学习的进程中前进的

1980年，连同新创刊的《中国出版年鉴》在内，全国才有6种年鉴出版（二十年后的今天，全国出版的各类年鉴已发展到1300多种）。年鉴是一种资料性工具书，它的内涵和编辑体例有一定的规范要求。《中国出版年鉴》创刊前，我们所能参考的同类年鉴，只有台湾和日本出版的《出版年鉴》，它们基本上属于"总书目"加"出版名录"的模式，有关出版情况的介绍所占篇幅不多。针对我国早已出版《全国总书目》的情况，《中国出版年鉴》没有必要再做大量的重复劳动，应该创出自己的特色。我们从陆续创刊的我国专业年鉴中汲取经验和学习他们的编辑特色，并紧密结合出版工作的实际加以改进。二十年来，《中国出版年鉴》就是在边学习兄弟年鉴的先进经验、边改进工作中逐步前进的。

《年鉴》从1980年到2000年共出版了20卷，其中1980年至1986年7卷由商务印书馆出版，1987年至1991年4卷（1990年至1991年为合刊）由中国书籍出版社出版，1992年至2000年9卷由中国出版年鉴社出版。《年鉴》编辑部经过多年的探索和工作，逐渐形成了自己的风格和特点。框架结构不断完善，栏目的编排达到有序化，方便读者查考。根据出版工作中出现的新情况，《年鉴》在大框架基本保持稳定的情况下，逐渐调整和增设了一些新栏目。栏目的调整、充实，既保持了《年鉴》的属性，又突出了出版的特点，使《年鉴》不仅具有资料性、存史性，更体现出信息性，努力做到常编常新。

按照上述编辑工作的思路，《年鉴》二十年来向读者提供了下列主要内容：

1. 全面地反映我国出版工作概貌，重点反映出版界历年发生的大事、要事，报道了出版界的动态纪事3739件；选载中央和国务院及各部委办颁布的出版法规、文件567件；反映全国出版界受各种奖励和表彰的先进人物以及逝世人物3132人（其中有部分人物做专条介绍），等等。

2. 在介绍优质图书方面，以新书简介、获奖书介绍、重点书介绍、专题书目等多种形式，共介绍了新书91,163种，约占1979年至1999年全国出版新书种数的9%，其中31,899种新书均有内容简介。这些书绝大多数是由全国出版社从每年出版的新书中选出较好的向编辑部推荐的。

3. 提供各种实用的出版资料。如《年鉴》中的《书评文摘》专栏，摘录了全国省以上主要报刊刊载的书评2346篇，书评索引22,092条；从1985年卷起选载全国主要报刊上有关出版工作的资料索引，到2000年卷共刊载13,381条；此外，还刊出全国出版行业的历年主要统计资料450个，以及最新、最全的出版界名录等等。

4. 为了庆祝《年鉴》创刊二十周年，并与出版界同人及广大读者共享二十年的出版资源，编制了《年鉴》1980年至2000年光盘版，共收录二十年来《年鉴》刊载的45,790篇文章和条目的内容，重要的信息同时配有图片。全套数据库如同一个出版行业的资料网站，读者可使用浏览网页的方式，通过多种检索途径，便捷地找到自己所需的资料。

《年鉴》创刊以来的二十年，我国出版事业发生了巨大的变化。二十年前，国外对我国出版业的状况是如何看的？从《年鉴》创刊后日本一家杂志发表的文章中可以说明。这篇文章对《中国出版年鉴》的创刊做了如下评论："中国在短暂的时间内能完成这样一部年鉴，不得不说是一个书籍之国继承了悠久的历史文化传统，解放后又经过多方面的考验，积存下来的潜力在此结下的丰硕果实。"文章对《年鉴》中介绍的中国出版事业发展概况称"对于外国来说几乎是一无所知"。对《年鉴》中刊载的1949年至1979年历年出版统计称："可说是首次公开了中国出版界的内情。"甚至对《年鉴》中刊出近百家出版社的广告，也评论说："这扭转了外国过去认为中国对外封锁的印象，将对（中国）对外合作出版以及文化交流起到促进作用。"这些反映说明《中国出版年鉴》的出版，无异于向外打开了一扇窗户，有助于世界各国、各地区了解中国出版业的状况。

在《中国出版年鉴》创刊二十周年之际，我和编辑部的同志作为这套年鉴的编辑出版工作者，心中既感到高兴又有压力。高兴的是看到了二十年的成果和收获，压力是距领导和广大读者的要求还有不少差距，《年鉴》的质量还有待提高和改进。但是，我们把今天作为《年鉴》工作的一个新起点，在21世纪新的征程中将继续尽力把《中国出版年鉴》办得更好，为我国出版事业的发展做出更大的贡献！

编辑之歌

为革命出版事业奋斗终生的黄洛峰[1]

一

1950年年末，在出版总署的推动下，生活·读书·新知三联书店和商务印书馆、中华书局、开明书店、联营书店五家出版社的发行部门联合组成公私合营的"中国图书发行公司"（简称中图公司）。我于1951年9月从商务印书馆南京分馆奉调至中图公司北京总管理处工作，那里有不少原在三联书店工作的老同志，我在和他们的交谈中，了解到不少有关黄洛峰同志在革命斗争中为出版工作做出突出贡献的故事。1962年8月，我由新华书店北京发行所调至文化部出版局出版二处工作，黄洛峰同志当时在文化部担任办公厅主任、党组成员，并协助部领导齐燕铭、徐光霄管理出版工作。他有事时也到出版局来和王益局长及主管出书业务的陈原副局长交谈，我曾见过他几次。

1962年9月，中国共产党八届十中全会在北京召开，毛泽东在会上做了关于阶级、形势、矛盾等问题的讲话，强调阶级斗争必须年年讲、月月讲、天天讲。随着对国内阶级斗争形势的估计日益严重，毛泽东对文艺界的状况愈益不满。1963年11月，毛泽东在和周扬谈话时严厉批评了文化工作。说"文化部要管文化，现在如此，可改名'帝王将相部''才子佳人部''外国死人部'"。12月12日毛泽东对文艺工作提出了严厉批评，说"文艺界的问题不少，人数很多，社会主义改造在许多部门中，至今收效甚微。许多部门至今还是'死人'

1　原载《出版史料》2012年第2期。

黄洛峰（1909年—1980年）。

统治着"。又说"许多共产党人热心提倡封建主义和资本主义的艺术，却不热心提倡社会主义的艺术，岂非咄咄怪事"。1964年6月27日，毛泽东在文艺界整风报告中的批语中指出：文艺界各协会和它们所掌握的刊物的大多数，十五年来，基本上不执行党的政策。"最近几年，竟然跌到了修正主义的边缘"。文化部和直属的文艺单位及全国文联和所属各协会再次进行整风。文化部党组从1964年7月4日至9月10日，连续召开了三十八次党组和党组扩大会进行检查。10月20日，中央宣传部派出以副部长周扬为首的工作组到文化部领导整风运动，揭发批判文化部党组的错误。

黄洛峰参加文化部的整风运动，对上级的"批示"逐字逐句地认真思考，他认为自己没有犯"批示"上指出的错误，也未觉察出整个文化部被"死人"统治着，"热心提倡封建主义和资本主义的艺术"，他只能实事求是地着重检查自己的工作和作风上有主观主义、官僚主义、骄傲情绪、干劲不足等缺点，他也无意去"上纲上线""迎合"上级而过关，因此被认为"检查不虚心""不深刻""揭发不积极"，于是只能不断地检讨再检讨。

由于黄洛峰在整风中被认为"检讨不深刻""觉悟不高"，在文化部领导大改组的形势下，黄洛峰受到冷落在家九个月，直到1966年5月，才被分配到中国科学院哲学社会科学学部民族研究所任副所长兼党总支书记。文化部有的老同志问他，为什么调你到民族研究所？你对民族问题有研究吗？他回答得很简单："共产党员，有服从党组织分配的义务，没有挑肥拣瘦的权利。没有研究过的问题，就学嘛，从头开始嘛！这不是党的传统吗？我知道去那里，对我来说，是有很多困难的。可是，我从来没有在困难面前低过头，也从来没有因个人困难而置工作于不顾，经党组织一决定，我就马上赴任了。"

二

1966年5月中旬，黄洛峰一到民族研究所，"文革"就开始了。他作为民族研究所党总支书记兼副所长，于6月初向全所传达了党中央6月3日的文件，就是要"内外有别""注意保密""大字报不要上街""不要示威游行"等要求。但是，6月16日《人民日报》发表的社论说："文革"对一些部门和单位来说，"是一个夺权的斗争，是一个变资产阶级专政为无产阶级专政的斗争"，号召"必须采取彻底革命的办法，必须把一切牛鬼蛇神统统揪出来，把他们斗臭、斗垮、斗倒"。很快，黄洛峰就被揪斗，说他"执行了资产阶级反动路线"，扣上了"走资派""保皇派""文化部的黑线人物"的帽子，被戴上高帽、批斗、游街，干打扫厕所、清扫垃圾等劳动了。

1966年9月的一天，我在文化部机关大楼前亲眼见到远处开来一辆小汽车，车身上贴有"送瘟神"三个大字，原来是民族研究所要批判黄洛峰的"反党罪行"可又不了解他的具体"罪行"，于是将他作为"瘟神"送回文化部接受批判。当时看到这种情景，虽然只有刹那间，我的心中却十分难过、愤慨，久久未能平静。

黄洛峰到了文化部后，立即被送入"牛棚"，列为"专政对象""出版界的祖师爷"而失去自由了。

1968年年底，学部各个研究所进驻了"解放军毛泽东思想宣传队"后，黄洛峰又被送回民族研究所，仍然关进"牛棚"，靠边站。1969年年初，学部各个研究所将研究人员和所有干部下放到河南息县"五七干校"劳动。年已花甲的黄洛峰也到了干校，却住在野地的一个破棚里。据马仲扬同志[1]说："他的任务是哺养二三十头猪，整天赶着一群猪奔跑，他还颇感兴趣，他认为这比关在'牛棚'里好多了。猪在田野里乱跑，他在后边追逐。他边喊边跑，曾为'干

---

[1] 马仲扬（1922—2010），抗战时期，曾任重庆读书出版社门市部副主任、武汉联营书店经理等职。新中国成立后，曾任中南军政委员会新闻出版局出版处副处长、兼任武汉通俗出版社社长。1982年后历任《红旗》杂志社副总编辑、兼任红旗出版社社长等职。他从1990年起，曾和苏克尘合作，编著《出版家黄洛峰》，光明日报出版社1991年9月版。

校'不少人流传为佳话。他很认真地放猪，为了训练小猪听从指挥，他给每只猪起了名字，把喂养和训练结合起来，时间一久，确实喂养了比较听他指挥的猪群。白天随猪放牧，夜晚又担心猪群的安全而经常起来护卫。他自己常说，干什么就得爱什么，养猪不爱猪，就不可能把猪养得好。同时养猪也可以从劳动中获得乐趣，这是他对两年多的饲养员生活的结论。因而他没有'苦役'之感，倒是有些新的体会。"

1971年春，学部"干校"全部集中在明港，清查"516"并进行批斗，黄洛峰从重体力劳动改为较轻松的劳动，但并没有得到解放。到1972年秋，随学部回到北京，继续"靠边站"，等待军宣队的处理。

三

1975年邓小平同志主持中央工作时，提出要把老干部解放出来工作，黄洛峰才得到解放，于3月回到民族研究所任党总支书记。

1976年10月，"四人帮"垮台，黄洛峰非常兴奋，他为党和人民的胜利举杯畅饮，通宵不眠，他的灾难生活，就此结束了。但是，他被错误地批判和处理尚未得到应有的纠正，被偏见形成的论断尚未得到应有的澄清，就以年龄的原因转到第二线了。他没有被转到自己热爱的出版战线，而是在老战友的帮助下于1968年到中国历史博物馆当顾问了。出版界有不少老朋友问他为什么不回到出版战线上来？他坦率地回答：不是我不愿，而是我不能！在哪里不是都能发挥自己的力量呢？

1967年，在"四人帮"刮起的"批判三十年代文艺黑线"的同时，先是从上海掀起一股"追查三十年代黑店"的逆流。"四人帮"将20世纪30年代创办于上海的生活书店、读书出版社、新知书店以及三家出版社合并组成的三联书店批判为"三十年代的黑店"。"四人帮"垮台后，出版系统的广大职工揭批了"四人帮"控制出版阵地大造反革命舆论的罪行和在出版系统造成的严重危害。揭批"四人帮"的运动向纵深发展后，曾被"四人帮"在出版战线颠倒了的许多问题被提出来进行专题批判，给所谓"三十年代黑店"恢复名誉的问题亦是其中之一。

1978年1月14日，国家出版局在北京和平宾馆专门召开一次座谈会，邀请一些熟悉三联书店历史和在三店工作过的老同志座谈。这是经历"文革"劫难后三联老同志的首次聚会。胡愈之、黄洛峰、华应申、许觉民等同志应邀参加并讲了话。

黄洛峰同志的讲话（根据会议记录）如下：

粉碎"四人帮"后，各条战线都在揭批运动中把被颠倒了的路线是非颠倒过来。出版方面的批判文章有一些，还大大不够。国民党特务张春桥不是要整这几个人，他是反对毛主席的革命路线，是要打倒周总理。1967年布置搞三联，不仅上海，北京也搞，我被提审了许多次。在文化部我被十多人提审，我闻出那个味道不在搞我们这些人，是要搞毛主席的革命路线和周总理。揭批"四人帮"第三战役中我认为要搞清这些问题。30年代问题首先要看当时的时代背景：军事"围剿"和文化"围剿"，鲁迅也正是在这"围剿"中成了主将的。出版工作的主流是同国民党反动派做斗争的。新中国成立后曾叫张静庐整理出版史料，其中包括说明哪些书刊曾被查禁。下一代人搞不清这些事。把路线是非颠倒过来要花些力气，要查资料，我年纪老了，寄希望于年轻同志。

从启蒙运动来看，商务、中华着重搞教科书，新的出版业则宣传共产主义、社会主义，"生活"出的书多，"读书"出了《资本论》。茫茫中国大地上，在党的领导下，举起了马列主义的火炬，虽然不大。那时出的马列主义的书，尽管翻译水平不够理想，但这工作是很有意义的。同时要看一看"四人帮"那些坏蛋那时候在干些什么，张春桥在攻击鲁迅，江青纸醉金迷！《文艺纪要》一出来，什么都是黑的了，我们都是黑人了。要搞清当时的时代背景，国民党怎样进行文化"围剿"。邹韬奋做了许多工作，党中央、毛主席给予很高评价。

抗战以后，三个书店到了武汉，是在长江局的领导下，王明虽是书记，但周总理在那里。那时曾以"中国出版社"的名义出版党所交办的书。《群众》周刊是完全在党的领导下工作的。1939年到重庆以后，南方局不仅在政治上、思想上对三个书店加强领导，而且在经济上拿出了两万元钱，以沈老的名义，登记入册。新中国成立后算资产时，百分之八十是公的，百分之二十是私的，这私的部分，也是大家为革命捐献的，以致到后来没法送股息，因为人家捐钱是为革命，不是为当资本家。送不出去的股息存入银行成为"小金库",以便日后有股东提取,1951年并给人民出版社。

东北光华书店、新中国书局都完全是在党领导下工作的。1940年周总理在重庆找徐伯昕,指示要同解放区出版工作结合起来。那时李文、刘大明、王华等去太行山八路军总部所在地办华北书店,上海以王益为首到苏北办了大众书店。1940年是周总理出面做动员,做思想工作。那时延安也有些人分到晋东南。后来华北书店、韬奋书店改为新华书店。白区书店、解放区书店两支队伍早已会师,白区出版工作早就同解放区出版工作汇合起来了。

"17年"是在什么情况下开始的?在全国新华书店出版工作会议毛主席题词"认真作好出版工作"后开始的。朱总司令还到会讲了话。1949年7月党中央关于三联工作方针的指示,肯定了三联、新华都是党领导的。毛主席1949年10月接见了第一次出版工作会议的全体人员,其中有个周永生,1932年曾到江西瑞金,是新华印刷厂的,毛主席同他握手,表示感谢。"17年"就是从毛主席接见开始,是红的还是黑的?新华书店的店招和人民出版社的社名也是毛主席题的,是很关心我们工作的。

四

黄洛峰同志对于出版界要办一个出版协会组织的设想十分热心。早在1949年10月全国新华书店出版工作会议期间,他就和出版界的老同志倡议成立"中华全国出版工作者协会筹备委员会",并推举胡愈之等三十一人为筹委,黄洛峰以出版委员会的名义向中央宣传部陆定一部长专门写了报告,但这一计划未能实现。

三十年后,他多年的愿望终于实现了。中共十一届三中全会以后,经过"拨乱反正",出版界出现了转机,胡愈之、陈翰伯等老同志抓住机遇,在大力抓好出版界恢复工作的同时,于1979年4月19日,以国家出版局党组名义向中央宣传部写了《关于成立中国出版工作者协会的请示报告》,很快得到胡耀邦和中央宣传部的批准。当年12月中旬,黄洛峰收到中国出版工作者协会将于12月20日在湖南长沙召开成立大会，邀请他出席的通知十分高兴，他特地提前两天到会报到。我当时作为会议工作人员在报到处见到黄洛峰同志时，不料他的第一句话竟是："啊，方厚枢成了一个胖子啦！"时隔多年，他竟然还能叫出我的名字，使我很受感动。大会进行选举时，全体代表一致选举黄洛峰同志为中国版协第一届理事；在后来的第一届理事会上，他被选为副主席。

黄洛峰同志当时担任中国历史博物馆顾问，但他对出版协会的工作十分热心。中国版协于1980年7月至8月，在河北省承德市避暑山庄举办第一期编辑干部读书会，就由协会副主席黄洛峰同志负责主持。这个读书会自带爱读的书刊，也带有疗养的性质，安排时间进行读书小组的漫谈，洛峰同志高兴地与出版社的编辑同人交换读书心得，交流编辑工作经验和编辑出版方面的情况及看法，他对这种无拘束的活动很满意，还赋诗述怀，现抄录几首如下：

江声

（1980年7月19日承德避暑山庄。承德苦旱，武烈河日涸，息于"月色江声"湖畔，思潮起伏，即景偶成。）

江声久歇几时有？坐看云山似亦愁。

岸柳无心空自舞，凝眸望断烟雨楼。

隆化董存瑞烈士墓

三十年前鏖兵地，苔山巍峨觅战痕。

炸桥孤胆血路在，歼尽凶顽日月昏。

勇士捐躯垂青史，元戎题碑赋招魂。

陵园茂树绿欲滴，一瓣心香祭墓门。

围场松林坡[1]

松林坡下芳菲路，万紫千红疑是春。

了却生平草原梦，香花摘来插衣襟。

1　坡不知名，因见松多，故名之曰松林坡。

塞上林花

8月9日

极目河山千万里，新松葱郁处处栽。

草原繁锦铺大地，采得半束干枝梅。

不幸的是，三个多月后，黄洛峰同志就与世长辞。他主持的这一期编辑干部读书会就成为他一生中参加的最后一次出版界活动。

现在我引用一位老战友悼念黄洛峰同志的诗句："风雨惯来去，丹心染红霞"，作为本文的结束。

一辈子为读者奉献精品书刊的
编辑家叶圣陶[1]

叶圣陶先生是我国著名的教育家、文学家、出版家。中华人民共和国成立后，曾担任过中央人民政府出版总署副署长、教育部副部长等重要职务。但他自己在晚年说，如果有人问他的职业，他就回答说，他的职业是编辑。在他九十四年的一生中，做编辑工作的时间最长，超过了六十年。

"自从进了商务，编辑就成了我的主要职业"

叶圣陶从1923年开始从事编辑工作，他进商务印书馆编译所工作了八年，主要在国文部，编辑《新学制中学国文课本》、"学生国学丛书"，还编过《小说月报》《妇女杂志》。1982年2月11日，他在参加了商务印书馆建馆八十五周年的庆祝会后写的一篇文章中说："自从进了商务，编辑就成了我的主要职业，甚至可以说一直持续到现在……作为一个编辑工作者，我自审并不高明，可是有关编辑工作的责任感以及若干必不可少的知识和技能，却确切地自知是在商务的那八年间逐渐学来的。"[2]

1931年1月，叶圣陶进开明书店编辑部工作，主要编《中学生》杂志，也参与其他书刊的编辑；还和友人编了好几部国文课本。1932年，他花了整整一

1　原载方厚枢：《编辑之歌——怀念远去的英才》，首都师范大学出版社2010年版。
2　叶圣陶：《商务印书馆》，《人民画报》1982年第5期。

叶圣陶（1894年—1988年）。

年的时间，编写了一部《开明国语课本》（初小8册，高小4册），内容以儿童生活为中心，随着儿童的成长，取材的范围由家庭、学校逐渐拓展到社会。教材篇目尽量容纳儿童文学和日常生活的各种文体。全书由丰子恺配画，图画与文字有机地配合，以拓展儿童的想象，涵养儿童的美感。叶圣陶为编写这部课本花费了很大心血，全部课文都是他一个人编写的。他在1980年的一篇文章中回忆了当年编写的情况，他说这部课本中400多篇的课文"大约有一半可以说是创作，另外一半是有所依据的再创作，总之没有一篇是现成的，抄来的"。又说，"给孩子们编写语文课本，当然要着眼于培养他们的阅读能力和写作能力，因而教材必须符合语文训练的规律和程序。但是这还不够。小学生是儿童，他们的语文课本必是儿童文学，才能引起他们的兴趣，使他们乐于阅读，从而发展他们多方面的智慧。当时我编这一部国语课本，就是这样想的。"[1] 这部课本于1932年、1934年由开明书店出版后，受到教育界的普遍赞誉，尤其受到小学教师们的欢迎，在十多年内共印了四十多版次。

　　叶圣陶在20世纪30、40年代主编的《中学生》杂志，是当时最受青年学生欢迎的读物，在社会上产生了极为广泛的影响。当年参加《中学生》编辑工作的欧阳文彬写的回忆文章中说，叶圣陶要求编辑善于发现问题，认真加工，大至文章的内容、观点、语法、修辞，小到一个标点，一丝一毫也不能马虎。叶先生自己就是这样做的，他审稿时遇到过于潦草的稿子，甚至亲自动手为作者代抄一遍。因为"我们写的稿子字迹不清楚，就会增加排字工人的负担，增加出错率，归根结底是对读者不负责任"。他特别强调当编辑、写文章的人要

1　叶至善：《老开明国语课本始末》，《北京青年报》2005年4月21日。

做"杂家"，因为编辑这一行要知道的东西极广。"许多专业知识，我们不可能都懂，但是总要尽可能多学一些常识，请专家写的文章我们起码要看得懂。如果我们自己看不懂，就糊里糊涂地编发出去，不是对读者不负责吗？"[1]

"我们出书出刊物，一定要考虑如何有益于读者"

1982年10月19日，叶圣陶在开明书店创建六十周年纪念会上的书面发言中，对于开明书店的创业宗旨做了这样的说明：

> 我们有所为有所不为：有所为，就是出书出刊物，一定要考虑如何有益于读者；有所不为，明知对读者没有好处甚至有害的东西，我们一定不出……开明书店的读者主要是青年和少年，因而我们认为，我们的工作是教育工作的一个组成部分，一个不可缺少的重要的组成部分。我们做的工作就是老师们的工作。我们跟老师一样，待人接物都得以身作则，我们要诚恳地以平等的态度对待我们的读者，给他们必要的条件，让他们成长为有益于社会的人。我们当时的确是用这样的准则来勉励我们自己的。[2]

这段话可说是开明书店编辑作风的基本精神，它是叶圣陶和一些志同道合的编辑前辈带头在长时期实践中形成的。

博采古今中外教材之精华，精心编出中小学新教材

1948年年底，中共中央派人与叶圣陶联系，邀请他到解放区参加新政协。1949年初，叶圣陶等人秘密离开上海经香港辗转到达已解放的北平。4月7日，他出任华北人民政府教科书编审委员会主任。从10月1日新中国成立直到1966年"文革"开始，他先后担任出版总署副署长兼编审局局长、教育部副部

1　欧阳文彬：《叶老和〈中学生〉》，《出版史料》1991年第4期。
2　叶圣陶：《谈谈开明书店》，《叶圣陶出版文集》，57页，中国书籍出版社1996年版。

长等职。在这十六年间，他的精力主要用在中小学教材的编辑出版工作上。

1950年12月，人民教育出版社成立，叶圣陶兼任社长和总编辑，他带领社委会一班人，开始了新中国中小学教材的编写工作。他们研究了清末废除科举制度、兴办新式学堂以来近半个世纪内各种教材编写的成败得失，借鉴了国外多种版本的教科书，提出要博采古今中外教材之精华，精心编出全套中小学新教材。

据长期在叶圣陶身边工作的秘书史晓风回忆，叶圣陶作为人教社编辑出版工作的组织领导者，他从教材的选题组稿到出版发行，从编辑指导思想、体例、加工、校对到书版设计、插图绘制、封面装帧，从宣传工作到处理作者投稿和答复读者来信，从出版社的经营管理到缩短印刷周期、提高纸张利用率，都倾注了大量心血，而且数十年如一日，不因地位的改变而改变。叶圣陶很欣赏毛泽东1949年9月为全国新华书店出版工作会议的题词——"认真作好出版工作"。他说："做任何工作都要认真，做出版工作特别需要认真。"他要求教科书不但"质文并美"，不许有一个错字、错标点，而且要求"及时供应，课前到手，人手一册"。

1954年10月30日，国务院任命叶圣陶为教育部副部长，仍兼任人民教育出版社社长，他一方面肩负领导全国教育改革的主要任务，一方面以极大的精力领导中小学教材的改革和建设。在编辑工作上的每一个环节，叶圣陶发挥的领导作用十分具体，极其细致。在人教社的编辑们写的回忆文章中，有许多生动的事例，现仅举三例以见一斑。

1. "文革"前十六年间，人教社出版的各种教材，那初稿集合起来真要"汗牛充栋"，其中绝大部分是经叶老亲自审阅和修改的。语文教材更是一字一句一个标点都凝结着叶老的心血。课文是中小学语文课本的主干部分，决定着课本的质量和面貌。叶老首先关注的是选文。他对语文教材的选文提出了严格要求：选取的课文要教师乐教，学生乐读，要做到这一点，选者必须先"心焉好之"。在历次制定的教学大纲中都列出选材标准若干条，而一个"乐"字（包括"好"字），乃是选材标准的第一要义。如果学生不感兴趣，文章再好也收不到应有的教学效果。他还指出选文要"一册之中无篇不精，篇篇都含有高营养"。在指导编写过程中，叶老是自己主张的严格的实践者。经过编辑人员推荐和集体讨论，再由室主任审订的选文送给叶老最后审订，十篇能肯定三五篇就不错了。肯定下来的文篇，送回来时总是贴着小小的纸条，上面是叶老写下的修改意见，字体工整，连一个标点也不马虎。[1]

2. 叶老倡导编辑作业中的严肃作风和严格规程，一个典型的措施是推行书稿的集体讨论制度。他亲自主持示范性的讨论会。讨论某一种书稿的时候，叶老召集有关的编辑人员，包括副总编辑、编辑室主任、责任编辑和助理编辑，到他的办公室围坐一圈。书稿逐章逐节逐段逐句地通读，大家随时插入议论，提出问题。从内容的思想性、科学性，程度的深浅，分量的轻重，直到字句、标点，一一认真斟酌，仔细推敲。叶老像普通编辑人员一样发言，总是那样平和、从容、亲切，又总是那样深刻、明确，不带一点敷衍……书稿的集体讨论形成定制，每一种教科书的初稿都经过编辑室或者编辑小组的讨论、修改，对于书稿质量的保证作用是不言而喻的。[2]

3. 在上世纪50年代初中语文课本中有一篇翻译作品《最后一课》，这篇课文是法国作家都德的代表作，虽然有现成的中译文，但叶圣陶说："捡到篮子里的不都是菜，何况我们编的是教材。这涉及我们拿什么样的精神食粮给下一代。"他还说，原作文道都好，但没有一篇理想的中译文，我们的编译既要保持原作情节简单而生动，环境描写和人物刻画水乳交融的艺术风格，又要表现出法国沦陷区人民热爱祖国、仇恨侵略者的思想感情。这一切，要运用规范、准确的汉语来表达。他召集了人教社副总编辑、著名散文家吴伯箫，编辑室主任、著名语言学家张志公，著名文学史家张毕来，中学语文编辑室主任王微，小学语文编辑室主任蒋仲仁，还有年轻的语文编辑刘国正和一位法文翻译，对这篇译文字斟句酌，逐行、逐段推敲、编译。《最后一课》全文不过3000多字，而这些著名学者、专家聚集在一起，连续工作了几天，才定下理想的译稿。[3]

叶圣陶赋诗祝贺中国出版工作者协会成立

成立中国出版工作者协会是全国出版工作者多年的愿望。早在1949年10月全国新华书店开出版工作会议期间，胡愈之、黄洛峰发起成立"中华全国出版工作者协会"筹委会，中宣部出版委员会于10月7日举行茶话会讨论成立协会的

1　刘国正：《叶圣陶先生和教材建设》，《叶圣陶编辑思想研究》，71—73页，开明出版社1999年版。

2　姚涌彬：《于平凡处见精神——回忆编辑工作中的圣陶老人》，《编辑之友》1993年第2期。

3　仁教：《人民教育出版社教材编写纪实》，《北京出版史志》第12辑，北京出版社1998年版。

事宜，叶圣陶作为教科书编审委员会代表首先发言表示赞同。当晚他在日记中记道："此后必将成立全国出版工作者协会，盖事实上有此需要也。"但由于种种原因，这个愿望直到三十年后才实现。

1979年12月20日，中国出版工作者协会成立大会在湖南长沙举行。叶圣陶接到协会即将成立的通知后十分高兴，特地赋诗祝贺。在题为《祝出版工作者协会成立》的贺诗中，表达了他的编辑出版观，对各方面提出了殷切的期望。其中第三首是专写编辑工作的：

> 选题订稿校雠三，唯审唯精为指南。
>
> 能在胸中存读众，孜孜屹砣味弥甘。

这首七绝诗的内容，既是叶圣陶一生在编辑工作中"严肃认真、精益求精"奉献精神的如实写照，也是他对现今的编辑工作者提出重视书稿质量应注意遵守事项的忠告。

1999年12月是中国版协成立二十周年，版协领导决定编辑出版一册以图片为主的《中国版协二十年（1979—1999）》纪念册，由版协主席宋木文亲任主编，我受命担任这本纪念册的责任编辑。册中收入了叶圣陶和其他领导人的贺词、贺诗。我在版协收集资料时，意外地发现叶圣陶送来贺诗的同时还附有一页"圣陶附告"的说明：

> 拙诗如需付排，自必改用简体字。但是第三首的"雠"字已经简化为"仇"字，而"校仇"将使谁都看不懂。因此，希望这个字仍用繁体的"雠"。

这篇"圣陶附告"的内容，也反映了叶圣陶在编辑工作中"处处为读者着想"的可贵精神。

最后的奉献

1986年春，江苏教育出版社计划将叶圣陶所写的大量文章和讲话等，编一部比较全的集子，经和叶至善商定，这部书定名《叶圣陶集》，由叶圣陶的三位子女——叶至善、叶至美、叶至诚编辑，其中挑起重担的则是长期和父亲共同生活的叶至善。

《叶圣陶集》共编了25卷。其中头4卷于1987年10月14日问世，出版社将8本新书（平装、精装各4本）送到叶老寓所。据出版社责任编辑缪咏禾回忆："圣陶先生抚摩着带着油墨香味的新书，他的眼睛几乎完全看不见了。我想，他是凭着手的感觉在'看'自己的书吧。圣陶先生虽然还嘀咕了一句'又炒了一次冷饭'，脸上却带着自嘲又自慰、无奈又高兴的微笑。"[1]

1988年《叶圣陶集》第5卷问世的时候，叶圣陶已于2月16日与世长辞。《叶圣陶集》的第6卷至25卷直到1994年9月出齐。2004年12月这套书出第二版时，又增加了叶至善著的《父亲长长的一生》作为第26卷。

中国出版工作者协会成立后，时任国家出版局代局长、中国版协主席的陈翰伯提出倡议：筹建"出版之家"，作为出版工作者的活动场所，这一倡议得到各方面的赞同，叶圣陶是最早表示支持的老同志之一。当《叶圣陶集》的组稿工作刚一拍板时，叶圣陶就表示，将这部书的全部稿酬捐献给中国版协，作为筹建"出版之家"的经费。叶圣陶逝世后，叶至善遵照父亲生前的嘱咐，将《叶圣陶集》的全部稿酬和他本人的部分稿酬共计27万元，捐献给"出版之家"。

在新闻出版总署新老领导和部分出版单位的大力支持下，"出版之家"于1997年5月12日在北京落成。中国版协在举行了简朴的落成仪式后，接着举办了首次活动：召开"叶圣陶编辑思想研讨会"。

"出版之家"建成后，中国版协的一些专业工作委员会等机构在这里多次召开了各类研讨会、座谈会、茶话会等活动。当人们跨进这所有1000平方米建筑面积的地方时，首先看到的是叶圣陶手书的"出版之家"4个熠熠生辉的金色题词，在门厅的正中端坐着叶圣陶的塑像。这位一辈子为读者奉献精品书刊的编辑家，在他将要走完生命之旅的时候，没有想到要为自己的儿孙们留下什么，却把凝聚了他一生心血的700多万字的《叶圣陶集》所获得的全部稿酬捐献出来，和"出版之家"的整座建筑融为一体，使这座建筑成为长期为出版工作者服务的场所。他为出版工作所做的最后的奉献，也化作了一种精神力量，永远昭示后人。

1　缪咏禾：《〈叶圣陶集〉出版琐记》，《叶圣陶编辑思想研究》，开明出版社1999年版。

新中国出版事业的开拓者
和见证人许力以[1]

2010年12月8日，为我国新闻出版事业做出杰出贡献的老出版家许力以同志走完了他八十七年的人生岁月。我接到噩耗后十分悲痛，因为就在7日上午，力以同志还和我通了电话，说他已收到我寄去的新著《中国出版史话新编》一书，很高兴，并说了鼓励我的话。当时他的声音和往日毫无异状，不料第二天凌晨就猝然辞世。几十年来我在他的领导下的历历往事——在脑海涌现，久久难以平静。

我于1962年从新华书店北京发行所调入文化部出版局出版处工作后，就知道许力以的名字，因为出版局一些重要事项向中央宣传部出版处请示时，大多由时任出版处副处长的力以同志答复。想不到"文革"结束后，1973年5月，他从宁夏干校回京后，会到国家出版局出任出版部主任，不久即任副局长，我当时就在局出版处工作。上世纪80年代初，力以同志调回中央宣传部担任出版局局长。我们之间在几十年内，一直保持联系。下面仅举几件我在他的领导下所从事的出版活动。

为《汉语大字典》的诞生竭尽心力

1975年，邓小平同志主持中央工作时，国家出版局会同教育部就编纂中外

1 原载《出版发行研究》2010年第12期。

许力以（1923年—2010年）。

语文词典事向国务院写了报告，经小平同志批准，于5月23日至6月17日在广州召开中外语文词典编写出版规划座谈会，力以同志是会议领导成员之一。我参加了会议的筹备工作并和商务印书馆的朱谱萱、朱原同志一起参与制订1975年至1985年全国编写中外语文词典160部的规划（草案）。会议结束后，国家出版局向国务院写了报告，经几位副总理圈阅后，邓小平同志将报告和规划（草案）送请重病在医院中的周恩来总理批准并下达全国有关部门执行。国家出版局主持业务工作的陈翰伯同志决定先抓几部大型汉语词典，包括修订《辞源》（《辞海》的修订已由上海在抓）和新编《汉语大词典》《汉语大字典》，大字典就请许力以同志负责来抓。

《汉语大字典》由湖北、四川两省的出版、教育部门负责编纂工作。许力以同志作为中央宣传部出版局长，首先和川、鄂两省的宣传部联系，由两省的宣传、教育、出版部门领导一同组成《汉语大字典》领导小组，由许力以同志担任组长，湖北、四川两省的宣传部长余英、李致为副组长，两省的教育、出版部门和部分高校负责人担任委员。

《汉语大字典》是在没有主编的情况下开始工作的。编纂工作主要由武汉大学和四川大学中文系的李格非、赵振铎担任常务副主编，两省高校的若干正副教授任副主编。过了几年之后，才聘请中国社会科学院学部委员，饮誉海内外的古文字学家和历史学家徐中舒教授担任大字典的主编。

1986年4月24日,《汉语大字典》领导小组组长许力以先生（左一），和大字典两位常务副主编李格非先生（左二）、赵振铎先生讨论大字典编辑出版工作问题。

　　许力以同志在两省字典编写组开始工作时，根据他多年来的经验，强调资料工作是编纂字典的基础，必须十分重视资料建设工作。因此，《汉语大字典》一开头就用了将近三年的时间，查阅了数千种古今典籍，编制了700多万张卡片。

　　1976年粉碎"四人帮"后，《汉语大字典》已编写了不少词条。由于这项工作分别在两省若干城市的高校中分散进行，出现了若干矛盾和不协调现象，迫切需要两省共同建立一个统一的领导机构集中研究出妥善的解决办法。此外，由于编写人员长期脱离本校的教学工作，在校方进行评定职称、工作晋级以至住房分配等问题得不到解决，影响了编写队伍的稳定。这些矛盾和问题如果得不到合理解决，这项大的出版工程将有中途夭折的危险。许力以同志了解情况后，经过反复思考，于1979年11月2日向胡耀邦同志写了请示报告，汇报了编纂大字典的现状和存在的问题，并提出拟在四川建立"《汉语大字典》编纂处"的建议。胡耀邦同志很快于11月6日做了批示："请川鄂两省有关部门大力协助进行。希望全体编写同志同心同德，克服一切困难，完成这项有历史意义的工作。"教育部也于11月22日向有关省市教育部门发出通知，对编写工作中存在的多种困难做出若干具体规定，使大字典的编写工作进入了一个新的阶段。《汉语大字典》编写领导小组改为工作委员会，以许力以为主任，两省省委宣传部长为副主任，两省宣传、教育、出版部门的领导为委员。我也成为工委会委员之一，协助力以同志与两省出版部门的委员们保持经常联系，了解情况后及时向力以同志汇报。同时调整、增补了编委会成员，还聘请了王力、吕叔湘、朱德熙、吴文祺、陆宗达、周祖谟、姜亮夫等国内外知名的汉语文字语言专家17人担任大字典的顾问，对保证大字典的高质量起了重要作用。

《汉语大字典》共有8卷，经过各方面的努力，反复审阅定稿，第1卷于1986年10月出版。10月14日在北京王府井新华书店的大厅举行了发行仪式。中央宣传部、文化部和中共北京市委的领导，大字典的学术顾问和专家以及四川、湖北两省有关的领导出席了会议。许力以同志在讲话中介绍了大字典十年来的工作历程和主要情况，大字典的两位常务副主编李格非、赵振铎同志在会上介绍了大字典的编纂情况。

中共中央政治局委员、书记处书记胡乔木同志到会，并做了重要讲话。他首先表示对所有参加字典编写、编辑的同志，所有参加校对、印刷、出版、发行工作的同志，对大家的成功表示热烈的祝贺，并希望各个方面的同志再接再厉，能在不长的时间内，顺利地完成其他7卷。

乔木同志说："字典编辑的成功，至少可以说明这样两个问题：第一，中国人可以做出在世界上最好的成绩，在许多方面，至少在我们特别有利的条件方面，我们完全能够也完全应该做出世界上最好的成绩。《汉语大字典》以及今年将要开始出版的《汉语大词典》就是这样一个榜样。这个榜样鼓励我们所有的出版工作者，所有的编辑工作者，要下定决心去攀登我们出版工作、编辑工作的高峰，在世界上做出中国特有的、杰出的贡献。其次，《汉语大字典》开始出版发行，也说明这样一个问题，出版工作的发行渠道、进行工作的方式，可以是多种多样的。《汉语大字典》和《汉语大词典》都是在比较困难的条件下开始工作的。这项工作都不是由中央的出版单位承担的，而是由地方承担的。地方开始承担起编辑这样两部巨著的重任，工作中确实遇到过一些严重的困难，今后也会遇到一些困难，但是我们终于克服了这些严重的困难，今后也一定能继续克服困难。这说明编辑出版工作是可以有多种方式让我们采取的。这样就可以把全国编辑出版工作的潜在能力更好地发挥出来。单靠孤零的或者说是非常孤零的一条线的方式，是达不到这样的目的的。"

乔木同志还指出："我们的工作，原来的方法也许有潜在的能力还没有充分地发挥，或者发挥得不够好，也许还有另外的潜在能力，潜在的可能性我们没有找到，或者说还没有充分地利用起来。"他说："我们希望全国的编辑、出版、印刷、发行工作的部门和工作的同志们，努力来探索新的道路，来为人民的精神生活需要服务，来供给他们对于精神食粮的需求，进而提高精神文明，为全中国社会主义精神文明做出更多的贡献。"

这次会议后，乔木同志非常关心《汉语大字典》的编纂工作，他和许力以同志见面时，经常问起大字典的进度情况。他还建议收集的汉字是否还可以扩大，例如地方语言中的汉字，广东话福建话就很多，还有不少文字出现，是否可以收集。还说，日本文中，有不少中国的汉字，但是有一部分和我们使用的汉字不同，可否在字典里面出现。这些很重要的意见，力以同志都向大字典的两位常务副主编和汉语大字典编纂处的同志传达，请他们认真研究。

经全国有关方面的艰苦奋斗，《汉语大字典》历时十五年，终于于1990年10月由四川、湖北两省的辞书出版社全部出齐。全书共8卷，总字数1545万，总计收楷书单字54,678个，比清代编纂的《康熙字典》多7643个字，成为当今世界上收汉字单字最多的一部大字典。

1990年12月3日，新闻出版总署在北京人民大会堂隆重举行《汉语大字典》全书出版总结表彰大会。中共中央政治局常委李瑞环同志到会，并在讲话中对这部大字典做了很高的评价。有关方面和两省大字典编写组的代表300多人出席

1988年7月10日，《汉语大字典》工作委员会主任许力以先生（左二）、工委会委员方厚枢在成都召开工作会议后，和四川省出版局办公室罗元洪先生（左一）一起，在成都青城山下合影。

会议。

《汉语大字典》8卷本出版后，两省辞书出版社还继续出版了大字典的缩印本、简编本和袖珍本，受到辞书界和读者的好评。

策划、领导编写两部有关出版的百科全书

1978年4月，胡乔木向邓小平同志提出编辑出版《中国大百科全书》的建议，立刻得到他的支持。小平同志说：要快点出，最好趁老专家们还健在时撰写，这是为了抢救一批人才，抢救一批财富。胡乔木让国家出版局局长王匡去找久怀编写大百科全书之志的姜椿芳写出正式的倡议书。国家出版局党组联合了中国科学院、中国社会科学院，以三家党组的名义于同年5月21日向中央正式提出了编纂《中国大百科全书》的请示报告，并很快得到了批准。随后成立了以胡乔木为主任的总编辑委员会，任命姜椿芳为大百科全书出版社的总编辑，中国的百科全书事业从此开始起步。

《中国大百科全书》第一版共出版74卷，1.3亿字，前后历时十五年，于1993年8月全部完成，由中国大百科全书出版社出版。

《中国大百科全书》第一版的《新闻出版》卷中的出版学科由许力以同志担任编委会主任，倪子明、戴文葆为副主任，编委共17人。力以同志在全书正文前写的专文《出版和出版学》中，对出版学的概念、研究对象、研究目的和任务、研究范畴及特点、功能等，做了较为系统的理论阐述，是一篇很好的学术著作。有专家指出，《中国大百科全书》的出版学科部分的内容有一些鲜明的特色：它反映了高度的创新意识，突出了鲜明的中国特色，体现了最新的研究成果，蕴含了面向世界的开放观念。

《新闻出版》卷从力以同志开始提出编撰到组稿，到1991年4月由大百科全书出版社出版，共经历了十年的时间，前后参与撰写稿件和审订校阅工作的不下300人。我应力以同志之约，担任了此书的编委并负责担任"中国出版史"分支学科的主编，并撰写了《中国出版史》长条目1.1万多字。

《中国大百科全书·新闻出版》出版后，力以同志感到出版学科的内容还可扩大篇幅，于是便接着策划由出版学科的原班人员继续编撰一大本《中国出版百科全书》，得到原书编委和撰写人员的赞同，于是大家齐心合力共同努

1992年1月，《中国大百科全书·新闻出版》出版学科、《中国出版百科全书》编委会主任许力以先生（前排右三）和副主任、全体编委合影。

力，终于在1997年12月将其胜利完成，并由山西的书海出版社出版。

热情关心《中国出版年鉴》的编辑出版工作

中国出版工作者协会1979年12月成立后，国家出版局领导决定创刊《中国出版年鉴》，由局研究室负责，以中国版协的名义编辑。我于1979年底由局出版部调到研究室，协助研究室主任倪子明同志编辑年鉴。首先编辑1980年创刊号。1981年，子明同志调至生活·读书·新知三联书店担任总编辑，出版年鉴的编辑工作就全部由我负责，共计编辑了1981年至1986年的出版年鉴6册。

1986年10月，国家出版局决定将《中国出版年鉴》移交中国出版科学研究所编辑出版。于是我于1987年初连同出版年鉴编辑人员迁入出版科研所，从1987年至1991年（1990年至1991年合并出版）共编辑出版4本年鉴。

许力以同志对出版年鉴编辑出版工作很关心（每本年鉴出版后我都送他一册），他有时也将中宣部出版局可以对外公布的材料送给我在年鉴上刊用。

我调到中国出版科研所的任务主要是编辑出版年鉴，但在1988年内，我还兼任创办《出版参考》半月刊（共担任1至80期的主编工作），又和河北省新闻出版局合作编辑《中国出版人名词典》，这本词典的前期编辑工作由河北省新闻出版局成立的词典编辑部负责进行，但由于后来决定由北京新华印刷厂印刷，于是词典的后期工作，包括审稿、发稿、校对工作全部由出版年鉴编辑部负责。出版年鉴的编辑人员虽有变化，但始终只有5人，而且其中有2人是未做过编辑工作的新手，只能做些辅助工作。4本年鉴和人名词典的总字数有950万字，每本年鉴的编辑、发稿、三校（有的需四校），只有3个编辑承担下来，而且当时编辑工作完全手工操作，没有电脑，印刷厂用铅版，按短版活安排印刷，因而使年鉴的出版周期较长，以致1990年至1991年只好合并，延期到1993年9月才出版。《新闻出版报》上发表读者来信，对出版年鉴越出越慢提出批评，我作为主编在该报做了公开检讨。

一向关心出版年鉴编辑出版工作的许力以同志看到我的检讨后，就打电话向我了解真实情况，结合他平时了解我的其他情况，感到我的负担和承受的压力确实很大，便主动和中国出版科学研究所所长袁亮同志商议，又和时任中国出版协会主席王子野商议，专门在子野同志家中，约请版协秘书长等人交换意见，然后向新闻出版总署写了报告并获得批准。于是《中国出版年鉴》从1992年起，改由中国出版工作者协会主办，由原在人民出版社担任《新华文摘》编辑部主任的刘菊兰同志来担任年鉴编辑部主任，大大减轻了我的负担，出版协会决定成立中国出版年鉴社负责编辑出版工作。

《中国出版年鉴》从1992年起，组成年鉴编辑委员会，许力以同志出任编委会主任，刘杲同志任编委会副主任，各省、市、自治区新闻出版局或出版协会的主要负责同志，新闻出版总署的有关司、局和部分中央一级出版社的主要领导担任编委，在全国新闻出版部门建立了广泛的联系网，为年鉴的组稿、发行等工作给予长期的帮助。许力以同志从1992年到2003年一共担任了十二年的编委会主任，2004年起改任年鉴顾问直至他逝世为止。他多次参加出版年鉴举办的重要活动和审稿工作，为提高年鉴的编辑质量出主意，想办法，为出版年鉴的健康成长做出了重要贡献！

我由于在年鉴工作中过于劳累而两次患脑栓塞，不得不于1994年辞去出版年鉴主编，由副主编刘菊兰同志接任主编。在力以同志和中国版协其他领导同志的关心下，让我担任年鉴编委会副主任，至2004年改任年鉴顾问。长期以来，许力以同志对我无微不至的关心和热心帮助，使我十分感动，永远铭记在心。

获中国韬奋出版荣誉奖

2004年2月24日至25日，中国出版工作者协会四届五次常务理事（扩大）会议暨颁奖大会在北京举行。这次大会有一个特别的大奖，这就是向王益、许力以、陈原、王仿子、叶至善5位资深出版家颁发中国韬奋出版荣誉奖。这5位出版界前辈参加出版工作都已有半个世纪以上，他们继承和发扬韬奋精神，为出版界做出了重要贡献。这项特别奖是经宋木文、刘杲等同志提议，评委会审议通过，并经中国韬奋基金会同意，报新闻出版总署批准的，这不但是给5位出版界前辈以崇高的荣誉，更是为全国出版界树立了学习的榜样。2009年，许力以同志又入选"新中国60年百名优秀出版人物"。

2004年2月24日，许力以先生（左一）代表中国韬奋出版荣誉奖获奖者发言。

关注和指导出版史研究的王益[1]

　　2009年2月26日，我到新闻出版总署参加《中国出版通史》出版座谈会时，惊悉王益同志已于25日晨病逝，深感悲痛。看到会场上陈列的一大摞每套九卷的《中国出版通史》，我的脑海中清晰地记起王益同志2001年2月19日出席《中国出版通史》第一次编撰工作会议上讲话的情景。他说："出版史要强调研究，不能是资料的堆砌。《中国出版通史》既要重视资料的搜集，更要重视研究，使这部通史有新意，以区别现有的出版史著作。要总结出版的规律，有利于促进我国出版业的发展。应该以胡乔木同志的'可读、可信、可取'来要求这部通史，现在已经开了一个好头，希望能善始善终。"如今，这部《通史》已经出版，遗憾的是，作为《通史》顾问的王益同志却未能等到这一天。此时此刻，他一贯重视我国出版史研究的谈话以及对我的帮助，往事历历涌上心头。

　　我于1962年由新华书店北京发行所调入文化部出版事业管理局出版处工作，王益同志时任出版局局长，得以亲身聆听他的教导。"文革"后他先后担任国家出版局副局长、新闻出版总署特邀顾问，我虽然不在他的直接领导下工作，但我们之间仍然保持了长期的联系。

　　我调进文化部出版局工作后，学习、研究了张静庐先生历时近二十年搜集、整理、辑注的中国近代、现代出版史料后，萌发了收集我国当代出版史料的心愿，便结合工作，注意收集有保存价值的出版资料，历时二十年从未间断过。1980年上半年，我在国家出版局研究室工作时，参与创办我国第一部《中国出版年鉴》的编辑工作，并在业余时间试写《中国出版简史（初稿）》，从9月

1　本文部分内容原载《出版发行研究》2009年第3期、《出版史料》2009年第2期。收入本书时，作者将两文整理合并，并做了修改、补充。

起在《出版工作》(《中国出版》杂志的前身)连载,这两项工作都受到王益同志的关注和鼓励。

　　1986年初,国家出版局根据中共中央办公厅的有关文件精神,于当年3月成立了国家出版局党史资料征集工作领导小组,组织出版系统进行党的出版史料征集、整理、编纂、研究工作,由王益同志担任领导小组组长。1987年改名为新闻出版总署党史资料征集工作领导小组,并于当年6月底在大连召开全国性的党史资料征集工作会议,王益同志受新闻出版总署委托主持这次会议并讲了话。他对征集党的出版工作史料的重要意义,关于中国历史的分期问题,征集资料的范围、种类,大事记的体例,资料征集与新编地方志,资料征集与编写史书等问题,都提出了明确的意见。会后,在各省、自治区、直辖市新闻出版局和出版界老同志的努力下,全国党的出版史料征集、编纂、研究工作取得很大成绩。

　　1987年我调到中国出版科学研究所工作后,继续担任《中国出版年鉴》和创刊《出版参考》(半月刊)的主编工作,王益同志仍很关注并给予必要的帮助,将有关资料

2004年2月24日,王益先生(左)荣获中国韬奋出版荣誉奖,和宋木文先生在颁奖大会上合影。

寄给我参考或刊用。

1989年9月初，我和王益同志在东四南大街偶然相遇。他想看看外国出版史方面的书，问我是否能找到。我们还谈了有关出版史研究中如何重视收集"第一手资料"的问题。回家后，我即找了一本介绍外国出版史的书托人带给他。9月8日，王益同志给我来信说：

> 那天在马路上偶然相遇，结果收到《外国出版史》一书，得以了解外国人如何写出版史。不过这仅是大百科全书中的一条，偏重资料性，还不是一本正式的世界出版史专著。
>
> 你那天谈起"第一手资料""第二手资料"，我不理解。我说，对古代史而言，现代人谁也不可能掌握"第一手资料"。我把"第一手"理解为必须是亲见亲闻。对于古代，近代，即使现代的历史资料，亲见亲闻总是有限的。你所说的"第一手"大概是指"自己发掘出来"的吧。而"第二手"，则把人家发掘出来的材料随手拿来。我这样理解行不行？不知历史界用什么名词区别这两种材料？

王益同志随信附了一份有关如何进行历史研究的剪报供我参考，还有一份全国政协有关出版方面的简报问我编《出版参考》是否有用。

9月12日，我给王益同志回信，说明我那天所说的"第一手资料"意思有如情报术语中所指的"一次文献"，即"直接记录研究成果的文献"，而"二次文献"即"根据一次文献的内容在转换情报的过程中准备好的文献"。并说我在写作《中国出版简史》时，深感历史资料难觅。有时为了寻找一个准确的统计数字都要花费很大功夫。例如我在写新中国建国初期新华书店、三联书店两支队伍汇合成为新中国出版事业的骨干力量，当时两支队伍各有多少人？从新华书店店史中找到1949年初全国新华书店分支店有8100人，三联书店只提有二十处，没有人数统计，我问了几位三联书店的老同志都说不准具体数字，最后几经周折，才找到一册三联书店总处1949年9月编印的《工作概况》中明确记载有356人，这就是一个"权威数字"了。

9月15日，王益同志回信说：

> 写出版史是很不容易。资料一则嫌少，而另一方面又可能太多，

要从沙子里去淘金，太费时间。张秀民、钱存训都可以说是专职的研究人员。像你这样，只能利用业余时间，而业余时间又太少，的确太困难了。宋原放、吉少甫也写了出版史，我没有看到书，不知是简本还是中型、大型。如果是中型以上，那么可以能写成，大概是因为已脱离第一线，而且有助手一起干。缺史料，还没有听说用登报征求的方法。在《出版史料》上写一篇文章，希望大家注意收集、整理哪方面的材料，我看还是可以的。将在湖南召开的"学术讨论会"上提一下需要什么材料也是可以的。至于三联书店人数之类的具体问题，可以用发函征询的办法，因为现在还有许多人活着。当然人活着也不一定有准确的回忆，能找到油印材料是幸事。

我因为要去湖南开会，捉了鸭子上架，不得不临时抱佛脚，看一点有关出版史的书和文章。这次会议名义很大："学术讨论会"，但征集到的"论文"，实际只是一些"史料"，讨论如何研究出版史的文章一篇也没有。我拟不揣简陋，谈谈这方面的问题，但根底太差，家中参考书也太少。你写的"书录"中提到的刘国钧的《中国书史简编》哪里能找到吗？研究所资料室中有吗？我想弄清楚"书史"与"出版史"的区别和关系。湖南会议，希望你能参加。你大概舍不得花那么多时间。我的设想，如有宋原放、吉少甫、张召奎和你参加，专门交流一下编写出版史的经验，是很有意义的。如果不开这样的会，发表一些称为论文实际只是若干篇史料，虽然也可讨论一下，怎么能说得上是学术讨论会呢！可以说是史料评比会吧。当然评比得好，也有学术性，但不容易讨论好，甲的史料是关于太平天国的，乙的史料是洋务运动的，丙又是哪一方面的，互不搭界，很难讨论得起来。我可能太悲观了。

9月19日，我将刘国钧著、郑如斯增补的《中国书史简编》1982年版托人带交王益同志。乘他研究出版史的机会，将我写的《中国出版简史（初稿）》已发表部分的剪贴本一并带去，请他有空时翻翻。并告他"湖南会议"是个交流出版史研究的好机会，我一定争取参加。

9月24日，王益同志托人将我送去的《中国出版简史（初稿）》和《中国书史简编》阅毕退回，并写了一封长信，详细谈了他的读后感：

　　你工作那样忙，竟能写出《简史》十几万言，用力之勤，实在佩服。不说别的，就是那装订，也用了一番功夫，可见你什么事都一丝不苟。合订本经我翻阅，比原来的差一点了，不太整齐了。

　　我的目的，是想看一看"书史"与"出版史"有什么区别。按理说，既然名称不同，那么研究对象研究范围应该有所不同，或者，虽然基本相同，但侧重点不同。我看过的"书史"和"出版史"很少，当然这类书出版的也不多，我未能把已出版的书全部找来看过进行比较。我的印象是，书史与出版史，实在无多大区别。出版是指书的生产，书是出版的产品。讲出版，必然要讲著作、编辑、印刷、装订，必然要涉及纸、油墨、印刷机械和印刷术，还要涉及书的传布、使用、庋藏等等。书所以被人重视，主要是由于它的内容。讲书对社会的影响和作用，首先要讲书的内容，讲某一时期的出版事业，首先要讲这时期出书的内容有什么进步，对社会的发展起了什么作用。出书的规模也重要，说明出版事业有无发展，有多大的发展。这样，书的内容，应该是出版史研究的第一对象。至于"书史"，就是"书的历史"，书是它的研究对象，是毫无疑问的了。书有内容和形式两个方面。内容与形式，何者为主呢？当然应以内容为主。现在我看到的"书史"和"出版史"，没有明显的区别。有一点区别，书名作"书史"的，作者是图书馆工作人员，他们写书的目的，似乎是为了推进图书馆工作。读者对象，也好像以图书馆工作者为主。至于书名作"出版史"的（作者）都是出版界人士，其读者对象，也似乎以出版工作者为主。在内容方面，有一点点区别，称"书史"的，谈到藏书和图书馆较多，谈图书发行较少。称"出版史"的，稍全面些。我上面谈到，出版史也好，书史也好，都应以书的内容为第一研究对象。但实际上并非如此。你的稿子中说到书的内容较多，但百分比如何，我没有计算。张召奎那本（《中国出版史概要》，山西人民出版社1985年版）谈书的内容不算少，但所占比重也不大。至于《外国出版史》，几乎很少说到书的内容。《中国书史简编》也很少谈书的内容，倒是在书的形式方面（他们称为书籍制度）费了不少笔墨，甚至印刷术的外传，都专门有一节。对于图书馆工作来说，当然要了解书，而要了解书，不仅要了解书的内容，而且要了解书的形式。在某些情况下，了解书的形式比内容更重要，例如为了辨别版本。《外国出版史》，很少谈书的内容，是可以理解的。因为它本来不是一本书，而是百科全书中的一条。关于书的内容，在其他条文中，会大大的有，用不到它来写。《中国书史简编》很少谈，大概也有其原因（在图书馆学中有没有一个部门或分支，专讲各类书有些什么名著？）认为书的内容，其他学科会讲，而书的形式，印刷纸张等等，其他学科不讲，故书史必须以此为主。日本人关于出版史研究的那篇文章（《出版史料》1988年第1期上刊载的日本弥吉光教授著、吴树文译的《出版史的研究法》一文），是把书史书志放在第一位的，宋原放提出疑问：如果这样，岂不与文化史、学术史重复。总之，书史与出版史应该有区别，但现在也没有人作出规定，应如何区别，大家可以研究，慢慢地才能一致起来。我个人，倒是主张出版史不必过细地讲书的内容，概括地说一说就行。我当然不反对在出版史中较为详细地讲到书的内容，因为对于出版发行工作者来说，这方面的知识也是很重要的。

王益同志在信中所提的"湖南会议"，就是新闻出版总署党史资料征集工作领导小组和湖南、上海两省、市新闻出版局党史资料征集工作领导小组于1989年11月初在湖南省大庸市联合召开的"中国近现代出版史学术讨论会"。王益同志在会上做了长篇讲话，对出版史研究的重要意义，怎样研究出版史，史料工作，以及在唯物史观的指导下实事求是、扎扎实实地开展出版史研究工作等问题，提出了比较系统的意见。其中有些话对我写好出版简史有重要的指导作用，例如在谈到出版史料工作时他说："出版史料是出版研究的基础。没有出版史料，出版史研究就无从进行。出版史研究首先从收集出版史料做起，然后对史料进行分类、比较、鉴别、参订。""史料的价值，贵在真实。真实的史料才有价值，不真实的史料一钱不值。真实性、准确性、可靠性，是衡量史料价值的首要标准。""真实性是最根本的衡量史料价值的标准。真实性、新颖性、说明性三者结合，是衡量史料价值的比较完整的标准。""我们要提倡实事求是的科学精神和严谨的、扎扎实实的一丝不苟的治学态度。这是历史研究工作者必不可少的品质。"

王益同志在讲话的最后提到："考证'出版''发行''印刷'这几个词的起源花了好大力气。方厚枢同志的《中国出版简史》至今只写了三分之一。薛钟英同志的《中国古代图书发行史》只发表了一章。如何加快进程又保证质量，是摆在面前的一个课题。通力合作是好办法，社会主义制度更应发挥这方面的优越性。通力合作并不排斥个人单干。最好要为他们创造一点条件，至少在时间上有保证。……宋原放同志提议中国出版工作者协会抓一抓这件事是一个好主意。我觉得中国出版科学研究所如能成立一个中国出版史研究室也能发挥很好的作用。"

1999年11月16日，王益同志打电话给我，说他了解到一些出版史研究人员的反映，现在对出版史研究的文章和著作的发表和出版十分困难，想写篇文章，呼吁出版部门要重视出版史的研究和学习，重视出版史著作的出版和史料的发表。他已写了一个初稿要我看看做一些修改和补充，很快我收到这篇文章，其中着重谈了"社会主义的出版事业，首先要有马列主义、毛泽东思想、邓小平理论的指导，也要有有关出版的历史知识，才能够对出版的实际运动有深刻的理解，才能够少走弯路，更好地成长壮大"。但是，"出版史研究往往为实际工作者所忽视"。他在文章中赞扬了河南大象出版社近期出版了宋应离等三位同志编辑的《中国当代出版史料》（1949年—1999年），全书8册，320万字一次出齐，"这要归功于大象出版社。他们以繁荣学术为重，以积累文化为重，以发展出版事业为重，真正实现了把社会效益放在首位的方针。现在研究出版史的专业期刊还没有固定的出版单位；有些出版史料已完成编辑工作而还没有找到出版单位……希望有更多的出版社，能够像大象出版社那样，实行'三重'，来共襄盛举"。我后来了解，王益同志还将这篇文章同时寄给王仿子同志征求意见，仿子同志和我仅在文中做了少量修改和补充，但当文章在《中国出版》杂志发表时，作者用了"王益、王仿子、方厚枢"三人署名，更加想不到的是，王益同志收到稿酬后，却平均分为三份，将其中两份分别汇寄仿子同志和我，我们都感到受之有愧，由于数量不大，不好意思退回去。而对王益同志这种认真的精神深为感动。

1995年我因健康原因辞去《中国出版年鉴》主编的职务后，王益同志于5月9日给我来信说："阅《出版参考》最新一期，得悉《出版年鉴》已找到接班人，而你已退居二线，这是功成身退，你对接班人还得扶上马，帮一阵。……我手中有全套《中国出版年鉴》，都是你通知有关方面送给我的。我今后不想再免费取得此书，按我的经济能力，我可以买得起。"

2001年6月27日，中国出版工作者协会与北京市版协联合在北京市红螺寺钟磬山庄举行"首都出版界老同志座谈会"，王益同志高兴地参加了这次活动。

2001年6月27日，与
王益先生（左）于
北京红螺寺合影。

他还专门到我的住处交谈，了解我近期所做的出版史研究、写作等情况。

我从1955年下半年起参加中国出版科学研究所和中央档案馆合作编辑《中华人民共和国出版史料》，并担任副主编和多卷执行主编。王益同志担任《史料》的顾问，2000年3月，他在《中国出版》发表文章说："在新闻出版署支持下，出版科学研究所和中央档案馆合作，编辑出版《中华人民共和国出版史料》，一年一卷，现已出版5卷（1949年—1953年），共约225万字。如果初步计划先出版到1989年止，共须出版40卷。如此大的规模，在各行各业中实属罕见，是要有极大的决心和魄力的。该书的有些资料从未发表过，直接根据中央档案馆所藏档案排印，价值之珍贵，非其他史料集所能比拟。（但是）按目前的出版速度，未免太慢，我们这些年逾古稀的人，难以看到它的全部出版了。"

我负责撰稿的《中国出版通史·中华人民共和国卷》（1949年—1979年）在"第一章　新中国出版事业的开端"的试写稿完稿后，我首先送请王益同志审阅，他对稿中有些内容的史实做了修改和补充；在"第二章　新中国出版事业的建立和发展（上）"中的出版总署和文化部出版事业管理局的机构设置和领导人名单送请王益同志审核，他对文中有些情况记不太清楚或有疑问的地方，都打电话分别向知情的老同志反复核实直到认为准确无误后才将修正稿退回，从而保证了该书的质量。

　　《中国出版通史》从先秦两汉到中华人民共和国共9卷，近400万字，研究时段上起商周，下迄公元2000年，作为一项巨大而艰难的出版学术文化工程，历时八年的努力，终于2008年12月由中国书籍出版社出版问世。

　　《中华人民共和国出版史料》从1995年开始出版第1卷，到2009年已出版13卷，第14卷和第15卷已编好将由中国书籍出版社出版。这部史料的15卷涵盖了新中国建立后，从1949年到1978年的前后三十年的出版史料。到此已完成了这部史料的第一个阶段的编纂任务。

　　王益同志生前一直关注的《中国出版通史》和《中华人民共和国出版史料》第一个阶段的任务已经完成。今天，我们可以告慰于九泉之下的王益同志了。

为辞书出版事业的繁荣
竭尽心力的陈翰伯[1]

陈翰伯同志离开我们已经十二年了，但他的音容笑貌至今依然十分清晰地浮现在我的眼前。

一

翰伯同志从事新闻出版工作五十年，他从意气风发的青年时代到顽疾缠身的暮年时光，半个世纪内为党和国家的新闻出版事业做出了许多贡献，也历经风雨磨炼和许多坎坷，在"文革"中更受到精神上和肉体上的残酷迫害，但他始终坚韧不屈，保持一个战士的本色。

"文化大革命"开始后，大批图书被封存禁售，广大青少年无书可读，小学开学，连一本小字典也没有，各方面反映十分强烈。翰伯同志到国家出版局工作后，了解到辞书工作的一些情况，他根据周总理1971年在全国出版工作座谈会上提出要出词典工具书的指示，计划制订一个较长时期的辞书出版规划。他首先找陈原商量，并得到出版局主要领导徐光霄的支持。于是1974年7月正式组织了一个班子。参加小组的人员从商务印书馆和局出版部抽调，我也参加了这一小组。10月下旬，翰伯同志率小组和从商务印书馆辞书编辑室、北京大学

1　原载《辞书研究》2000年第5期。

中文系借调的曹先擢等共9人，到上海部分高校和出版社进行调查，返京后又在北京继续调查，先后召开30多次座谈会。

当时，由于"四人帮"形而上学猖獗，极左思潮泛滥，人们的思想是非被搞乱了，什么"要把无产阶级专政落实到每一个词条""将帝王将相、陛下、太监、僧侣等词汇统统从词典中清除掉""让词典成为宣传毛泽东思想的政治教科书"，等等，盛行一时。翰伯同志对那些极左口号完全持否定态度，但囿于当时的形势，不能公开表示反对和指责，只能婉转地引用周总理批评词典工作中的极左思潮的多次指示进行正面引导；同时更加强了要召开词典规划会议的决心，便组织小组起草词典规划会议文件和制订规划初稿。1975年3月22日，国家出版局会同教育部联名向国务院写了召开中外语文词典编写出版规划座谈会的请示报告。这份报告经国务院几位副总理圈阅后，最后送到当时主持中央日常工作的邓小平同志处，于3月26日批准。会议于5月23日至6月17日在广州东方宾馆举行。参加会议的有中央有关部门和13个省、市的文教、出版部门，高等院校的负责人和专业工作者，还指名邀请了工农兵和老专家的代表共115人。

会议的重点是讨论制定一个中外语文词典十年（1975年—1985年）规划。会议的规划组由商务印书馆的朱谱萱、朱原和我三人负责，两位老朱在商务负责词典编辑工作多年，在北京时已做了充分准备，也了解词典的编写单位和读者需要情况，因此对于制订中小型中外语文词典和大型外语词典的规划心中有数，又了解了会议各方面代表的反映，制订好规划并不困难；中文大型语文词典规划方面，《辞海》《辞源》的修订已不成问题，除此之外，还要不要再加上新编更大规模的《汉语大词典》（以下作《大词典》）和《汉语大字典》（以下作《大字典》）的规划，谁能承担？对此，我们心中并没有多少把握。我向翰伯同志请示，他明确表示，现在称王称霸号称世界上最大的两部中文大词典，一是日本的《大汉和辞典》，一是台湾的《中文大辞典》，而我们大陆没有，实在脸上无光。我们应该下决心非赶上去不可，这次订词典规划是难得的机会，应该写上去。规划草案经会议讨论后，湖北、四川出版、教育部门的代表主动表示，愿意由两省协作承担《大字典》的项目。而《大词典》的任务则迟迟定不下来，华东几省的代表表示这一任务非上海莫属，如果上海愿意牵头，江苏、浙江、山东、安徽四省愿意参加协作编写，上海的代表则表示要回去向领导请示再定。因此，会议结束后，国家出版局于7月16日向国务院上报的会议报告和词典十年规划（草案）中，《大词典》的"承担编写省市"和"编者"

两栏还是空白。

列入规划（草案）的中外语文词典共160部（其中汉语31部，外语129部），国家出版局关于座谈会的报告和规划，经国务院批准，于8月23日下发各省、市、自治区革委会和国务院各部委，要求各方面加强协作，力争提前完成规划中提出的任务。

二

词典十年规划经国务院批准后，翰伯同志有一个全盘考虑：先抓汉语词典，其中又着重抓影响较大的《辞海》《辞源》《大字典》《大词典》和《现代汉语词典》，并指定由我负责和几部词典的编辑部或出版社联系。这几部词典中，除《辞海》的修订已由上海在抓外，《辞源》和《现代汉语词典》由陈原同志抓，《大字典》由许力以同志抓；《大词典》的难度最大，翰伯同志决定由他亲自来抓。国务院文件下达后，我首先与华东各省、市联系协作《大词典》的意见。结果，上海、江苏、浙江、山东、安徽四省一市均同意协作进行，于是1975年8月底，翰伯、力以同志和我立即到沪，于9月1日至5日在上海大厦召开五省、市出版、教育部门的负责人会议，就协作编写《大词典》问题进行讨论。会议商定了大词典的启动计划，决定先以《大汉和辞典》13卷为分工依据，编写力量较大的省、市各分2至3册，力量较小的省分1册（后来福建省也参加），回去后各自组织力量，按照所分的部首，先从收集资料入手。

翰伯同志早已明确告我，《大词典》的赶超目标是力争超过《大汉和辞典》和《中文大辞典》，各省的工作开始后，第一步工作是将这两部大辞典的词条一一剪贴制成卡片，以便进行研究；还要从古今大量书籍中收集第一手的词汇资料，这就需要许多古籍的索引（如燕京大学的《引得》等），其中不少书要从台湾以及日本购买，翰伯同志考虑，当时因进口图书限制较严，外地向外文书店订购，时间既慢也不易完全得到保证供应。为此，翰伯同志和图书进口公司商量，由国家出版局统一办理订购，首先保证承担任务的各省、市均能供应两部《大汉和辞典》和《中文大辞典》。日本出版有许多汉文古籍索引，由各省、市开列书单，交我统一办理订购。于是一个时期，我的主要任务就是跑图书进口公司，订购的书到后，再分别打包托运，保证各省、市编写组的需要。

《大词典》是在没有主编的情况下匆忙上阵的，最初五省一市建立了一个编写领导小组，由翰伯同志任组长，五省一市各有一位副组长和一位副主编；上海和各省各设一个词典办公室。由于缺乏组织大型词典编纂的经验，参加编写组的同志多数来自高等院校，地点又很分散，队伍逐渐扩大（1976年6月已有19个编写组200多人，到1977年上半年发展到55个组1000多人，特别是福建省在收词阶段大搞群众运动，人数增加最多），许多人从未编过词典，加上组织工作难免考虑不周，存在这样那样的缺点，于是各种议论纷纷传来。也有人称这是搞"人海战术"，"花钱如水"，结果将是"少慢差费"；有的热心人士甚至有每条词条要花多少多少钱的估算。翰伯同志听到这些议论后说："我们现在没有一支现成的词典编写队伍可用，只能一边学习、一边培养。有缺点不怕，知错即改，在实践中前进。"并在各种场合给编写组同志鼓劲，劝大家不要泄气。1977年9月在青岛召开《大词典》第三次编写工作会议，翰伯同志关照同时邀请《辞海》《现代汉语词典》和《大字典》等几部兄弟词典的负责同志到会介绍经验，中国文字改革委员会也应邀派人参加。翰伯同志在会议开始时做了报告，回顾几年来的词典工作情况，鼓励全体同志共同努力，迎着困难上。就在做完报告中间休息时，突然发现他的嘴角歪斜，言语不清，急忙送他到医院住院治疗。我即与北京联系，许力以同志当夜乘车于次日赶到青岛主持开完会议。

翰伯同志的病经诊断为脑血栓，但他不愿长期休养，返京后在医院小住后即出院继续忙于工作。1978年7月后，他被国务院任命为国家出版局代局长，为出版工作的"拨乱反正"日夜辛劳，但他在百忙中仍然记挂《大词典》的工作，此时他念念不忘的是要为《汉语大词典》解决主编和在上海建立编纂处两个大问题。

经过几年的努力，《大词典》已积累300多万张资料卡片，进行了两次试写，从1978年底转入释文编写阶段。整个工作虽取得了一定的成绩，但存在的矛盾和问题也很突出，迫切需要在上海建立编纂处。翰伯同志经过一番思考，决定到中宣部先向廖井丹副部长详细汇报情况，得到他的大力支持；同时给已到中央工作的胡耀邦同志写信，将编写《大词典》的由来和几年来的工作情况，目前存在的紧迫问题以及在上海建立编纂处的必要性等于1979年5月15日上报，没有想到耀邦同志第二天即做了批示："原则同意，请努力进行。"翰伯同志和我立即乘机到沪，先与上海市出版局的领导会商，后又与中共上海市委主管文教的负责同志面商，顺利地解决了在上海设立《大词典》编纂处的有关事项；紧接着在苏州东山宾馆召开五省一市编写领导小组

1979年9月，《汉语大词典》编写领导小组组长陈翰伯先生出席在苏州召开的《汉语大词典》第一次编辑委员会。陈翰伯的原籍是苏州，他怀着浓厚的兴趣，利用空闲时间，到部分最想了解的地方探访。图为苏州北寺塔前合影。

会议，商议下一步的工作。这就是《大词典》发展史上被称为"青黄不接，东山再起"的由来。[1]

1978年底，中宣部部务会议研究1979年建国三十周年庆祝活动，部领导提出，上海的《辞海》修订情况如何，能否于明年国庆前出书？中宣部出版局于当日中午给国家出版局打电话询问，下午上班后我即向上海辞书出版社负责同志询问此事，很快得到答复：中共上海市委决定以《辞海·未定稿》为基础，加速修订，确定于1979年10月1日前出版，向国庆三十周年献礼。接着，《辞海》编委会采取"大协作、大集中、大会战"的紧急措施，日夜奋战，到1979年5月已胜利在望。[2]翰伯同志心中早有一个愿望，认为在《辞海》修订工作中起关键作用的常务副主编罗竹风同志是《大词典》主编的最佳人选。为此，特地登门拜访罗老，说明来意，恳切期望他能在《辞海》工作告一段落后出任《大

---

1 《汉语大词典》在编写过程中历经波折，克服了一个又一个困难。《大词典》的历届领导和编写组同志曾形象地以诗句做出比喻。"青黄不接"，是指1977年9月青岛会议和1978年9月黄山会议后遇到较大困难；1979年5月苏州东山宾馆会议出现转机，故名"东山再起"。1981年为贯彻中央对《大词典》的批示，在北京"万年青宾馆"开会，预示《大词典》"万年长青"；1983年9月在厦门开会，工作已有起色，会后到鼓浪屿游览，故名"鼓浪前进"；后在无锡开会，是"太湖春晓"；在扬州开会，"烟花三月下扬州"，已是春光明媚，繁花似锦；接着是"绿叶成荫子满枝"，丰收在望；终于1994年5月10日在北京人民大会堂隆重举行全书完成的庆功大会。
2 新中国成立后首次公开出版的《辞海》（1979年版）于1979年9月21日由上海辞书出版社出版，如期向建国三十周年献礼。这部1300万字的大型工具书从修改定稿、编辑、排校、印刷到出版，只用了9个月时间。

词典》主编。在得到罗老首肯后，立即与中共上海市委商量，也得到同意。于是《大词典》的主编和编纂处两大难题都得到顺利解决。随后，组成了由五省一市72名汉语学专家、学者组成的《大词典》编辑委员会；1980年又聘请吕叔湘先生为《大词典》首席学术顾问，聘请王力、叶圣陶、朱德熙、张世禄、张政烺、陆宗达、陈原、周有光、周祖谟、俞敏、姜亮夫、倪海曙、徐震堮（按姓氏笔画为序）13位全国著名的语言学家为学术顾问，组成了《大词典》学术顾问委员会。"汉语大词典编纂处"也经中共上海市委批准，于1980年1月1日成立，有70人的编制，作为《大词典》工作委员会、编辑委员会和学术顾问委员会的办事机构。从此，《大词典》的工作进入了一个新的阶段。

三

翰伯同志在抓辞书工作的过程中，还有两件事值得一提。一件是1978年春，国务院转来邓小平同志的一份批件，指示落实《藏汉大辞典》的出版问题，同时附来张怡荪老先生一封长信。信中说，他早年执教于北京大学，后任清华、山东、四川大学中文系教授。20年代末期，他看到研究西藏文化的著作多为英国、印度等外国人所著，中国人很少研究，就立志要编一部《藏汉辞典》，为沟通藏汉文化、研究西藏的学者提供方便。他于1928年在北京开始学习藏文，以后到成都创办西陲文化院，至1945年编成《藏汉辞典资料本》10册；新中国成立后继续努力，1958年还亲赴拉萨做实地调查，收集了大量只流传在口头、不见诸经传的藏语词汇，1962年返成都着手编纂《藏汉大辞典》，但"文革"中辞典和本人都受到批判，工作被迫中断。1977年底，他给方毅副总理写信呼吁，方毅、乌兰夫同志阅后，将来信转报邓小平同志处，小平同志批示应予支持，交国家出版局妥善处理。

翰伯同志看信后很受感动，即和国家民委联系，决定为这位一辈子为《藏汉大辞典》做出不懈努力的可敬老人完成夙愿。于是，翰伯同志和国家民委萨空了副主任一起到成都，和四川省委、省民委洽商，并于到达成都的第二天，即到焦家巷一个古旧的院子里拜访了张怡荪先生。这位老人精神矍铄，十分健谈。他首先自我介绍，风趣地自称是"二八佳人""无齿之徒"。"二八"是指年龄即将八十八岁，"佳人"则指他为《藏汉大辞典》奋斗五十年，现在还愿为此继续奋斗，不达目的，死不瞑目。在了解了张老先生目前存在的主要困难和愿望后，翰伯、空了同志即和四川省委、省民委负责同志研究具体措施，主要解决组建一个修订班子，提供办公处所、经费及管理等问题。其中以建班子的难度较大，由于既精通藏语又精通汉语的高级知识分子人数很少，适合做词典编纂工作的人才更少。其中有个别参加过这部大辞典编纂工作但早已改行的人应予调回；有少数张老先生提名适合做这件工作的专业人员，由于种种历史原因，当时还戴着"历史反革命"的帽子正在劳改农场劳动。在四川省委、省民委的大力支持下，这些问题都一一得到解决。最后商定：就近在成都成立《藏汉大辞典》编纂处，专门拨给工作处所、经费，人员调动由省委解决，编纂处建立后由省民委主管，民委主任负责领导。编纂处人员方面，物色若干名有业务能力、懂民族政策的中青年汉、藏族干部参加，并为张老先生配备了助手；对于提名从劳改农场上调的专业人员，有关方面立即发出调令，编纂处不日即可开始工作。

这件事的顺利解决，翰伯、空了同志都很高兴。在返京的旅途中，两位抗日战争时期同在重庆、成都新闻战线战斗过并历经艰险的老战友，一路上谈笑风生；当回忆起当年在国统区以巧妙、机智的斗争方式与国民党反动分子作周旋的生动事例时，常常开怀大笑，使我们随从的人听后也深受教育。

张怡荪先生于1983年在成都逝世。生前留有遗嘱，把自己多年为编纂《藏汉大辞典》而收集的藏文书籍全部捐赠给四川省民族研究所。张怡荪主编的《藏汉大辞典》由民族出版社于1985年出版。

第二件事是翰伯同志在抓辞书工作的过程中，深感要提高辞书的质量，必须重视辞书理论的研究，才能从根本上保证辞书质量的提高，而要做到这一点，要有研究的阵地（创办一份刊物），这样有利于发现、培养人才，逐步扩大研究队伍。

1978年9月，在安徽黄山召开《大词典》第四次编写工作会议期间，我和筹备这次会议的上海辞书出版社负责人束纫秋同志同住一室，晚上闲聊时谈起翰伯同志的上述意见，纫秋同志深有同感。我们共同商量，最好由上海辞书出版社创办一份刊物，刊名拟为《辞书研究》。纫秋同志十分积极，回沪不久，这份丛刊就办成了。翰伯同志对此也很高兴。1979年9月，在苏州召开《大词典》第一次编委会会议期间他专门约见《辞书研究》负责人尚丁同志，对刊物的编辑方针和内容等谈了一个上午，其中有些意见，如《辞书研究》要研究辞书编纂学，这是一门新兴的学科，国内外都还没有这样的专门性刊物，虽属冷门，但是个开创性的事业；刊物要为创建中国辞书学做出贡献，不妨先介绍外国的，但千万不要给人家扣什么姓"资"或姓"社"的帽子；刊物要贯彻"双百"方针，要成为辞书界的舆论阵地，既评介国内外好的辞书，也要敢于批评不好的辞书和辞书界的不正之风；刊物不要刊登政治性的应景文章，也不必转载政治性的文告之类的文章（这在当时比较风行）；编辑部的人不要多，三四人即可，编辑不要乱改别人文章的观点；不必追求发行数量，学术性杂志办得好不好，主要看学术质量如何，不能用发行量大小来衡量；通过办刊要注意发现辞书人才，并推动把辞书学会组织起来，等等。这样的主张，能在"左"的影响远未肃清的当时提出来，足见翰伯同志的胆识，对今天的出版界和期刊编辑也有现实教育意义。《辞书研究》认真贯彻翰伯同志提出的办刊方针，出版后受到国内外有关方面的好评。叶圣陶老人1981年初给尚丁的信说，他靠"两镜"（老花眼镜和放大镜）在灯下看后，"自以为受益不浅。我觉得现在可有可无的杂志不少，而贵刊是非有不可的好杂志"。

四

翰伯同志由于工作过分劳累，至1980年脑血栓再度发作，从此落下半身不遂的后遗症。1982年机构改革，国家出版局并入文化部，翰伯同志不再担任局长，但他说："我的《大词典》编写领导小组组长没有撤掉，还可以继续做下去。我要与两部词典（《大词典》和《大字典》）相始终，一直管到底。书全部出齐了，羞耻感没有了，有光荣感了，才算到了底。"

《大词典》自罗竹风同志担任主编后，在编委会、学术顾问委员会和工委会的大力支持和全体编写人员的共同努力下，工作有条不紊地前进，取得了不小的成绩，但是，存在的问题也有不少。最主要的是随着"四化"建设的进展，高校教学科研任务与编纂《大词典》"争人才"的矛盾逐渐突出，参加词典编写组的高校同志长期脱离原单位的教学、科研工作，在评定职称、工资晋级和住房分配等方面往往存在一些困难，得不到合理解决，影响了编写队伍的稳定。翰伯同志和吕叔湘、罗竹风同志反复磋商后，于1981年9月8日以"《汉语大词典》编写领导小组组长陈翰伯、首席学术顾问吕叔湘、主编罗竹风"的名义向中共中央书记处写了《关于加强〈汉语大词典〉工作的报告》，汇报了《大词典》的工作情况和存在的问题，并提出了四点建议。

一贯重视和支持《大词典》工作的胡乔木同志（时任中央书记处书记）读

了陈翰伯等同志的报告后，于10月19日给王任重同志（时任中央书记处书记、中宣部部长）写了一封信，信中说："汉语是世界上最重要的使用人口最多的语言之一，历史悠久，典籍浩繁，古今变化层出不穷，加以方言分歧、口语、书面语、专科用语和作者习用语在群书中互见迭出，读者很难一一索解。由于我国历史上只有字书，没有现代意义的词典，现出的一些词典或只收古词，或只收今词，或合字典、词典、百科词典于一书，而且限于篇幅，远远不能满足实际需要。因此，编辑出版一部大型的比较完备的贯通古今的汉语词典，十分必要。这种工作在文化比较发达的国家中早已进行，且在迅速发展，而在我国尚属首创，很多方面需要从零开始，工作量很大，难度很高。它不但是一项极为繁重的大型工具书编辑工作，而且是一项有重大创造性、重大基本建设性、重大历史意义和重大国际意义的科学研究工作。""显然，对于这一划时代的伟业，各有关部门和有关省市应在此重要关键时刻予以更大的支持：不但要努力保证此书按计划高质量地完成出版，而且要努力保持这一工作队伍长期稳定地存在，并尽可能地提高和扩大，以求我国词典专业得以在此基础上继续发展，以便有计划有步骤地陆续填补有关学术上的其他空白。"

中共中央办公厅于1981年10月28日转发了陈翰伯、吕叔湘、罗竹风同志的报告，在批语中说，《报告》已经中央领导审阅同意，并强调了《大词典》工作的重要性，要求国家出版局、教育部和有关省、市委对这一工作予以更大的支持，努力保证词典按计划、高质量地完成出版。

根据《大词典》在定稿出版阶段中出现的新情况和问题，翰伯同志和吕老、罗老于1983年12月5日、1985年9月7日联名再次向中央写报告提出加强、改进工作的措施和建议，都得到中央和国务院领导同志审阅同意，中共中央办公厅、国务院办公厅及时予以转发有关部门研究执行。上述几份中央文件的下达和各地的认真贯彻，对《大词典》任务的完成起了巨大的促进作用。

《大词典》从1975年上马，到1994年完成，前后历时十八年。陈翰伯同志为了实现甩掉"大国家，小字典"的落后帽子，[1] 立志使我国辞书出版事业跨

1　"大国家，小字典"的说法，来自20世纪80年代初《人民日报》《解放日报》等报刊发表的纪念周总理的文章，提到"文革"中的1972年，一个小国家的领导人来我国访问，赠送给周总理一部大型百科辞书，而周总理当时只回赠了一本小小的《新华字典》。关于这个"小国家"，多数文章说是圣马力诺，有的说是摩纳哥。这个"大国家，小字典"的说法曾被广泛传播。2002年，曾任中国出版科学研究所所长的袁亮同志，在写《周恩来与新闻出版》时，为了搞清"小国家"的具体名称，曾做了详细调查，但遍访档案文献和相关人员，都无此记载。由于史实不清，袁亮同志决定在文章中放弃采用这一事例。但因"大国家，小字典"说法形象、生动，流传甚广，成为了词典界发愤图强、力求尽快改变落后面貌的动力。

进世界先进行列，1975年以来，为《大词典》《大字典》《辞源》《藏汉大辞典》等辞书的早日问世而殚精竭虑，到处奔波。仅我跟随他为辞书事宜到过的地方即有上海（5次）、苏州、杭州、无锡、黄山、福州、厦门、广州、成都（2次）、重庆等处。1983年9月，翰伯同志在厦门召开的《大词典》第三次编委会上的讲话结尾，曾饱含激情地说："昨天，我想到陆放翁的两句诗：'王师北定中原日，家祭毋忘告乃翁。'早晚有一天，我们会得到消息，《汉语大词典》已经全部出齐。我们是无神论者，也是无鬼论者，可是在这一点上我宁可让步一下，希望得到这个消息，能够知道这书已经出版了，九泉之下也会很高兴的。"遗憾的是，翰伯同志终于未能等到那一天，1988年8月26日凌晨6时，他悄悄地走了。

今天，我们可以告慰翰伯同志：《大词典》全书13卷，不仅已于1994年4月全部出齐，而且还相继出版了《大词典》缩印本、简编本和光盘版；《大字典》全书8卷，不仅已于1990年11月全部出齐，而且还相继出版了《大字典》缩印本、简编本和袖珍本。两部大型汉语辞书出版后得到国内外各方面的高度评价；其他中外文语文、专科等辞书也出现了空前繁荣的局面。

翰伯同志，您得到这个消息，一定会含笑九泉吧！

附记：翰伯同志逝世后，他的夫人卢琼英同志为筹划出版翰伯同志文集事，曾到国家出版局约我写一篇纪念文章，我当即应允，但由于《中国出版年鉴》编辑发稿工作繁忙未能及时交稿，不久卢琼英同志突遭车祸不幸逝世，负责编辑翰伯同志文集的高崧同志也于1991年病逝，我为未能及时写出纪念文章而深感负疚。最近得知宋木文同志倡议重编《陈翰伯文集》，将由商务印书馆出版，特赶写此文，以代心香一瓣，表达我对翰伯同志的深切怀念和敬仰之情。

为出版科研做出贡献的开拓者边春光[1]

一

我国的出版科学研究工作长期处于落后的状态。出版界的老一辈出版家胡愈之、王子野、王益等同志多次提出呼吁。20世纪80年代初，王益同志曾在《出版工作》发表的文章中说："像我们这样一个历史悠久而且在世界上影响甚大的国家，对出版、发行的学术研究工作落后的现状是相当惊人的。"他明确指出，这种落后表现在"五个没有"：一是没有出版学院，甚至在大学中也没有出版系；二是没有出版发行研究所；三是没有出版过讨论出版发行工作的学术著作；四是没有公开发行的讨论出版发行工作的学术性刊物；五是没有社会公认的出版发行的专家学者。这"五个没有"，"对于出版事业的发展，出版工作质量的提高，出版人才的培养成长，都非常不利"。

1983年6月6日，中共中央、国务院发布了《关于加强出版工作的决定》，在"进一步加强和改善对出版工作的领导"一节中明确提出："要建立出版发行研究所，充实印刷技术研究所，加强出版、印刷、发行的科研工作。"这在中央文件中还是第一次做出这种规定。正是在这一规定的指导下，我国出版科研工作获得了蓬勃的发展。

---

1 原载《中国编辑》2006年第1期。

二

1985年3月21日，经过国家出版局和有关方面的积极筹备，并报国务院批准，我国第一个从事出版科学研究的专门机构——中国出版发行科学研究所在北京正式成立（1989年更名为"中国出版科学研究所"）。

1986年12月，从原国家出版局局长岗位退居二线后任新闻出版总署特邀顾问的边春光同志，于1987年8月出任中国出版科学研究所的第一任所长。

春光同志长期在出版领域担任领导工作，不论是在中国青年出版社社长、总编辑的岗位上，还是在此后担任中央宣传部出版局、文化部出版局和国家出版局的局长岗位上，他都十分重视出版理论研究工作。

1987年3月20日，中国出版科研所在福州召开出版研究规划会议，交流出版科研的初步经验，讨论出版科研的近期规划和长远设想。春光同志应邀出席了这次会议，并在会上说：他是怀着学习的愿望，就加强出版科研的问题，谈谈自己的认识，提出几点建议。他在会上着重讲了三点：①出版科学研究的指导思想；②当前需要研究的若干实际问题；③加强出版科学研究的几点建议。在谈到出版科研的重要性时说："出版科学研究在整个出版工作中占有重要的地位，过去由于出版界没有把出版理论研究开展起来，因而工作往往会处于不自觉状态。在出版工作得到很大发展的形势下，为了进一步合理地发展下去，理论研究已成为不可忽视的迫切问题。我们应当明确评价出版工作，不仅要看出版物的数量和质量，还要看出版研究理论著作的水平，因为只有系统的理论指导，才能推动实践不断向前发展。"

春光同志还提出："坚定不移地贯彻为人民服务、为社会主义服务、百花齐放、百家争鸣和改革开放的方针，坚定不移地坚持四项基本原则，反对资产阶级自由化，使出版工作始终沿着党中央所指引的正确道路向前发展，这就是我们进行出版科学研究的出发点。"他联系近几年出版工作中出现的问题，强调出版科研应当密切地联系实际，"既要研究正面的经验，也要研究反面的教训，使我们的研究工作更全面些、更深刻些，使我们付出代价而得到的经验教训变为推动我们的出版工作更健康地向前发展的力量"。

从1987年8月到1989年12月，春光同志在中国出版科研所担任所长仅有两年零九个月的时间，他始终饱含着对开拓出版科研新局面的热情，带领全所同志在制订科研规划、建立科研队伍、召开出版理论研讨会、组织编辑出版专业书刊、推动各地开展出版理论研讨等方面做了许多工作，取得不少成果。但春光同志认为，现在正进行的出版科研主要还是打基础，有了坚实的基础，才能够有希望走向未来。未来的科研是我们追求的目标，有了长远的目标才能够激励我们做好当前的研究工作，又激励人们放眼未来。我们的出版科研工作就是要从现实出发，为现实服务，以实践为基础，又要引导实践前进。如果我们按照这样的要求把出版科研扎扎实实地做下去，干它三年五年、十年八年，将会有丰富的科研成果奉献给广大的出版工作者，科研的成果将会变成推动出版工作发展的强大物质力量。

春光同志在出版领导岗位上多年辛苦，健康情况一直不好，他的心脏病从1979年开始已经多次发作，经医生及时抢救才脱离生命危险。他来到中国出版科研所工作后，却将自己的病情置之脑后，全身心投入到出版科研工作的方方面面，包括外出调查，经常超负荷地工作。1989年11月底，他为开好第五届全国出版科学学术讨论会准备一个发言，到陕西、河南两省调研。他同两省的新闻出版局和22家出版社，以及两省新华书店、外文书店的同志进行座谈讨论或个别访谈，了解情况，搜集材料，往往一天工作十几个小时。这次调研历时20天，返京后他又顾不上休息，忙于整理资料，思考问题，最后写成题为《当前出版工作中需要研究的十个问题》发言稿，内容包括：①关于加强出版工作的宏观问题；②关于整顿发行秩序，改善和加强发行工作的问题；③关于适当集中财力，支持重点图书的出版问题；④关于提高出版队伍素质问题。在文章的最后部分，春光同志语重心长地提出："对一个出版工作者来说，最基本的要求至少有四点：第一，要有坚定正确的政治方向，即坚持四项基本原则，自觉抵制资产阶级自由化倾向，不能在所谓经济私有化、政治多元化、文化西方化的鼓噪中迷失方向。第二，要有坚强的精神支柱，即要有坚定明确的共产主义理想和全心全意为人民服务的热忱；要有高尚的追求和精神境界，摒弃低级庸俗的世俗观念。第三，要有良好的职业道德，甘心"为他人作嫁衣裳"，这是出版工作的特性所决定的。不为名、不为利，不拿出书做交易，不假公济私，不弄虚作假，要诚实正直，谦虚谨慎，为读者服务，为作者服务，忠诚党的出版事业。第四，要有扎实的知识根底和语言文字功底。出版物涉及各方面的知识，编辑要审稿改稿，就要涉猎各方面的知识，力求知识广博一点，对某门知识要求尽可能专一点。语言文字对编辑工作者要求要更高一点，只有熟练掌握语言文字基本知识，才能对稿件进行必要的加工整理，才能帮助作者产生出语言通顺、文字优美、逻辑清楚的好作品。"

谁也没有料到，这篇写了5000字的有情况、有分析又有实际指导意义的发言稿竟成了春光同志的绝笔。1989年12月29日边春光同志因心脏病猝发，经抢救无效逝世。他带着对社会主义出版事业的一片深情，带着对出版科研工作的宏伟设想和深远期望走了，终年64岁。

三

我与春光同志同年来到中国出版科研所，在工作中结下了深厚的感情。对当年大家共同努力取得的成果，记忆犹新，尤其是1988年，春光同志倡议和指导了创办《出版参考》和编辑出版《中国出版人名词典》的工作。

1. 创办《出版参考》半月刊

春光同志对出版信息十分重视，他认为信息是进行出版研究的一种重要资源，有了信息，并对所获得的信息进行分析研究，可以开阔视野，启发思考，打开思路，分析比较，做出恰当决策，以减少盲目性，增加自觉性和主动性。因此，他提议编辑出版一份信息刊物，经研究后决定，这份刊物定名为《出版参考》，由我担任主编。在研究刊物的编辑方针和主要内容时，春光同志提出，这份刊物的刊期要短，刊载的出版信息和文章也要短，但反映信息的面应该广泛一些；刊物既要反映成绩，也要反映出版工作中出现的缺点和某些不良现象；对于国外出版动态和港台地区的出版信息，篇幅不妨多占一些；在文风方面需要注意实事求是，不讲套话、空话、废话。

经新闻出版总署批准，《出版参考》半月刊于1988年3月1日创刊。初创时期，每期16开8面，由中国书籍出版社出版发行。由于刊期短，能及时反映国内外出版信息和各种动态，逐渐受到出版界特别是出版社编辑出版人员的欢迎。

2. 编辑出版《中国出版人名词典》

1988年初，中国出版科研所和河北省新闻出版局发起组织编纂《中国出版人名词典》的倡议，得到了全国出版界的广泛赞同和支持。当年4月，由新闻出版总署，中国出版科研所，部分中央级出版社和各省、自治区、直辖市新闻出

1988年4月19日，与边春光先生合影。

版局派代表组成的《中国出版人名词典》编辑委员会成立，边春光同志担任编委会主任，我和河北省新闻出版局的冯玉墀、宋孟寅同志担任副主任，4月17日至19日在河北省石家庄市召开了编委会。

边春光同志在17日的会议上发了言。他说，编辑出版一本全面反映我国出版界人物的《中国出版人名词典》，在我国出版史上还是头一次。这项工作不论对于向国外广大读者介绍我国出版界人物，还是对于出版界自己相互了解都有重要意义。过去不少同志反映，编辑、出版、发行工作人员的社会地位低，不受重视，其中有社会原因，也与我们自己对出版工作和出版工作者所做出的贡献宣传不够有关。现在通过这本出版人名词典的编辑出版，不仅反映了我国出版队伍中人才资源的状况，也借此宣传了我国出版事业的成就和编辑出版人物的业绩和作用，它是研究和加强我国出版队伍建设的重要资料。

《中国出版人名词典》和《补正录》在全国出版部门的通力合作下，历时一年多完成编辑工作，1992年3月由中国书籍出版社出版。全书243.8万字，共收录全国出版界人物11,419人，以当代人物为主，适当选收部分近现代有一定贡献和成就的出版界人物。收入这部词典的人物中，有早年参加编辑、出版工作，后来成为党和政府的领导人或者著名作家、学者；有长年默默地"为人作嫁衣"的编辑；也有大量长期从事图书出版、校对、装帧设计、期刊编辑，以及出版科研、书刊印刷、图书发行、出版物资供应等各方面的人员。他们中被评为高级专业技术职务的有10,185人，占收入词典总人数的89.19%。这部词典可以说是汇聚了我国出版界的精英，为后人了解20世纪80年代我国出版人才的资源状况留下了一份准确的历史记录。

四

经过各方面二十多年的积极努力，我国出版科研工作长期落后的面貌已有了很大的改变。对王益同志过去在文章中历数出版科研"五个没有"的状况，不仅可以响亮地回答"现在五个都有了"，而且在每个"有"的内容方面，都可以举出不少具体的事实和成果来说明。

中国出版科学研究所经过二十年的发展，目前已成为我国唯一的国家级出版科学研究机构，承担着我国出版业的基础理论、宏观决策、发展战略、学科建设、出版经济、出版标准化、数字出版、版权、传媒、国际出版等方面的研究任务。二十年来，中国出版科学研究所的所址先后搬迁过五次，从最初位于北京市东城区前厂胡同的几间平房起步，到2005年搬进丰台区三路居路97号新落成的出版科研大楼。出版科研所的科研队伍、科研条件、科研手段和水平，也与二十年前有了巨大的变化。

2005年是中国出版科学研究所成立二十周年，为我国出版科研事业做出开拓性贡献的边春光同志离开我们也有十六年了。回望二十年前出版科研所起步时期的状况，喜见今日出版科研所的新面貌，春光同志在九泉之下，也会感到欣慰的。

知识广博，真正做到"为书籍的一生"的编辑出版家陈原[1]

一

我于1962年调入文化部出版事业管理局出版处工作，陈原同志时任出版局副局长主管出版工作，因而经常受到他的教益。

1974年至1975年期间，陈原协助陈翰伯主持制订中外语文词典十年规划，我参加了规划小组，在陈翰伯、陈原同志的直接领导下工作。规划小组最初设在国家出版局一间很小的办公室内，我清楚地记得，陈原每天都来上班，带着一个小录音机，指导我们如何制订规划，不时讲出一些精辟的见解。1975年8月，中外语文词典十年规划经病中住院的周恩来总理批准、国务院发文下达后，我在国家出版局长期负责辞书出版管理工作。在和陈原同志多年的接触中，亲身感受到他的知识广博、言辞风趣通达，是个很易亲近的学者型领导。粉碎"四人帮"之后，他在推动我国辞书出版事业的繁荣方面做出了重要贡献，这里仅举给我留下最深刻印象的两件事为例。

"文革"时期，由于林彪、江青一伙的形而上学猖獗，极左思潮泛滥，人们的思想被搞乱了。受到影响较深的词典编纂人员，曾经提出一些极左的口号，什么"要把无产阶级专政落实到每一个词条"，词典的修订工作"要用革

1　原载《中华读书报》2004年11月10日、《中国图书商报》2005年8月5日。

陈原（1918年—2004年）。

命大批判开路，以阶级斗争为纲"。1974年"四人帮"对《现代汉语词典》的大张挞伐后，对词典编纂工作造成十分恶劣的影响。例如"洋葱"原释义为"一种可供食用的植物"被斥之为"客观主义"，应该加上"它具有叶焦根烂心不死的特点"，以警示读者"那些走资派正如洋葱一样'人还在，心不死'，回潮复辟，势在必然"，如此等等，不一而足。

"四人帮"覆灭后，分清词典工作的路线是非，思想是非，理论是非，肃清"四人帮"的流毒和影响，成为词典工作者一项重大的政治任务。

1977年11月1日，由商务印书馆会同广东、广西、湖南、河南四省区联合进行的修订《辞源》协作第四次扩大会议在湖南长沙举行。这是"文革"结束后，清除"四人帮"极左思潮这些年对词典工作的干扰和影响的一次"拨乱反正"的重要会议。陈原同志经过认真准备，代表国家出版局的《辞源》修订工作领导小组在会上做了长达7个小时的讲话，提出了在词典工作中肃清"四人帮"的流毒和影响，要注意划清十个方面的界限。（参见本书443页《参与〈辞源〉修订工作的历史回忆》一文。）

陈原同志的这次讲话理论联系实际，以大量事实例证从理论的高度对所探讨的问题做了深刻的论述，有力地批判了"四人帮"对词典工作造成的干扰和破坏。这一讲话在词典界广为传播，对肃清"四人帮"的流毒和影响发挥了重要的作用。

中外语文词典十年规划中规模最大的汉语辞书《汉语大词典》的编纂工作从1975年上马后，到1980年秋，上海、江苏、浙江、山东、安徽、福建五省一市已有20所高等院校和部分老年中学教师、社会人士近400人参加。大词典由陈翰伯担任领导小组组长（后改称工作委员会主任），罗竹风任主编，并成立了编辑委员会，聘请了以吕叔湘先生为首、由全国知名的14位语言学专家为学术顾问（陈原是其中之一）。几年来，编纂工作取得了一定的成绩。但粉碎"四人帮"后，出现了一些新的问题与矛盾，同时，作为国家重点科研项目，有些措施不落实，人员不稳定，离心力较大，以致编纂工作开始出现疲沓、涣散的情况。在1980年11月的关键时刻，《汉语大词典》编委会决定在杭州召开第二次会议。陈翰伯1978年7月担任国家出版局代局长后，为出版工作的"拨乱反正"日夜辛劳，因工作过于劳累，至1980年脑血栓再度发作，正在住院治疗，不能到会，便委托陈原以国家出版局党组成员的身份到杭州参加会议。陈原同志先后在会议开幕时、会议中间和闭幕时做了三次讲话，对《汉语大词典》的重要意义、与其他大型汉语辞书的主要区别和特点、在编纂工作中应注意的问题，以及编纂大型词典的甘苦、如何对待编纂工作中出现的困难等谈了意见，三次讲话整理出的记录共1.6万字。特别是11月25日会议闭幕时的讲话最为精彩，虽然他在讲话开始时自谦地说，"我今天先讲一段官话，然后讲一段空话，最后再讲一段废话"，但讲话的内容生动风趣，在短短的半个多小时内就获得全场人员八次大笑和热烈鼓掌，会议的气氛十分活跃。在谈到《汉语大词典》的重要意义时他说："我们这部词典和其他重点工程，是一项了不起的文化基础建

1980年11月22日，与《汉语大词典》首席学术顾问吕叔湘先生（右二）、学术顾问陈原先生（左一）、主编罗竹风先生（左二）、副主编陈落先生（后排）在杭州六和塔前合影。

设工程。我认为它的影响不只是一代人的，而是千秋万代的。在这条战线工作的同志，是四化工作中必不可少的一部分。他们的工作应该受到足够的重视和尊敬。他们的自我牺牲精神值得我们学习。"在谈到编纂词典特别是大型词典的艰巨性时，他提到吕叔湘先生昨天的讲话中谈到外国有一位院士说的"谁要是犯了错误，最好就罚他去编词典"的例子。陈原说："我说编词典的工作不是人干的，但它是圣人干的。""咱们干词典的就是圣人！喔哟，那阵子《现代汉语词典》中'圣人'这一条挨批评得厉害，我现在又来复辟了。他牺牲自己，为别人的幸福，为国家的四化，为我们民族的光荣，为我们民族文化的积累，为整个民族科学文化水平的提高做出贡献。历史不会忘记这些圣人，人民也不会忘记这些圣人。这些圣人一时可能得不到人们的尊重，但终究会有人知道他们的。"

正如陈原同志所说的那样，他对繁荣我国辞书出版工作所做出的重要贡献，历史是不会忘记他的，人民也不会忘记他的。

二

1979年12月，中国出版工作者协会成立以后，陈原同志最早提出要创办我国第一部《中国出版年鉴》，国家出版局领导决定由研究室负责筹办。当时我参加了这项工作，但对如何编好它毫无经验，陈原同志就给以多方指导，告诉我们怎样编辑，框架怎么设计，怎样突出重点、反映特色。《中国出版年鉴（1980）》卷编好之后，陈原同志又指示商务印书馆以最快速度出版，于是出版界多年来的愿望终于成为现实。

2000年10月24日，原文化部出版局的三位老领导（局长王益和副局长陈原、王仿子）约集原在出版局工作的同志在中国版协"出版之家"聚会，这是一次难忘的、充满温情、喜悦的活动。1966年"文革"前，出版局全局工作人员42人中，先后已有16人去世，其余在京人员中因病、因事不能到会，实际参加的仅有17人。其中80岁以上的有6人，其余都在65岁至70岁上下。不少人"文革"分手后已有三十多年相互未曾见过面。到会的老领导中，以王仿子的年龄最大（84岁），其次是王益（83岁）、陈原（82岁），他们都欣然到会，高兴地和大家交谈。陈原同志还带来他的著作《陈原出版文集》《记胡愈之》分赠大

2000年10月24日，原文化部出版事业管理局工作人员的一次聚会。（前排右四为陈原先生。）

家。中午，他们三位老领导还自费请大家到"出版之家"对面的酒楼中聚餐。谁也没有料到，这次聚会竟是我们和陈原同志相见的最后一面，会上全体同志和陈原一起的合影，也成为我们和他在一起的最后一张照片。

陈原同志从21岁参加新知书店担任编辑起，一生中勤于读书、编书、译书、著书、出书，他真正做到了"为书籍的一生"。

他一生中著作的最后一本书是《我的小屋，我的梦——六十年往事："如歌的行板"》，这是他的回忆录，也是他的绝笔。这本书是1999年他动过手术以后在病床上想起要写的，出院后到2001年5月完稿。他曾说这是他在最后住的一间小屋里做的一个最美丽的梦。可是4个月后，他于9月22日离开家去怀柔参加商务印书馆召开的《赵元任全集》编委会的第二天突发脑溢血而病倒，从此缠绵病榻三年又三十三天，长期处于痛苦的失语状态，终于在2004年10月26日凌晨静静地走了。

陈原同志的遗著《我的小屋，我的梦》，在他逝世8个月后，由浙江文艺出版社出版。书中完整地记录了他自上世纪30年代参加革命，到1949年从香港北上解放区的经历，以他住过的小屋为线索，饱含激情地回顾了围绕小屋发生的种种往事。书后的"附录"部分收有陈原生前的同事、老友们写的纪念文章，最后一篇是陈原的女儿陈淮写于2004年12月的《寄往天国的信》，信中寄托了她对父亲的无尽的思念之情。

陈原同志的女儿在信中讲到，她父亲生前说过，他没有其他的后事，唯一惦念的就是出书，就是希望自己写的文字能够给大家留一点记忆。今天，这本书已经出版了，他"最美丽的梦"也得到圆满的实现了。这本书编排的内容和装帧设计都很好，我想陈原老在九泉之下也会感到欣慰的。

敢于创新勇于开拓的
编辑出版家赵家璧[1]

我国著名的编辑家、出版家赵家璧同志，于1997年3月12日与世长辞，享年89岁。噩耗传来，我感到十分悲痛，不禁回想起与他交往的几件往事。

从20世纪40年代初跨进出版业的大门那天起，我就知道了赵家璧这个名字。他组织编辑的"良友文学丛书"，曾是我最喜爱的书籍之一。那每本书上都印着的"书标"在脑海中留下了深刻印象：一位头戴阔边草帽的农夫，走在春天广袤的田野里，左肩挂着谷粒袋，右手正在向条条麦垄撒播种子，企盼着金色的收获……

结识赵家璧同志，是在四十年后的80年代。1983年11月，在广西阳朔召开的中国出版工作者协会第一届全国出版研究年会上，赵老以中国出版协会副主席的身份与会。第二届研究年会于1984年4月在四川峨眉举行，赵老再度出席。两次会上，他都积极参加小组研讨，并在大会上发言，对当时出版工作中存在的问题坦率地发表了看法，提出改进的建议。这两次会我都和他一同参加，因而有较多的时间和他交谈，深受教益。

赵家璧同志早在青年时期就热爱读书和藏书，从爱读书发展成为一名优秀的编辑。他1932年从上海光华大学英国文学系毕业后，就任上海良友图书公司编辑，并任文艺图书出版部主任。其间结识了鲁迅和其他一些左翼作家，开始主编以左翼作家和进步作品为主的"良友文学丛书"，还陆续编辑出版了"良

---

1 原载《出版广场》1997年第4期。

1986年3月，中国出版工作者协会第二次会员代表大会在北京举行。图为会议主席台上的（左起）王子野、胡绳、陈翰伯、严济慈、赵家璧。

友文库""万有画库"及"中国新文学大系（1917—1927）"等。1937年，他在上海英文《大美晚报》社任中文《大美画报》主编并复刊《良友画报》。1941年太平洋战争爆发，良友公司遭日军查封。1943年他在桂林重建"良友"，续出"良友文学丛书"，后将公司迁往重庆。1947年与老舍合办晨光出版公司，任经理兼总编辑。新中国成立后，曾任上海人民美术出版社、上海文艺出版社副总编辑。

赵家璧长期从事编辑工作，积累了丰富的经验。据与赵老结识多年、我的老友曹予庭同志生前曾对我说起：赵家璧在回顾他六十年来的编辑工作时，动情地对他说：做编辑要注意两点：第一要"创"，第二要"闯"。"创"就是创业精神，创新精神，工作要有创造性。他认为编辑工作抓选题很重要。选题要"准"，就是切合形势需要、读者需要、要有新意、新鲜感。他说，编书有两种方法，一种是作者给什么稿子，就编出什么样的书；一种是编辑先有自己的设想，然后去组织相适应的作者写稿，通力合作。关于设想从哪里来？这就要靠编辑去了解情况，掌握信息，了解读者需要什么样的书，当前市场上缺少什么样的书，编辑可以到书店、图书馆看看别人出的书，加以比较、借鉴。

我在和赵家璧的交谈中了解到他编辑、出版的书，不仅注意保证书的内容质量要好，还很注意书的整体设计、开本大小合适，使拿到书的读者满意。他对书出版后的宣传工作也很注意，他说，过去鲁迅、巴金等著名作家写了不少书的内容介绍，每一篇字数不多，却都是很精彩的浓缩书评。赵老还说，过去商务印书馆、开明书店、生活书店等出版单位都十分重视书籍宣传工作，如利用每本书的后面同时刊登同类书或其他新书的简介，便是一项便利读者的措施，这些传统很值得今天的出版界继承。赵老还提出，出版社做书籍广告时心中应该想到读者。他对现在一些大幅出版广告中突出刊登出版社社长的大名和口号式的介绍文字，却对书的内容不谈或十分简略，甚至书的作者是谁也不说明等做法不以为然。

赵老对自己编著的书也很重视宣传工作。1984年生活·读书·新知三联书店出版了赵老所著《编辑忆旧》一书，此书集中地记录了他几十年来在编辑出版领域的辛勤劳作。时任三联书店负责人的沈昌文同志以魏复兴的笔名写了一篇书评，在《中国出版年鉴》1985年刊发表。书评简要介绍了该书的内容，认为它"对于中国现代文化史研究者，特别是对于年轻的编辑工作者说来，称得上是一部珍贵的史料和有用的教材"。赵老看后认为书评写得很好。1988年，香港三联书店出版了赵老的另一本著作《书比人长寿》，装帧、印刷、用纸都很精美，赵老看到后十分高兴地说："这正符合我在'良友'时代在出版形式方面的高要求。"他想在《中国出版年鉴》1989年刊介绍。1988年10月23日他写信给我说："1984年那本拙作，蒙《出版年鉴》置于栏目之首，评论作者我暗中钦佩，但署名者可能是个笔名，我也不知是哪位同行。港版《书比人长寿》是否仍请他执笔？我认为他是了解我的。上海方面没有适当的朋友，还是由您这位大主编一手包办吧！"

我接信后即将赵老的愿望转达给沈昌文同志。时间不长，昌文同志就交来一篇千余字的评论。他抓住"书比人长寿"这一西方谚语的含义，联系赵老的特点，发表了一通议论。他指出赵老一生编辑工作的特色就是善编"长命书"，出版了一大批至今仍值得人们怀念的长命好书。文章指出，赵老也同样注重普及读物。要"长命"不是非要"大系"不可，小册子编得好也能"长命"。赵老年轻时编的"一角丛书"，其中就收有夏衍等人的名作。书评进一步提醒现今的出版社再编小册子，也应考虑一下书的"寿命"问题。

我将沈昌文同志写的书评稿复印后寄给赵老，不多日就接到复信，说对沈文非常满意。并告我上海《新民晚报》副刊编辑在他那儿看到这篇书评文章也大为欣赏，要求拿去先在报上发表，赵老特地来信征求我的同意。我当即回信表示同意，让好书出版的消息尽早广为人知，虽然港版书在内地一时还不易看到。

1994年2月，我随刘杲同志到上海参加《汉语大词典》工作委员会会议。会议的间隙，一同到虹口山阴路192弄赵老的住宅去看望。赵老时年已86岁高龄，但思维清楚，精神很好。在他的客厅内，靠壁有一排虽陈旧但十分整洁的书橱，陈列着排列整齐、开本装帧各有特色的"良友文学丛书"、"晨光文学丛书"、《中国新文学大系（1917—1927）》等一大批图书，都是赵老六十多年编辑出版生涯的心血结晶。在交谈中，赵老取出一大本他精心裱托过的书信夹，里面是鲁迅先生给他的48封亲笔信，其中包括鲁迅先生1933年1月写给他的第一封信和1936年10月鲁迅逝世前7天写给他的最后一封信。赵老将这批信一直珍藏在身边，这批书信凝聚了"作家和编辑互相信任、互相支持、并肩作战、奋斗图存"的战斗友谊。当我们告辞下楼回望时，赵老还站在楼梯口挥手致意。此景此情，历历如在目前，想不到这次分别竟成永诀。

赵家璧同志虽已离去，但他的编辑出版业绩和道德风范却长存人间，值得我们久久怀念。

上海市出版工作者协会

方厚枢同志：

　　前奉寄复信，托你在京找人写书评事，不知能如愿否？

　　昨日收到尊编《1987出版年鉴》，仍送是精装一厚册，拜读之余，我应当向你们庆贺。希望克服困难，一年一年出下去。这不但是你们年鉴编辑同志努力的结果，从这部年鉴内容中，也显示了新中国出版工作者全体成员所作出的成绩，在国际上将起极大的宣传作用。看，我们出版事业遭遇了如此逆境，我们在1987年一年的成绩还是非常可观的！我希望年鉴的生命将是永不中断的。祝

编安

赵家璧
88.10.27

1988年10月27日，赵家璧先生来信手迹。

为出版学、出版史、出版史料
做出贡献的先行者宋原放[1]

2005年6月30日晚，从电话中惊悉宋原放同志于当日凌晨在上海病逝的噩耗，深感悲痛，眼前立即浮现去年2月25日我在国谊宾馆和他晤面时的情景。那次是他来京接受第八届"中国韬奋出版奖"颁奖大会授奖和参加中国版协老出版工作者工作委员会会议，特地抽出半天时间，约集在京部分出版界老同志在他住的房间内聚会。大家听取了上海市新闻出版局出版博物馆筹建领导小组副组长林丽成同志关于出版博物馆筹建情况的介绍，并交流了有关出版史料的编纂等情况。已82岁高龄的原放同志虽然行动不便，出行须坐轮椅，但他的精神很好，高兴地和大家交谈，最后还与我们共进晚餐。想不到这次会见竟是和他相见的最后一面。

我和原放同志相识于上世纪60年代初。1979年12月中国出版工作者协会成立后，他先后担任中国版协第一届理事，第二届副主席，第三、四届顾问，我在版协工作上和他交流的机会增多。1982年11月，应英国出版家协会邀请，以中国版协副主席许力以为团长、理事宋原放为副团长的中国出版代表团一行10人访问英国，我参加了这次访问，和原放同志一起相处了半个月。上世纪80年代后期以来，我和他主要在出版史料的收集、编纂工作上联系较多。现仅就他在建立社会主义出版学、出版史研究和出版史料的收集、整理、编辑出版三个方面所做出的突出贡献，谈谈我所了解的一些往事。

1　原载《出版发行研究》2005年第10期。

倡议创建社会主义出版学的第一人

宋原放多年从事编辑出版工作实践，积累了丰富的经验；他十分重视对出版理论的研究，并在这方面付出了许多精力，取得不少成果。

1983年11月，他在中国出版工作者协会于广西阳朔召开的全国首届出版研究年会上的讲话中说："为了总结、探索和逐步明确出版工作中一些带有规律性的问题，迫切需要建立社会主义出版学。"这是在全国出版科研中第一次提出创建社会主义出版学的倡议。

1986年1月，宋原放在《编辑学刊》创刊号上发表了《关于出版学的对象和任务》的论文，明确提出："社会主义出版学是一门以社会主义出版工作及其发展规律为研究对象的社会科学"，"研究编辑、印刷、发行三个环节及它们之间的相互关系，研究出版事业的管理体制和发展战略，找出其中带有规律性的东西。"他对社会主义出版学的任务，出版事业的普遍规律，编辑、印刷和发行三个环节的特殊规律，出版学多层次的理论体系等方面提出了初步设想，希望出版界新老同人，大家动手，从不同的方面总结出版工作的实践经验，共同来建立科学的出版学的理论体系。

1986年3月，中国出版工作者协会召开第二届理事会，宋原放被推举为副主席，他在版协编印的纪念刊上发表《我的希望》一文，对新一届出版协会的工作提出建议，他认为"协会工作的着重点应该放在高层次的经验总结、出版理论研究和评书上"。并说他很赞赏协会这两年举办的出版研究年会，引起大家对理论研究的兴趣和注意，它的意义不可低估。他认为"这是一项迫不及待的基本建设，又是我们自身的薄弱环节，再也不能满足于手工业方式的'传''帮''带'了。尽管现在大家对'出版是否有学''编辑是否有学'有不同的看法，这些可以存而不论。但总应该鼓励'有学'论者拿出本本来。不管怎样，协会在总结出版工作经验方面应该做促进派，而不应该听其自然"。

在宋原放的倡议下，出版界出现了出版学研究和讨论的热潮，他为全国性的社会主义出版学的建立和发展开了一个好头。

撰写有新意的《中国出版史》专著

1984年3月至7月，胡乔木连续三次在谈话中和给教育部的信中提出，要研究"编辑学"，这是中央领导人第一次提出要创建编辑学。之后，北大、南开等高校设立了编辑出版专业。

1986年，上海大学文学院中文系开设编辑专业，宋原放受聘为该校的兼职教授，与正在准备"中国出版史"课程的中文系讲师李白坚一起研究出版史问题。他们一致认为，要建立出版学必须研究中外出版史。只有横的比较，只有对现实问题的研究，没有纵的历史的考察，是很难全面地把握中国出版事业的特色的。于是，一个老一辈出版家与新一代青年研究人员共同耕耘，携手合作，撰写了一本《中国出版史》专著。这本书以文化发展为背景，对现有的出版史料做了新的编排与考察，力图对中国出版史做宏观的描述，竭力勾勒出中国出版史的发展线索、出版事业的大致轮廓和出版事业兴衰的历史动因，而较少做具体的学术考证，这是与此前其他学者所著的中国书史、印刷史的传统写法有所不同之处。经过几年努力，这本《中国出版史》由中国书籍出版社于1991年6月出版，受到读者的好评。

主编《出版史料》，十年辛苦非寻常

老一辈出版家王益说："出版史研究必须以出版史料为依据，否则将成为无源之水，无根之木。"宋原放就是对出版史料的收集、整理十分重视的一位领导人。

1981年1月，上海市出版工作者协会成立，宋原放担任副主席（1986年6月任主席）。上海市版协成立后，将收集、整理出版史料工作列为版协的主要任务之一，并成立了文史资料委员会。经过一年多的酝酿、筹备，最后专门组织了一个编辑小组，在有关方面的支持下，由宋原放担任主编的《出版史料》于1982年12月在上海创刊。这一工作得到出版界老前辈们的重视，叶圣陶、陈翰伯、徐行之、姜椿芳、陈虞孙、李俊民等都在创刊号上发表文章，给以热情鼓励。叶圣老在《出版史料和出版事业》的文中说，《出版史料》的出版，"对于推进当今的出版事业必然有很多好处，……意义不在于为史料而史料，而在于鉴往察来，也就是常说的总结正反方面的经验，使出版事业不断发展，日益昌盛。"时任中国版协主席的陈翰伯在文章中说："《出版史料》这个刊物的出版，我完全赞成，而且决心大力支持。并希望大家也积极支持，共同办好这个刊物。"他于1985年6月2日又给《出版史料》编辑部写信说："《出版史料》是一个难得的内容丰富的刊物，它已经出版了三期，我把其中的每一篇文章都看了，从中得到了宝贵的知识，分享了斗争胜利的喜悦。许多历史经验对于今天的出版工作者还是有用的。"信中还对刊物的内容方面提出多项建议，希望编辑部"再广泛地征求意见，把这个刊物办得更加吸引人"。

《出版史料》创刊后，发表了许多具有珍贵价值的出版史料，得到广大出版工作者、研究人员以及海外学者们的好评。在他们的研究工作中，《出版史料》为之提供了丰富而又翔实的资料；在已写就的学术著作中，不少考证和引用资料，都出自《出版史料》之中。

但是，《出版史料》的出版工作并不是一帆风顺的。在1989年第1期的《编者的话》中说："尽管有关领导给了我们有力的帮助，可是办学术资料的大型刊物，仍然是困难万分。我们不得不为经济困难发愁，用很大力气征集资料性广告。"

到1992年12月，《出版史料》已创刊十周年，在1992年第4期上发表了多篇各方面专家、学者写的纪念文章表示祝贺。上海市社会科学联合会主席罗竹风写的祝贺文章说，《出版史料》十年来为出版工作积累了大量资料，"我们对于那些埋头苦干、忘我劳动、整理过第一手资料的人，应当十分重视，并表示感谢。没有他们的努力，所有研究人员都要从零开始，一切都靠自己动手'沙里淘金'，这样，必将事倍而功不及半。"有的文章道出了《出版史料》的"十年辛苦非寻常"所取得的成就，祝愿她更阔步地迈向第二个十年。

但是，在《出版史料》1993年第1期的《编后记》中，主编做了如下的告白："刚刚清茶一杯，简朴而隆重地度过本刊创刊十周年的纪念活动，各位领导、前辈、学者和专家的题词或撰文还历历如在目前"，"刚刚蛮有信心地展望未来：下一个十年，必将迎来更大的丰收，在这个百年大计的事业中做出自己应有的贡献，却又不得不面对现实——《出版史料》再出2期（连本期在内）就停刊了。"

宋原放在1993年7月出版的《出版史料》终刊号的《编后》中写道："编完这最后一期刊物，不禁抚稿沉思：十年编刊两茫茫，不思量，自难忘。32期《出版史料》的出版，800余万字的稿件的刊登，其中凝聚着作者、编者的多少心血；……而今，这一切都已成为过去，我们也只能面对现实，珍重现实，向广大的读者、作者，向众多十年来矢志不渝地关心本刊的朋友们道一声'珍重'，说一声'再见'。"

新世纪的曙光：宋原放的两大夙愿终于实现

在上海出版的《出版史料》历经十一年的奋斗虽然停刊了，但宋原放并没有放弃希望。他始终坚信出版史的研究和出版史料的挖掘、整理对于出版工作的重要性，终会得到有关方面领导的重视和支持。于是，他抓住各种机遇，或在报刊上撰文，或在中国版协老出版工作者工作委员会召开的会议上多次呼吁。在不少出版界的老前辈、老领导的支持下，到了21世纪初看到了曙光：宋原放的两大夙愿终于实现了。

（一）《出版史料》在北京恢复出版

2001年7月，《出版史料》在北京由开明出版社出版。宋原放担任了该刊编审委员会主任委员，他在新刊的《告读者》中兴奋地宣告：

> 出版界前辈王仿子、王益等老同志热心倡议恢复出版《出版史料》，得到新闻出版总署、民进中央、中国版协、开明出版社的大力支持。2001年，开明出版社打破了七年的寂寞，以丛刊的形式出版了四辑。故友重逢，受到出版界、读书界老中青同志的热烈欢迎。令人万分兴奋的是，在新世纪的第二个春天，《出版史料》以季刊正式出刊了。……我们深知新刊来之不易，会十分珍惜它，办好它。我们要团结全国出版史研究者、文化界学者，把《出版史料》办成一个求真求实的中国出版史的刊物，为出版人熟悉中国出版历史的具体实践和优良传统提供信而实的鉴往知来基础。

（二）《中国出版史料》的编纂出版

中国版协老出版工作者工作委员会召开的几次会议上，一些老同志呼吁重视出版史研究。宋原放为了促进出版史研究工作的开展，提供更多的丰富、翔实的出版史料，久已有新编一套中国出版史料的愿望。1999年4月，他在参加中国编辑学会和中国出版科学研究所在南京召开的出版史研讨会期间，约集吴道弘等同志策划编辑出版《中国出版史料》的计划。会后，分别在北京、上海两地约集几位志同道合的老同志多次磋商，最后决定新编一套通史性质的《中国出版史料》，由宋原放担任主编，吴道弘、王建辉、张立升任副主编。其中古代、近代部分5册分别由宋原放、王有朋和汪家熔辑注；现代部分5册分别由陈江、吴道弘、方厚枢辑注。

经过几年的努力，这套史料的现代部分5册先由山东教育出版社于2001年4月出版；古代部分2册和近代部分3册由湖北教育出版社于2004年10月出版。这套古今兼收、总计400万字的出版史料集中收集了许多珍贵的出版历史资料。出版界老专家胡道静为该书所作的序言中说："我国是一个出版事业飞黄发达的大国，又是印刷术最早发明的大国，是雕版印刷术起源的国家，又是活字版印刷的创源地。但有一点是奇怪的，就是记载这些创造和记述出版事业蓬勃踊跃情况的材料并不活跃，显得很不相称。……更令人惊异的是，我国近、现代的社会变革，经济发展，文化活跃，无一不是由于广泛流传的新兴出版物所引起与促成，而在出版界本身方面，却淡然置之，鲜有对此开天辟地的伟业加以记录。""新编《中国出版史料》共为十册，约四百万字。其上限自古代至近代，下限包括共和国成立后至世纪末。半个世纪以来文献的发现和研究成果多多，当然包括在内。本书在着手编纂之前，经过郑重周密的考虑，所以框架结构完善，收录有条有理，故名为《史料》，实际成为一部可阅读的信史。"老出版家王益在为该书所写的序言中说："它的出版，是我国出版界的一件大事。对于为此操劳的各位同志，包括接受出版的出版社的同志们，我谨表示崇高的敬意和衷心的感谢。"宋原放对这套史料集的圆满完成也感到十分高兴。

《中国出版史料（现代部分）》5册的编纂工作在北京进行，由副主编吴道弘总抓。这5册的编辑计划和选题目录送请宋原放主编审阅后，他两次来信写了2500余字，提出了修改和增补的详细意见。现代部分5册于2001年4月出版后，几年来又收集到一些新的有参考和保存价值的出版史料，续编了《中国出版史料（现代部分）补卷》3册、80万字，所收史料的下限时间截止到2005年12月，仍由陈江、吴道弘、方厚枢辑注。

　　《中国出版史料（现代部分）补卷》3册于2006年5月由山东教育出版社出版，宋原放主编已不能看到了。《史料》现代部分编辑组收到出版社寄来的样书后，谨将第一套书寄给宋老的夫人沈沁汶同志，借此以告慰九泉之下的宋原放同志。宋老的夫人在回信中说："老宋离去已将近一年了，但他对出版史料工作的执着，并为此喜怒哀乐的情景仍常常浮现于我的脑海，他有时是那样的无奈……老宋如果在世看到补卷的出版，他不知道会怎样的高兴，怎样的喜形于色了。通过您们各位的努力，书出版了，我想他现在应该安心地安息了。"

为创建中国百科全书事业
拼搏奋斗的姜椿芳

2012年是我国著名翻译家、编辑出版家姜椿芳先生诞辰一百周年。

姜椿芳（1912年—1987年）是中国革命中活跃进步的著名翻译家、编辑出版家，以报刊、出版和翻译作品为武器开展对敌斗争。新中国成立前，他主要从事新闻工作。1953年，他担任中共中央马恩列斯著作编译局副局长，参与翻译《马克思恩格斯全集》《列宁全集》《斯大林全集》的组织领导和审核工作，20世纪60年代起领导了《毛泽东选集》和中央文献的外文翻译工作。

姜椿芳最大的贡献是发起和组织了《中国大百科全书》的编纂。没有他的努力，就没有中国大百科出版事业的诞生。

编纂出版大部头的百科全书，是衡量一个国家和一个时代科学文化发展水平的一个重要标志。我国从近代以来，不少有识之士纷纷倡议编纂中国的百科全书，并做过多次尝试，均遇难而止。新中国成立后，当时的出版总署曾考虑出版中国百科全书，稍后拟定的《1956—1967年科学技术发展远景规划纲要》也曾把编纂出版百科全书列入其中；1958年又提出开展这项工作的具体计划，但都未能实现。

姜椿芳在囚室中构思编纂中国大百科全书的蓝图

"文化大革命"中，姜椿芳受到康生、"四人帮"陷害，蒙冤在秦城监狱独住在只有五六平米的囚室中达七年之久。据了解情况的大百科出版社编辑杨哲回忆说：姜老在狱中日夜思考，觉得提高中华民族的文化水平是一件非常非常重要的事，脱离了愚昧和迷信，就不至于盲目紧跟"文革"中那许许多多荒唐的事情。要提高全民族文化素质，他认为最好的办法就是编中国第一部大百科全书，填补中国文化上的空白，自己只要能够出狱，他就要用余生干好这件大事。他为了这个神圣的理想，顽强地和死神搏斗，嗓子肿得不能进食时，他用手将干硬的窝头掰碎送到嗓子眼儿，每吞咽一点点，都要疼得出一身汗，都需要很大的毅力。他经过鬼门关的煎熬挺过来了。他住的囚室中无纸无笔，只能在脑中默默地思索日后编纂大百科全书的蓝图。

1975年4月，姜椿芳终于脱离了2550多天的黑暗岁月。他原来的健康很好，出狱时血压也升高了，双眼几乎失明。在这种情况下，他自己去买了一张公共汽车的月票，背了一个公文包，整日呼号奔走，向熟识的同志宣传他的计划，未尝稍懈。

1975年夏天，姜椿芳到北京图书馆看望老友许觉民，老许带他到书库中翻阅了馆藏世界各国出版的百科全书。姜椿芳看后感慨地说，像圣马力诺这样很小的国家也有了百科全书，我们这个泱泱大国至今仍是个空白，这叫作什么呢？许觉民笑着说，中国古代有很多类书，有不少辞书，至今只剩下一本《新华字典》，从《新华字典》走向大百科全书，恐怕有十万八千里之遥了。但姜椿芳不以为然地说："事在人为，我要从这里开始，做不完，后人会做下去。"

经过一个时期的努力，姜椿芳于1978年1月写了一份8000多字的材料，提出要编一部中国的大百科全书的建议，分别投寄中国社会科学院和国家出版局。中国社科院副院长于光远见到后极为赞赏，指示在该院规划办公室编印的《情况和建议》内刊上发表；国家出版局也在《出版工作》杂志上发表，立即在文化界引起极大反响。

邓小平说，大百科全书要快点出，这是为了抢救一批人才，抢救一批财富

1978年4月，担任中国社科院院长的胡乔木向邓小平同志提出编纂中国大百科全书的建议，立即得到他的支持。小平同志说，要快点出，最好趁老专家们

还健在的时候撰写，这是为了抢救一批人才，抢救一批财富。胡乔木让国家出版局局长王匡去找姜椿芳写出正式倡议书，姜椿芳很快完成任务。

国家出版局和中国科学院、中国社科院三家党组联署于5月21日向中央写了请示报告：

中央宣传部并报

华主席、党中央：

我国迄今尚未编辑、出版一部大百科全书。这同中央、华主席的伟大号召，极大地提高整个中华民族的科学文化水平，向科学进军，建设社会主义的现代化强国，都是极不相称的。

大百科全书是总结和综述过去历史上科学文化的一切成就，系统地全面地介绍当今世界上各个学科的全部知识，特别是最新成就的知识的总文库。大百科全书既是传播马克思主义、列宁主义、毛泽东思想的重要工具，也是为迅速提高工农业生产而奋斗的有力武器。

西方各主要国家出版大百科全书，已有二百多年的历史。一般人常把是否出版大百科全书及其内容如何，作为衡量一国科学文化水平的标志。现在国外出版的百科全书种类多，数量大。美、苏、英、法、德、日等国，综合性的和专科性的百科全书，分别有几十种之多。最近第三世界国家也纷纷出版百科全书。

我国自古以来就有编纂百科全书型书籍的传统。《尔雅》是世界最古的百科性辞典之一。汉唐以来出了不少这类的书，宋代更见众多，明清两代则有《永乐大典》《古今图书集成》《四库全书》等卷帙浩繁的巨编。但中国历代所编的这些书，都属于类书或丛书性质，还不是现代工具书意义的百科全书。解放前出的旧《辞海》和近年修订补充的新《辞海》（先出按学科分册本，尚未出齐），也只是学科条目简单的辞书，离今天要求的大百科全书还很远。

伟大导师毛主席和敬爱的周总理向来重视字典、词典和大型辞书的出版，《辞海》就是在毛主席亲自批示，周总理密切关怀下修订出版的。革命导师马克思、恩格斯、列宁都重视百科全书的出版，他们在自己的研究和著作工作中，都经常利用当时各国的百科全书，并且都曾为欧美重要的大百科全书写过不少词目。

根据我国目前的需要，我们建议尽早出版《中国大百科全书》。所以要"尽早"出版，一方面是客观需要，为了普及和提高科技知识，为实现"四个现代化"提供必要的资料，这是一项刻不容缓的基本建设；另一方面是考虑到能够参加编辑工作的学术界力量，由于"四人帮"的干扰和破坏，青黄不接的情况十分严重；老的一辈接近衰老，新的一辈没有培养出来，此项工作，如果现在不着手，几年之后困难会更大，现在上马，则老的力量还可利用，通过工作也可培养出一批新的力量。当前，实际上也有快上速成的条件：许多外国较好的百科全书可供参考；大部分词目可以翻译，综合若干国家不同辞书和同类词目，经过我们加工整理，即可采用；一般词目从几千字到几万字（少数词目可能有几十万字），由专家分别编写，所需时间不长。百科全书按学科分类编辑，也可早出成品，分册出书，均衡排印，不致为其他书刊排挤。

关于出版《中国大百科全书》的初步设想是：此书约四五十卷，四五千万字。百分之六十以上为自然科学。在出版《全书》之前，先出分科性百科丛书，分科分类编写，编好一本即出一本，先在国内流通，请有关方面和广大读者提意见，修改后再出版综合性百科全书。设想《全书》从明年国庆三十周年时开始陆续出版，以十年左右时间基本完成。

为了进行此项工作，须邀请全国各学科有成就有影响的专家，成立一个编委会（约五六十人），下设总编辑部，总编辑部下再设各分科编委会和编辑部。编委会是咨询机构，总编辑部是执行机构。编委会拟聘请胡乔木同志为主任，周培源、严济慈、齐燕铭、陈翰伯、于光远、周扬等同志为副主任。总编辑部目前拟设在国家出版事业管理局，先成立若干人的筹备机构，拟调姜椿芳、朱语今、曾彦修、朱庭光等同志前来主持筹备工作。一切机构设置、调干、用房、交通、经费等统由出版局代为做出计划预算，呈请国务院办公室审查拨给。目前为开展工作，请先拨给少数用房。

为出版百科全书，需成立中国大百科全书出版社，该社编辑部约需人员二百到三百人；拟分批分期配齐，请中央组织部帮助解决，因所需专门人才的面较广，部分人员经由外地调入北京。

关于编辑方针和编辑条例等细则，容后报请审批。

以上建议是否有当，请批示。

国家出版事业管理局党组

中 国 科 学 院 党 组

中 国 社 会 科 学 院 党 组

中央批准出版《大百科全书》

中共中央办公厅秘书局于5月23日收到国家出版局等的请示报告后先送中央宣传部出版局处理，边春光局长见到后在报告上签注意见："拟同意。在起草这个报告的过程中，曾和国家出版局交换过意见，待中央批准这个报告后，先建立起筹备班子，并调集必要的工作人员，着手制订编辑方针和编辑条例等细则，再报中央审批。请平化、穆之、井丹同志批示。"

中央宣传部部长张平化于5月25日批："同意上报。"朱穆之、廖井丹副部长均圈阅同意。

中共中央收到中宣部的报告后，乌兰夫于5月26日批："请华主席，叶、邓、李、汪副主席批示。"

华国锋主席和叶剑英、邓小平、李先念、汪东兴副主席均圈阅同意。

大百科全书在艰难中起步

姜椿芳组建大百科全书的起步十分艰难。首先要有一些得力的干部从事筹建工作。中央批示中指定由姜椿芳和朱语今（中国青年出版社原社长兼副总编辑）、曾彦修（人民出版社原副社长兼副总编辑）三人主持筹建工作。但朱、曾二人"文革"后都下放在外地，姜椿芳直到7月初还是个"光杆司令"。中国大百科全书出版社于1978年11月18日成立，姜椿芳担任总编辑，要调进一批能够胜任的编辑队伍，也并非易事。因为经过"反右"，经过"文革"，许多有能力的干部、知识分子都是带有伤痕的，在"文革"结束不久的时候，要调这些人来确实十分困难。1980年11月，我曾跟随《汉语大词典》的学术顾问、商务印书馆总编辑陈原同志到杭州参加《大词典》第二次编委会议。他在会上讲到编辑辞书人员的困难时说："如果现在打个报告给中央，不要说400个人，就是从全国调100位教授、副教授或其他的同志到北京或上海去，集中起来开一个'辞典馆'，然后从头到尾编，这可能是个很好的办法。但是，我说100个人你能提出名字来，从外地调得进一个人来就杀我的头！"姜椿芳也知道，从现职人员调集有造诣的人来，谈何容易，即使能调到的也为数有限。于是他想了一个办法，就是把目光转向边缘人物，从平反冤假错案、落实知识分子政策中物色有志于大百科事业的博学之人，被时人称为"举逸民"的办法入手。他的这种办法是带有较大风险的，因为经过"文革"，提到"招降纳叛"四个字就足以令人谈虎色变的。

著名记者、编辑家刘尊棋1988年2月25日在《人民日报》发表《一个无愧于新时代的学人》的文章中谈到大百科出版社物色干部的情况时说："《中国大百科全书》是姜椿芳……筚路蓝缕、耗尽心血搞起来的，同他一起从规划到定稿的人，有的是他从公安部门手里接过来，还没有脱离'劳改'管制身份的人，有的是曾以'叛国投敌'罪定谳的人，后来他们在政治上得到平反，有的成了'大百科'事业的骨干力量。"

姜椿芳所举的这些有才干而命运坎坷的"逸民"，在大百科出版社建立不久出任副总编辑的就有4人：

金常政毕业于北京俄文专修学校（北京外国语大学前身），在军队中从事翻译和研究工作，他于上世纪50年代就对苏联大百科全书（50多卷）发生兴趣，研读多卷，增长了不少对百科全书的知识。后来他在反右运动中险遭灭顶之灾，幸得一位老领导保护，从宽划为"中右"，从此不可能再得到使用，转业到地方，一路下放到工厂车间，曾在工厂当过六年车工，蹉跎二十年。1978年7月成为大百科出版社第一批调入的干部后，他参与大百科的筹备工作和总体规划的制订。旋任《全书》第一本《天文学》卷的责任编辑，并为《全书》起草凡例、编写体例、编纂流程等规范文件。姜椿芳任命他为副总编辑。他承担了《航空航天》《电子学与计算机》《机械工程》《自动控制》等卷近1000万字的终审工作。他既从事百科全书的编辑工作，又从事编纂理论探索，著有《百科全书编纂理论》等多部著作，成为中国百科全书学的创建者。中国辞书学会颁给他为辞书事业终身成就奖。

继金常政后调入大百科的是一位老同志刘尊棋。他在1930年代就是中央社名记者。1940年代任《联合日报》《联合晚报》社长。新中国成立后出任国际新闻局副局长、外文出版社总编辑。1950年代肃反运动中受到冲击，1957年被打成右派，后来又被打入"六十一个半的'叛徒集团'"，在劳改、监狱中度过二十多年。"文革"结束后"六十一个叛徒"都被解决了，刘尊棋还没有解决，因为他不承认是"自首出狱"的。在这种情况下，胡乔木将他调入社会科学院。姜椿芳这时正在八方网罗人才，一听说刘尊棋调到社科院，马上找到胡乔木处将他调入大百科工作。姜椿芳和阎明复经过调查，写了书面材料上报中央，1970年1月被彻底平反，恢复了1931年开始的党龄。刘尊棋担任了大百科的临时领导小组副组长，参与总体设计，并兼任《体育》卷副总编辑。他离开大百科后，出任了英文《中国日报》首任总编辑。

周志成1943年毕业于浙江大学物理系后，在母校执教多年。1950年代出任科学普及出版社副总编辑，著有《红色宇宙火箭》等科普著作。1957年被打成右派，放逐新疆十八年。1978年到北京要求落实政策分配工作，原单位拒收。他毛遂自荐愿意效力百科。姜椿芳正需要科学造诣精深而有编辑经验的干部，就和阎明复一起和他谈话后，盛情相邀。周志成到大百科出版社后先为科学技术编辑部负责人，后为综理科学技术学科卷编纂工作的副总编辑，支撑着《全书》的半壁河山。经他终审的有15个学科19卷书，论卷数和字数均超过《全书》的四分之一，为《全书》的编纂做出重要贡献。

林盛然1955年毕业于南京大学天文系，发表《慧化流星群的轨道研究》等论文，被选送往民主德国席勒大学研究攻读天体物理学。因到西柏林走了一遭，后虽向组织做了汇报，仍被中断学业遣返回国，打成"反革命"。1970年代后期在邢台一家工厂当检验工。他得知中国要编百科全书且以《天文学》卷开路，便请假上北京到大百科出版社表示投效。阎明复和姜椿芳先后接见，经过考察，延揽入社，担任《天文学》卷责任编辑，以学术基础深厚和编书成绩出色，后被任为副总编辑，担任《力学》等多个学科卷的终审工作。他还从事术语学研究，出任全国术语标准化委员会副主任。

姜椿芳所举的"逸民"还有不少才俊之士，进社后担任社编委或承当一面的学科卷责任编辑等工作。他们都曾经忍辱含垢，苦度艰辛多年，一旦得到工作机会能充分发挥自己的学识专长，积蓄的能量就井喷而出，为百科事业做出巨大贡献。

在大百科的筹建工作中，还有一位起过重要作用的人，他就是阎明复，他于哈尔滨外国语专门学校毕业后，历任全国总工会国际部科长，中共中央办公厅翻译组组长，中央编译局毛主席著作室定稿员。姜椿芳组建大百科筹建组时，将他调来最初负责调进干部的考察工作，他那时骑着一辆自行车满城跑。姜椿芳委托阎明复到金常政所在的工厂调人，金常政和阎是老同学，就打电话给他说，你一定要借一辆小汽车，不要骑自行车来，因为工厂有势利眼，一看你不够级别，说不定给你一个钉子碰。阎明复这样做了，金常政和他的爱人张曼真，就成为第一批调进大百科的工作人员（张曼真毕业于北京俄文专修学校，上世纪50年代至70年代在北京军区司令部及北京编译社任翻译，通俄语、英语，进大百科后任编译情报室副主任）。阎明复后在大百科任副总编辑。他在大百科的工作很受好评，称他是"姜老非常得力的助手。没有他，姜老的工作很难开展"，"他和姜老同样是非常有人格魅力的人"。后来阎明复调离大百科，曾任第六届全国人大常委会副秘书长，中共第十三届中央委员，中共中央统战部部长，第七届全国政协副主席，中共中央书记处书记。1989年6月在中共十三届四中全会上被免去中央书记处书记职务。1991年起任民政部副部长。

大百科筹建工作从开步走起到《全书》 总体设计被总编委会通过的过程

1978年5月底中央批准《中国大百科全书》出版要先建立起筹备班子的指示，但到7月初筹备组除姜椿芳一人外还是一个空架子。考虑具体的筹备工作不能延迟，7月10日，姜椿芳召来几位"业余志愿人员"，召开研究大百科筹建工作的第一次会议。当时还没有一个开会的地方，就借中央编译局后楼三楼会议室兼乒乓球房举行，到会的有姜椿芳、王纪华、阎明复、金常政、雷行、严玉华、李庆文和崔士敏8人，围坐在乒乓球台周围，商量大百科马上需要着手的事，包括房子、经费、调人等。8月，得到国家出版局王子野副局长的帮助，在版本图书馆借来三间堆放准备处理书的库房，才算有了立足之地。此后，又聘请来刘尊棋、唐守愚、倪海曙、周有光几位参加工作。在朱语今和曾彦修到京后，正式开始讨论大百科全书的总体设计和编辑出版规划。姜椿芳在调研工作的基础上提出《中国大百科全书》的总体设计方案和大类分卷出版的设想，规划《全书》约出50到60卷，先以一卷突破，验证总体设计方案。大家谁也没有编过百科全书，有的人甚至没有见过百科全书，对于大百科如何编法，如何上马，在筹备组内部曾有过一番激烈的争论。一种意见是先学习，从容准备几年，将总体设计完美后再动手，对于姜椿芳"立即上马，一卷突破"的观点接受不了。结果一共开了四十几次会议，争论了一个半月时间。姜椿芳根据中国的国情从实际出发提出的意见，终于把大家都说服了，于9月4日提出大百科全书编辑出版的初步规划上报到总编委会决定。

10月7日，总编委会在社科院会议室召开主任、副主任会议（那时还没有委员，整个总编委会到1985年才聘齐）。大家提出不少指导意见，其中特别重要的就是同意大类分卷、一卷领头上马。胡乔木主任说现在主要是要迈开步子，开步走。

总编委周扬副主任对于条目撰写提出意见。他说，作者现在害怕，心有余悸。"文革"被批得不敢说，总是政治挂帅，满篇的语录。他说，自然科学就是自然科学，用不着说这么多政治。谁给作者壮胆？就是我们大百科编委会去给他们壮胆。周扬讲的意见很有道理。如果不解放思想，写出来的东西跟过去一样，那还启什么蒙啊！

大百科在上海建立分社编撰书稿

大百科的总体设计确定后，首先碰到的问题就是大百科在哪里印，在哪里出版？这就要有自己的印刷厂。姜椿芳说在北京建印刷厂是不可能的，要在上海解决。在上海找印刷厂，建出版社出书，需要在上海建立"大百科全书出版社上海分社"。还考虑到大百科全书要出版几十卷，必须动员全国的力量进行，这就要国家的大力支持。于是和国家出版局商议后，国家出版局党组于10月21日写了请示报告：

中央宣传部并报华主席、党中央：

华主席、党中央一九七八年五月批准中国科学院、中国社会科学院、国家出版事业管理局关于尽早编辑出版《中国大百科全书》的请示报告后，我们当即成立了中国大百科全书出版社筹备组，开展各项筹备工作。现已调集一部分干部，初步拟定了编辑出版计划，开始按学科门类进行组稿活动，争取早日出书。

《中国大百科全书》规模大、涉及面广，须采取相应措施，才能完成编辑出版任务。鉴于上海的文化、科学、教育单位比较集中，著译力量比较雄厚，我们已商得上海市委负责同志同意，在上海设立中国大百科全书出版社的分社，由陈虞孙、汤季宏、王顾明同志等负责筹备。上海分社的业务工作由北京总社统一领导，在政治上、组织上拟请上海市委宣传部负责领导，并希望上海市委有一位书记也管一下上海分社的工作。上海分社编制暂定一百二十人，请上海市委协助调配所需干部和安排临时办公用房，经费由北京总社拨发。为长远的工作打算，等有条件时并拟在上海筹建印制《中国大百科全书》的现代化印刷厂，修建图书馆及办公楼。此外，随着工作的开展，还准备在部分省、市、自治区逐步建立中国大百科全书出版社办事处（请当地党委指定有关单位兼管，不另定编制）。为了使各方面了解和支持大百科全书的工作，我们请求中央将一九七八年五月批准的请示报告，批转中央和国务院各部门、各省、市、自治区党委，中国人民解放军总参谋部、总政治部。

以上报告，妥否，请批示。

国家出版事业管理局党组

11月18日，国务院转发国家出版局关于编辑出版《中国大百科全书》的请示报告和补充报告，全文如下：

国家出版局、中国科学院、中国社会科学院关于编辑出版《中国大百科全书》的请示报告和补充报告，已经华主席、党中央批准，现发给你们，请参照执行。

编辑出版《中国大百科全书》，是发展我国科学文化事业的一项基本建设，对于传播马克思列宁主义、毛泽东思想，全面地系统地介绍古今中外的文化科学知识，提高整个中华民族的科学文化水平，实现我国的四个现代化，具有重要意义，请你们给予积极支持和协助。

主送：各省、市、自治区革命委员会，国务院各部委、各直属机构

抄送：党中央各部门，中央军委办公厅、各总部、各军兵种，人大常委会办公厅，全国政协秘书处，高法院，高检院

国务院文件下达后，各部委、院积极响应。大多向所属单位发出通知，并由一位领导挂帅，把编写《全书》的有关学科卷列入工作日程，给予有力的支持。

大百科全书以《天文学》卷作为"开路卷"

经过一个时期的研究，《大百科》决定以《天文学》卷作为"开路卷"。这是因为中国天文学会是"文革"后最早恢复活动的学会。通过学会来组织百科全书的编撰是最方便的一条路。姜椿芳听说天文学会要在上海召开年会，便和金常政两次飞上海。姜椿芳在天文学会上做了两个小时的讲话，据随同与会的金常政回忆，姜老"以亲切感人的语调，广征博引的学识，以及他惊人的记忆力，将多少事实、人名、年代、数字，像流水般注入几百位天文学家的心中。姜老的讲话激动了天文学家，得到二百多位我国著名的天文学家的热情支持。不少专家推迟了自己的论文写作，放下了手头的事情，积极为《天文学》卷写稿、审稿，不厌其烦地反复修改"，"姜老对《天文学》卷的编辑，既指导组织工作，又直接参加制定框架、分支审稿和成书的一切环节，为编辑人员打气助阵。由于目力不济，他用'书不成行'的字修改编辑文件，借放大镜审阅条目。定稿发排后，他不顾体弱多病，忍受来回20多个小时的汽车颠簸，从上海赶到皖南山区的海峰印刷厂，向工人师傅做报告，期望他们做好《全书》的排版、印刷、装订工作，为国争光"。《天文学》卷全卷154万字，1074个条目，807幅图，从1978年8月调研开始，到1980年12月出书，仅用了26.5个月的时间。出版后得到国内外学术界的赞扬。英国著名科技史专家李约瑟博士在《自然》杂志发表题为《内容之广，用功之深，有如苍穹》的评论，认为《天文学》卷"这本书达到的水平是很高的，印刷也很精美。撰稿人和编辑人员应当为他们所取得的成果感到自豪"。

姜椿芳全心全意为大百科事业献身的精神感动了
众多学者专家进入大百科编撰的行列

　　姜椿芳满腔热忱，坚韧不拔，为大百科奔走呼号的精神，感动了大批学者专家愿为大百科效力。大百科《语言文字》卷责任编辑李鸿简以切身体会感受到姜老为人的风格和魅力。她回忆说："姜老非常善于团结人，他对待专家十分敬重。说实话，没有姜老，大百科找不到这么多专家，他们不会来。季羡林、吕叔湘、冯至都说'我们都是奔姜老来的'。冯至说'我是自投罗网'。季羡林既是《外国文学》卷的副主编，又是《语言文字》卷的主编，他对姜老敬重得五体投地，姜老说什么，他都照办。姜老对社外的专家具体是怎么做工作的，我说一两件事。1985年冬天，北京下雪，路很滑，姜老让我跟他一起去北大，给大百科总编委会几个人送聘书。首先到了物理卷的王竹溪家，当时王教授已经去世了，他的夫人在家。姜老说明来意后拿出聘书毕恭毕敬地双手递给老太太。老太太没想到老头去世了还给他送聘书，感动得不得了。姜老还问寒问暖，问她生活上有什么困难，问得很仔细，非常关心。接着就到季羡林家里，季老不在，老太太接的聘书。姜老跟老太太说，你要像我这个样子恭敬地把聘书给季老。接着到了朱德熙那里，他是北大原来的副校长，是《语言文字》卷的编委，也是总编委。他住在北大宿舍三楼，要爬楼梯，我说姜老我扶你，他说不要扶，自己扶着楼梯上到三楼。也是夫人接的聘书。姜老也跟她说，你要像我一样，恭恭敬敬地把聘书给朱德熙。送聘书，不管是下雪天，路多滑，住多高，姜老都要亲自去，一份一份地去送。所以这些教授都很感动，发自内心地愿意协助姜老把大百科全书搞起来。有一次《语言文字》卷名誉主编吕叔湘先生83岁生日，姜老带着我们拿着蛋糕去吕老家里给他拜寿，嘘寒问暖。出门的时候，姜老说，对面是冯至家，我们要去看他，不能够书编完了就不理人家，就带我们去看了冯至。""我们从姜老的身上感受到党的温暖，感受到老同志对我们的关爱。所以我们死心塌地地、全力以赴地要为大百科卖命，再苦再累也从来没有叫过苦。"

　　我也记起了一件往事。1980年代初，我在国家出版局研究室主持《中国出版年鉴》的编辑工作。有一天姜椿芳来到国家出版局办完事后，独自一人找到研究室，当时年鉴编辑人员都外出办事，室内只有我一个人。姜老对我说："听说你们只有几个人在编一本出版年鉴成绩不错。"我说我们几个人都是编年鉴的小学生，谈不上成绩，只是边工作边学习，努力做好工作。姜老随即说明来意。他说大百科成立许多学科，正在物色各个学科编委会的负责人。出版方面有人推荐陈翰伯同志担任，你看怎么样？我未经思索就回答说："我从1974年就跟随翰伯同志组织的辞典调查组到上海了解辞书编纂情况；1975年又在出版局的出版部负责辞书出版管理工作，并和翰伯同志一起为新编《汉语大词典》的创建和组织编写队伍等工作多年。据我了解的情况，以翰伯同志的学识、经验和人品，他担任大百科的学科负责人是最合适的人选。"通过这次接触，姜老如此虚心地向我这个国家出版局的基层干部征求意见的举动使我十分感动。

姜椿芳病逝前还念念不忘大百科全书的前途，留下"三不变"的遗言

1986年，胡乔木要梅益来当《大百科全书》的总编辑，姜椿芳退为顾问。姜老说他当顾问也可以，但他要把全书搞完。

1987年底，姜椿芳没有等到《全书》出齐。他临终前还念念不忘大百科的前途，留下大百科要"三不变"的遗言，要金常政在适当时机讲清楚。"三不变"指的是：第一，大百科综合性的性质不变；第二，出齐75卷的规模不变；第三，全书十年出齐的计划不变。到后来，后两条还是变了，就是大百科全书第一版共出了74卷，历时十五年才出齐。

1987年底，姜椿芳病逝，大百科全书出版社的同志和许多位专家、学者都十分悲痛。赵朴初写的挽联："魔氛谷里，捷报遥闻，最难忘万喑孤灯时代传声手；文化园中，灵苗广种，不独是百科全书事业奠基人。"可以说是对姜椿芳出版生涯的真实写照。

"铸就中华文化的丰碑"

我国第一部大型现代综合性百科全书《中国大百科全书》的编辑出版工

作，前后历时十五年，于1993年8月胜利完成。全书74卷大书可摆满4米长的书架，有如一座宏伟的文化长城。构成这座长城的，包括66个学科编委会，734个分支编写组，66个学科编委会主任。各个学科编委会主任是主帅、学科的领军人物，而责任编辑是冲锋陷阵的勇士，是主将。全书共收77,859个条目，12,568万字。参加全书编撰工作的专家、学者和研究人员，据初步统计为20,672人，实际不止此数。党中央、国务院主要负责同志有的亲自审阅重要条目，有的亲自撰写条目，个别人还担任过学科卷的主编。中国科学院第四届400位学部委员中，有336位（占84%）参加《全书》编撰工作。《全书》具有鲜明的中国特色，它提供了我国丰富的研究成果、有创建的论述和首次发表的宝贵资料，这些是其他国家的百科全书所没有的。《全书》中共有插图49,765幅，其中彩图为15,103幅，《全书》图表数一般比外国百科全书多。

《中国大百科全书》于1993年出齐时，《人民日报》发表《铸就中华文化的丰碑》专文，特在文前加一按语评论说："大百科精神，是一种执着的爱国主义精神，是一种高尚的集体主义精神，是一种主动开拓的创业精神，是一种实事求是的科学精神，是一种无私的奉献精神。"

《中国大百科全书》首任总编辑——营造中华文化丰碑的巨匠姜椿芳先生，把自己生命的最后十年毫无保留地奉献给百科事业，鞠躬尽瘁，死而后已，正是大百科精神的伟大代表。

共同为我国出版事业努力的
好伙伴戴文葆[1]

我与戴文葆同志相识于20世纪60年代初，当时我在文化部出版局，和他虽不在同一单位工作，但也有机会见面。到了80年代初至21世纪初，我们之间有了更加紧密的联系，随着时间的推移，我从各方面对他的学识、人品逐渐加深了解。并成为共同为我国出版事业努力的好伙伴。仅举出几件往事加以说明。

共同为两部出版百科全书的编撰出力

《中国大百科全书》第一版原计划出版80卷，后压缩为74卷。其中有一卷"新闻出版"卷内分新闻学科和出版学科两部分，各自成立了编辑委员会。"出版学科"由许力以同志担任编委会主任，倪子明和戴文葆同志为副主任。编委会委员共17人，戴文葆和我都是编委之一，戴还兼任"编辑学"分支学科编写组副主任，并撰写了《编辑》和《编辑学》的长条目；我分工担任"中国出版史"分支学科的主编，并撰写了《中国出版史》的长条目1.1万字。

出版学科编委会成立后，差不多一两个星期就开一次编委会，首先制定框架设置和具体的条目，以及讨论在编写条目中的重要事项，接着进入撰写阶段。当时参加编辑工作的人员逐渐增加，大家都未参加过百科全书的编辑工

<hr>

1　原载人民出版社编：《光辉曲折的编辑生涯——戴文葆先生90诞辰纪念文集》，人民出版社2012年10月版，本文略有删节。

作，缺乏经验，写出的条目初稿大多不能符合中国大百科全书出版社的要求。后来经过出版社编辑的说明，遵照出版社提出的编写统一规定，通过一段长时期的努力，各编写组的稿件先后交稿，经过编委会主要负责人审阅后送出版社全部用打字机打出，再经出版社审阅定稿，最后全部稿件和新闻学科合并。《新闻出版》卷从1980年初开始启动，直到1990年12月由中国大百科全书出版社出版，整整花了十年时间，前后参加撰写稿件和审定校阅等工作的不下300人。

《中国大百科全书·新闻出版》全书150多万字，其中出版学科只有80多万字。许力以同志说，这本书我们自己感觉内容少了，读者也反映词条应更加充实一些。他向原编委会的人员建议重新再编一本，书名就叫《中国出版百科全书》，各编委都赞成，于是大家一鼓作气，重新开始了新的战斗。

新的出版百科全书基本上是由原编委会的原班人马承担工作，编委会人员略加调整，除了原来的主编、副主编以外，增加副主编高明光和吴道弘、周文熙，编委新增加邬书林和郑德琛、杨寿松等。各个分支编写人员和原来的相同，内容插图则比原来增加很多，全书篇幅达160万字。这本书从1991年初进入编筹阶段，直到1997年12月才由山西的书海出版社出版。

戴文葆和我在这两部百科全书的编纂工作中，虽然不在同一个编写组，但在召开编委会会议以及休息时间内仍有较多见面的机会。在每次见面时，我都带着工作中遇到的疑难问题向戴老请教，他都给我很多帮助。我在《中国出版百科全书》的编辑工作中，曾向他组织古代人物的部分条目，他交来的每一页原稿中，不仅内容妥善、文字简练，而且字面整洁，无一处修改涂墨之处，显示出一位资深老编辑认真、严谨的风范，令人敬佩。

在新闻出版总署编辑系列任高评委的日子

1992年3月20日，戴文葆和我同被新闻出版总署聘为署编辑专业高级职务评审委员会委员（聘期三年）；1995年3月改名为全国出版系列高级职务任职资格评审委员会委员（聘期二年）（简称"高评委"）。在这五年中，先后在北京香山饭店、河北涿州、河北易县（清西陵）、天津等地召开多次高评委会议。每次会前，总署高评委办公室都将北京前三年和全国后两年出版部门报送的申报材料送给每位评委审阅；在召开高评委会议时，对每位申报人材料评委们各

1992年6月，新闻出版总署编辑系列高级职称评审委员会在北京香山饭店举行。图为和戴文葆先生（左一）于休息日一同走到香山峰顶"鬼见愁"休息时的合影。

抒己见评议，最后全体评委进行无记名投票，决定是否同意或否定。评委们在宾馆两人一间住宿，早晚还对申报人员的材料相互议论。在一次会议时，戴文葆和我合住一间，除议论白天评委讨论情况外，还对当前出版界的情况交换意见，戴老在说话中对一些现象表示喜悦，也有担忧，谈了一些真知灼见，使我很受启发。在这五年的评委工作中，我和他加深了友谊和相互了解。

全国出版科学研究论文评奖中的一对好伙伴

1991年12月，由中国出版科学研究所发起，和有关方面共同组织了首届全国出版科学研究论文评审委员会；1997年5月，经新闻出版总署批准，由全国科学研究论文奖评审委员会、中国出版科学研究奖励基金领导小组、中国出版科学研究所联合举行了第二届全国出版科学研究论文奖。以后陆续举办了第三届、第四届（2002年6月举办第四届时增加了中国出版协会为主办单位之一），这四届论文奖的举办，经出版各方面的专家组成的评委会评出了优秀论文数百篇，对推动全国出版界重视出版研究工作起了很好的作用。有许多省、市、自治区出版协会纷纷举办全省或几省联合的评奖会的热潮。

戴文葆和我都是全国出版科研评奖委员会的委员之一，评委会委员分成几个不同小组，我们两人负责出版史小组。开始两届报来出版史方面的论文数量较多，后来就越来越少。无论数量多少，我们都同样认真的评选。戴老和我都以"好中选优"的标准认真对待每一篇论文，特别注意有无创新的论点，做到"论从史出"，不是随意的推论发挥评论；另外还重视发现比较年轻的作者经过努力写出有一定水平的论文。两人看过的论文还要互相交换再看，写出评审意见。对于有的论文有不同意见，则相互坦诚进行认真研究。有几次戴老对个别论文的看法在电话中谈不清楚，还从东城来到南城我的家中交流，直到取得一致意见。各小组评论完毕后，在全体评委会议上汇报，最后经过无记名投票决定取舍结果，尽量做到公正、公平、透明。

和戴文葆同志的几次交往

我和戴文葆同志在共同参加上述活动后，还有过几次交往。

那是由安徽省新闻出版局编审徐学林同志几次来京促成的。徐学林与戴文葆相交多年，他是研究徽州刻书史的专家，曾出版过《徽州刻书》专著，还继续深入钻研，经多年刻苦努力，撰成《徽州刻书史长编》350余万言，还收集了400余幅彩色图片。这件壮举曾得到戴文葆的多次鼓励，当徐学林因书稿出版问题而烦恼时，戴文葆对他说："一个人面对困境妥协，甚至轻言放弃就是懦夫，逆境往往会与成功变成孪生兄弟。"使徐学林受到很大鼓舞。

徐学林几次来京，都到戴文葆家中相互交谈，请教研究中遇到的问题。戴文葆的家由东单迁到和平里后，徐学林每次来京，都刻意在离戴文葆家相近的旅社住下，并邀请戴文葆、吴道弘和我到他住处见面，我们四人都是《中国出版通史》的编委会委员，又都是出版史研究的同好，因此见面后都有说不完的话题尽情交谈。

2003年9月，徐学林、贾正兰夫妇来京办事，特地于11日晚邀请戴文葆到方庄来与刘杲同志、潘国彦与我两人夫妇一齐在附近的金鼎轩酒楼一同欢度中秋佳节。

2007年4月25日，我收到戴文葆托人送来一本他的著作《射水纪闻》，书前附有一张卡片，写有下列文字：

源于爱国敬乡之诚　　出于里门桑梓之情

拙作奉呈

厚枢学兄指政　　作者生平惭愧之至　　非敢宣耀之意也

其实，这本书2005年7月由河北教育出版社出版后他已送给我一本，这次送书后，他还给我打来电话，一再表示他的书迟送深感歉意。从电话中的声音语气我感到他的健康情况已大不如前，而且讲话中也有重复颠倒之处，我不忍心打断他的话说我已收到过此书。想不到这次通话竟是我们之间的最后一次。一年后就传来他逝世的噩耗，使我十分悲痛。

戴老的《射水纪闻》以翔实的历史资料，叙述了他的敬乡怀旧之情。书中不仅追寻了众多历史人物的业绩，而且寻访抄录了若干已散失难觅的乡土文献，对研究我国近代史具有一定的参考价值。我已将他第一次送我的书连同其他出版史方面的图书于2010年5月一起捐献给出版博物馆永久保存。

为深切怀念文葆同志做的最后一件事

2007年春，中国出版工作者协会学术工作委员会动议策划编辑一套"书林守望丛书"，为弘扬优良的职业传统做点实事。我作为学术工作委员会委员之一，义不容辞地承担其中一本介绍我国著名编辑事迹的文集。我这本书最后确定的书名为：《编辑之歌——怀念远去的英才》。选择已逝世的20位著名编辑家，他们是：叶圣陶、邹韬奋、冯雪峰、巴金、赵家璧、叶籁士、罗竹风、周振甫、姜椿芳、金灿然、陈翰伯、严文井、王子野、韦君宜、陈原、叶至善、王仰晨、宋原放、边春光、龙世辉。

这套丛书分为两辑共20册，承担出版任务的首都师范大学出版社负责丛书的编辑人员很少。由于多种原因，到2008年9月初我才收到出版社发来的清样。我请曾任新闻出版总署副署长，中国编辑学会第一、二、三届会长，第四届名誉会长的刘杲同志为本书写了序言。我在家等待序文时获悉戴文葆逝世的噩耗。我立刻想起应把他的事迹纳入其中，但又考虑本书稿件已经出版社审定排出清样、等待我退回后付型，这样的变动是否妥当？最后我决定请吴道弘同志提供一篇怀念文章补入书中。不久刘杲同志亲自来到我家拿出打印好的序文问我有无修改之处。我看后非常满意，说只需加上戴文葆同志的名字，怀念文章已请吴道弘同志提供。刘杲同志对戴、吴两人非常了解，说补充的文章他不看了，他还表示将改正后的序文以电子邮件直接发给出版社的责任编辑。他如此热心周到的帮助，使我十分感动。

刘杲同志写的序题名《编辑精神的嘹亮赞歌——〈编辑之歌〉序》。序文开头在列举包括戴文葆在内的21位著名编辑的名字后说："仰望这一排光辉的名字，谁不肃然起敬。他们的道德学问、睿智、文采、事业、贡献，已经载入出版史册。他们当之无愧是中国编辑的光荣代表，是中国编辑高扬的旗帜和学习的楷模。""他们的编辑思路和编辑实践各有独到之处。而作为编辑群体，他们共同铸就了高尚的编辑精神。这就是：崇尚文化的人文精神、服务读者的服务精神、'为人作嫁'的奉献精神、精益求精的敬业精神、与时俱进的创新精神。这是我们的民族精神和时代精神在编辑活动中的鲜明体现。如今编辑前辈已经谢世，他们铸就的高尚的编辑精神必将永葆青春，光照后代。"

为文学书籍编辑工作做出
重要贡献的王仰晨[1]

每当我在图书馆和书店的书架上看到一长列排列整齐的《鲁迅全集》（1981年版）、《茅盾全集》、《巴金译文全集》以及鲁迅、郭沫若、茅盾、叶圣陶、巴金、曹禺等著名作家的文集、选集时，脑海中不由地就会浮现出为这些著作默默奉献的责任编辑王仰晨来。

七十春秋　编辑人生硕果丰

王仰晨原籍山东禹城，1921年6月出生于上海一个工人家庭。这年是农历辛酉年，生肖属鸡，因此父亲为他取名"树基"，后来改名"仰晨"。他少年时期因家境贫寒，仅在小学读了四年书即辍学，从14岁起就到一家印刷厂当学徒，开始了人生道路上的艰苦跋涉。他从1935年到1955年的二十年间，先后在上海、昆明、重庆、桂林、烟台、大连、北京等地，当过排字工人、印刷厂工务主任，做过校对、编辑等工作。

王仰晨从少年时期即爱好文学读物，参加工作后在业余时间读了不少文艺书刊，并试写和在报刊发表过一些散文、小说等作品。他多年来希望成为一名文学编辑的愿望，到1956年终于实现，成为人民文学出版社的一名编辑。

1　原载《传记文学》2008年第7期。

王仰晨（1921年—2005年）。

王仰晨在人民文学出版社几十年的编辑生涯中，曾责编过中、长篇小说30多部，并扶植了不少新作者。例如杨沫的长篇小说《青春之歌》书稿是在别处两次退稿后，经他审阅予以肯定并担任责任编辑，1958年1月书稿由作家出版社出版后（人民文学出版社1953年至1958年、1960年至1969年用作家出版社的副牌出书），到1959年6月底就印了13次，累计发行总数达121万册。其他小说如《人望幸福树望春》《海岛女民兵》《红路》《渔岛怒潮》《沸腾的群山》等无名作者的处女作，都是经王仰晨做了大量的编辑加工后才得以问世的。经他编辑加工过的书稿，一些曾作为出版社的青年编辑学习的范本。在现代文学作品方面，他还编辑和终审了鲁迅、郭沫若、茅盾、叶圣陶、巴金、曹禺、萧红、沙汀等许多知名作家的选集及单行本，以及多卷本的《茅盾文集》和《巴金文集》等。

文革厄境　《鲁迅全集》频遇挫

1966年"文化大革命"爆发后，许多出版机构被合并或撤销。编辑出版干部受到批判、迫害，大批图书被停售、封存甚至销毁，全国出版事业遭到新中国成立以来最严重的摧残和损害。

人民文学出版社在"文革"中被污蔑为"黑染缸""毒品制造所"，工作人员大多被视作"放毒犯"。出版的图书被批判为"封资修"和"名洋古"的"黑货"或"毒草"，连《鲁迅全集》（1958年版）也因注释被认为有问题而成为"禁书"，在书店中绝迹。1969年9月，出版社除留下极少数人参加文化部出版组编辑出版"革命样板戏"外，都被"连锅端"到湖北咸宁文化部"五七干校"劳动改造了。

"文革"期间，周恩来总理在十分艰难的情况下对濒临灭顶之灾的出版事业给予关注。1971年2月11日，专门召集当时主管出版的"出版口"负责人讨论出版工作，指示召开一个全国性的座谈会。

3月15日，"文革"爆发后首次召开的全国出版会议在北京举行。会议制订的"第四个五年计划期间全国图书出版工作设想（草案）"中，在"文学艺术读物"一节提到鲁迅著作的出版计划："鲁迅全集、鲁迅日记、鲁迅书信、鲁迅译文集、鲁迅整理的古典作品等，需要重新整理、增补出版，争取两三年内完成。同时，对回忆鲁迅和研究鲁迅著作的作品，亦应适当整理和出版。"会议通过的《关于全国出版工作座谈会的报告》经毛泽东批示"同意"，于8月13日以中央文件下达全国贯彻实行。

这年6月，人民文学出版社从下放干校的人员中，将王仰晨、孙用等六七人首批调回北京，准备着手鲁迅著作的整理出版工作。他们征求了有关方面的意见后，王仰晨草拟了《关于重印鲁迅著作的报告》，上报"出版口"领导小组，报告中写了对重新编注《鲁迅全集》的一些设想，并提出拟先行编辑出版有注释的《鲁迅杂文书信选》和《鲁迅创作选》等计划，但报告送出后迟迟未见批复。在等待期间，他们约请南开大学中文系和鲁迅博物馆的鲁迅著作研究专家编了有详尽注释的《鲁迅杂文书信选》。

1972年1月13日，王仰晨再次写了《关于重版鲁迅著作几个问题的请示报告》，其中提出了重版鲁迅著作的全面规划，同时也提及已编就的《鲁迅杂文书信选》拟即付印，可望于近期内出版等。

当时在中央分管宣传和文教（包括出版）工作的是张春桥、姚文元，"出版口"对工作中的重要问题都要报他们审批。1月21日，姚文元对上述报告"批复"："先提一个意见，其他待研究。"鲁迅的"杂文以同书信分开为好，即单独编一本《鲁迅杂文选》"；"上海也要出类似选集"，"以协商出一种为宜"。

王仰晨见到姚文元的"批复"后，只得将正待开印的《鲁迅杂文书信选》

从印刷厂撤下，并派人到上海联系。可是上海有关方面却答复，他们没有出版鲁迅选集的计划，也不打算正式出版《鲁迅杂文选》。王仰晨等即在北京组织力量根据"分开为好"的精神，夜以继日地重新编注了一本《鲁迅杂文选》，共收99篇杂文，近40万字（其中注释即达13万字），在印刷厂的支持下，很快完成了排校工作，打出清样于3月20日报姚文元审批，但送出后即杳无回音，虽经多次催询，对方都不予置理。

11月21日，王仰晨又将编选注释的《鲁迅创作选》打出清样送姚文元，并在信中催询之前送去的《鲁迅杂文选》审阅结果。12月2日，姚文元终于"批"了，对上述两种选集的答复却是："不必再选了。鲁迅的著作可以出单行本，如《呐喊》《彷徨》《故事新编》《野草》4种创作集都可以出鲁迅自己编印的单行本，以省注释之繁。其他杂文集亦然。"姚文元还将这个"批示"送江青、张春桥阅，两人都在当天就画圈同意。江青还加写了几句不伦不类的批语，因为它们并不符合编选这两个选集的初衷。

王仰晨关于整理、出版鲁迅著作的一次次报告，都被姚文元利用掌管出版审批大权，伙同张春桥、江青，不是以"待研究"为名加以扣压，就是下令"不必再选了"，扼杀了即将付印的鲁迅著作选本；他们还用"以省注释之繁"为借口，不准对鲁迅著作进行必要的注释。张春桥在一次"批示"中还说："应该相信工农兵是能够读懂鲁迅的书的嘛"，还有什么"注释要简单，不要搞烦琐哲学，不要把注释搞成专案"等奇谈怪论。他们的这些"批示"使许多专家辛辛苦苦完成的鲁迅著作注释本一一被扼杀于摇篮之中，花费的心血尽付流水。但在上海，由他们的亲信直接控制的"写作班子"所炮制的这样那样的鲁迅著作选集，却接二连三地出版。

1972年2月21日，美国总统尼克松访华，周总理要送他一套《鲁迅全集》作为礼物，为此周总理办公室多次派人到人民文学出版社要求设法解决。但《鲁迅全集》10卷本当时已成"禁书"，不能送给外宾。要送只能送1938年出版的20卷本，而出版社仅有残旧的普通本也拿不出手。后经多方探寻，才从鲁迅博物馆库存的纪念本中选出一套赠送。

人民文学出版社作为国家的文学出版社，连鲁迅这样一位大作家的《全集》都拿不出来，这件事使王仰晨等人深感震悚，更觉得是一种耻辱。他们考虑出版《全集》新注释本遥遥无期，因此提出将1938年版无注释的20卷本先重印一版。9月初王仰晨写了报告由出版社报"出版口"后，姚文元批了"赞成"

意见，又送江青、张春桥并周总理批，最后由周总理批示同意。

《鲁迅全集》20卷无注释的新排重印本，人民文学出版社安排在上海印刷。在有关方面通力合作下，这套600多万字的《全集》于1974年初出版发行。为了这套书的排版、印刷，王仰晨在上海几乎工作了一年，还大病一场。但出版后出版社连一部样书也未给他，还是自己掏80元（当时他的月薪118元）按定价（社内连折扣都未打）买了一部特精装本留作纪念。这套《全集》是经周总理批准重印的，但出版社居然没有送周总理一套，使王仰晨深感遗憾。

1974年，王仰晨仍念念不忘《鲁迅全集》的重新注释工作，他于2月5日又写了一份请示报告，提出注释工作的具体方案及有关组织机构和人员编制等，经"出版口"报姚文元后，结果仍如过去同样杳无音讯。

王仰晨和鲁迅著作编辑室的同志都认为，鲁迅生前就说过："我的文章，未有阅历的人实在不见得看得懂……"鲁迅著作如不做注释必将影响普及。从长远看，对《鲁迅全集》的旧注释进行全面整理和补充势在必行。这是一项工程浩繁、颇费时日的工作，不宜无止境地久拖下去。他们反复考虑后，觉得不管姚文元何时能将报告批下或做怎样的批法，不妨先做起来再说，将工作成果预为积累，迟早必有用处。于是从六七月份起，就和一些高等院校的中文系联系，请各校分担一些注释工作。当时各院校因都未正式复课，所以大多乐于接受这一任务。

王仰晨在考虑对鲁迅著作进行注释工作时，立即想到了冯雪峰，他于1972年从干校回京后，出版社一直未分配工作。冯雪峰是《鲁迅全集》1958年版注释和编辑出版的主持者和组织者，是公认的了解鲁迅后期思想和创作的"通人"，如果请他参与注释工作是最理想不过了。经王仰晨与出版社"革委会"负责人多次争取后才被批准，但有多项限制：①冯雪峰不能参与编选、注释等重要工作，只能做一般资料性工作；②不许对外，不要来出版社办公，以防不良影响；③凡外来向他了解鲁迅情况的人，须经组织批准。王仰晨对这些限制不忍心向冯雪峰传达。冯雪峰却对能让他为鲁迅著作做些工作而感到高兴。这位多年来受到极不公平对待的老人，仍然甘心做一名普通编辑，以病残之身，为《鲁迅全集》注释提供了许多重要的、比较权威的历史资料。

冯雪峰从干校回京后，大约从1972年下半年起，到1975年春做癌切除手术前，他每周至少要到王仰晨家中一两次，主要是交流关于鲁迅著作注释方面的事。冯雪峰生病住院期间，医院遇事就会通知出版社；而出版社并不出面，只是转而通知王仰晨。在相当长的一段时间里，王仰晨经常下了班不回家，先去医院或是先去北新桥看望冯雪峰。1976年1月，周恩来总理去世的消息带给了冯雪峰最后的打击。这年的农历除夕，冯雪峰病危被送进首都医院，出版社于晚上8点钟打电话通知王仰晨，他立即赶到医院，一直陪在病房。冯雪峰在1月31日丙辰年的元旦午时撒手人寰，终年73岁，王仰晨亲手为冯雪峰净身和更衣。

王仰晨和鲁编室同志约请各地为鲁迅著作做注释的工作，到1975年上半年，全国已有13个省、市、自治区20多所高等院校中文系以及一些研究单位进行，参与其事者大多全力以赴，在调查研究、积累资料等方面取得了不容低估的成果。人民文学出版社将各地交来的初稿分别印成"征求意见本"共26种（"书信"和"日记"因篇幅太大未印），每种各印400本，分发有关方面征求意见。收到的单位和同志对这项工作十分重视，几乎对每本都认真仔细地提了意见。例如叶圣陶老人1977年已83岁高龄，对送给他的本子都认真审读提出意见。他看了十来本后，对《野草》的注释（扬州钢铁厂工人理论组、扬州师范学院中文系注释）的内容做了好评。1977年3月14日在写给王仰晨的信中说："告诉您我以为高兴的事，《野草》注释看得相当满意，看过的十来本稿子里头，这一本最好了。因为看下去有味道，就不放手，看了四天就看完了。看以前的那些稿子，都没有这回的愉快。""《野草》的注释者体会鲁翁的心思很到家。这一册是不太好懂的，他们却体会得相当深入，而且恰当，少有牵强附会。他们博览鲁翁的著作，常常引用鲁集里的文章来阐明《野草》的各篇，使人看了觉得他们的理解的确是对的。""我还有些不满意处是他们能'深入'而不能'浅出'，不能用浅显简明的语言来阐说鲁翁的这些'散文的诗'。阐说也带着文艺的笔调，可能有些读者还嫌其不容易懂。""我对这一册的注释者表示钦佩。"

鲁迅著作注释"征求意见本"所收文章的"题解"用6号字排，"注释"用小5号字排。叶圣老的视力不好，借助放大镜逐字逐句地认真看后还提了详尽的意见。后来累得他眼底出血了，王仰晨才没敢再送给他看。叶圣老的眼疾就是从那时起开始严重起来的。十多年后，王仰晨回想起这件事时还深感内疚。

1975年7月初，毛泽东就调整文艺政策发表谈话，做出指示，文艺界出现了"文革"以来未曾有过的有利形势。鲁迅之子周海婴和叔父周建人等商量，感到应该趁这个时机给毛主席写信，将长期没有解决的有关鲁迅著作注释等方面的问题向毛主席反映，请求他的支持和帮助。10月下旬，周海婴到胡乔木家仰晨同志惠鉴：

前天挂号寄上关于《华盖集》注释的意见

二十天纸，想来已蒙收览。

告诉您我以为高兴的事，《野草》注释看得

相当满意，看过的十来本稿子里头，这一本最好了。

因为看下去有味道，就不放手，看了四天就看完了不看

以前的那些稿子，都没有这回的愉快。

《野草》做注释者体会鲁迅的心思很到家。这

一册是不太好懂的，他们都体会得相当深入，而且恰当，

少有牵强附会。他们博览鲁迅的著作，常常引用

鲁迅集里的文章来阐明《野草》的各篇，使人看了

觉得他们的理解的确是对的。

1977年3月14日，叶圣陶先生致王仰晨先生信手迹一页。

中谈了有关情况和想法，请胡给予指点。胡乔木支持周海婴给毛主席写信，并对信的写法谈了意见。周海婴的信写成后，又交给胡乔木转呈毛主席。

周海婴写给毛主席的信中说："近年来，我常想到关于鲁迅书信的处置和出版，鲁迅著作的注释，鲁迅研究工作的进行等方面有一些亟待解决的问题，也向有关负责同志提过多次建议，始终没有解决，感到实在不能再拖下去，只好向您反映，请求您的帮助。"

周海婴给毛泽东的信中提出的主要建议内容是：①由文物局负责将鲁迅书信全部影印出版，供研究工作者使用；②由出版局负责编印一部比较完备和准确的鲁迅书信集（包括鲁迅给日本友人的信等）；③编辑出版一部比较完善的新的注释本《鲁迅全集》（包括书信和日记）；④关于鲁迅研究，要有按照毛主席对鲁迅的评价写出来的观点明确、材料详细可靠的鲁迅传记，还要有年谱。

周海婴10月28日写的这封信，毛泽东于11月1日就做了批示："我赞成周海婴同志的意见，请将周信印发政治局，并讨论一次，做出决定，立即实行。"

毛泽东对周海婴的信的批示，彻底打破了江青、张春桥、姚文元等企图控制鲁迅书信等著作出版的阴谋，但他们毫无改悔之意。张春桥在不得不向国家出版局负责人传达时，只是拿文件给看了一看，说了句"你们去做计划报中央"。他一句不讲毛主席批示的重要意义，也不谈半句对周海婴的信的意见，却谈什么"我现在忙得很，这事那事一大堆，偏偏又碰上你们这个事"。"四人帮"的拿手武器是"帽子"和"棍子"，他们一会儿亲自出马，一会儿通过他们的心腹到处造谣，说周海婴写信是"有人指使的"。姚文元还派人调查周海婴"接近什么人"，叫嚣要抓"后台"。他们还通过别人肆意歪曲攻击周海婴这封信的内容，污蔑它在感情上反映的只是"父子之情"，思想上则"反映了鲁迅研究上的一种旧的习惯势力的情绪"，等等。

1976年4月23日至5月10日，国家出版局在济南召开鲁迅著作注释工作座谈会，与会的有13个省、市、自治区宣传部门负责人和参加鲁迅著作注释的单位代表及专家79人。会议传达了毛泽东关于鲁迅著作注释出版"立即实行"的批示，制订了《鲁迅著作注释出版规划（草案）》，明确了各地分工承担的任务。6月2日，国家出版局写了这次座谈会的报告，国务院于7月1日批转各地执行。

由于"四人帮"的干扰破坏，鲁迅著作的注释工作仍然阻力很大，困难重重，进展缓慢，济南座谈会后，王洪文、张春桥、姚文元曾分别单独接见参加会议的上海"写作班子"一个负责人。姚文元说，这个会议请他几次，他就是不去；张春桥则说，"北京和你们没有领导与被领导的关系"，北京搞的"你们可以批"，"要打出威风来"，等等。

济南会议制定的新注鲁迅著作单行本有26本，要求两年内全部出齐，而直到1977年9月止仅仅出版了2本。

拨云见日《鲁》方付梓又编《茅》

1976年10月，江青反革命集团覆灭的历史性胜利，也给新版《鲁迅全集》的编辑注释工作带来新的希望。1977年5月，中央派王匡、王子野主持国家出版局工作，随后被分别任命为局党组书记、局长，党组副书记、副局长。出版局的新领导数次到人民文学出版社了解新版《鲁迅全集》工作进展情况，决定采取措施解决工作中存在的困难问题。

1977年9月11日，国家出版局领导小组向中共中央写了请示报告，提出："由于'四人帮'加以阻挠和破坏，这一重大任务一直未能顺利进行。""毛主席的重要批示下达迄今已近两年了，新注鲁迅著作单行本26本中仅仅出了《呐喊》《彷徨》2本，照这样的进度，15卷全部出齐，真不知要拖到何年何月！这完全有悖毛主席的遗愿。"报告汇报了《鲁迅全集》注释定稿工作的现状，说明"当前的主要问题是无人定稿"。为此提出三点建议："一、请中央批准胡乔木同志分出部分精力来过问一下这项工作，主要是掌握方针和对注释中的重大问题加以指导和审定。二、约请郭沫若、周建人、沈雁冰、王冶秋、曹靖华、李何林、杨霁云、周海婴同志担任鲁迅著作注释工作的顾问。三、请调林默涵同志（现在江西等候分配工作）来协助胡乔木同志主持具体工作，同时还需借调冯牧（现任文化部政策研究室副主任）、秦牧（现任广东文艺创作室副主任）两位同志来加强原来搞注释工作的班子。"

国家出版局的报告经中央批准后，在胡乔木、林默涵的领导和主持下，使整个《全集》的编注工作有条不紊地开展起来，进度大大加快。

新版《鲁迅全集》是集体劳动的结晶，凝聚了众多同志的大量心血，仅从参加编注的人员来说，除了人民文学出版社鲁编室的同志，先后从各方面借调的三十多人（如将参加"征求意见本"的同志计入，将十倍于此数），他们对此都做了不可磨灭的贡献。

　　王仰晨作为鲁迅著作编辑室主任，除了参加定稿讨论、审读注释和通读校样等工作外，还担负了繁杂的编辑事务工作，包括为借调人员安排食宿、参加校对等与出版业务相关的许多事务。为了保证《全集》于1981年鲁迅诞生一百周年前夕出齐，他分秒必争、全力拼搏，比其他人付出更多的心血。曾一同参加《全集》编注工作的何启治回忆说：当时，只有50多岁的王仰（人民文学出版社的同事都叫王仰晨为"王仰"，含有亲切之意），白发已过早地爬上了他的头。由于长期劳累而致诸病缠身：严重的关节炎、高血压、慢性支气管扩张……每到冬春，咯血频仍——他身边的痰盂里常漂着淡淡的血丝。可这位正如鲁迅所说是"拼命工作，忘记吃饭，减少睡眠，吃了药来编辑"的人，却几乎总是第一个跑来上班，晚上往往又加班到八九点钟才回家。压在他身上的担子实在太沉重了：29种单行本，16卷《全集》的全部注释（包括索引）240万字，发稿前和付型前，他都要先后两次认真审读；此外还要完成编辑部庞杂的组织工作。他的时间实在不够用，便只好早来晚走，往往把星期日当成了第七个工作日！他最担心的就是没有完成新版《全集》的编注自己就病倒了。他说："只要能在这个岗位上完成党的嘱托，我心里就踏实一些；我身体不行，干完这件工作就差不多了，得分秒必争！"每当诸病同时发作，走路都很困难时，我们劝他在家歇两天，他却说，拼命也要把《全集》搞出来，不然就无法交代！……母亲病重时，已近花甲的他每天中午还赶回去给老人喂饭、洗涤。在母亲住进协和医院那几天，他也没能陪侍在病榻旁。一个星期六的下午，终于把母亲从设在走廊的临时"急诊室"转到了病房，王仰稍感安心，便又回到出版社来上班。岂料，母亲竟然就在这个夜晚溘然长逝！让大家感到意外的是，第二天，星期日一早，王仰臂戴黑纱，竟然又到办公室来加班了……

　　1981年8月末，作为鲁迅诞生一百周年纪念活动中的重要项目之一，新版《鲁迅全集》16卷终于全部出齐。和1958年的10卷本《全集》相比，新版《全集》总字数由253万字增至399万字（末卷未计入），注释由5800余条、54万字增至23,400余条、近240万字。和10卷本之于这次新版一样，它无疑为日后编印更完善的版本提供了较好的基础。据人民文学出版社统计，这个16卷本的《全集》自1981年初版至1999年为止，普通精装印了10次，特精装印了3次，总印数共19万部，是几个版本中印数最多的。

　　茅盾于1981年3月27日逝世后，中共中央书记处讨论通过了中国作家协会党组关于编辑出版《茅盾全集》与筹建茅盾故居、茅盾研究会的报告。《茅盾全集》编委会于1983年4月召开第一次会议，决定自1984年3月起分卷出版《茅盾全集》。《全集》由人民文学出版社出版，王仰晨在完成《鲁迅全集》1981年版的编辑出版工作后，又投入了《茅盾全集》的编辑工作，担任《茅盾全集》编委会委员并任《全集》编辑室副主任。

《茅盾全集》按文体分类编年，收入作者从事文学活动以来除翻译和古籍选注之外的各类著述1200余万字，共出40卷，其中前18卷和后7卷（34至40卷，不含附卷）共计25卷，是由王仰晨编辑的。

老友携手《巴金全集》飨读者

王仰晨作为一个文学爱好者，在抗日战争开始前后，曾读过当时可能找到的巴金作品，它们以炽热的爱憎和流畅的文笔征服了他。1939年夏初，王仰晨随印刷厂自上海内迁到昆明，第二年又迁往重庆。当时文化生活出版社重庆办事处是印刷厂的客户，它的不少书籍都由该厂排印。那时巴金在桂林主持文化生活出版社的办事处，常往返于桂林、重庆两地。1942年春巴金来重庆时，和王仰晨相识，两人从此建立了几十年深厚的友谊。

王仰晨在编注《鲁迅全集》（1981年版）的过程中就多次感到：如果鲁迅依然健在的话，那么工作中遇到的一些难题在作者的帮助下就可迎刃而解，现在则如大海捞针一般，即使"踏破铁鞋"也难以解决，甚至有的问题到最后只好暂时"挂起来"。在编辑《茅盾全集》时，即使作者去世不久，注释数量不多，也同样存在有些难题不易解决。王仰晨由此想到编《巴金全集》的事，当作者健在时即着手编辑，会有很多有利条件。特别是巴金从事创作的时间长，作品多，版本也多，如能在他的直接指导下进行，不仅在选目、编排等方面可以听取作者意见，遇有疑难问题时也可在作者指导下迎刃而解，对于加快编辑进度和提高书稿质量将大有好处。

为健在的著名作家编印全集，新中国成立以来似未见先例，王仰晨提出为巴金编全集的做法曾引起有的老作家的非议，但王仰晨还是坚持自己的看法不变。

王仰晨为巴金编全集的设想得到出版社领导的同意后，就多次写信或口头和巴金商量。开始巴金并不同意，以四川文艺出版社已出版由他编辑的10卷本《巴金选集》已经够了等各种理由婉言拒绝。但经过王仰晨多次说明，他的热情和决心终于打动了巴金。王仰晨提出的编辑、出版计划也说服了巴金。一年之后，巴金终于同意，对王仰晨说："《全集》的事，你愿意搞就搞吧。我知道你，你也知道我。"后来在写信中又说："我活着的时候我还可以指指点点，出主意，想办法，你也多少了解我。让你来搞，这样总比我死后别人来搞好些。"1985年3月，巴金来北京出席政协会议，将他新中国成立前出版的几十本作品交给王仰晨。自此王仰晨就全力以赴编《巴金全集》，编辑中遇有问题就向巴金求教，都能及时得到巴金的回信答复。

《巴金全集》从1987年1月开始由人民文学出版社陆续出版，历时七年，至1993年10月出齐26卷，约960万字。

1992年11月21日，在《巴金全集》最后一卷即将发稿时，巴金写信给王仰晨，饱含深情地说："……你为我的书带病工作了这些年，一个字一个字认真地、仔细地编写、校读，忍住腰痛，坚持坐在书桌前，或者腿架在凳子上，为了我的《全集》你花费了多少时间，多少心血，多少精力……我的书橱里有不少朋友的信件，其中有一大叠上面用圆珠笔写满了蓝色小字，字越写越小，读起来很费力，但也很亲切。不用说这是你的来信，我生活忙乱，常常把信分放在几个地方。我有一种奇怪的感觉，那里好像有什么东西在发光。这不是什么幻想，这闪光是存在的。我明白了。它正是我多年追求而没有达到的目标：生命的开花。是你默默地在给我引路。不管留给我的日子还有多少，不管我能不能再活一次，我默默地献出最后的一切，让我的生命也开一次花。"

巴金于1989年7月28日、1993年1月5日两次为《巴金全集》写了《最后的话》："书出到末卷，我可以讲最后的话了。树基，感谢你接受我的委托编辑这个《全集》。我把《全集》交给你，因为我相信你会把它编成一部对读者有用的书。我写书有我的需要，每一篇都是如此。读者读书也有自己的需要。我认为你懂得两方面的需要，容易帮助读者接触作者的心灵……我讲话吃力，写字困难；笔在我手里重如千斤；无穷无尽的感情也只好咽在肚里。不需要千言万语，让我们紧紧地握一次手无言地告别吧。"1993年7月25日，巴金又在写给王仰晨的信中说："我到了九十。来日无多，可以休息了。树基，你也该休息了，谢谢你。"

但是，王仰晨还不想休息。此时他想的是：巴金除创作外，还有大量畅达、优美的翻译作品未收入《巴金全集》是一件憾事。于是又向巴金提出编《译文全集》的建议。巴金由于健康原因下不了决心，考虑了近一年才回信："我知道你我不搞，就不会有人搞出来。我们可以搞好这套书，有我们两个人几十年的友情作为保证。""这样，我就托给你了。"

王仰晨从1994年秋开始了《巴金译文全集》的编辑工作，这时他已74岁，健康情况又不好，但对关心他病况的同事说："我唯愿时针走得慢些，上帝对我宽大一些，让我可以在'走'时不要有太多的遗憾。"两位老人以病残之躯和难以想象的毅力又合作了三年，《巴金译文全集》10卷共350万字，于1997年秋由人民文学出版社一次出齐。

王仰晨从抗战胜利后开始与巴金通信，在长达半个世纪的时间内，巴金给王仰晨写了数百封的信。1997年巴金94岁诞辰前夕，王仰晨接受友人的建议，将现存的巴金给他的300多封信编一个集子。在征得巴金同意后很快完成了编辑工作。

1997年11月25日，在巴金喜庆94华诞的日子，《文汇报》"笔会"副刊主编萧关鸿"把文汇出版社刚出版的《巴金书简——致王仰晨》样书送到两位老人手中。巴金见到这本还散发着油墨清香的'寿书'时，眼神里透出一丝惊喜。他用那双颤巍巍的手缓缓地翻动着几十年来同王仰晨的一封封书信，如同一泓清泉缓缓地流进了老人的心田。此时，巴老心中涌动着许多话语要向王仰晨诉说，终因疾病缠身，无法向老友表达。坐在巴金身边的王仰晨，也是一位

巴金：《巴金书简——致王仰晨》，文汇出版社1997年版。

1997年11月25日，巴金先生拿到刚刚出版的《巴金书简——致王仰晨》，十分高兴，右为王仰晨先生。（陆正伟摄）

不善言辞的人。他的目光始终凝视着巴老在病中为此书作的小序上"。

这篇《小序》是两个月前，正在杭州"汪庄"养病的巴老坐在轮椅上思考多时后口述的，全文150字的小序断断续续地通过女儿小林的笔端流到纸上，成了巴老搁笔后的一篇"长文"：

小　序

我生活，我写作，总离不开朋友，树基就是其中的一位，可以说，我的不少书都有他的心血，特别是我的两个《全集》，他更是花费了大量的精力。我没有感谢他，但是我记住了他为我做的一切。现在，我把这本书献给他。

这是一本友情的书。半个多世纪以来，我们相互关心，相互勉励，友情始终温暖着我们的心。如今我已九十三岁，他已七十六了，尽管我衰老病残，可我想，我们仍然有勇气跨入下一个世纪。

巴金　1997.9.9

《巴金书简——致王仰晨》全书共收巴金自1963年12月28日至1996年2月23日写给王仰晨的信392封，其中1987年至1996年的信有245封，占全部书信的62.5%。在这批信中，有19封作为《巴金全集》的"代跋"，有10封作为《巴金译文全集》的"代跋"。王仰晨在本书的"编后记"中说："巴金同志是个极重友情的人。他总是满怀热情地给他周围的朋友以爱和温暖，希望和鼓舞。……几十年来，我就总觉得自己是在他长兄般的真挚关怀以至呵护下生活和工作的。尽管我和他长期不在一起，但友情却使我们的心十分贴近。……我手边还存有他的不少书信，从几十年前潇洒飘逸到如今扭曲变形的字迹中，我仿佛看到了他在人生道路上的艰苦跋涉，也看到了自然规律的冷峻和无情，这往往会使我涌起难言的惆怅和感喟。"

安然离世　知己亲朋长太息

王仰晨在编辑工作岗位上辛勤耕耘，特别是晚年带病进行鲁迅、茅盾、巴金几部巨著的编辑工作，长年超负荷的拼搏，使他的健康情况每况愈下，视力、体力日衰，肺病又再次发作。2002年冬的一天，他应邀到现代文学馆去参加关于茅盾的座谈会，在上地铁口时腿部发软，一下子跪在石梯上，还是旁边路人将他扶起来。他仍坚持到会场开完会议，主办单位用车将他送回家，家人从此就不再让他独自出外走动。

王仰晨的健康情况日渐恶化，终于2005年5月30日下午被120救护车送到离家最近的北京民航总医院，立即住进监护病房。谁也没有想到，他入院后的第13天就因肺功能衰竭于6月12日去世，连他生前嘱咐捐献遗体的愿望也不及办理实现。

王仰晨八十四年的人生道路，有七十年服务于印刷、新闻、发行、出版行业，其中不下五十年的时间是在做编辑工作。王仰晨逝世后，他的次子王小平回忆说："爸爸有个久已有之的心愿，就是把自己写过的东西也编成一本小书。因为各种原因，这个愿望到他去世也没有实现。也许是他太习惯了编辑的角色，转换这个角色在他竟成为难以逾越的障碍。也许是他内心对读者的尊重已经成为敬畏，很怕自己的作品虚耗了读者的时间和金钱。只有家人知道，他还是有小小的而又执拗的不甘心，他就带着这种不甘心离开了世界，终身只是一名编辑。……爸爸走得安静（爸爸的双眼是完全睁开的，表情平静），他的后事也同样办理得安静。他说了不留骨灰，不开追悼会，不设灵堂，我们都照做了。他真的从这世上无声地消失了，他身后的安静和冷清，一如他的生前。这在爸爸，或许是求仁得仁，而在家人，却是在伤痛中添了酸楚。"

　　王仰晨在编辑工作岗位上默默奉献了几十年，他生前在工作单位最后的职务只是一个编辑室主任。在他逝世后一个不短的时间内，首都的出版媒体上没有见到有关他去世的哪怕只有几行字的讣告或消息，在出版界权威的年度出版物（2005年）"逝世人物"专栏中也找不到他的名字。但是，"王仰晨同志作为编辑家的历史地位不是行政级别能够限定的"（刘杲）。2002年8月，中国编辑学会刘杲会长在《我们是中国编辑——〈中国编辑〉代发刊词》中对编辑所做的"礼赞"说得很好，我从中摘录几句略做改动，以此敬献于九泉之下的王仰晨同志：

　　　　你默默奉献，好比无人看重又无法离开的空气；
　　　　你为人作嫁，好比燃烧自己而照亮别人的蜡烛。
　　　　你没有显赫的地位，却有穿越时空的翰墨芬芳；
　　　　你没有殷实的财富，却有寄托心灵的文化殿堂。

回望散记

我了解的商务印书馆若干史事[1]

——八十回望访谈录

（编者注：本文是方厚枢接受出版界和高校部分研读博士、硕士研究生的访问时的访谈记录，"□"为来访者的询问，"■"为方厚枢的答复。全文由方厚枢整理成文。）

□ 听说方先生是商务印书馆的老职工，您是什么时候进商务工作的？

■ 我于1943年4月10日进商务印书馆南京分馆工作。南京分馆是商务抗战前在全国最大的分馆，位于南京太平中路252号。抗战开始后南京沦陷时馆舍毁于大火，馆中尚有不少存书放在别处由两名职工看管。1943年初，商务领导决定在原馆舍残址稍加修缮后恢复营业，因1938年7月后，商务被日本侵略者列入"与国民政府联系"的名单中，沦陷区城市的分支馆只能更改店名，南京分馆更名为"南京书馆"。

□ 您在南京分馆做了哪些方面的工作？

■ 我进馆后，先当了6个月的练习生，然后担任职员，先后在门市部、库房做过营业员、轧销（销货统计）、宣传推广等多种工作，直到1951年9月调北京中国图书发行公司总管理处时止。

1　原载《商务印书馆馆史资料》2012年2月新一期。

□ 商务对年轻的职工是否进行培训工作？

■ 我由于家境贫困，只在初中读了两年多的书就辍学就业，1943年16岁时进商务工作，当时在分馆中虽有老职工的传帮带，但主要还是依靠自学。参加工作以后，我自知文化底子差，又不甘落后，于是比别人加倍努力寻求知识，分馆开业后，职工的宿舍和门市部仅一墙之隔，我每天身处"书林"之中，早晚和假日可随心所欲地看书学习，汲取知识。我曾花了两年多的业余时间，将门市部陈列的近万种图书浏览了一遍，主要了解每本书的书名、作者、目录和"前言""后记"，并熟读总馆编印的有内容提要的书目和业务资料，借助于馆中丰富的辞典、工具书当老师，重点阅读了一大批图书，等于上了一所没有围墙的学校。经过几年的刻苦努力，我的业务能力和文化水平都有了显著的提高，弥补了过去失学时期的损失。

□ 1945年抗日战争胜利后，商务的情况有了哪些变化？

■ 抗战胜利后，商务总管理处于1946年4月由重庆迁回上海，"南京书馆"也恢复了"商务印书馆南京分馆"的名称。总管理处将重庆分馆经理王诚彰调任南京分馆经理，并任命了新的会计主任和营业主任，除了原"南京书馆"的几名职工外，又从上海等处新进了近10名职工，并从上海总处运来一大批图书，充实了南京分馆的门市部。

1947年前后，总处任命王学政（王云五之子）来南京分馆任副经理，他的任务是担任商务出版的《学生杂志》主编。我曾协助他做了一些编务工作，并试写了几篇文章在杂志上发表。

1941年太平洋战争爆发后，商务总经理王云五在重庆担任"国民参政会"委员，以后并被选为参政会主席团成员，一直忙于政务活动。1946年5月，他受蒋介石邀请，出任国民政府的经济部部长。于是，王云五向商务董事会提出辞呈。当年5月至9月，由经理李拔可代总经理。后因李健康情况不好，董事长张元济拟聘请胡适继任总经理，胡适表示不能担任，向张元济推荐时任教育部次长的朱经农担任，经商务董事会通过，朱经农于9月24日到职，任总经理兼编审部部长。1948年11月，朱经农因出任我国参加联合国教科文组织会议首席代表而辞去商务职务。商务董事会另行推选董事陈夙之（早年留学美国，曾任中央大学工学院院长等职），于1949年就任总经理，后又聘协理谢仁冰为经理，协助陈工作。同年并聘秉志任编审部部长。

1946年王云五到南京出任经济部长，因家未迁来，就住在商务分馆内，他除和分馆经理王诚彰有些接触并会见来访记者之外，和南京分馆的职工没有接触，但他的起居行动，分馆职工都了解。朱经农担任商务总经理以后，也在南京分馆住过一个短时期，他总是来去匆匆，很少和分馆职工讲话。

□ 1949年中华人民共和国成立前后，商务的情况有了哪些显著变化？

■ 1946年6月底，蒋介石悍然撕毁停战协定和政协决议，发动全面内战后，国民党统治区通货膨胀，货币贬值，物价飞涨，民不聊生。

这一时期，出版业的状况更加每况愈下。商务印书馆总馆到1949年1月，现金收支已入不敷出。新书基本不出，出售存书的钱已不够开支，不得不靠变卖闲置的机器和纸张来勉强维持。总管理处于当年3月28日以"密启函"通知各地分支馆采取"应变"措施，其中一条是"裁员减薪"。南京分馆16名职工中一次即裁员6人，每人各发几十枚银圆遣散。

1949年5月27日上海全市解放，商务当时既无新书出版，旧存书又不能适应解放后人民群众的需要，营业萧条，亏累很大。总馆共有职工507人，职工工资虽已按7折减发，仍然入不敷出（据商务董事会记录：自1949年7月至1954年3月，商务职工累计减薪总数共计117亿元旧人民币），又借贷无门，困难重重。

1949年8月，商务印书馆由董事陈叔通、经理谢仁冰面陈上海市政府文化局夏衍局长，建议政府准予商务印书馆公私合营。

□ 新中国成立后，人民政府对私营出版业的政策如何？采取了哪些措施？

■ 新中国成立后，整个私营出版业，包括出版社、印刷厂、书店，都面临很多困难，并非商务一家。

出版总署对私营出版业的改造工作，从1950年到1953年，主要采取了以下一些措施：

1. 1950年9月，出版总署根据中央调整公私关系的"统筹兼顾，分工合作，各得其所"方针，召开了第一届全国出版工作会议，向全国私营出版业指出了出版工作为人民服务的方向，要求他们遵守政府法令，接受国营出版业的领导。

2. 有重点地扶助私营出版业克服困难，维持生产。

3. 推动分散的中小私营出版业在自愿原则下联营。

4. 对具备公私合营条件的正当私营出版业在自愿原则下，进行公私合营。

1950年底，出版总署投资5亿元，将联营书店（54家新出版业在发行工作方面的联合组织）改组为公私合营，专业书刊发行工作；接着又将中华书局、商务印书馆、开明书店和生活·读书·新知三联书店、联营书店5个单位的发行部门从原出版机构中划出，于1951年起组成公私合营的"中国图书发行公司"（简称"中图公司"），成为新华书店以外的全国第二个大发行系统。这5家发行部门在全国35个主要城市中共有分支店87处，职工2058人，公私合营后，调整机构，在京、津、沪等24个大中城市设立分公司。中图公司成立前，商务、中华、开明三家发行机构亏损达90亿元，公司成立后，到1952年就盈利75亿元，1953年盈利100亿元。商务、中华、开明、联营4家中的私股分别于1953年退出，公司实际上已成为国营企业，出版总署决定从1954年1月起，将中图公司并入新华书店。

□ 商务的发行部门参加"中图公司"之后，出版部门到什么时候才公私合营？

■ 1954年1月16日，中共中央批准出版总署的报告中指示：对私营出版、发行、印刷业，必须积极地、有计划地、稳步地进行社会主义改造。改造的重点首先放在出版业方面。

1953年12月，商务、中华的董事会均已向出版总署提出全面公私合营的申请。出版总署考虑两家原已有若干公股并早已为国家担任加工订货任务，事实上已具有国家资本主义性质，认为两家实行公私合营的条件已经成熟，拟将商务印书馆改组为高等教育出版社，中华书局改组为财政经济出版社（商务、中华的名义仍保留），即向中央写了关于进一步改造商务印书馆、中华书局的请示报告。

中央对商务、中华实行全面公私合营十分重视，做出指示："鉴于商务印书馆和中华书局历史悠久，在我国文化界有相当影响，因此，这次在对它们实行进一步改造时，必须郑重其事，只准办好，不准搞坏。"

出版总署胡愈之、陈克寒、黄洛峰等领导于1954年初分别邀约商务、中华董事会代表陈叔通、俞寰澄、舒新城、李昌允等正式会谈，分别达成协议，组成公私双方联合筹备组织。此后即在京、沪两地进行筹备工作，而以上海为主，由中共上海市委统一领导。

商务、中华两单位分别召开了股东常会，一致通过拥护公私合营授权董事会进行的决议。两家到会的股东人数均超过历届股东常会，商务方面原估计有500人参加，实际到会人数有1200多人。

由于充分发动群众，依靠两家职工的大力合作，对资产的清点、估价、验收等繁重、复杂的工作在较短期内即顺利完成。共验收了商务各项资产456.35

亿余元、中华395.34亿余元。

在筹备过程中，出版总署、高等教育部、中财委有关业务部门及华东局、上海市委先后抽调104名干部到高等教育、财政经济出版社担任社长、正副总编辑、副经理、厂长等主要干部及编辑和一般干部；对商务、中华的资本家和资方代理人，均按双方协议，由私方董事会指派人员担任两单位的副社长、副总编辑、经理、副主任等职。两家原有的实职人员一律包下，年老退休者19人，均按两家向例预拨了养老金，陆续支付。

商务、中华公私合营的筹备工作于1954年4月底大体上告一段落，5月1日，高等教育出版社、财政经济出版社正式在北京宣告成立。

□ 商务什么时候从高等教育出版社分出，成为独立的出版社？

■ 商务、中华分别改组为高等教育、财政经济出版社后，国务院陈云副总理对两家的改造情况很关心。文化部党组于1956年6月16日、7月2日两次写信向陈云汇报，信中除谈了两家出版社合营两年来的主要工作情况和取得的成绩外，并检查了商务、中华在进行全面改造中存在的主要缺点：①商务、中华数十年中出版的各种书籍约3万种，其中不少书籍有一定价值，为学术研究所需要，在合营后虽整理重印了一些，但数量很少，这一部分历史遗产没有很好地接受和利用。②两社在香港和南洋都有庞大的出版发行阵地，合营后虽仍保持联系，并做了一些工作，但没有全面规划、加强领导，对两社在香港和南洋的力量没有充分地利用和发挥。③对商务、中华原来的人员虽做了安排，但团结和改造工作做得较差。上层人员还不能真正做到有职有权。一般职工工资较高，合营时有保留工资，而且宣布不动，但1955年底1956年初，无论商务、中华以及调到新华书店的一部分发行人员，工资都动了一下。④董事会没有定期召开，1955年的盈利没有分配。

文化部党组于7月2日给陈云的信中说："在听了你和总理的指示后，我们准备分作两个步骤，来改进对商务、中华工作。第一步做两件事：①加强对于商务、中华过去出版的书籍的整理重印工作，并且更多地用商务、中华名义组织学术性质的书稿和工具书的出版，使得商务、中华在出版界发挥更大的作用。②积极地有步骤地开展商务、中华在海外的出版发行工作。……第二步准备将商务、中华从高教出版社和财经出版社独立出来。"

文化部党组于1958年2月5日向中央宣传部写报告，提出将高等教育出版社和商务印书馆分立为两个独立的出版社，将财政经济出版社改组为农业出版社和中华书局两个单位，商务和中华两家出版社均由文化部领导。今后中华书局以出版文、史、哲为主，而主要是整理出版古籍，也适当出版一些现代作者的文学研究、历史、哲学的学术著作；商务印书馆则以翻译外国的哲学、社会科学方面的学术著作为主，并出版中外文的语文辞书。

2月15日，中央宣传部向中央写了关于重新安排商务印书馆和中华书局的工作任务、调整机构和人事配备问题的报告，提出拟以中华书局为主要出版我国古籍的出版机构，以商务印书馆为主要出版世界学术著作的出版机构。这两个出版机构行政上仍隶属于文化部，今后在出版方针和出版计划方面应同时受国务院科学规划委员会下属的古籍整理和出版规划小组以及准备成立的世界学术著作翻译和出版规划小组的指导。2月19日，胡乔木在中央宣传部的报告上批示"拟同意"；又经邓小平、彭真审阅同意。

6月19日，中央决定调陈翰伯任商务印书馆总编辑，郭敬任总经理；任命金灿然为中华书局总编辑兼社长。

1959年11月26日，文化部党组报经中央宣传部批准，调整和加强北京、上海若干出版社的分工协作关系以及安排若干出版社的出书任务，向有关出版社发出通知，其中对中华书局、商务印书馆的规定为：

1. 中华书局的主要任务是整理出版我国古籍。它应当在古籍整理出版规划小组的领导下对全国古籍出版工作进行具体安排。此外，它也适当出版一些不适宜由人民出版社、三联书店、人民文学出版社或科学出版社出版的当代著作家的文史哲著述，但在组织这些著述时，应与上述有关出版社充分协作。

2. 商务印书馆的主要任务是翻译出版外国哲学社会科学书籍，编印外国语文工具书、课本和参考书。它所出版的外国哲学、社会科学书籍，着重在马克思主义以前的古典名著和马克思主义以外的当代各派学术著作。但各资本主义国家的兄弟党负责人的学术著作，以及一部分比较成熟的进步学术著作，应由人民出版社、三联书店考虑翻译出版；有关当前国际关系和国际问题的著作归世界知识出版社考虑翻译出版。

中华、商务的出版任务，一直到1966年"文革"前夕都没有变化。

□ "文化大革命"爆发后，中华、商务的情况有些什么变化？

■ "文革"开始后，许多出版机构被合并或撤销，编辑、出版干部受到批判、迫害，下放"五七"干校，大批图书被批判为"封、资、修"的"毒草"而封存、销毁。商务、中华的遭遇也没有例外。

"文革"后，商务印书馆被诬蔑为"宣扬封、资、修，大、洋、古的反革命修正主义黑窝点"。由于商务出版了吴晗主编的"外国历史小丛书"，曾任商务总编辑的陈翰伯成了"文革"后出版界首先被报纸公开点名批判的"反革命分子"。1966年7月20日，《光明日报》发表一篇署名文章，题为《揭露"外国历史小丛书"的反革命黑幕》，文章给陈翰伯扣上了"反革命分子""钻进党内的资产阶级代表人物"几顶大帽子，陈翰伯立即被挂上黑牌，关进了"牛棚"。在1967年1月"造反派"全面夺权的批斗会上，陈翰伯作为"商务头号走资派"受到批斗。"造反派"声称要"彻底砸烂"商务印书馆，将郭沫若所写的"商务印书馆"招牌摘下，用斧子当场劈碎砸烂，然后换上"东方红出版社"的新招牌。

中华书局由于和齐燕铭、吴晗、翦伯赞等密切的工作关系，"文革"后被诬蔑为"招降纳叛，为复辟资本主义制造舆论"的"大黑窝"，并一度被"造反派"改名为"人民文化出版社"。总编辑金灿然虽然身患重病，也未能逃脱这场厄运，被戴上了"黑帮分子""党内走资本主义道路的当权派""反革命修正主义分子"等种种罪名。中华书局从事古籍整理出版工作的主要党员干部和业务骨干都成了"黑帮分子"和"牛鬼蛇神"，被揪出来隔离审查和批斗。

1969年9月底，中华、商务两家职工下放湖北咸宁的文化部"五七"干校之后不久，当时的出版管理机构"出版口"将中华书局、商务印书馆两个单位合二为一，名为"中华书局·商务印书馆"（简称中华·商务），两家"文革"前共有职工357人，其中编辑175人。到1970年底，留在北京的仅有16人，其中编辑6人。中华的出版业务完全停顿，商务则以"东方红出版社"的名义出版《毛主席语录》俄文本和英汉对照本。

"文革"开始后到处高呼"毛主席是我们心中最红最红的红太阳"，"文革"前出版的书中，凡涉及"太阳"的词汇都成为"问题"。如《新华字典》中"阴"字的释义之一"乌云遮住太阳"，"毒"字下例句有"太阳很毒"，均有"影射"之嫌，会被"造反派"上纲为"恶毒攻击"。商务印书馆"文革"开始时刚有20万册《新华字典》印装好，因此不敢发行，写报告向上级请示后杳无音讯，只得全部封存（全国封存的《新华字典》有70万册）。

□ "文革"初期的出版界状况，到什么时候才有所变化？

■ 这就要提到周恩来总理，他在"文革"期间对濒临灭顶之灾的出版事业十分关心，多次做出指示和采取各种措施，为纠正极左思潮、恢复出版工作费尽了心血。

　　周恩来总理具体抓出版工作的恢复，是从《新华字典》的修订出版开始的。

　　"文革"初期，几万种图书被停售、封存，《新华字典》也难逃劫运。1970年春，小学开学后，要求供应字典的呼声很强烈。"中央文革"宣传联络员根据文化部工、军宣队总指挥部反映的情况，向陈伯达写了书面报告，请示修订再版《新华字典》和《四角号码词典》。5月11日，陈伯达对联络员说："《新华字典》你们看一看，斟酌一下，如果没有问题就可以出版。《四角号码词典》不能出了，因为是王云五搞的，待以后考虑。"商务印书馆根据传达的上述意见，请了北京一家工厂的工人和两所中学的教师进行审查。9月5日，"出版口"领导小组向国务院值班室写报告，汇报对《新华字典》通读审查发现的"严重问题"，最后提出：鉴于目前还没有一本新编字典供应读者，考虑到《新华字典》收字较多，字义解释还有可取之处，拟将70万册存书加一《致读者》的条子，有组织地按成本发行，供"广大革命群众批判地使用"，这样处理如无不妥，即开始发行。

　　"出版口"的报告送到周恩来处，立即引起他的重视，除批准"出版口"的报告外，结合他平时了解的有关群众反映中小学生没有字典用、青年人没有书看等问题，决定召集文化、教育部门的负责人开会研究解决办法。

　　9月17日，周恩来在处理紧急公务后，不顾疲劳，于深夜11时50分召集国务院文化、科教、出版、图书馆、博物馆等几个单位的负责人开会。当"出版口"在汇报中提到《四角号码词典》不能用，因为是王云五编的时，周恩来立即反问："王云五编的《四角号码词典》为什么不能用？不要因人废文。一个人有问题，书就不能用了？它总有可取之处嘛！""要懂得水有源树有根。……《新华字典》也是从《康熙字典》发展来的嘛！编字典可以有创造，但创造也要有基础。要古为今用，推陈出新。新的出不来，旧的又不能用，怎么办？"周恩来强调，要有点辩证法，不要一听封建主义、资本主义就气炸了，那叫形而上学、片面性。他指示出版部门要贯彻古为今用、洋为中用、推陈出新的方针，多出书、出好书，解决青年一代着急没有书看的问题。在这次会上，周恩来指定科教组负责组织力量，对《新华字典》进行修订，争取早日出版发行。

　　周恩来在同"出版口"负责人几次谈话中，都很关心中华书局、商务印书馆的出版工作。在1970年9月17日的谈话中，他说："中华书局、商务印书馆就不能要了？那样做，不叫为群众服务。青年一代着急没有书看，他们没有好书看就看坏书……"1971年4月12日，周恩来在谈话中问中华·商务负责人："过去圈点'二十四史'的有多少人？"这位负责人在汇报人员情况时说中华现在有不少老弱残人员。周恩来立即说："老弱残也是人，让他们圈点书有什么不可以？他们还能工作嘛！"在周恩来的关心和指示后，中华书局和商务印书馆逐步恢复业务，承担了"二十四史"、《清史稿》和外国历史、地理书以及中外语文字典的出版任务。

周恩来在纠正出版工作受极左思潮影响的过程中，特别关心为青少年出书问题。他对《新华字典》的修订工作很重视，多次询问工作进度情况。1971年还指示让参加全国出版工作座谈会的全体代表，分组审阅《新华字典》（试用本）和修改稿，提出补充和修改意见，这是中国出版史上空前的一次动员全国力量会审一本小小的字典。

国务院科教组负责人刘西尧从商务印书馆、北京大学中文系和北京市教育局等单位抽调专人组成的《新华字典》修订组，从1970年9月下旬开始工作。当周恩来看到修订组送审的第一稿后，见到原字典中的"陛下""太监""僧侣"等许多词被删去，即要刘西尧转告修订组：不能认为"陛下"等都不能进字典。字典是工具书，有它的特点。反映资产阶级生活方式的字和词仍要用。要从群众的需要出发，不能主观，有些知识还是需要的：人民要了解历史，历史上的一些事物应该介绍的，不要回避。但还特别强调，字典除确实有错须改外，一般不必大改。

周恩来看到送审的第二稿后，在修订稿上批示："做了一点修改。"在字典的出版说明稿上，他一丝不苟地用铅笔逐句做了圈点。字典附录中的《节气表》，编者没有标明表中的月日是阴历或阳历。周恩来在《节气表》三字后面加了一个括号，写明"按公元月日计算"。他还在"役"字的注释最后，加上了一条"③服兵役"，使义项更加完备。

1971年6月24日，周恩来接见全国出版工作座谈会领导小组成员、部分代表及《新华字典》修订小组成员时，有人请示编写外语词典要不要收入燕尾服、新婚、蜜月等资产阶级生活方式的词汇，周恩来说："你不用怎么行？外国字怎么能取消？像陛下、殿下，怎么能不用？来个国王，你还能不承认陛下。Sir（先生）你用不用？现在还存在资本主义社会嘛！这都是极左思潮。"

当周恩来看到《新华字典》样书封面书名是拼集鲁迅的字，便说："我就不赞成这样的拼凑字作书名，拼字不是艺术。还有人把毛主席的字拼来拼去。

主席题字都是完整的构思，不能随意拆开。比如主席写的'为人民服务''艰苦朴素'，都有完整的布局。鲁迅没有给这本字典题过字。鲁迅在世时，还没有简化字，这个'华'字还不是凑成的吗？这是不尊重鲁迅。将来一考证，说你们尽造假。还是老老实实的好。封面不要用鲁迅的集字，不要弄虚作假。你们这样搞，我就不批准。"

在周恩来的关心和指导下，《新华字典》修订工作历时半年完成，连同印刷共9个月出书。在"文革"极其困难的条件下，《新华字典》（1971年修订版）终于在6月正式出版，全国新华书店第一次报回征订数高达8482万册，因印刷安排困难，到1971年2月全国共印制3453万册，余数次年再印。

□ 1976年10月"文革"结束后，中华、商务有了什么变化？

■ "中华书局·商务印书馆"1971年恢复业务后，出版方针任务问题一直没有解决。"文革"结束后，国家出版局于1977年8月任命陈原为"中华·商务"总经理兼总编辑。中华·商务临时党委会经过研究，于1978年2月21日向国家出版局党组写了关于中华书局·商务印书馆方针任务的请示报告，提出今后的主要任务是：以马列主义、毛泽东思想为指导，整理出版中国古籍，翻译出版外国社会科学著作和编辑出版中外语文词典等工具书。报告中提出：从当前实际情况出发，暂时保持一个机构，用两块招牌出书。3月7日，国家出版局党组批复：同意中华·商务临时党委会关于方针任务的报告。

1979年8月11日，国家出版局宣布商务印书馆与中华书局分立，恢复了"文革"前出版社的建制，陈原被任命为商务印书馆总编辑兼总经理。从此，商务全体职工在党的十一届三中全会精神的鼓舞下，进入解放思想、改革开放的新时期，多出书，出好书，为迎接社会主义文化建设的新高潮做出更多的贡献。

参与《辞源》修订工作的历史回忆[1]

　　商务印书馆对《辞源》的重新修订工作开始于"文化大革命"尚未结束的1976年1月，我曾参与这项工作，虽然已过去三十七年之久，但当年的种种事情仍十分清晰地留在我的脑海中没有忘却。

　　《辞源》的修订工作由商务印书馆编辑部和广东、广西、河南、湖南四省区协作进行。

　　1976年1月15日，《辞源》第一次协作会议在广州召开，陈翰伯同志在会议开幕时讲话："今天在开会之前，我们以极其沉痛的心情悼念敬爱的周总理的逝世。周总理历来都十分重视出版工作，对出版工作曾做了多次指示。去年五月间在广州召开中外语文词典编写出版规划座谈会后，国家出版局写了报告送中央，小平同志看过后，知道总理关心出版工作，说要送给总理看。总理是8月21日圈阅的。在批件上写了'因病在我处压了一下'，表示歉意，听说九月后总理的病情恶化了。这个文件，是周总理对出版工作最后圈阅和批示的一个文件。想起周总理卧病在床，还这样关心出版工作，我们一定要化悲痛为力量，认真做好工作。我们现在召开这个修订《辞源》协作会议，研究修订《辞源》，也就是完成总理最后批示给我们的一项工作。"在讲话的最后，翰伯同志说："这次会议结束时，临近春节，春耕接着便开始了。修订《辞源》的'春耕'同样也到了。会议小结时，希望能排出近期工作的日程，有个好开头，以后就好办些。"

　　陈原同志也讲了话，对于《辞源》历史的回顾，对于当前需要做的工作

1　原载《商务印书馆馆史资料》2013年11月新三期、《中华读书报》2013年11月6日，本文有删节。

1976年1月15日至27日，在《辞源》修订第一次协作会议期间由广州乘船去虎门的途中和陈翰伯先生（前排左三）等合影。

提出了意见，并表示一定按会议商定的项目，尽最大的努力，特别是做好后勤和其他事务工作，和同志们一起胜利完成这个光荣的任务。

《辞源》第二次协作会议于1976年5月4日至18日在河南郑州召开，会中交流了第一次协作会议以来的工作情况，并对一些需要解决的事项做出了决定。

《辞源》第三次协作会议于1976年12月17日至28日在广西桂林举行，参会人员对于"文革"时期的编纂工作存在的问题初步交换了意见，还通过了一些改进编纂工作的具体办法。

1977年11月1日，《辞源》修订第四次扩大会议在湖南长沙召开。这是"文化大革命"结束后，清除"四人帮"极左思潮这些年对词典工作的干扰和影响的一次"拨乱反正"的重要会议。陈原同志经过认真准备，代表国家出版局的《辞源》修订工作领导小组在会上做了长达七个小时的讲话，提出了在词典工作中肃清"四人帮"的流毒和影响，要注意划清十个方面的界限。只有思想是非分清楚了，才能使词典工作大干快上。这十个方面的界限是：①词典和政论的界限；②客观态度和客观主义的界限；③要有时代精神和为当前政治斗争服务的界限；④相对稳定性和"反对新生事物"的界限；⑤尊重语言规律和所谓"封、资、修的大杂烩"的界限；⑥"古为今用"和"复辟回潮"的界限；⑦"洋为中用"和"崇洋媚外"的界限；⑧开门编词典和反对专家路线的界限；⑨辩证法和形而上学的界限；⑩革命文风和"帮八股"的界限。[1]

陈原同志的这次讲话理论联系实际，结合大量事实例证从理论的高度对所探讨的问题做了深刻的论述，有力地批判了"四人帮"对词典工作造成的干扰和破坏。这次讲话在词典界广为传播，对肃清"四人帮"的流毒和影响发挥了重要的作用。

《辞源》的修订工作先由广东、广西、河南、湖南四省（区）组建的修订组和商务印书馆编辑部分别按所分配的部首进行编纂工作，写出初稿；最后的定稿工作移到北京，由四省（区）抽调的部分骨干和商务编辑部共同进行，最后由商务编辑部定稿、编辑。

《辞源》修订本出齐后，在四卷的书前，找不到主编的名字。仅在第四卷的最后一页列有"编纂：吴泽炎、黄秋耘、刘叶秋"三人的名字。陈原同志在全书出齐后写的文章中说：这部正文3620页、索引和历代建元表122页，全书1400万字的古汉语词典，有"两个人从头到尾'看'了一遍，先是辞典界外的学者黄秋耘，然后是辞典界内的里手吴泽炎（后来刘叶秋也参加了）"。这三位同志确实对《辞源》修订工作的完成做出了突出的贡献。

吴泽炎同志我早就认识。他1934年在上海大夏大学毕业后，即进入商务编审部，曾参加《辞源》简编本的审订工作。1958年后负责汉语辞书编辑工作，据说他参加《辞源》修订工作后，积累的《辞源》资料卡片即达30万张。他白天在商务编辑部为《辞源》的修订工作忙碌，晚上在家中还继续工作。据吴老的女儿说，她的父亲除每天晚饭时间问一句"今天发生了什么事？"外，几乎和家人再没有讲第二句话。他一天24小时，除不得不花数小时吃饭、睡觉外，全在与辞书打交道，除了辞书还是辞书。可以说，吴老是终生与辞书结伴的编

1　陈原先生关于划清词典工作十个是非界限的讲话，后在中国社会科学院《中国语文》杂志上发表《划清词典工作中若干是非界限》一文中修正为八个是非界限，即：词典工作和政论的界限，客观态度和客观主义的界限，相对稳定性和"反对新生事物"的界限，古为今用、洋为中用和"封资修大杂烩"的界限，"百花齐放、百家争鸣"和"回潮、复辟"的界限，辩证法和形而上学的界限，革命的文风和帮八股、烦琐哲学的界限，群众路线和弄虚作假"三结合"的界限。

辑家。

　　黄秋耘同志我过去曾在《文艺学习》杂志和其他报刊上读过他写的文章外，直到1976年他到商务参加《辞源》修订工作后才和他熟识并成了很谈得来的好朋友。他曾经担任过《文艺学习》杂志编辑部副主任和广东省出版局副局长等职。据陈原同志说："这位出身清华，正所谓'学贯中西'的文学家，居然肯跳进火海（辞书的火海），这是我始终不料及的。有人说黄秋耘那时'遁入空门'，因为他主持《辞海》修订工作达数年之久，认真严肃，乐此不疲，我则以为毋宁说称他跳进火海。"

　　曾在《文艺报》编辑部和黄秋耘一同工作过的胡德培同志告诉我，黄秋耘参加《辞源》修订工作前后五年，有相当一段时间就住在中华·商务楼上的宿舍中，他在《辞源》修订工作中特别注意找寻和核对书证，标明作者、篇目和卷次，工作非常细致认真，遇有疑难问题，或是请教他人，或是翻寻典籍，常常反复再三，直到找到确实可靠的解释或证据为止。1980年，黄秋耘还写了一首七律诗《〈辞源〉书成有感》抒怀："不窃王侯不窃钩，闭门扪虱度春秋。穷经拟作埋名计，训诂聊为稻谷谋。怀旧每兴闻笛叹，登高犹作少年游。万家灯火京华夜，月夕花晨忆广州。"

　　刘叶秋同志是一位对古典文学和辞书学有深入研究的老编辑，多年如一日地从事《辞源》修订的编审工作。他曾抄录16世纪法国语言学家斯卡格卡写的一首诗来比喻编词典工作比干苦工还苦：

　　　　谁若被判苦役工，忧心忡忡愁滴容，不需令其抡铁锤，不需令其当
　　矿工，只要令其编词典，管他终日诉苦衷。

　　刘叶秋却笑着对人说："我这辈子就是干这个（编词典）过来的，我并不觉得苦，倒挺有乐趣的。"这就是"苦中有乐"的经验之谈吧。

　　我和刘叶秋同志并不很熟，但是他在了解我做辞书管理工作，并努力学习辞书学的情况后，主动将他写的《中国的字典》著作签名后托杨德炎同志送给我，对我很有帮助。

　　修订《辞源》的工作是一种成天和古籍打交道的工作。在《辞源》修订本定稿时，从广西修订组到商务参加定稿工作的顾绍柏同志，曾写过一篇《如人饮水，冷暖自知——说说修订〈辞源〉的甘苦》，发表在商务总编室1981年4

月15日编印的内部资料《工作简讯》上，文中形象地反映了编辑们的工作实况："感谢商务印书馆汉语编辑室和资料室的同志，他们为《辞源》审稿调集了一大批急需的图书资料，估计不下万册，分别放在四楼辞源组的三个办公室（细分是五间），如果将三室看成三点，用线连接起来，正好成为一个直角三角形。我们外省的和商务辞源组的同志共十几个人，为了查书，就是这样沿着直角三角形的边线做穿梭运动，每人每天少则走几次，多则走十几次、几十次，脑子手脚来一个同时并举。而这对于我们外省的同志来说，已经算不了什么。下面的图书资料没有商务的齐全，我们常常要远征到外单位去查书。一般说来，作家们正式进入创作阶段，是不会有这种奔波之苦的。有时为了弄清一个词条，要花上半天、一天，甚至几天的时间，要翻阅十几种，几十种图书资料，弄得头昏脑涨；当然一旦问题获得解决，心里也是很兴奋、很激动的，这就叫'苦中有乐'。"

我参与了修订《辞源》，新编《汉语大词典》和《汉语大字典》三部大型汉语辞书从开创到全书完成的全过程，经历了艰难的起步和在陈翰伯、许力以、边春光、陈原等老出版家的领导下，一步步地不断克服困难而走出困境的历程。《辞源》（四卷）从开创到完成历时八年，参加编纂工作的主要人员有109人；《汉语大字典》（八卷）历时十五年，参加编纂工作的有300多人；《汉语大词典》（十二卷）历时十八年，参加资料搜集整理及编纂工作的人员前后有1000多人。在这三部大型辞书编纂队伍中，有许多语言学界的著名老专家、学者，有一大批风华正茂的青年教师、专家，他们都在这几部辞书的编纂中度过了一生中最宝贵的时光。还有不少老同志在原单位办了离退休手续后，自愿加入到几部辞书的编纂队伍中来默默做奉献。也有一些同志为这几部辞书做出贡献却未能看到它们的出版，三部辞书中仅参与《汉语大词典》编纂的就有47位专家、学者离开人世时未能目睹出版成果。

所有参加过这几部辞书工作的知名和不知名的人们，他们几年、十几年在资料卡片中爬罗剔抉，在上千万、数千万字的书稿中字斟句酌、反复推敲，力求达到最满意的程度。他们所付出的心血和所经历的磨炼，可以借用陈原同志在《辞源》（修订本）问世时说过的一段话来表达："时下的读者决不能想象那艰辛的历程，只有那些踏着沉实的脚步（有时却又是蹒跚的脚步）走过这段途程的、不求名利、不怕风雨的人们，饱尝到其中的甘苦。"

关于辞书工作者的甘苦，担任《汉语大词典》学术顾问的陈原同志1980年

11月25日在杭州召开的《汉语大词典》第二次编委会上讲的一段话，可为最好的表达：

> 编词典是艰苦而又不被人理解的劳动。我说编词典的工作不是人干的，但它是圣人干的！这是真正的人干的！他能牺牲自己，为别人的幸福，为国家的四化，为我们民族的光荣，为我们民族文化的积累，为整个民族科学文化水平的提高做出贡献。历史不会忘记这些圣人，人民也不会忘记这些圣人。这些圣人一时可能得不到人们的尊重，但终究会有人知道他们的。

两部人名词典编辑工作的回顾[1]

20世纪80年代初，我在国家出版局工作时，参加了由外文出版发行事业局组织的中华人民共和国成立后首次进行的《中国人名词典》的编纂，负责组织出版界人物稿件的撰稿和责任编辑工作。这部词典从1983年4月召开第一次编辑委员会开始，直到1992年12月全部出齐，历时十年完成。我在参与这项工作中了解了不少有关人名词典的知识，学到了如何做好工具书编辑工作的经验，获益颇多。

1988年我在中国出版科学研究所工作时，又参加了我国出版界第一本《中国出版人名词典》的编辑出版工作，担任编辑委员会副主任。由于有了编辑《中国人名词典》的经验和体会，在制订词典的编辑出版计划、确定收词范围和释文编写体例等方面有了较多的发言权，因此，工作进行得比较顺利，仅用了一年零八个月的时间，于1989年12月完成。

一

人名词典是供读者查考的基本工具书之一。它大体上有两种类型，一种是人名录类型，另一种是传记类型，两种类型的内容各有长处。人名录型一般是收词多，释文简短，可以在一定的篇幅内向读者提供较多的人物信息；传记型一般是篇幅多，有的重要人物词条可以写出好几页篇幅，但人物收得少。例

1　原载《编辑之友》2008年第6期"改革开放30年专刊"。

如，美国出版的《中华民国人物传记词典》共四大卷，只收了580人，传记型的长处是能在一定的篇幅内对所收人物的生平提供较多的信息。

我国早在1921年，商务印书馆就出版了《中国人名大辞典》。但在中华人民共和国成立后，由于种种原因，没有出版过一部大型的古今人物兼收的人名词典。新中国成立初期，苏联出版大百科全书，要求我国提供毛泽东和其他少数中央领导人的条目，当时由中央宣传部组织专人撰稿报送中共中央审定后方予提供。我国出版的大型百科性质的辞书《辞海》于1958年开始修订时，释文中涉及了大量的人物和历史事件，对于人物条目当时就确定有一条原则：在世人物的条目一律不收。有的历史事件的条目释文必须涉及在世人物时则采取特殊方式处理。有一条目的释文很有典型性，它说的是1936年5月沈钧儒、邹韬奋等在上海成立"全国各界救国联合会"，响应中国共产党号召，要求国民党政府停止内战，一致抗日，国民党政府将沈钧儒、邹韬奋、李公朴、章乃器、王造时、沙千里、史良七人逮捕，全国人民纷纷声援，各地展开了营救活动。1937年"七七事变"后七人才被释放。这件事史称"七君子事件"，读者如果对这一事件不清楚，就到《辞海》中去查明"七君子"是谁。从条目来看，"七君子"当然就是七个人，少一人不行，多一人也不行。但在1960年代修订《辞海》时，七君子中已有章乃器、王造时、沙千里三人被划为右派或因其他原因已不称其为"君子"。因此，在《辞海》的修订分册中，只有"四君子"了。直到1979年10月出版的修订本中，才恢复了"七君子"的原貌。

外国的读者很想了解中国现代、当代的人物，一些国家也出版过几种介绍中国人的人名录，但由于各方面条件的限制，一般只能依靠零星的、不准确、不完全的资料编成，因此都有程度不同的缺点或错误，其中有些资料来自台湾的出版物。香港也出版过一些这类的人名录，如有一本人名录中介绍国务院副总理方毅，说他早年曾在商务印书馆编过《辞源》，其实编《辞源》的方毅和担任国务院副总理的方毅根本不是同一个人，这个错误完全是编写人名录的人想当然地写的。

二

中共十一届三中全会确立了解放思想、实事求是的思想路线，冲破了长期"左"的错误的严重束缚。我国执行了对外开放、对内搞活经济的政策，世界各国的人们迫切需要了解中国。在这一新的形势下，由中国人自己编辑出版一部准确可靠的《中国人名词典》，就成为当务之急的事了。

1983年，由外文出版发行事业局局长吴文焘同志建议，并得到中央对外宣传小组和中央书记处的批准，正式成立了《中国人名词典》编辑委员会，由廖盖隆、罗竹风、范源同志任主编，有关方面的专家、学者和有关部委、出版部门的负责同志担任编委，于当年4月在北京召开了第一次编委会。会议经过讨论，确定了《词典》的收词范围和编辑工作计划。最初提出这部词典计划收2.5万人的词条、约500万字，争取在两年内完成收词、撰稿工作，于1985年底出书。

新中国成立以来，我们还没有系统地编纂出版一部上起远古、下迄当代的《中国人名词典》这项工作，更没有编纂出版过当代人物的词典，但大家一致认为，这一项文化工程对于国内外的读者来说都有着重要的意义，表示一定要尽力完成。

《中国人名词典》由上海辞书出版社和外文出版社共同负责编纂工作，在组织稿件、进行编纂等方面得到了从中央到地方各有关部门的大力支持和具体帮助。有关历史人物的词条组织国内从事历史研究的专家、学者负责撰稿；有关当代人物和现任党政军领导人的词条，是在中央宣传部、中央组织部的关心和支持下，组织全国各有关单位的编纂力量撰稿，还得到了国务院办公厅、中共中央办公厅、解放军总政治部，以及中央统战部的关心和帮助。

词典编写动员了全国各方面的力量进行，通过一个较长时期的摸索，不断总结经验、改进工作，最后将全书分为"现任党政军领导人物卷""历史人物卷""当代人物卷"三大卷，总计收人物词条34,150余条，总字数886万余字，书名也改为名副其实的《中国人名大词典》，到1992年12月全部出齐。这三大卷的主要内容是：

1. "现任党政军领导人物卷"收录了在任的中央和地方的党政军高级领导人2185人，包括：中华人民共和国主席、副主席，全国人大常委会、全国政协、国务院、中共中央和各民主党派中央、主要群众团体全国组织的领导人，中国人民解放军和人民武装警察部队的高级将领，各省、直辖市、自治区、经济特区和计划单列城市的主要负责人，共67万字，1989年10月分别由上海辞书出版社出版中文版，外文出版社出版英文版。

2. "历史人物卷"选收远古至1949年10月1日以前逝世的人物，约1.4万人，共236.2万字，1990年2月由上海辞书出版社出版。

3. "当代人物卷"收录了1949年10月10日中华人民共和国成立以后逝世的人物和在任的中央和地方的党政军高级领导人以及各领域各部门的著名人物17,970人，每人尽可能附有照片。所收人物的职务和释文资料截止期为1986年12月31日（部分人物的资料截止期为1992年9月30日）。书后附有《主要机构及其历届领导人一览表》（所列资料的起讫时间为1949年10月1日至1991年4月），内容包括的主要机构有：①中华人民共和国中央人民政府；②中央人民政府政务院；③全国人民代表大会常务委员会；④中华人民共和国主席、副主席；⑤国务院；⑥中央军事委员会；⑦最高人民法院和最高人民检察署、检察院；⑧全国政协；⑨中国共产党七大至十三大选举的中共中央委员会、中央军事委员会、中央顾问委员会、中央监察委员会、中央纪律检查委员会，各民主党派中央委员会。本卷字数共计583.6万字，1992年12月由上海辞书出版社出版。

三

《中国人名大词典》是一部介绍中国古今人物的大型工具书，而参加编纂的人员中有相当多的人都从未编过工具书，对于如何确定收词条目和编撰释文等缺乏经验。因此，在召开第一次编委会时，除了编委之外，还同时邀请了中央各大单位负责组织这部词典编纂工作的负责同志与会。会议特地邀请了上海辞书出版社社长、总编辑巢峰同志等辞书专家做报告，详细介绍了编纂工具书的基本知识和注意事项，通过《辞海》编辑工作的实践经验和教训说明，对大家很有帮助。这项工作全面展开以后，各单位同志通过亲身的实践，也逐渐了解写好词条释文等方面需要的一些基本要求，主要有：

1. 《词典》确定的收词范围一定要十分明确，以避免由于理解不一或在掌握时发生宽严不同等问题，因而拖延交稿时间，影响全书的及时定稿。

《中国人名词典》最初确定的收词范围中有的规定很明确，例如，在世人物中，党政干部规定副部级和副省级以上的人都要收，军队干部凡兵团以上以及正军职已授少将军衔的都收，各界人物中科学界人物凡有发明创造等突出贡献的都收，体育界人物凡运动员在国际比赛中获得金牌（冠军）的都收，等等。但是在实际工作中，由于某些部门掌握宽严不一，对于什么人应上、什么人不应上出现争论，以文艺界的情况较多。实际工作中也确实有些问题比较复杂，需要反复讨论才能取得一致意见。例如，有一位乒乓球运动员的水平是世界乒坛公认的，有多次机会可以得到世界冠军，取得金牌，当时的口号是"友谊第一，比赛第二"，她至少有三次是流着眼泪将冠军让给一个友好国家的运动员，像这样的运动员由于未拿到金牌而上不了词典，许多人认为不大公平。又如艺术界有的演员在艺术水平上很有成就，但在生活上、思想品德上有严重问题，能不能上词典，就有很多人反对。类似这类问题，在确定《词典》收词人选时，往往要花费很多时间讨论。

2. 如何保证《中国人名词典》的释文撰写质量。

巢峰同志在编委会上介绍了《辞海》修订工作的经验，提出要做到"五性"，即政治性、科学性、知识性、稳定性、简明性。这"五性"是参加《辞海》修订工作的同志经历了多年不断探索辞书工作的规律而概括出来的。其要点是：

（1）政治性。词典总是在一定的思想指导下，反映一定的观点的。无论收词还是释文，总是以一定的原因为根据的。而人名词典，特别是收录当代在世人物的人名词典，政治性和思想性应有更高的要求，在释文中要注意和党的十一届三中全会的精神保持一致。

（2）科学性。词典中的科学性就是老老实实按照客观事物的本来面貌去反映，将有关知识正确地介绍给读者。巢峰同志讲到《辞海》修订过程中的一件事：1975年10月7日，动了手术后不久且身体极度衰弱的周恩来同志，在医院的病床上仍然关心着《辞海》的修订工作，他嘱咐秘书转告国家文物局王冶秋："当年袁世凯称帝时，'筹安会六君子'的第一名杨度，最后参加了共产党，是我介绍并领导的。"请冶秋同志告诉《辞海》编辑部，《辞海》若有杨度条目，要把他最后入党的事写上。巢峰同志说，过去《辞海》编辑在处理杨度条目时，杨度的大儿子杨公庶说起他父亲晚年参加了中国共产党，但当时编辑部认为杨度是著名的恢复帝制派，怎么可能参加共产党，所以没有加以重视，1965年出版的《辞海·未定稿》还在杨度的条目中扣上"近代政客"的帽子，释文内容采取全盘否定的态度。接到周总理指示后，编辑部派人访问了杨度的家属，这时杨的大儿子已去世，情况无法查清，后来听杨的家属告知后才终于查清了事实的真相。杨度于晚年入党确实是由周恩来同志直接领导的，他在入党前已倾向进步。1927年他得到情报，奉系军阀要逮捕李大钊，就到苏联大使馆去报信，李大钊以为住在苏联大使馆内敌人不敢去搜查，想不到第三天奉系军阀派人闯进苏联大使馆逮捕了李大钊。事后，杨度积极参加营救工作，将自己的房产卖掉，给党作为活动经费。1929年，第一次大革命失败后，革命处于低潮时，杨度毅然参加了中国共产党。了解了事实的真相后，《辞海》编辑部遵照周总理的嘱托，在1979年出版《辞海》修订本中，将杨度晚年倾向革命，后在上海参加中国互济会及其他进步团体，于1929年秋加入中国共产党，在白色恐怖下坚持党的工作等事实写入条目。巢峰同志说，这件事对《辞海》编辑部的同志教育很大，认识到编写辞书不能想当然，更不能有半点虚假，一切要从事实出发，只有实事求是，才符合科学精神，首先要不怕麻烦，必须弄清事实，这包括对材料进行分析，认真进行考证，"去粗取精，去伪存真"，否则引用了错误的材料，立论就不可能正确。

科学性还包括科学用语。有一本《中国现代文学词典》在"张道藩"的条目释文中，说张"曾任国民党中央宣传部文化特务"，这就不是科学用语。张道藩的确是一个文化特务，但这样写好像国民党中宣部有个"文化特务"的职务。"文化特务"是过去日常政治生活中的用语，在人物词典中就不能用这样的用语。

（3）知识性。读者查词典的目的是求知识，所以词典应力求在较少篇幅内给读者以尽可能多的知识。作为人名词典，应将人物的生平事迹、主要经历、主要思想写清楚，史论结合，寓观点于材料之中，而不要宽泛地发议论。"文革"中编写辞典，特点之一就是删去知识性，增加"大批判"一类的文字。

（4）稳定性。词典不同于书籍、报刊，一般生命力较强，所以，一些旧的人名词典，至今还可供查阅。词典内容涉及的面较广，应该注意相对的稳定，包括收词和释文两方面。在释文中对于在发展中的数字和内容尽量不要写入。

（5）简明性。词典的篇幅有限，一定要注意简明。《辞海》修订时，概括出写条目要"定四至，挤水分，割尾巴"，不必要的套话、多余的话一定要去掉，将水分挤干。辞书界的编辑形象地说要成为"双缸洗衣机"，衣服从洗衣机中拿出来水分已挤干了。所谓"四至"原是中国古代地图中用语，指一个地域四面所到达的境界。《辞海》借用它来表示每一个词条所应介绍的内容范围。每个人的生平可介绍的事情很多，词典中只能介绍最基本的东西，"定四至"，就是防止枝蔓横生，提倡春秋笔法，一字褒贬，多余的水分和空洞的议论是辞书的大忌。总之，词条要力求做到"言简意赅"，文字简练明确。用字谨严、表述明白、层次清楚、逻辑严密。

按辞书确定的体例办事，是做到"简明性和规范化"的关键，"体例"就是这本书的"法"，必须严格执行，否则各打各的锣鼓，就会弄成一个大杂烩。

以上所说的"五性"既有区别，又有联系，掌握好这"五性"，词典的质量就有了切实保证。

3. 词典编写动员了全国许多单位进行工作，词条的释文出于众人之手，如果有的单位基础工作做得不扎实，编写体系掌握不严，或者工作粗糙，稿件交到编辑部后，再经编辑一一核对，势必延误时日，影响全书的早日完成。

例如，有的释文中说某人是第二、第三、第四届全国人大代表，经词典编辑部核对名单，发现第四届人大代表中并无其人，这是由于撰写人根据不准确的资料写的，并未认真核实，如编辑部不及时纠正，印成书后，就会造成不良的影响。

人物的生卒年和籍贯，也有一些情况需要注意。一些老人的生年是将农历转为公历时，岁首、岁尾往往相差一年，这在历史人物中常会发现。例如，岳飞是南宋绍兴十一年十二月二十九日被杀，绍兴十一年是公历1141年，但农历十二月二十九日，却是公历第二年的1月27日，因此岳飞的卒年公历应写为1142年。又如徐霞客生于明万历十四年。干支为是丙戌年，合公历应是1586年，现在出版的辞书、书籍中都这么写。中国地理学会提议1986年纪念徐霞客诞生四百周年，但有人查了徐霞客年谱，发现他是丙戌年十一月底出生，公历已是1587年1月5日，纪念四百周年就应改在1987年1月才对。中国人的年龄常讲虚岁，有的人年龄写法会差一两年，例如，宋庆龄1981年逝世，讣告上说享年九十，但1983年又纪念她诞生九十周年，实际她逝世时的实岁是88岁。有的同志可能认为生卒年差一两年无关紧要。但作为词典，应有权威的标准，必须绝对准确才好。

在人物的籍贯写法上，祖籍（原籍）和出生地应有区别。特别是名人，许多地方常以本地出了名人为荣，甚至写入地方志。如浙江绍兴人常说周恩来同志是绍兴人，当地也建立了周恩来故居；实际上绍兴是他的祖籍所在地，出生地在江苏淮安。在词典中应写作：周恩来祖籍浙江绍兴，1898年3月5日（清光绪二十四年二月十三日）诞生于江苏淮安。

有的同志早年加入中国共产党，后因故脱党，某年又重新入党，家属在提供人物资料时要求以第一次入党时间写进人名词典，经请示中共中央组织部，确定一律以重新入党的时间为准。

四

1988年初，中国出版科学研究所和河北省新闻出版局发起组织编纂《中国出版人名词典》的倡议，得到了全国出版界的广泛赞同。当年4月，由国家新闻出版总署、中国出版科学研究所、外文出版发行事业局、人民出版社等11家出版社和各省、自治区、直辖市新闻出版局（社）的代表组成的编辑委员会成立，由曾任国家出版局局长、现任中国出版科学研究所所长的边春光同志担任编辑委员会主任，我和河北省新闻出版局冯玉墀、宋孟寅同志为副主任，于4月17日至19日在石家庄市召开了第一次编辑委员会。

边春光同志在17日的会议上发了言。他说：编辑出版一本全面反映我国出版界人物的《中国出版人名词典》，在我国出版史上还是头一次。这项工作不论对于国外广大读者，还是对于出版界自己相互了解都有重要意义。过去不少同志反映，编辑、出版、发行工作人员的社会地位低，不受重视，其中有社会原因，也与我们自己对出版工作者所做出的贡献的宣传不够有关。现在通过这本出版人名词典的编辑出版，不仅反映了我国出版队伍中人才资源的状况，也借此宣传了我国出版事业的成就和编辑出版人物的业绩和作用，它是研究和加强我国出版队伍建设的重要资料。

我在会上就词典的编辑工作计划、收词范围和释文编辑体例等有关事项做了说明，并简要介绍了《中国人名大词典》等有关词典的编辑经验和体会。

与会的编委一致反映，这项工作对于我国出版界来说是一件大好事，表示一定尽力组织本部门的同志共同完成任务。

《中国出版人名词典》在全国出版部门的通力合作下，有条不紊地进行。由于会议制定的收词范围比较明确，各中央级出版单位和各省、自治区、直辖市新闻出版局的大单位都分别建立了编辑组或有专人负责。全国报来的人物释文条目在规定的时间内报送河北省新闻出版局设立的词典编辑部进行人物释文和索引的编辑工作；由于这部词典后来确定在北京新华印刷厂排印，因而后期的编辑工作就移至北京的词典编辑部进行，由我主持对全书稿件的定稿、发

中国出版科学研究所、河北省新闻出版局
编：《中国出版人名词典》（特精装），中
国书籍出版社1989年版。

排、校对和付印，中国书籍出版社于1989年12月出版。《词典》出版后，编辑部接到一部分同志来信，反映少数人的释文有失误之处，还有一些同志按收词范围规定应收，因故未按时报送，或释文在辗转寄递中途丢失或其他原因漏改。为了使这本词典的内容尽可能做到准确无误，使应该收入的人物尽量齐全，《词典》编辑部决定编印《〈中国出版人名词典〉补正录》由中国书籍出版社于1992年3月出版，免费赠送收入《补正录》的人员和词典编委及各供稿单位联系人。

《中国出版人名词典》和《补正录》共计收录全国出版界人物11,419人，总字数243.8万字。这部词典可以说是汇聚了我国出版界的精英，为后人了解20世纪80年代我国出版人才的资源状况，留下了一份准确的历史记录。

《中国出版人名词典》共出版16开本普通精装本和特精装纪念本两种装帧，在出版前曾向全国出版单位和有关方面做了广泛的宣传和征求预订工作，得到各方面的领导部门的重视，除了全国出版部门和出版工作者积极预订外，许多图书馆、新闻、宣传、文化等部门以及科研机构、高等院校、报刊社等单位也有预订，收到了较好的效果。

内部发行图书出版的历史记忆[1]

20世纪50年代初期，出版社对由于政治原因或其他原因不宜公开发行的图书，都采取内部发行的方式。从50年代中期起，由于内部发行的图书逐渐增多，在省会所在地和非省会所在地的大中城市的新华书店内，专门设立了内部发行服务部，按照出版社规定的读者对象出售。到了21世纪的今天，出版社做内部发行的图书已经越来越少了。

毛泽东指示做内部发行的三本图书

1957年初，担任人民文学出版社副社长兼副总编辑的王任叔到中宣部开会时接受了一项任务。中宣部的领导说，毛主席在一次讲话中提到：《金瓶梅》中虽有许多淫秽之处，但是从书中可以看到16世纪城市居民日常生活的广阔图景，看到官场，看到生意人的情况。毛主席觉得这部小说可以作为内部读物来重印。此书不但可以供专家教授看，也可以让一些高级干部包括军队干部看，开开眼界。

人民文学出版社根据中宣部的意见，经过研究，决定采用明朝万历丁巳年（公元1617年）东吴弄珠客作序的刻本重印。这部书安排在上海影印，两函，共20册，以古籍刊行社（人民文学出版社的副牌）名义，于1957年出版。关于印数，中宣部原定印1000部，王任叔认为此书用珂罗版在上海印一次不容易，

1 　原载《党史博览》2010年第12期。

以后很难再印，决定印2000部。《金瓶梅》的发行范围有严格的限制，对购书者有三条规定：一是年满45岁，二是已婚，三是只发行给省军级的高级干部或研究专家。对购书者的姓名、单位名称都要记录下来，每套书还要编号发行。

"文化大革命"爆发后，红卫兵到人民文学出版社造反，质问出版社："为什么要出版《金瓶梅》这株大毒草？"

由于王任叔已于1960年3月调离人民文学出版社，就由曾参加过该书出版的人民文学出版社副社长楼适夷出面解释。他面对红卫兵的质问，不敢说出此书是毛主席指示出版的真相，只是低头，弯腰，嗫嚅地说："我有罪，这套书我们印多了。"

大约在1964年或1965年，时任人民出版社副总编辑的范用和中华书局总编辑金灿然到中宣部开会。中宣部副部长许立群说：毛主席在一次接见外宾时说了在王府井的书店可以买到两个人的全集，一个是赫鲁晓夫，一个是蒋介石。为此，要人民出版社和中华书局来担负出版任务。范用表示这两部全集都不适合由作为国家政治书籍出版社的人民出版社出版。金灿然说中华书局是出版古籍的，也不属于他们的出书范围。最后议定《蒋介石全集》由人民出版社承担，《赫鲁晓夫全集》则请世界知识出版社考虑。

范用对由人民出版社承担出版《蒋介石全集》这一任务提出三点要求：一是请中宣部出具介绍信，由人民出版社派人到几个地方的大图书馆了解并借调蒋介石的论著；二是请中宣部帮助人民出版社从一些出版社借调适合担任此项工作的编辑人员；三是请邮局给一免检邮箱，以便收寄自港、台搜集的资料。这三条要求都得到同意。

于是，人民出版社派了三名编辑分三路到南京、上海和中南、西南收集图书资料。由于有中宣部的介绍信，各地图书馆和有关单位都很重视。时隔不久，大批书刊资料便陆续寄来，在人民出版社放了好几个书架，连蒋介石和流氓头子拜把子的《金兰谱》都弄来了。

借调人员由范用开列名单，须是熟悉这方面历史和资料的有经验的编辑，结果调来的不是"右派分子"，就是多少有些历史问题的人，加上在人民出版社分管中外历史和《新华文摘》编辑室的人员，组成了一个编辑组开始进行编辑工作。

这项工作进展很快，不久就编出了十几集。经范用通读后签字付印了100部稿本，给中宣部写了报告，附上一部稿本。报告说拟印1000部，限定发行范围。没有几天，就接到中宣部通知说毛主席已做了批示。范用到中宣部看到毛主席的批示："一千部太少，印它一万部。"

"文革"开始后，文化部新党组将部内各司局和在京直属单位的领导集中起来办"社会主义教育集训班"，揭发、批判旧文化部党组和各单位领导人"反党罪行"。

据范用回忆，揭发出版《蒋介石全集》的大字报"有数米之长，由三楼挂到一楼。我不敢交代此事是毛主席叫办的，怕被说成'恶毒污蔑伟大领袖'。后来实在顶不住，吃不消了，只好悄悄告诉军宣队是怎么回事。一夜之间，这张大字报无影无踪消失了，我松了口气。只是当时我还不敢反戈一击，造造反派的反，说他们狗胆包天，批判到毛主席头上来了"。

国际反修斗争中出版的"灰皮书"

所谓"灰皮书"是20世纪60年代内部发行图书中较为特殊的品种。由于此类书的封面不同于一般内部发行图书，选用的是一种比正文纸稍厚一点的灰色纸。

从20世纪60年代开始，中共中央发动了一场针对苏共的世界范围的反对现代修正主义的斗争。出版部门为了配合这场斗争，特别是对苏共"大论战"的需要，根据中宣部指示，在中央编译局等有关单位的共同合作和配合下、由人民出版社、商务印书馆、世界知识出版社和上海人民出版社四家出版社组织翻译出版了一批所谓新老修正主义和机会主义者的著作作为"反面教材"，封面一律用灰色纸，不做任何装饰，大家都习惯地称之为"灰皮书"。"灰皮书"均为内部发行，封面和扉页上都印有"供内部参考"或"供批判之用"的字样。这类书分为甲、乙、丙三类，甲类最严，表示"反动性"最大。如伯恩施坦、考茨基、托洛茨基等人的著作，购买和阅读对象都严格控制。

根据同样的目的，人民文学出版社则出版了一批供研究批判用、反映所谓修正主义文艺思潮的外国文学作品。这批书用黄色纸做封面，通称"黄皮书"。

"灰皮书"从1961年开始出版，到1966年上半年"文革"开始后被迫中断。1972年起又继续出版，到1980年结束，先后出版200多种。

"灰皮书"的出版工作由中宣部统一领导和部署。陆定一部长指定中宣部出版处处长包之静和副处长许力以具体负责，并在中宣部专门组成一个外国政治学术书籍编辑办公室总司其职，任命人民出版社副总编辑范用为主任，冯修蕙为副主任。人民出版社也成立了国际政治编辑组，负责组织出版事宜，由该社副总编辑张惠卿任组长。

中央编译局在拟订选批"反面人物"（约40名）的书目和收集其著作上遇到较大困难，因为这些几十年前的著作，不仅在国内，在国外也很难找到。其中，托洛茨基的著作最难找到。因为从20世纪30年代起，苏联方面就把"托派分子"的著作消除干净了。有人想到，我国的"托派组织"过去曾翻译和出版过不少托洛茨基的著作。1952年12月，全国各地公安部门曾有过一次统一的"肃托"行动，把国内的"托派分子"一网打尽，他们保留的托洛茨基著作都被收缴，上海收审的"托派分子"最多。于是，张惠卿便在1963年奉中宣部之命专程去了上海。费尽周折，终于在上海市公安局一间仓库的角落里，从积满灰尘的书堆中找到20多种托洛茨基著作的中译本和几种法、英译本，经上海市公安局同意全部带回北京。

还有一个意外的收获。中共一大代表刘仁静，当时被安排在人民出版社任特约翻译。他曾在1929年从苏联回国途中秘密到土耳其拜访过被斯大林驱逐出境的托洛茨基。当刘仁静得知人民出版社正在准备出版托洛茨基的著作而苦于找不到原著时，就主动将他保存了三十多年、托洛茨基本人赠给他的七卷《托洛茨基文集》原版奉献出来，虽然不全（这部文集共有十多卷），但已十分珍贵了。

第一本"灰皮书"是1961年人民出版社用三联书店名义出版的《伯恩施坦、考茨基著作选集》。后来又陆续出版了十多种伯恩施坦、考茨基的主要著作。上海人民出版社组织翻译了考茨基的两大卷《唯物主义历史观》，分成六个分册（12本），作为老修正主义哲学选辑出版。在今天看来，这些书都有重要的理论参考价值。

为了配合中央的国际反修斗争，"灰皮书"在1963年和1964年出版得最多，超过了100种。

当年在人民出版社负责组织出版"灰皮书"的张惠卿同志，于2009年7月写了一篇近9000字的长文《国际反修斗争和"灰皮书"的出版》，详细地叙述了"灰皮书"出版的经过，收在他的新著《如烟往事文存》中。他在文章中说："'灰皮书'出版的目的，固然是为了配合国际反修斗争，但另一方面也无意中冲破了我国长期以来文化禁锢政策和桎梏，为我国广大学者打开了一个了解外部世界不同信息的窗口，积累了许多有用的思想资料，因而受到了学术理论界的普遍重视和欢迎，对于推动理论研究，促进学术文化所产生的积极作用和深远影响是大家始料不及的。这项工作发生在一个动荡的年代，它和当时国际国内的形势紧密相连，在我国现代出版史上具有特殊意义。"

在这篇文章的结尾，作者写道："从整个'灰皮书'的出版状况可以看出，这几年大张旗鼓的反修斗争，问题究竟在哪里。尘埃落定，我们终于看清，这种加紧国际国内阶级斗争的决策和行动的严重后果，就是引来了'文化大革命'的十年浩劫。斗完了苏联的赫鲁晓夫，就来揪斗中国的赫鲁晓夫，国际反修斗争变成了国内反修斗争。"

"文革"中，周恩来关注内部发行图书的出版发行工作

从1971年到1972年底，北京的人民出版社、三联书店、商务印书馆、中华书局以及上海人民出版社共出版了内部发行图书34种，其中发行范围规定省军级的有14种，地师级的有20种。

1973年4月中旬，周恩来在接见准备到日本访问的代表团时，谈到了内部发行图书的问题。他问代表团中的荣毅仁和王芸生："你们看过《阿登纳回忆录》吗？"答："看不到。有的内部书是孩子们从同学家借来的。"

周恩来说："你们将了我们的军。我们党内看到的书你们看不到，发行面太窄了。内部书你们都可以看。"

陪同接见的耿飚说："《阿登纳回忆录》没有公开出版。"

周恩来说："告诉'出版口'，把《阿登纳回忆录》《戴高乐回忆录》印出来。"

周恩来又问："王芸生、董其武看到看不到《参考资料》？"答："代表团只有两份。"

周恩来说："应该一人一份，不能把这都节约了。"

第二天，国务院办公室将周恩来关于改进内部发行图书的指示向"出版口"的领导同志进行传达。

5月12日，"出版口"领导小组组长徐光霄向国务院写了《关于改进内部发

行图书供应办法的请示报告》，《报告》中说：

根据总理指示，我们对内部发行图书的供应情况做了初步了解。近两年来，北京、上海几个出版社先后出版过内部发行图书34种，主要发行到地师级以上领导干部和有关的研究部门。由于这类图书印数较少，发行办法不够妥善，我们也未注意检查，致使中央各部委有些领导同志，特别是党外人士买不到书。为做好内部发行图书的供应工作，经与有关部门研究，拟采取以下改进措施：

一、由北京市新华书店筹设一个"内部发行服务部"（"文化大革命"前曾设立过此机构）负责解决在北京工作的省军级干部，人大常委委员、政协常委购阅内部发行图书。

二、"内部发行服务部"应设在交通比较方便，环境比较安全的地点，所需要的房屋和设备，请北京市革委会帮助解决。

三、采取凭证购书的办法，由中央和北京市有关单位的政工部门，按上述服务范围提出名单，统一印发购书证，领导同志可以凭证到"内部发行服务部"选购内部发行的图书。

四、不在北京工作的领导同志购买内部发行图书，应同所在省、市、自治区新华书店联系解决。

五、地师级干部和研究部门，因工作关系需要购买内部发行图书的，仍由北京市新华书店内部发行组按原来规定的办法办。

以上报告当否，请批示。

国务院办公室收到"出版口"的请示报告后，办公室主任吴庆彤于5月19日批："拟予同意。呈先念、登奎、国锋、吴德同志批示。"

李先念、纪登奎、华国锋、吴德均圈阅。

李先念5月21日批："送总理、春桥、文元、洪文同志批。"

周恩来、张春桥、姚文元、王洪文均圈阅。

张春桥5月22日批："第五条，似应扩大到研究人员个人，不应限级别。同时，请'出版口'考虑内部发行的书，有些可否改为公开发行。"

姚文元5月22日批："邹容《革命军》似不同于其他种内参书，写一出版说明，可以公开出版，并附章太炎诗（'邹容吾小弟'）。请总理酌。"

周恩来批："同意。"并于5月24日加批："同意内部发行分两类；一类可公开发行，一类内部发行加份数，购书范围应扩大。"

1971年和1972年出版内部发行图书目录[1]

发行范围为省军级（14种）

《六次危机》（尼克松）　商务印书馆

《尼克松其人其事》　上海人民出版社

《选择的必要》（基辛格）　商务印书馆

《考茨基言论》（中央编译局编译）　三联书店

《第二国际、第三国际和维也纳联合会柏林会议记录》（北京编译社译）三联书店

《切·格瓦拉日记》（格瓦拉）　三联书店

《美国与中国》（费正清）　商务印书馆

《国际主义还是俄罗斯化》（伊凡·久巴）　商务印书馆

《人世间》（巴巴耶夫斯基）　上海人民出版社

《忧国》（四部）（三岛由纪夫）　人民出版社

《革命军》（邹容）　中华书局

（周恩来在本条下加注："写一出版说明，附章太炎'邹容吾小弟'。"）

发行范围为地师级（20种）

《尼克松向美国国会提出的对外政策报告》（上海市直属机关"五七"干校译）　上海人民出版社

《美国对外政策》（基辛格）　上海人民出版社

《美国政府机构》（上海复旦大学）　上海人民出版社

《我的履历书》（田中角荣）　商务印书馆

《日本列岛改造论》（田中角荣）　商务印书馆

《田中角荣传》（户川猪佐武）　上海人民出版社

1　以上出版文件、指示、目录均抄自"国务院出版口"1973年档案。

《田中角荣其人》（马弓良彦） 上海人民出版社

《日本自由民主党及其政策的制定》（福井治弘） 上海人民出版社

《东条英机传》（伊东峻一郎） 商务印务馆

《回忆与思考》（朱可夫） 三联书店

《战争年代的总参谋部》（什捷缅科） 三联书店

《社会主义政治经济学》（鲁米扬采夫） 上海人民出版社

《不断革命论》（托洛茨基） 三联书店

《文艺复兴到十九世纪资产阶级文学家艺术家有关人道主义人性论言论选辑》（北京大学编） 商务印书馆

《印度对华战争》（马克斯韦尔） 三联书店

《秘鲁的民族主义和资本主义》（阿尼瓦尔·基哈诺） 上海人民出版社

《争夺中东》（拉克尔） 上海人民出版社

《奥本海国际法》（劳特派特修订） 商务印书馆

《你到底要什么？》（柯切托夫） 上海人民出版社

《多雪的冬天》（伊凡·沙米亚金） 上海人民出版社

请老编辑写老编辑的动人故事[1]

——《编辑之歌》编辑札记

2007年春，中国出版工作者协会学术工作委员会召开会议，动议策划编辑一套"书林守望丛书"，为弘扬优良的职业传统做点实事。

我作为中国版协学术工作委员会的委员之一，义不容辞地承担了其中一本介绍我国著名编辑家事迹的文集——《编辑之歌》的编辑任务。读者对象重点是在第一线工作的中青年编辑，通过老编辑的生动故事，反映著名编辑家科学严谨、敬业奉献的职业精神，传承优秀的编辑传统与出版文化。

关于介绍著名编辑家的传记和编辑事迹的文集已出版多种，如何来编出新的特色？我首先做了一番调研工作，对已出的同类书籍和报刊资料进行研究、比较后，拟定了编辑计划：①根据丛书每本20万字左右的要求，选收已逝世的著名编辑家20人左右；②对每人的生平不做传记式的全面介绍，不论他们在出版界担任过任何种高层领导，本书中均着重介绍他们在书刊编辑工作中的突出成就；③约请了解情况的老编辑来写老编辑的动人故事。

经过反复研究，确定拟收的著名编辑家的名单后，分别向确定的作者打电话或写信，提出约稿要求。

收到约稿通知的同志在了解本书的编辑意图之后，都一致表示支持。在不到一个月的时间内我就收到了第一篇来稿——《知音和挚友——怀念编辑世家传人叶至善》。本篇作者史晓风曾任叶圣陶的秘书多年，与叶至善情同手足。他在文章中满怀激情地回忆了许多生动感人的故事。文中有一节"替至善兄了

1　原载《出版发行研究》2009年第2期。

一遗愿"，说的是1998年春节收到叶至善寄来的一张贺年片，上面题了一首他的词作《蝶恋花》，反映自己的编辑生涯：

> 乐在其中无处躲。订史删诗，元是圣人做。神见添毫添足巨，点睛龙起点腮破。
>
> 信手丹黄宁复可？难得心安，怎解眉间锁。句酌字斟还未妥，案头积稿又成垛。

叶至善多才多艺，爱好音乐，曾在编辑工作的余暇将一些世界名曲和我国一些著名的唐诗宋词相匹配，著有《古诗词新唱》一书。有一天，史晓风跟叶至善说："我很喜欢你的《蝶恋花》。一般的词牌名与内容是'勿搭界'的，只有这首词牌名与内容很贴切。你也把它谱成曲子唱吧。还可以在《编辑研究》上发表，作为《编辑之歌》传唱开来。"叶至善苦笑了一下说："那也总得等重编父亲的文集以后了。"遗憾的是这一愿望在他生前未能实现。2006年3月4日叶至善病逝后，史晓风为完成他的遗愿，试用19世纪美国一位作曲家的《梦中情人》曲，配以《蝶恋花》词成为一首《编辑之歌》。时隔不久，史晓风又给我来信，说他查到了叶圣陶1979年6月26日写给贾祖璋一封信中的一段话，可以为叶至善词中"难得心安，怎解眉间锁"一句做注解。叶圣陶的信中说："至善把给孩子编书的事看得太认真，有时说起社中的工作推不动，竟至于失声而哭。他一天到晚在家看稿改稿，看完了到社中去接头谈事，回来时高兴少，懊恼多。我是非常同情他的，但是我没有办法使他宽心。"

史晓风文章中谈的这件事使我很受启发，决定将我编的这本书命名为《编辑之歌——怀念远去的英才》。

我知道雷群明对韬奋的研究已有多年，发表过有关韬奋与出版的专著和文章，他于2002年接任"韬奋纪念馆"馆长后，边工作、边学习，对韬奋的研究有了更多的收获。我去信请他写一篇专谈韬奋和编辑工作的文章，他很快寄来《韬奋的编辑实践与编辑思想》这篇内容充实的新作长文。

耄耋老人李纪申是巴金的亲属，曾和巴金同在文化生活出版社共事多年。他接到约稿信后复信说，"虽年过九十，却有义难推辞之感"，于是，"往事再拾，查阅资料，重作构思以应命"。在7月暑热中他写出万字长文《巴金的编辑生涯》，详细介绍了巴金在新中国成立前主持出版社、从事编辑工作的艰辛经历。

　　叶籁士在开创新中国出版事业中做出了卓越的贡献。张惠卿从1949年6月进华东新华书店编辑部工作后，就在叶籁士的直接领导下担任编辑工作多年。他应约写了《追念作为编辑出版家的叶籁士》，介绍了叶籁士对编辑工作所做的突出贡献的感人故事。

　　姜椿芳是我国现代百科全书事业的奠基者，我听说过姜老在编纂《中国大百科全书》中有许多感人的故事，于是约请百科全书专家金常政写一篇怀念姜老的文章，金常政又约请百科全书老编审黄鸿森合作来完成。他们两人都是跟随姜老从《中国大百科全书》最早进行的"天文学"卷起步直到《全书》第一版74卷完成，是了解情况最多的两位老人。黄鸿森已年近九旬，脑部供血不足；金常政也年近八旬且要照顾久病在床的老伴，但他们仍然克服困难，搜集资料，合作写成了《营造中华文化丰碑的巨匠姜椿芳》的万余字长文。

　　其他作者中，有的根据亲身的经历、见闻或多年研究的成果为本书撰写新作；有的在过去发表的文章基础上加以订正、修改或补充了新的内容。

　　商务印书馆的老编辑柳凤运跟随陈原多年，曾在多家报刊发表过介绍陈原的文章，是出版界著名的研究陈原的专家。我请她从已发表的文章中选出较满意的一篇加以修改、补充后给我。但她了解本书的编辑意图后，说以前在报刊上发表的都由于约稿时间急促、赶写而不够满意，坚持要重新思考写一篇新作。于是她花了较长时间重新构思，反复修改，甚至在老伴因病住院需要照顾的困难情况下仍未停止思考，成为我约稿最早而交稿最迟的一位作者。她的一丝不苟、精益求精，体现了商务老编辑的严谨精神，很使我感动。

　　《编辑之歌——怀念远去的英才》全书共收介绍21位著名编辑家的文章23篇，难能可贵的是，为本书提供怀念文章的18位作者中，多数是高龄老人，其中90岁、86岁、81岁各1人，71至78岁11人，61至68岁3人。这些作者都有丰富的编辑工作经验，有多位同志曾分别担任过人民、人民文学、中国大百科全书、文物、中国青年、上海人民等出版社的总编辑、副总编辑，或是著名杂志的主编、副主编，以及在出版社、杂志社工作多年的老编辑。他们之中有的是跟随著名编辑家多年的秘书，多数是和著名编辑家共事多年，或对他们的编辑工作情况十分熟悉而素有研究的人。因此，在他们所写的怀念文章中，具有叙事真实、文字生动，并善于总结编辑工作经验的特色。

　　本书通过老编辑的讲述，可以鲜明地显示，这些著名编辑家们都十分珍惜"编辑"这个头衔并引以为自豪。例如，叶圣陶在新中国成立后，曾先后担任过出版总署副署长、教育部副部长等重要职务，但他自己在晚年说，如果有人问他的职业，他就回答说，他的职业是"编辑"。在他九十四年长长的一生中，做编辑的时间超过六十年。

叶至善从22岁起就跟随父亲叶圣陶学习当编辑，一直当了半个多世纪的编辑还"老觉着没做够"。1998年，中国少年儿童出版社为祝贺叶至善80寿辰，准备为他举办庆贺活动。他听说后表示不如出本集子，也许对编辑工作有点用处。他花了一个半月赶编了一册书，是他近二十多年来从事编辑工作时撰写的有关文章一百篇，书名就叫《我是编辑》。书中如实反映了他的编辑工作经历，表达了他对编辑工作的无限热爱。在他的新书出版座谈会上，时任中国编辑学会会长的刘杲同志对这本书做了很高的评价，并说："叶老把他的文集命名为《我是编辑》，寓有深意。这是一种宣告。它宣告了叶老作为一位老编辑，对编辑职业的强烈的自信、自尊和自豪。"

周振甫自1932年进入开明书店并从校对做起，到1989年他在中华书局退休，在长达半个多世纪的时间里，他把大部分时间和精力都用在了默默无闻的编辑工作上。他不但是一名资深的老编辑，还是一位著述等身的知名学者，成果累累，不胜枚举。这位优秀的学者型编辑家的巨大成就从何而来？从中华书局的老编辑冀勤生动传神的描述中就可知道：

> 周先生像是特殊材料制成的人，他在工作中专心致志，从不闲聊天串办公室，不喝茶不吸烟，头也不抬地伏案审改书稿，如遇需要查什么书，便迈开碎步摆起双臂急匆匆去图书馆，很快查得，又急匆匆回办公室接着做下去，从不浪费时间。每天他总是早七时半到办公室，下午五时才走，往返挤公共汽车，从灯市西口到工人体育场，年复一年，日复一日，天天如此。直到1985年改为在家办公，每周到办公室半天。只有这时，周先生偶尔到我们办公室，就事说事几句话，说完转身摆起双臂走了，他不愿影响我们工作。……一次我问师母，周先生不是三头六臂，怎么能做那么多事？师母说，他每天晚上九点睡觉，夜里两点起床，开盏灯，不是看书就是写啊，做到早上五点多，我起床做早饭，他稍眯一下，吃过就上班去，振甫辛苦唻。周先生在一旁笑盈盈地说，弗辛苦，弗辛苦。（冀勤：《难忘低调实干的编辑家周振甫》）

通过老编辑的讲述可以看出，这些著名编辑家无不十分重视书刊编辑的质量。据史晓风回忆，叶圣陶在担任人民教育出版社总编辑时，对书稿的质量十分重视，许多中小学教材的书稿都经他逐字逐句修改定稿。他很欣赏毛泽东同志1949年9月为全国新华书店出版工作会议的题词："认真作好出版工作"。叶圣陶说："做任何工作都要认真，做出版工作特别需要认真。"他要求教科书不但"质文并美"，不许有一个错字、错标点，而且要求"及时供应，课前到手，人手一册"。

据吴道弘回忆，王子野几十年来始终强调编辑工作的重要意义，以及对出版物质量的重大关系。1994年王子野病危期间，他还对前来看望他的新闻出版总署主要负责人说："提高出版物质量是最重要的。"

在老编辑的讲述中，还对那些著名编辑家如何重视编辑工作者的自我修养，如何做好编辑工作的方方面面，以及如何培养编辑人才等，介绍了不少经验和体会。

2007年是我80岁的本命年。由于年老体衰，我从2007年接受任务起，经过查阅资料，寻找合适作者，分别打电话或写信约稿，收到稿件后进行编辑工作，遇有不清楚的问题还要询问作者一一解决后才向出版社发稿。对于一些老年作者写的文稿中写得潦草不清的地方，我都仔细辨认后重抄一遍，实在认不清的则打电话或写信询问作者弄清楚才罢。结果，一本20余万字的小书竟花了一年左右的时间，是我几十年来从事编辑工作从未遇见过的。由于这套丛书共有20本，出版社的编辑人手少，需要排队分批发稿、校对、出版，一直到2010年上半年才付印。这期间不断有作者来电、来信询问何时出版，甚至有的作者要求退稿，我都分别写信说明。终于等到当年7月份才由首都师范大学出版社出版。

我在编完全部稿件后就想找一位合适作者为这本书写篇序文。我心中想到最合适的作者就是曾经担任过新闻出版总署副署长，中国编辑学会第一、二、三届的会长，现任第四届名誉会长的刘杲同志。但他已76岁高龄，健康情况也不太好，能否如愿没有把握。我抱着试试看的态度带上全部稿件到他家中去登门拜访，说明来意，想不到他听了我的说明后就爽快地答应了。时隔不久，他就写了一篇内容精彩的序文，而且用电脑打印好稿件亲自送到我的家中问我是否有修改、补充之处，然后就拿回去用电子邮件发往出版社的责任编辑处。他如此热情地帮助我，使我十分感动。但是仔细想来，也不奇怪，刘杲同志从1956年开始就在湖北参加理论刊物的编辑工作，一直到北京担任新闻出版总署的副署长，始终未离开过文字工作，说来他也是一位老编辑工作者了，所以能义无反顾地和我们一起，共同为编辑工作者合唱一曲"编辑精神的嘹亮赞歌"！

附 编
—————————

我的乡情家世

一、乡情家世

　　我的家庭籍贯是安徽省巢县（今巢湖市）烔炀镇南河方村。

　　据《巢湖市烔炀区志》记载，早年烔炀镇属于烔炀乡，烔炀镇以烔炀河命名，"南河方"的方姓是一个大族，大约是位于烔炀河南边的一个村庄。在《烔炀区志》的记载中，追溯烔炀名称的由来是：原引"桐""杨"两条河流，桐河发源镇西北的桐山南麓，杨河发源镇西的杨子山下，两河奔流而下，汇于镇西南郊，后注入巢湖，烔炀镇即建于两河交汇的低洼地带，经年累月，灾涝频繁，居住这里的先民们，夙愿减少水患，意图取水克火，故将"桐""杨"两字的"木"旁改为"火"旁，沿袭于今。此镇建于何时，无从考证。在1934年间，修筑淮南铁路于路基破土动工时，曾发掘出三千年前商、周时代的古鼎文物。又据巢县县志记载：南宋淳熙年间（公元1174年—1189年）烔炀镇桥东有一大寺——观心寺，俗称烔炀寺。北有文昌宫，为社学所在地。现烔炀街为明代或更早一些时候所形成。

　　关于我的家庭历史情况，据大舅李克永（后改名配之）、二舅李克勤和厚樑大哥生前的回忆，我的祖父是个贫农，家境贫寒，终生帮人在巢湖打鱼为生。祖父生有三个儿子，我的父亲是老三，名叫方仁智，号省吾，1893年（清光绪十九年）生于巢县烔炀乡南河方村，他幼年只念过八个月的私塾，因为家贫交不起学费就辍学了。当时学费用的是麻钱（中间有一个方孔的小铜钱，用麻绳串着，所以叫麻钱）。父亲说辍学时还欠老师一串钱。他一谈至此，就流露出对不起老师的悲怆和遗憾。父亲在5岁和12岁时，祖父母先后去世，因无法生活，他在13岁时就到合肥叔祖母家开的"同聚鑫"杂货店学徒，成年后当了店员。和母亲结婚后，于1921年将全家迁至合肥。

父亲方仁智（号省吾）。　　　　　　母亲李氏（据老照片绘）。

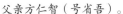

　　我的母亲姓李，1890年生于离烔炀乡南河方村大约四五里路的鲍圩村。据大哥说，母亲在家中排行老大，从小就下地劳动，是一双大脚（当时有钱人家的女孩都要裹小脚），谈不上识字。我的外祖父母都是雇农，家中非常贫穷。

　　母亲先后一共生过六个子女，第一个男孩生下不久即不幸夭折，1919年生下大哥，名厚樑，1922年生下二姐，名厚琴，隔几年又生了一个女孩，由于旧社会重男轻女的观念根深蒂固，当时社会上溺死女婴的现象相当普遍，母亲认为已生一女孩，再生一个就多余，狠心用枕头将女婴闷死了；第五胎生下了我，名厚枢，隔了四年左右，第六胎又生一男孩。大哥说，这个孩子是下午生的，接生婆加上邻居助手一屋子乱哄哄，把我吓得大哭不止。母亲对这个男孩像得了宝贝一样高兴，马上叫大哥写信给上海的父亲报喜。不幸的是，由于当时卫生条件极差，孩子在接产时手指被刺破，不久即发炎肿胀，发高烧，呼吸急促，母亲急得整天抱在手中，不停地流泪。不到一周孩子就夭折了，后来知道，这个孩子就是得了破伤风而死亡的。

　　当时全国军阀混战，经济萧条，安徽人视上海为天堂，男女老少纷纷跑到上海寻找生活出路。父亲在合肥工作的店铺由于生意不好，也于1926年随熟人跑到上海，在闸北"和记碾米厂"做安徽转运米粮到上海的雇员。

　　父亲到上海后，每月寄回七、八元到十元，供母亲在家乡维持生活。母亲每月到街上买米，由卖米人将米扛回家，淘米时将淘米水和涮锅泔水储存在缸里，由乡下人用草绳换去喂猪，母亲再用草绳拴上水桶去邻居家水井打水。母亲在家成天忙于家务劳动，稍有空闲时总不停地在纳鞋底或缝补衣袜，从未消闲过。当时外祖母在乡下织土布，每次捎来一捆，家里大小几个人的衣服都是母亲用土布自己缝制的，直到全家离开合肥时为止。

1933年父亲来信，叫我们全家搬到上海。这年冬天，母亲带领我们全家到了上海，和父亲团聚。

当我们离开合肥时，对去上海生活抱有一些不切实际的幻想，亲友们对我们家的搬迁，也投以羡慕的目光。但到了上海后，由于长江沿岸灾情严重，父亲任职的米厂生意清淡，收入减少，家中生活拮据，在这种情况下，家庭生活全靠母亲以父亲给的微薄费用勤俭操持，勉力维持。加上在上海又无亲戚可走，上街别人讲的上海话又听不懂。种种不愉快的事情使母亲的心情十分郁闷，她很后悔这次搬迁。她的性格内向，有事都闷在心里，积郁成疾，身体不适日渐严重起来。父亲限于经济困难，也缺少科学知识，从未找过医生，却去求什么神丹妙方，没有任何疗效。母亲病情加重，坚持要回合肥。父亲就写信将在合肥开卷烟店的侄子方厚熙叫来，接母亲回到合肥。厚熙大哥夫妇的经济情况也不好，无力为母亲治疗，没有多久，母亲就处于病危状态，厚熙大哥来信要父亲速回，父亲就带上二姐和我赶回，看到母亲孤身一人住在一间租赁的小房间内，靠厚熙大嫂每天送饭，这时她已起不了床，二姐在旁日夜服侍。母亲见了我们都未讲什么话，这是她一贯的性格，总怕别人为她担心，宁愿自己受苦也不吭一声。她看我还小，怕我害怕，不要我在她床边多停留。母亲经过痛苦的挣扎，终于1937年5月6日逝世，终年53岁。

母亲逝世后，在克勤二舅、厚熙大哥等人协助下，埋葬在合肥北门外一个叫三里坎的地方。不久抗日战争爆发，合肥沦陷，日寇为修建飞机场，将那里的坟地平了，母亲的遗骸也不知去向。母亲一生劳苦，从未过一天好日子，我们作为子女一想起来就止不住内心痛楚。

1937年7月抗日战争爆发，8月13日淞沪抗战开始，父亲任职的米厂，因地处战区关闭而失业，仅靠过去家中的少量积蓄和帮助朋友办点杂事取得一点微薄收入维持家庭生活，不久将家迁至闸北火车站附近一间房租较低的亭子间居住。到1940年上半年，因物价飞涨，生活更加困难。在安徽芜湖的姨父母得知后，来信要父亲带我们回去。这年7月中旬，我和父亲到了芜湖后，父亲由亲戚介绍，在芜湖一家"同和锅坊"管账，我在姨父母家自修学业。

二姐方厚琴和姐夫唐世衡
在合肥合影。

　　我的大哥方厚樑，1919年5月生于巢县。1933年冬到上海后，进安徽中学住校学习，1937年8月淞沪抗战开始后，因学校处于战区关闭而辍学。在国难日深，民族危亡之际，他在参加进步青年的爱国救亡活动中受到教育，特别是读到上海复社出版的斯诺所著《西行漫记》（原名《红星照耀中国》），通过该书他对中国共产党有了较清楚的了解。在书中看到描写大舅李克农的内容，便决心到陕北参加革命。1938年夏，大哥和四位志同道合的同学一起离开上海，走上革命征途。

　　我的二姐方厚琴，1922年生于巢县。由于父母受到重男轻女陈腐观念的束缚，始终未让她上学。她只有靠自己努力自学，才粗通文字。1949年初家乡解放，克勤二舅和姐夫唐世衡在淮南铁路通车后即到北平，在配之大舅的帮助下，姐夫唐世衡考进了华北人民革命大学学习，二姐不久也到北平入华北中学初中部学习，1952年转入北京师范大学女子附属中学，初中毕业后进北京市财经学校学习，于1956年1月毕业。因姐夫已从中央公安警卫二师转业至山西太原工作，二姐毕业后就被分配到太原矿山机器厂任会计，参加了中国共产党。她在太原工作多年，由于不适应北方生活，于上世纪70年代调回安徽合肥安徽出版总社工作。姐夫不久也调至黄山画社工作。他们工作都很努力，唐世衡在70岁时还参加了中国共产党，于2003年11月5日在合肥病逝；二姐也于2012年5月27日病逝，终年90岁。

　　自大哥方厚樑1938年夏离家到陕北参加革命后，父亲原来估计战争时间不会太长，等大哥回来后找份工作，能帮家里减轻经济负担。后来见这一愿望无法实现，就把这个希望寄托在我身上。父亲做了许多努力，最后通过亲戚介绍，认识了芜湖一家书局的老板宋葆吾，托他帮我找个工作。说来也巧，宋老板不久在长街偶然遇见抗战前商务印书馆芜湖分馆经理鲍天爵，说他正要到商务南京分馆去任经理。经宋老板推荐得到鲍天爵的允诺。我便有机会随鲍先生去商务印书馆南京分馆工作。从此，改变了我的命运。

1943年4月10日，16岁的我到了南京，在商务印书馆南京分馆当了练习生，工作六个月后，顺利地转为职员。

1946年4月，我回到芜湖，在亲戚们的操办下我和程绍琴完婚，绍琴的小弟绍璜只有三岁，他们的母亲去世后，绍璜一直由绍琴带着，我们完婚的第二天，家里就将小绍璜送来，和我们一同生活。几天以后，我回到南京继续工作。

1947年10月19日，我们的第一个女儿在芜湖出生，父亲高兴地为她取名维玉（小名小维，长大后改名方炜）。这年年底，商务南京分馆新建的宿舍完成，分给我一间房，我便回芜湖，将家迁至南京。

生活刚安定不久，1948年3月间，突然接到芜湖亲戚来信，说我的父亲病重要我们速回，我们连忙赶回去，才知父亲被人撞伤，伤势很严重，没有几天就去世了，终年55岁。在和父亲生离死别的时刻，想起父亲生前走过的坎坷道路，在晚年稍有安定的短暂时光突遭变故，想起远在千里之外的大哥无法见到父亲最后一面，不由悲痛至极、放声痛哭。

二、上学记

我于1927年4月8日生于安徽省合肥市，由于是家中最小的男孩，父母都很宠爱。父亲从上海寄回一些中华书局出版的《小朋友》等低幼读物，我经常翻阅认字，它们是我最喜爱的"小朋友"。

1932年我6岁时在合肥跟随大哥进了私塾求学，教我的老师思想比较开化，没有像别的私塾教《三字经》《百家姓》《千字文》等启蒙读物，而是读商务印书馆新出版的《共和国教科书新国文》，第一册12课的课文分别是：人，手足，刀尺，山水田，狗牛羊，一身二手，大山小石，天地日月，父母男女，红黄蓝白黑，小猫三只四只，白布五匹六匹，内容由浅入深，循序渐进，配有图画，讲的都是身边的事，易懂易记，很有趣味，对我的智力开发和培养爱好读书的兴趣打下一个牢固的基础。

1933年到上海一年后，我越级考入市立和安小学二年级，这所学校离家较近，教学质量较好，我入学后努力学习，从三年级开始，每学期的成绩都在前三名之内，并担任了班级的级长，直到小学毕业。

1939年春上海"孤岛"期间，我考入私立肇光中学初一学习，至秋季学校停办，转入江苏省立苏州中学上海分校初二学习。学期结束后，因父亲失业，家境日益贫困，无力供我继续升学，只得辍学在家自修。

从1933年至1940年上半年，我在上海共住了七年半，留下了许多难忘的记忆：

我在少年时期受大哥影响较大，爱好读书和作文，在学校举办的作文竞赛中多次获奖，也是校内负责墙报工作的积极分子。辍学后我经常到位于上海福州路的商务印书馆发行所门市部看书而流连忘返，并在该馆为孩子们举办的读书、作文竞赛中获奖，得到儿童读物和文具用品等奖品。

1940年上半年，我在上海第一次主编了一份小报，又第一次公开发表了文章。这两个"第一"我至今难忘。

20世纪30年代末40年代初，上海有一位以画"牛鼻子"著名的漫画家黄尧，他有个弟弟黄舜也是文化界人士，想办一份给小学生看的小报，特意要从中学生中选择一名合适的人完全用孩子的思维和爱好来编这份小报。不知他从什么渠道找到了我，我也极有兴趣地参加这项工作，约了几位同学在不长的时间内就编好一期。我还模仿作家张天翼写童话《秃秃大王》的笔法，以一个7岁孩子的口吻写出反映儿童生活和童趣的日记，准备在报上连载。这份小报命名《新儿童》，16开8面，创刊号印了2000份，在书店出售。不久黄舜到香港去了，这份小报未能继续办下去，但这是我一生第一次主编的一份小报。

1940年4月，我和当时在广西桂林的克勤二舅有了书信联系。在通信时他曾寄给我大后方出版的几本书。其中有一本收录了从阵亡的日本士兵身上缴获的未及寄出的家信，信中反映了日军士兵的厌战、思乡情绪，我选择其中有代表性的几封，综述写成一篇题名《在大别山下》的纪实散文，投寄上海租界上出版的《大公报》副刊被采用，还在该报举办的优秀作品评选中获奖。父亲代我到报社去领回奖金后十分高兴，这是我一生中第一次在一份大报发表文章并获奖。可惜的是，这篇文章的剪报和《新儿童》小报后来都丢失了。

1940年7月，我随父亲一同到了安徽芜湖，在姨父母家中自修一年，于1942年初考入芜湖一家教会所办内思中学初三学习。由于我文化底子较差，特别是数理化课程的学习十分吃力，对教会学校的许多规矩也不适应，再加上学费也较昂贵，勉强读了一学期就停学了。

三、追忆影响我人生的几位亲人

两位舅舅李克永、李克勤

我有两位舅舅，大舅原名李克永（参加革命后易名李配之），二舅始终叫李克勤。

配之大舅青年时期在家乡商店当学徒，后来受到1925年至1927年大革命高潮的影响，参加过一些革命活动。当时中共地下党一位活跃的领导人李克农在芜湖办了民生中学并担任校长。在高涨的大革命浪潮中，带头领导了当地的学潮。李配之是李克农的堂兄，和李克农在一起工作。蒋介石发动"四一二"反革命政变，形势急转直下，李克农转入地下工作，被国民党悬赏五万大洋明令通缉。在极端残酷的革命低潮中，配之大舅失业在家。1937年初，"西安事变"之后，国共关系和缓，克农大舅从延安到上海治眼病（他在国内战争中失去一只眼，另一只眼发炎），同时相机做抗日统战工作。配之大舅即到上海，找到克农大舅，从此俩人一直在一起。配之大舅先后在八路军武汉、桂林办事处和贵阳交通站工作。在国民党掀起反共高潮时，他在贵阳被国民党抓去蹲了几个月监狱，后经周恩来同志营救才释放出来，后辗转到了延安。1947年3月，国民党军队进攻延安，他随机关撤到晋绥根据地山西临县的三交镇。当时我的大哥正患肺病住院，配之大舅从克农大舅处要来一些美国援助的鱼肝油丸给大哥，这种营养品，当时是万分难得的。令配之大舅十分悲痛的是，他自己的独生子在1947年陕北蟠龙战役中英勇牺牲。新中国成立后，配之大舅到了北京，一直在中共中央办公厅特别会计室工作，开始住在西单京畿道，后来迁到毛家

大舅李克永（后改名配之）。　　二舅李克勤。

湾。大舅差不多每个星期日都来我家，喝几杯酒，聊聊天。我们很喜欢听他讲我们家庭过去的事情。我曾问他，"特别会计室"有什么"特别"之处，他没有正面回答。我知道他不能回答，凡属于党内机密的事我也就不问他（后来我从别的亲戚处了解，他在特别会计室做的工作较多，其中有一项是管理毛主席的稿费收支）。不过有时他也会将一些过去革命工作中的有趣故事说给我们听。

1970年，配之大舅离休后，中共中央办公厅的同志送他回到合肥，当地政府按照红军时期的干部待遇安置。我几次到合肥开会，都抽出时间去看他，配之大舅1985年在合肥病逝。

我的二舅李克勤一直在家乡务农。配之大舅在桂林八路军办事处工作时，他找去在办事处当过采买（主副食方面），桂林撤退后他就回家了。1949年春，解放大军在巢湖练兵，准备打过长江。当时百万大军住在沿江北岸，战前训练，全民动员，赶制木船，运送物资，二舅也参加支前劳动。北平解放后，他到北平找到李克农和李配之，被安排在外交部外交人员服务处工作，后来转到北京市百货大楼当职员直到去世。

大舅李克农、舅母赵瑛

大舅李克农是李克永、李克勤两位亲舅舅的堂兄弟，他1899年9月生于安徽巢县烔炀河中李村。1926年在安徽芜湖从事革命活动，参加中国共产党后，长

1951年12月，在北京与二舅李克勤、大哥方唯若、二姐方厚琴相见时合影。

期从事党的情报、保卫、统战、外交等方面的工作。几十年来，他从活跃在敌人要害部门的"特别小组"组长，到统一领导党和军队隐蔽斗争的"中央情报委员会"书记。经历了无数艰难险阻，赢得了许多重大胜利，既有成功，也有挫折，直到中华人民共和国成立。

　　我在青年时期，从父亲一辈的亲友处了解到克农大舅参加革命的事情，但对于他参加革命后的具体情况毫无所知，直到他逝世后，才从报刊、图书中的介绍逐渐加深了解。在几十年内，我只和他见过三次面。

　　第一次是1937年8月13日淞沪抗战开始后，中国共产党八路军在上海成立办事处，克农大舅来沪担任办事处主任。我的大哥考取的学校离办事处很近，而学校离家太远。父亲到办事处和赵瑛大舅母商量，让大哥在办事处住宿。经同意后，大哥就住进办事处，当时我的学校放假，也和大哥一起，在八路军办事处住了一个多月。当时克农大舅的工作十分忙碌，经常很早外出，很晚才回来，我只见过大舅一次，说了几句话他就外出了。当时赵瑛大舅母照顾大哥和我的生活。办事处的工作人员我都不认识，幸好克农大舅最小的儿子李润修也住在办事处，也在上学。润修和我同年，他在放学后常和我在一起聊天和玩耍。[1]1937年11月，日本侵略军占领上海（不包括外国租界），八路军办事处撤到南京，大哥和我就回家住了。

1　李润修于1939年参加八路军后，改名李伦。1941年先后入延安自然科学院、抗大、炮兵学校学习，解放战争时期曾担任第三野战军特种炮十一团一营营长，参加了济南、淮海、渡江等战役。后在总后勤部工作，担任军事交通部部长，1986年起任后勤学院院长，三年后晋升为总后勤部副部长，授中将军衔。

1955年9月27日，毛泽东主席在北京怀仁堂授予李克农上将军衔和三枚一级八一、独立自由、解放勋章。

　　第二次见到克农大舅是我从南京调到北京后。有一天，克勤二舅带我到地安门内米粮库胡同去看望克农大舅。克农大舅在米粮库胡同的房屋院落较大，种了许多花卉树丛，据说曾是胡适的公馆。克农大舅见到我后，问我现在哪里工作，每月工资多少，并勉励我好好工作。快到中午时，留二舅和我一起午餐。吃饭时坐在一张大圆桌旁，除克农大舅和赵瑛大舅母，其余都是大舅的工作人员。吃饭间，大舅突然问工作人员："你们对北京的自来水厂和发电厂的地址和其他情况掌握多少？"没有人回答，大舅说，"你们平时应该注意掌握这方面的情况，一旦发生动乱，这两处首先应保证绝对安全，这是关系到人民群众生活的大问题。"此外又谈了其他一些工作。饭后为了让大舅休息，我和二舅便告辞回家。

　　第三次见到克农大舅是1961年1月9日，赵瑛大舅母因患胆癌医治无效于1月6日逝世，这天在西城区厂桥嘉兴寺殡仪馆举行追悼会。

　　记得追悼会会场赵瑛的肖像两边悬挂一副挽联，上联是"为革命长期埋头苦干历尽艰辛三十年服务人民垂千古"，下联为"教后代永远英勇奋斗无限忠诚一家人献身革命留典范"。

　　追悼会上，刘少奇、王光美夫妇，周恩来、邓颖超夫妇等送了花圈；中共中央办公厅主任杨尚昆主祭并献花圈。总参谋部二部部长刘少文致悼词，陈赓夫妇、廖承志、杨成武夫妇、章汉夫、徐冰、汪东兴、姬鹏飞等许多领导同志及亲朋好友200余人参加了追悼会。克农大舅亲笔写了"母仪典范"的小横幅，

李克农大舅和赵瑛大舅母在北京米粮库胡同家中合影。

连同敬献的花篮陈放在赵瑛大舅母灵桌前。克农大舅面容憔悴，十分悲痛。我和二舅参加公祭后，陪同克农大舅和家人一同将大舅母骨灰恭送到八宝山革命公墓安放。

想不到赵瑛大舅母病逝一年后，克农大舅也不幸于1962年2月9日晚9时在协和医院病逝，终年64岁。

我和配之大舅于13日参加了克农大舅的公祭大会。上午9时我们准时到达中山堂，和克农大舅家属站在公祭会场前面一侧。当我看到灵堂内布满了鲜花，上面悬挂李克农身穿上将军装的大幅遗像时，在心中默念："敬爱的克农大舅，您一路走好。"我的眼泪止不住地流下来，心中十分悲痛。

公祭大会由中共中央副主席、国务院总理周恩来主祭，陈云、邓小平、董必武、彭真、陈毅、李富春、李先念、谭震林、乌兰夫、罗瑞卿、习仲勋陪祭。

公祭大会于上午10时开始。军乐队奏哀乐后，主祭人周恩来向李克农遗像敬献花圈，全场默念致哀。接着，中共中央委员、国务院副总理、中国人民解放军总参谋长罗瑞卿大将致悼词。参加公祭的还有全国人大常委会、全国政协、最高人民法院的领导，中国人民解放军的高级将领，中共中央和国务院各部门、各人民团体、各民主党派和北京市的负责人，中国人民解放军的将军、军官和士兵，以及首都各方面人士和李克农的家属、亲友等，共2500多人，中山堂内全部站满，灵堂外也站了不少人。

追悼会礼成后，我和配之大舅随着克农大舅的家人、亲属一起坐上一辆大轿车，克农大舅的三个儿子、两个女儿及其子女都坐在车上，[1] 当时由于大家都很悲痛，互相没有交谈。我们坐的大轿车，跟随在习仲勋、萧华、彭绍辉、刘志坚、吴德峰的汽车后面。大家一直将克农大舅的骨灰盒送到八宝山革命公墓礼堂安放，再次鞠躬行礼，公祭才宣告结束。

大哥方唯若、大嫂莫耶

我的大哥于1938年到陕北参加革命后，很长时间没有通信。1943年10月，克勤二舅从广西桂林给我来信，转来大哥写给父亲和我的信，父亲和我都写了回信说了家中的情况。后来桂林沦陷又中断了联系。1946年国共停战谈判期间，大哥托在北平《解放》三日刊的同志转信给我，又恢复了联系。不久内战爆发，通信又告中断。至1949年4月南京解放后，我和大哥的通信就正常了。大哥于西安解放后，担任西安市警备政治部宣教处副处长，在7月1日的来信中说，他惊悉父亲已于去年3月间不幸病逝，十分悲痛，"过去他老人家寄予我那样殷切的希望，如今无论我怎样努力，也不可补偿了。在接来信前，我愈想到他，便好像看到他慈祥的面容，感到他抚爱的温暖，如今我愈想到他，便愈感到悲痛！"

1950年3月31日，我的儿子小群在南京出生。在小群满月的前一天，大哥在赴北京参加全国新闻工作会议后特地转道来南京家中看我们，共同相处了愉快的六天。当时，我对大哥参加革命后的一切情况都感到新鲜，渴望更多地了解。根据大哥的历次来信和面谈，将他的主要情况综述如下：

大哥于1938年7月初，和四位同学离开上海，登上去香港的轮船，经广州

---

1 李克农大舅的五个子女除了老三李伦在前文提到与我在八路军上海办事处见过面以外，其余4人，我在新中国成立之后都见过几面。老大李治曾任上海市公安局卢湾分局局长；老二李力曾任解放军总参通信部副部长；老三李伦的情况见前文脚注；我于1965年在文化部出版事业管理局工作时，曾与局研究室主任等到陕西省调查农村读物出版发行工作情况，在离开西安的前夜，应邀参加一场文艺晚会，坐在前几排，在休息时见到李克农大舅的大女儿李宁，她时任陕西省公安厅副厅长，听说是当时全国公安厅中唯一的女厅长，她见到我后邀我到剧场休息室聊了一会儿，问我的大哥和我的情况，同时，我还见到了大姐夫李启明（时任中共陕西省委书记）；大舅的二女儿李冰我在北京曾见过四次，1990年我迁居石家庄后，她的住处距我家不远，她和二姐夫孙方（曾任中国社会科学院信息研究中心副主任）曾一同来我家看望过。

到了汉口。到汉口后，他们首先去八路军武汉办事处找克农大舅。事前他写了一封信说了去陕北的愿望。刚进办事处大门，正好遇见配之大舅，说明来意后，配之大舅便拿了大哥的信去找克农大舅，正在开会的克农大舅匆匆在信上批了几个字，要大哥直接到武汉抗大和陕公招生处联系报考。大哥到了招生处，一个接待人员问了几个政治问题，如抗日民族统一战线是哪个政党提出来的，怎样认识当前抗战形势等，大哥迅速回答后便算通过了，同行其余四人也都通过。第二天，配之大舅为大哥一行领了五套八路军军装，并办了一张十八集团军司令部的护照。回到旅馆，五人都将军服穿上，佩戴上八路军的胸章、臂章。当时在武汉，清一色的都是穿草绿色的国民党军队，人们极少看见穿灰色军装的八路军，此时由于八路军在华北前线捷报频传，政治影响很大。所以大哥他们五人穿上军服，整齐地走向车站，向西安进发。等到晚上，他们才爬上去郑州的火车。乘客们看到他们佩戴的八路军符号，都十分尊敬，纷纷前来攀谈，有人就问：朱德也是每月五块钱薪水吗？幸而大哥看过《西行漫记》的叙述，就顺口回答八路军从朱德到每个士兵都是每月领五元，引起人们极大的惊叹和敬佩，认为共产党真是了不起！后来大哥真正成为八路军后，直到解放战争结束，从未领到过五元钱，很长时间身无分文。

大哥等五人经过艰苦的跋涉，终于到达西安七贤庄八路军办事处，交了介绍信。接待的同志非常热情，告诉他们办事处招待所已住满去延安的学生，无处容身，要大哥等到外面去找旅馆住，但给开了去抗大和陕北公学的介绍信，并交代西安的情况比较复杂，要他们尽快离开。第二天，大哥他们就乘上去咸阳的火车，到了咸阳，沿着公路向旬邑方向前进。当时去陕北的青年像潮水一样络绎不绝，一连走了几天，到了邠县（今彬县），本想休息一天，路见国民党当局贴了一张很大的布告，大意说陕北艰苦，很不自由，劝各位同学们不要前去，可到西安参加军官学校，等等。大哥顿时警惕起来，决定吃一顿饭后立刻上路。

大哥到了旬邑陕北公学学习、锻炼，加入了中国共产党，当年12月毕业（他将在陕北公学用的名字"路耶"改为方唯若），他想到延安报考鲁艺文学系。12月下旬，他随着抗大晋察冀分校的大队向延安进发。到了延安后，他便到鲁艺申请报考，并当面见到鲁艺副院长沙可夫申述志愿，不料此时中央有个精神，凡抗大、陕公毕业生都要到前线去，到敌人后方去开展工作，当时有一个响亮的口号叫"变敌人后方为前线"，延安学校对已毕业的学生不再收留，

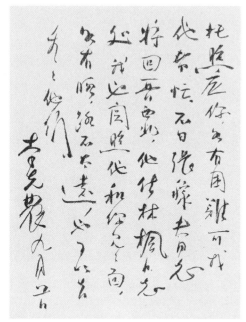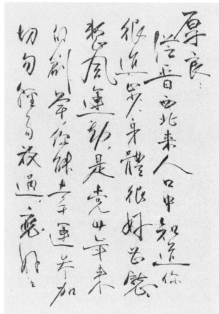

1942年9月，克农大舅从延安写给大哥的信首尾两页手迹。

大哥只好随大队去晋察冀分校。在二分校校长邵式平、政治部主任袁子钦（新中国成立后邵任江西省省长，袁任解放军总政治部副主任）率领下，于1939年1月初离开延安，向山西进发。

1941年，大哥从八路军120师政治处宣传部调到《战斗报》社任编辑、记者。当时《战斗报》出版非常困难，先后出过油印、石印、铅印各种版。1940年前后，晋绥地区处于严重困难的阶段。由于日军不断疯狂"扫荡"，根据地大大缩小，人民生活贫困，军队和人民均处于饥寒交迫的境地。1941年，根据地旱灾严重，粮食绝收，大哥所在的部队吃了半年的黑豆（一种牲口吃的饲料），由于国民党的封锁，有一段时间没有盐吃，吃饭时没有菜，能就着几颗盐粒已很满足。两年发一套单衣，个个补丁连身，像叫花子。贺龙司令员有次讲话，他说看到部队这种艰苦情况，他连胡子都急白了。

在延安的克农大舅了解情况后，给大哥写了一封信，信中说，他已托晋绥军区情报处长周怡照应大哥，如有困难可找他帮忙。还说不日张稼夫（时任晋绥中央分局宣传部长）将回晋西北，他住林枫处（时任晋绥中央分局书记），大舅也关照了他们，如有暇，路不太远，可去看看他们。大哥收到信后，对大舅的关心很感动，但他考虑，这些领导同志都很忙，自己虽然困难，而部队的

1945年10月，大哥在绥包战役前线，手中所持步枪是从日寇手中缴获。

1960年，大哥于兰州军区。

同志们都同样困难，自己应接受困难的考验，所以从未找过他们。

唯若大哥在抗日战争时期，历任八路军120师358旅政治部宣传科干事、晋绥军区第二分区政治部干事等职。解放战争时期，历任晋绥军区第二分区政治部记者、政治部宣传科科长，西北军区政治部编辑科科长等职，新中国成立后，历任西北军区政治部报社副社长、宣传部干部教育科科长，兰州军区政治部宣传部副部长、部长，兰州军区政治部副主任等职。他于1955年被授予中校军衔（后任兰州军区政治部副主任时为正军职），曾荣获三级独立自由勋章、三级解放勋章和独立功勋荣誉章等，荣立三等功一次。1984年10月离职休养，2008年5月15日在兰州病逝，终年90岁。

我在和大哥大嫂的通信中，了解了他的婚姻情况。1949年8月27日莫耶大嫂给我写了第一封信，信中说："许多年来从你哥的言谈中和你给他的信中，知道了一些关于你的情形，虽然没有见过面，但却留下了一个深刻的印象。……""我和你大哥是在1941年开始认识，七年前就在一起编辑报纸、写文章，互相很了解，才于今年结婚。"我从大嫂几次来信和寄来的她发表的一些文章中，才逐渐了解了她的一些情况。

我的大嫂原名陈淑媛，1918年12月出生于福建省安溪县。早年冲破封建家庭的桎梏，走上光荣而曲折的革命道路。1937年她满怀热情奔赴革命圣地延

1938年，莫耶在延安鲁迅艺术学院学习。图为莫耶和鲁　　大嫂莫耶（1918年—1986年）。
艺同学在聆听毛主席的报告。

安。在此后将近半个世纪的漫长岁月中，她一直在党的新闻、文艺战线上工作，并创作了一批无愧于时代的作品。

　　1937年秋天，莫耶参加的上海救亡演剧第五队到达延安。他们是第一个投奔延安的文艺团体。一次为中央领导同志演出，最后演的是莫耶写的独幕剧《九一八》。闭幕时，毛主席带头鼓掌，台下掌声一片。第二天，党中央在延安机关合作社接见并设宴欢迎他们。毛主席和其他中央领导同志满脸笑容，和他们热情握手。莫耶是第五队的编剧，有幸和队长一起，坐到毛主席所坐的大圆桌旁，听到毛主席热情的讲话。莫耶当时才19岁。她在延安鲁迅艺术学院文学系学习期间，创作的歌词《歌颂延安》，由音乐系的朝鲜同学郑律成谱曲。几天后，在延安礼堂举行的一次晚会上，第一个节目就是由郑律成和女歌唱家唐荣枚男女声合唱《歌颂延安》。唱完后，毛主席带头鼓掌，中央首长也鼓起了掌。第二天，中央宣传部同志要去这首歌，改名《延安颂》。鲁艺秘书长拿来一张铅印的歌篇征求莫耶的意见，她高兴地叫起来："改得好！"她听说周恩来同志在中央机关礼堂也指挥大家唱《延安颂》，十分高兴。从此《延安颂》的歌声传遍了延安和各抗日根据地。

　　1938年底，莫耶在文学系毕业，贺龙同志正好从华北前线回延安参加党的六届六中全会，应邀来鲁艺做报告，他最后热情动员鲁艺同学到八路军120师去，用文艺武器为革命战争服务。莫耶听完报告后就向领导报名跟贺龙去前线。不久，鲁艺便组织了20多人的一支到前方的实习队，在沙汀、何其芳同志带领下乘着一辆大卡车，跟随贺龙奔赴华北前线了。

莫耶到达120师后，分配到师政治部战斗剧社任编剧教员。1940年春，任剧社创作组组长，在战争环境中，创作了不少剧本。同年，她代表部队文艺工作者加入晋绥边区文联被推选为常务理事。在文联大会上，贺龙称赞说："莫耶是我们120师的出色女作家。"

1944年春，莫耶调到晋绥军区政治部《战斗报》当编辑、记者。1949年春，莫耶随《战斗报》调到西北军区，并随第一野战军进军大西北。1950年任西北军区《人民军队报》主编，后任总编辑。1955年转业到《甘肃日报》社任副总编辑，"文革"后出任甘肃省文联副主席。

莫耶在《战斗报》和《人民军队报》长期和唯若大哥在一起工作，彼此建立了深厚的感情，由于战争年代的动荡变化，直到1949年初才结婚。大嫂在长期艰苦的环境下患有心脏病。1984年后多次住院治疗。1986年4月，我代表中国出版工作者协会，到兰州参加甘肃省出版工作者协会成立大会，特意提前两天到兰州，和大哥一起到医院看望大嫂。当时她的病情已较严重，但见面后大嫂很高兴，一句也不提病情，而是讲她已答应某出版社要的书稿，待病情稍好时来完成。想不到这次会面，竟成为我和她的最后诀别。5月7日大嫂与世长辞，终年69岁。

我的几位主要亲友在战争年代先后投身革命，为新中国的解放和建设事业历尽艰辛甚至磨难，令我十分钦佩。在长年的接触交往中，他们的坚定信仰、顽强精神以及工作成就潜移默化地影响着我，促使我在自己的专业岗位加倍努力工作，不敢懈怠。

我永远怀念并感谢他们。

后　记

　　我从1943年4月进商务印书馆南京分馆当练习生起，到1993年3月在工作岗位上退休。我从一名基层图书发行单位的营业员，逐步走到国家管理出版工作的上层机构，最终落脚于中国出版科学研究所（现中国新闻出版研究院前身）。五十年来，工作单位虽几经变动，但从未离开过出版战线，经历了从卖书、宣传书、管理书、研究书、到编书、著书的漫长岁月，始终和书结下了不解之缘。从1993年退休至今的二十年内，我仍未放下手中的笔，继续为研究我国出版工作的历史发挥余热，尽一个老出版工作者应尽的责任。

　　我从1943年4月进商务印书馆南京分馆工作起，到1953年12月在北京中国图书发行公司（商务印书馆和生活·读书·新知三联书店、中华书局、开明书店、联营书店五家的发行部门联合组成公私合营的发行机构）总管理处结束时止，共计在商务印书馆工作了十一年。我很怀念这一阶段的经历，因为它是我这一生跨入社会工作的第一步。我好比进入了一所"没有围墙的大学"，充分利用业余时间，在南京分馆门市部密密的书林中，尽情享受读书的快乐。我利用馆内丰富的图书，在无声的老师——大量词典、工具书的帮助下提高了自己的学识水平，弥补了过去失学时造成的损失。中图公司成立后，从北京总处发来一大批三联书店出版的图书供南京分馆出售。我对三联版的图书几乎每册都要浏览或阅读，特别对宣传马列主义、传播进步思想方面的读物都认真学习，对我思想意识的提高，起了巨大的、深远的影响。总而言之，是好书改变了我一生的命运，从此走上虽有曲折但有收获的坦途。

我从1954年1月离开商务印书馆走上新的工作单位，但是几十年来，我和商务印书馆仍然保持着不断的联系。我于上世纪70年代中期起，在国家出版局出版部负责辞书出版管理工作，1980年起参与创刊《中国出版年鉴》的编辑工作，头六年的出版年鉴是在商务印书馆出版的。因此我和商务印书馆的辞书编辑室和出版部的领导及工作同志保持了密切的联系。商务印书馆举办的一些重要活动大都通知我以一名商务老职工的身份参加。不久前商务的领导同志组织一些老同志谈"口述历史"活动，这就促成了我这本书得以问世的由来。

我从1951年9月在中国图书发行公司总管理处参加编辑工作开始，直到2012年8月底止，从手头尚存的书刊样本的不完全统计，六十多年来，我主编和参与编辑的书、报刊有28种，总字数4650余万字；我在书、报、刊上发表的长短篇文章和资料共有500多篇，总字数620余万字，一部分是1987年在中国出版科学研究所工作的业余时间内写的，大部分是我1993年退休之后写的，其中有关中国出版史研究方面的文章和资料约有260余万字。这些文章和资料曾在《出版工作》《中国出版》《出版发行研究》《出版科学》《编辑之友》《中国编辑》《出版史料》《党史博览》《中华读书报》《文汇读书周报》《香港大公报》和台湾《出版人》杂志等报刊发表。

本书内容主要分三大部分：上编写我对出版工作七十年的回顾；下编"耕耘文存"将我多年来在书、报、刊上发表的文章选辑一部分，包括："出版史研究"16篇，"编辑之歌"12篇，"回望散记"5篇；附编"我的乡情家世"是对家人、家世的回忆。书中部分文章曾收入我已出版的3本出版史文集内，由于印数很少，看到的读者不多。所有文章在收入本书时，我全部进行审读过，对部分文章做了少量修改或增补，对几篇文章有重复处做了适当处理。书中有一组反映"文化大革命"的出版史料，都是我在"文革"时期亲历、亲见、亲闻的真实材料，可以帮助今天和今后年轻的读者们能够对那个"以阶级斗争为纲"年代的出版工作增加一点感性知识。

我在编完这本书稿后，将我对出版工作七十年历史的回忆部分送给我在文化部出版局、国家出版局和中国出版工作者协会工作的老领导宋木文同志审阅，希望他能为我这辈子最后出版的一本书写篇序言，承蒙他的允诺，在北京炎热的酷暑中，很快派人送来打印好的序，文中对我的热情鼓励和殷切期望，都使我十分感动。

商务印书馆的领导于殿利总经理对我的关心和支持，商务百年资源部张稷主任和本书编辑郭悦同志、美编李杨桦同志，以及编辑部、出版部门的有关同志，原百年资源部的石琨同志也对我这本书的出版给了很多帮助，我在此向他（她）们致以诚挚的感谢之情！

2013年7月31日